Peter Schneider

„... ein einzig Volk von Brüdern“

Peter Schneider

„. . . ein einzig Volk von Brüdern“

Recht und Staat in der Literatur

athenäum

Dem Middlebury College

CIP-Kurztitelaufnahme der Deutschen Bibliothek

Schneider, Peter:
„... ein einzig Volk von Brüdern“: Recht
u. Staat in d. Literatur / Peter Schneider. –
Frankfurt am Main, Athenäum, 1987.
ISBN 3-610-08453-7

Satz: Computersatz Bonn GmbH, Bonn
Druck und Bindung: difo-druck schmacht, Bamberg
Printed in West-Germany
ISBN 3-610-08453-7

Inhaltsverzeichnis

Vorwort

Das Thema Recht und Staat in der Literatur hat mich seit meiner Studienzeit beschäftigt. Schon in den 40iger Jahren habe ich Essays über Balzac, Claudel und Gottfried Keller verfaßt,[1] in denen ich die Staatsauffassungen dieser Autoren herausarbeitete. In der gleichen Zeit befaßte ich mich mit Erik Wolfs *Stifter*[2] und seinem Buch über *Das Wesen des Rechtes in deutscher Dichtung*.[3] Dazu kam die intensive Auseinandersetzung mit Prinzipien der literaturwissenschaftlichen Interpretation.[4]

Als ich Ende der 40iger Jahre am Leibniz-Kolleg der Universität Tübingen Nichtjuristen Anschauungen über das Recht zu vermitteln hatte, interpretierte ich das abendländische Epos Reineke Fuchs in der Fassung von Goethe. Die Lebendigkeit der Diskussion zeigte mir, wie leicht auch dem Nichtjuristen der Zugang zur Problematik von Recht und Macht durch das Medium der Dichtung gemacht werden kann. Doch mein Interesse galt von Anfang an ebenso dem Trivial- und insbesondere dem Kriminalroman.

Ich habe während meiner Mainzer Lehrtätigkeit das Thema in mein Vorlesungsprogramm integriert. Aus diesem Zusammenhang sind eine Reihe von Studien entstanden.[5]

Eine Ruhepause trat zwangsläufig während der zehnjährigen Rektoren- und Präsidentenzeit ein. Diese wurde jedoch unterbrochen durch ein Seminar, das ich im Sommersemester 1977 zusammen mit dem französischen Germanisten Gerard Schneilin[6] am Middlebury-College in Vermont mit amerikanischen Germanistikstudenten durchführte.

Zu einer kohärenten Auseinandersetzung mit dem Thema Recht und Staat in der Literatur ist es jedoch erst nach meinem Ausscheiden aus dem Amt des Universitätspräsidenten gekommen. Zu einem Schwerpunkt wurde die Beschäftigung mit Friedrich Schillers Wilhelm Tell.[7] Während ich ursprünglich einzelne Interpretationen aneinanderreihte, setzte ich sie später immer bewußter in einen positiven bzw. negativen Bezug zu Schillers Konzeption vom Bürgerstaat. Das gilt für die geschichtliche wie für die Gegenwartsperspektive. Handelt es sich doch um den *Grundriß* der konstitutionellen Demokratie, deren gegenwärtige Risiken und Chancen gerade im Bild der Gegenwartsliteratur anschaulich werden.

Das Thema Recht und Staat in der Literatur war für mich nie Gegenstand von „Freizeitbeschäftigung“, sondern ein „Gegenstand“ der Jurisprudenz, nicht zuletzt unter dem Aspekt der Rechtspädagogik und dem

Postulat, das, was alle angeht, durch Literatur allgemein zugänglich zu machen. Zum einen geht es mir darum, Nichtjuristen durch das Medium der Literatur für das Thema Recht und Staat zu gewinnen, zum anderen möchte ich mit dem Thema Recht und Staat Juristen für die Literatur gewinnen. Ein literarisch unerfahrener, ein unbelesener Jurist ist ein Sicherheitsrisiko, da ihm eine Hauptquelle der menschlichen Erfahrung verschlossen ist.

Das Thema Recht und Staat in der Literatur ist aber nicht nur Gegenstand einer Disziplin. Zur Jurisprudenz kommen literaturwissenschaftliche Disziplinen. So war ich denn immer auf das interdisziplinäre Gespräch angewiesen, wie es im Mainzer Studium Generale stattfindet. Von den vielen Gesprächspartnern möchte ich vier Mainzer Kollegen und Freunde dankbar erwähnen, ohne deren Kritik, Anregung und Ermunterung dieses Buch nicht entstanden wäre: den Theologen Gerd Otto, den Philosophen Otto Saame, den Germanisten Günther Eifler und den Romanisten Kurt Ringger.

Anmerkungen

1 *Gottfried Kellers Staatsauffassung* (Privatdruck, Festschrift für den Gerichtspräsidenten Dr. Fritz Esslingen, Zürich 1943); *Honoré de Balzac* (nicht veröffentlicht, 21. 6. 1943); *Zu Paul Claudels ‚L'otage'* (nicht veröffentlicht).

2 *Der Rechtsgedanke Adalbert Stifters,* Neue Schweizer Rundschau, 1947.

3 *Vom Wesen des Rechts in Deutscher Dichtung,* Neue Züricher Zeitung, 16. 8. 1949.

4 Vgl. *Über die Grenzen der Literatur und die Aufgabe der Kritik,* Neue Schweizer Rundschau, N. F., 1946.

5 Unter anderem: *Zur Rechtstheorie J. P. Sartres* (nicht veröffentlicht); *Die Fragwürdigkeit des Rechtes im Werk von Friedrich Dürrenmatt,* Karlsruhe 1967 (diese Studie bildet die Grundlage für das Kapitel über das Spiel); *Maß und Gerechtigkeit. Zu Camus Rechts- und Staatsauffassung,* in: *Festschrift für Carlo Schmid* (diese Studie bildet die Grundlage für das Kapitel über das Paar); *Die Gerechtigkeit des Herrn Ludwig Ganghofer. Johannes Bärmann zum 70. Geburtstag,* 1975 (nicht veröffentlicht); *Balzac und das Jahrhundert der Advokaten,* NJW, 1984, S. 1057–1061; *Der Dialog zwischen Jurisprudenz und Literatur,* in: *Literatur in Rheinland-Pfalz,* 1981, S. 450 ff.

6 Vgl. unten.

7 Ich habe dieses zentrale Kapitel bereits 1979 abgeschlossen und in der *Festschrift für Werner Kägi,* Zürich 1979, veröffentlicht.

Vorüberlegungen

I. Das Interesse der Jurisprudenz an der Literatur

Der zweite Abschnitt im ersten Band der ausgewählten Schriften und Reden von Georg Jellinek trägt die Überschrift: *Zur schönen Literatur.*[1] Der Abschnitt enthält unter anderem eine Rezension, welche 1882 in einer angesehenen juristischen Fachzeitschrift[2] erschienen ist. Einleitend schreibt Jellinek: „Wenn in diesen streng fachwissenschaftlichen Blättern ein Werk der schönen Literatur angezeigt wird, so scheint ein solches Unternehmen besonderer Rechtfertigung zu bedürfen."[3] Zunächst betont er, daß es durchaus im Aufgabenkreis einer dem Recht in seinem ganzen Umfang gewidmeten Zeitschrift liege, „auch die künstlerische Gestaltung der ewigen Grundprobleme des Rechtes mit *kritischem* Blick zu verfolgen".[4] Damit wird das Interesse eines Juristen an schöner Literatur und an künstlerischer Gestaltung der Rechtsproblematik in den Horizont des Faches einbezogen. Es handelt sich nicht um ein Liebhaber-, sondern um ein Fachinteresse. Dies hat zur Folge, daß sein kritischer Blick eben nicht der künstlerischen Gestaltung, sondern dem juristisch relevanten Inhalt gilt. Der Schlußsatz der Rezension lautet: „Ästhetische Kritik liegt zwar außerhalb des Bereiches dieser Zeilen, aber es sei uns doch die Bemerkung gestattet, daß es Franzos (dem Autor des rezensierten Werkes) gelungen ist, die hohe Tragik, deren der Rechtsgedanke fähig ist, in ergreifender Weise zum Ausdruck zu bringen."[5] Diese Bemerkung – es handelt sich um ein ästhetisches Urteil – gehört somit nicht mehr in den Zuständigkeitsbereich des an der schönen Literatur interessierten Juristen. Unter der Voraussetzung also, daß der Jurist ‚bei seinem Leisten' bleibt, *darf* er sich also auf schöne Literatur einlassen. Diese Voraussetzung definiert zugleich seine Grenze. Worin liegt der Grund, die „besondere Rechtfertigung" dafür, es zu tun? Dieser ergibt sich für Jellinek einmal aus dem Wesen des Rechtes und zum andern aus dem Wesen der schönen Literatur.

Recht ist strenge Form. Sein Wesen zeigt sich in der Ein- und Ausgrenzung von Sphären, von mein und dein, von Persönlichkeit zu Persönlichkeit. Es bedient sich dabei „kalter und abstrakter Formeln". Doch als Form ist es einem Gefäß vergleichbar, in welches sich „die höchsten und niedrigsten Gefühle der Menschenbrust ergießen können".[6] Die „kalten, abstrakten Formeln" werden von „warmblütigen, leidenschaftsdurchglühten Menschen" getragen. Gegenpol des *Rechtes* als Form ist so gesehen das *Leben.* Den Zusammenhang zwischen Recht und Leben zu bewahren, ist eine Aufgabe der Rechtswissenschaft, welche „einer unserer größten Juristen" meisterhaft erfüllt hat, indem er den „Kampf ums Recht" als Leitgedanken herausarbeitete. Unter diesem Leitgedanken wurden die Probleme zusammengebracht, welche „zugleich juristisch und allgemein menschlich sind".[7] In der künstlerischen Gestaltung kommt dies unmittelbar zum Ausdruck, und der Jurist, der sich auf die schöne Literatur einläßt, dient somit der Aufgabe, die dialektische Einheit von Recht und Leben zu bewahren. Das ist der Grund und die besondere Rechtfertigung für seinen Umgang mit schöner Literatur.

Andererseits aber erweist die schöne Literatur ihr Wesen als *Spiegelbild des Lebens.* In einem Vortrag, den Jellinek am 2. April 1879 im Vereine der Literaturfreunde in Wien gehalten hat,[8] skizziert er in schwungvollem al fresco die historische Entwicklung der Rechtsidee im Drama. In gewaltigem Bogen entfaltet er die Rechtsidee von der Antike bis zur Gegenwart, vom Recht als kosmischer Macht, welcher der Mensch bedingungslos unterworfen ist, über das Recht als Eigenmacht des menschlichen Subjekts und als subjektives Recht des Einzelnen bis zur Synthese von subjektivem und objektivem Recht, von Gesetz, Herrschaft und Freiheit im Rechtsstaat, wie sie im „Prinzen von Homburg" visionär gestaltet wird. Dieser Entwicklungsgang der Rechtsidee, wie er sich im Drama, in der schönen Literatur überhaupt darstellt, ist das Spiegelbild des Lebens. Die Synthese zwischen subjektivem und objektivem Recht, die der Jurist auf der Begriffsebene durchzuführen hat, wird in der Bildhaftigkeit und Anschaulichkeit des Kunstwerkes in den Lebenszusammenhang gebracht. Der Blick in den Spiegel der schönen Literatur zeigt somit auch das Wesen des Rechtes in seiner Geschichtlichkeit.

Wie Jellinek, so geht später der Rechtsphilosoph, Straf- und Kirchenrechtler Erik Wolf in seinem Buch *Das Wesen des Rechts in deutscher Dichtung*[9] von einer Entsprechung zwischen Recht und „schöner Literatur" bzw. Dichtung aus. Er argumentiert folgendermaßen: Dichtung gebe Aufschluß über das Wesen des Menschen, und da das Recht zum Wesen des Menschen gehört, so gebe Dichtung auch Aufschluß über das Wesen des Rechts.[10] Das ist die griffige Erklärung für die Beschäftigung vieler Juristen[11] mit Werken der schönen Literatur.Sie erwarten Erkenntnisse, welche eben allein die schöne Literatur vermitteln kann. Max Friedländer schreibt 1956 in einer Abhandlung über *Rechtsanwälte und Anwaltsprobleme in der schönen Literatur*[12]: „(der Dichter) ... erkennt das innere Wesen der Dinge, der Menschen, der sozialen Zustände, der Sitten und Gebote, der Gesellschaftskreise und Stände ..., und seine Wahrheiten sind tiefere Wahrheiten ...", tiefere Wahrheiten auch als diejenigen, welche dem Wissenschaftler und damit auch dem Juristen erreichbar sind. Überdies handelt es sich um Wahrheiten, die, weil sie in der Anschaulichkeit des Bildes erscheinen, leichter übertragbar sind als diejenigen, welche in der Abstraktion der Begriffe bzw. in trockenen Beschreibungen befangen und gefangen sind. Wie Jellinek ist auch Friedländer überzeugt, daß die schöne Literatur weit lebensnäher sei als die Wissenschaft. So verbürgt der Umgang mit schöner Literatur dem Juristen dreierlei: vertiefte Erkenntnis, den Zusammenhang mit dem Leben und schließlich über die Grenzen der Fachdisziplin hinausgehende Perspektiven. Das gilt allerdings unter einer Voraussetzung, „daß der Dichter eben ein Dichter ist".[13] Bezeichnend, daß Friedländer diese Voraussetzung nicht reflektiert. Jellinek begnügt sich mit der apodiktischen Feststellung, das ästhetische Urteil falle nicht in den Zuständigkeitsbereich der Juristen. Ob es sich in concreto um ein „Kunstwerk" handelt und ob damit seine Erwartungen begründet sind, diese Frage muß er anderen zur Beantwortung überlassen. Im Falle eines Klassikers kann er sich auf die Kanonisierung durch den Konsens von „Priestern und Laien" verlassen. Schwieriger wird es, wenn man sich auf das „verwirrende Treiben der Gegenwart" einläßt.[14] Ob die wenigen modernen Werke, die der Jurist Jellinek rezensiert, vom Kanon der schönen Literatur wirklich erfaßt werden, mag dahingestellt sein. Man wird sich überhaupt fragen müssen, ob das juristische Interesse an Literatur vom Gegensatz zwischen schöner und trivialer Literatur abhängig gemacht werden kann. Die Übergänge sind so fließend, daß allgemeinverbindliche Markierungen, soweit es sich nicht um Kanonisierung durch Konsens handelt, als ausgeschlossen gelten müssen. Hinzu kommt in der Literaturwissenschaft der Trend zur Distanzierung vom „ästhetischen Werturteil" und die weitverbreitete Neigung, den Gegensatz zwischen Dichtern und Schriftstellern einzuebnen und den Dichter als Zoon romantikon aussterben zu lassen.[15]

Mit dem Verzicht auf die Kategorie der schönen Literatur als Gegenstand des juristischen Interesses, mit der Befreiung vom Kanon, ergeben sich Vor- und Nachteile. Von Vorteil dürfte die Befreiung von einem gewissen Erwartungsdruck, von der Vermutung sein, durch die Beschäftigung mit der schönen Literatur juristische Erkenntnisse gewinnen und Bedeutungsvolles und Tiefsinniges erfahren zu können. Man darf dabei nicht vergessen, daß mit der Befreiung vom Kanon nicht nur der positive Erwartungsdruck im Hinblick auf schöne Literatur, sondern auch der negative im Hinblick auf Trivialliteratur entfallen muß. Mit dem Kanon verschwinden die Kategorien der schönen und der trivialen Literatur. So erscheint es von den gegebenen Voraussetzungen her als unzulässig, etwa die Werke Ganghofers der Trivialliteratur zuzuordnen und sie damit von vorneherein dem dringenden Verdacht auszusetzen, es handele sich um präfaschistisches Gedankengut.[16] Die Interpretation der Literatur unter dem Gesichtspunkt eines juristischen Interesses hat somit vorurteilsfrei in der einen wie in der anderen Richtung zu erfolgen. Als Nachteil dagegen könnte der Umstand gelten, daß mit der „Befreiung vom Kanon" die Legitimität des juristischen Interesses an Literatur in Frage gestellt ist. Das juristische Interesse an schöner Literatur scheint gerechtfertigt in der Erwartung eines Erkenntnisgewinns. Was bleibt, wenn die mit dem Kanon verbundenen Erwartungen dahinfallen? Die „wissenschaftliche Spielerei", das Vergnügen des Liebhabers? Zunächst einmal die Notwendigkeit der Neuorientierung.

Dabei zeigt sich jenseits der bisherigen Erörterungen ein juristisches Interesse an Literatur, dessen Rechtfertigung außer Zweifel steht: das rechtshistorische. In diesem Zusammenhang sei an das große, dreibändige Werk von Hans Fehr[17] erinnert: *Das Recht im Bilde, Das Recht in der Poesie* und *Die Poesie im Recht.* Dem enthusiastischen Rechtshistoriker, dem sensiblen Rechtsästheten geht es auch um die darstellende Kunst. Auch sie erscheint als Informationsquelle und ist von rechtshistorischem bzw. rechtsarchäologischem Wert. So lesen wir bei Fehr: „Wenn Lukas Cranach die Ausdärmung des hl. Erasmus in Holz schneidet, so dürfen wir annehmen, daß dieses Instrument tatsächlich im Gebrauche war oder einst gewesen war. Ebenso wenn er eine Enthauptung mit dem Fallbeil darstellt ... Die Bilder wirken bezeichnend und erklärend für die Geschichte des Strafvollzuges."[18] Unter diesem Blickwinkel tritt das Künstlerische an der Kunst, ob es sich um Bild- oder Wortkunst handelt, ist gleichgültig, völlig in den Hintergrund. Die „Beweisfunktion" dagegen tritt in den Vordergrund. Bild oder Lied „beweisen", wie es war: die historische Wahrheit. Darum geht es auch dem Genfer Juristen Paul Graven,[19] wenn er den *Roman du Renart* interpretiert bzw. als Informationsquelle benützt, um die mittelalterliche Rechtsordnung, insbesondere die Strafprozeßordnung minutiös nachzuzeichnen. Wollte man annehmen, daß Hans Fehr Kunstwerke lediglich als Steinbrüche für historische Wahrheiten auswerten wollte, so ginge man an seiner eigentlichen Intention völlig vorbei. Sein Anliegen ist ehrgeizig. Es geht ihm darum, die verlorene Einheit von Gerechtigkeit, Wahrheit und Schönheit wiederzugewinnen, ohne die Kultur nicht möglich sei. „Unser Leben von heute ist aufgelöst in Teilgebiete. Die große Einheit des Daseins ist verlorengegangen, und nur die Sehnsucht nach Zusammenfassung, die Hoffnung auf eine Synthese ist geblieben. Stirbt auch dieser letzte Wunsch in uns, dann erscheint das Schicksal der Kultur als besiegelt."[20] Wie stark der Blick in die Vergangenheit die Zukunftsvision prägt, zeigt die folgende Formulierung: „Vom festen historischen Boden aus will dieses Buch einen bescheidenen Stein zum künftigen Dombau beitragen.“[21] Auch bei Friedländer zeigt sich das rechtshistorische Interesse mit aller Deutlichkeit, wenn er schreibt: „Über den Prozeß des Shylock und seine juristische Würdigung ist mancherlei geschrieben worden, aber meist nur über die Gerechtigkeit des Urteils, über die Weisheit oder Verkehrtheit des Gutachtens der Portia und die materiell-rechtlichen Fragen, die sich daran knüpften. Für uns handelt es sich in erster Linie um anderes, nämlich um die interessanten rechtshistorischen Aufschlüsse, die sich aus der Darstellung des Gerichtsverfahrens bei Shakespeare ergeben.“[22] Dabei geht es ihm um die Institution der Rechtsanwaltschaft.

Zum rechtshistorischen Interesse im engeren Sinne, zum Interesse an einzelnen Rechtseinrichtungen früherer Zeiten und ihrem Funktionieren kommt das *ideengeschichtliche*[23] Interesse. Es ist in der Erfahrung begründet, daß Rechtssätze, Rechtsinstitute und -institutionen sowie Rechtssysteme auf „Basisdoktrinen“, Ideen und Ideologien zurückzuführen sind, die ihrerseits „Licht in den Sinn von Einzelregelungen“ bringen. So können durch Literatur Einblicke in die Übergänge von theozentrischem zu anthropozentrischem Recht, Kontraste zwischen wirtschaftlichen und religiösen Aspekten vermittelt werden. Umgekehrt aber zeigt sich auch, daß das Genus der Tragödie mit dem Phänomen des Rechtsverstoßes zusammenhängt, der als unvermeidbar gilt und dennoch in der Kategorie der Zurechnung und der Zurechenbarkeit eingespannt ist.[24] Man wird nicht ohne weiteres davon ausgehen dürfen, daß die durch Literatur vermittelte Rechtsideengeschichte andere Abläufe, Fort- und Rückschritte, Themen und Probleme aufweist als diejenige, welche herkömmlicherweise in der Auseinandersetzung mit Staatsphilosophien bzw. Staatstheorien im Rahmen des juristischen Ausbildungsprogrammes vermittelt wird. Überraschungen sind allerdings nicht ausgeschlossen, wie z. B. die, für welche der Philosoph Blumenberg sorgt, wenn er dem Juristen den mythologischen Aspekt der Gewaltenteilung deutlich macht.[25] Es ist auch denkbar, daß die Auseinandersetzung mit Literatur Momente und Fakten in den Vordergrund rückt, welche die Jurisprudenz ignoriert oder nur am Rande registriert. Das gilt vor allem für zwei Phänomene, die durch das Sinnbild des Spieles und dasjenige des Paares sichtbar werden.

Neben dem rechtshistorischen Interesse ist ein juristisches Interesse an Literatur auch unter rechtspsychologischen Aspekten festzustellen. Dabei geht es nicht um die Bedeutsamkeit psychologischer Befunde im Hinblick auf rechtliche Regelungen, sondern um die Bedeutung der *Rechtsüberzeugung*. Unter positivem Recht versteht man gemeinhin jene Normen, welche von einer anerkannten Instanz gesetzt und durch Rechtsüberzeugung und Rechtszwang durchgesetzt werden. Rechtsüberzeugung und Rechtszwang gelten als die wesentlichen Mittel der Rechtsverwirklichung.[26] Sie stellen den der Rechtsordnung eigenen Wirklichkeitsbezug her. Je stärker eine Rechtsordnung durch Freiheitsrechte und das Demokratieprinzip geprägt ist, desto mehr kommt es bei der Rechtsverwirklichung auf die Wirkkraft der Rechtsüberzeugung der Beteiligten an. Inhalt der Rechtsüberzeugung ist die „unverrückbare" Meinung, daß die Rechtsordnung im Kern richtig sei, daß sie insoweit zu Recht Verbindlichkeit beanspruche, daß sie Alternativprogrammen[27] gegenüber den Vorzug verdiene und daß es sich lohne, sie aus eigenem Willen zu verwirklichen. Vier Begriffe beleuchten den Problemzusammenhang: Anerkennung, Konsens, öffentliche Meinung und Treue zur Verfassung. Letzterer macht die Risiken deutlich, deren Erörterung im Rahmen der rechtspsychologischen Fragestellung unerläßlich ist, so unerläßlich wie Analysen, welche die Entstehung und Zersetzung von Rechtsüberzeugung sowie ihre Zusammensetzung aus Ideen und Interessen betreffen.[28]

In unserem Zusammenhang geht es nur um einen Aspekt dieses Problemzusammenhanges: um die Frage nach den tatsächlichen Meinungen, welche die Rechtsordnung betreffen. Diese Meinungen stimmen mit der Überzeugung von der Richtigkeit der Rechtsordnung nur scheinbar, oft überhaupt nicht überein. Dabei kommt es vielfach auf die Momente der Konsequenz und des Risikos an. Wer die Demokratie anerkennt, ohne seine Selbstverantwortung und die damit verbundenen Risiken anzuerkennen, verkennt die Demokratie und kann sie somit auch nicht tatsächlich anerkennen. Wer sich zu den Freiheitsrechten bekennt, ohne die Rechte der Angeklagten im Strafprozeß anerkennen und verstehen zu können, wer den Rechtsstaat will, ohne seine Risiken zu wollen, gehört nicht zu den Trägern der Rechtsüberzeugung, die den Rechtsstaat tragen. Es fehlen die Voraussetzungen zur Bildung derselben. – Im Prozeß der Bildung, Umbildung und Verbildung der Rechtsüberzeugung spielen Meinungstrends, die durch *Literatur* verbreitet werden, eine nicht unerhebliche Rolle. Dabei hat das Interesse am Verbreitungsgrad, an der Quantität, Vorrang vor der Qualität. Die Vermutung dürfte nicht unbegründet sein, daß Kriminalromane mit hohen Auflagen eher Aufschluß über die Courants in der öffentlichen Meinung geben als ein mehr oder weniger esoterisches Rechtsdrama. Das betrifft die Oberflächenwirkungen; bei den Tiefenwirkungen mag es anders sein.

Dazu zwei Einwände. Der erste: Die in Unterhaltungspackung gelieferten Rechtsvorstellungen würden von den Konsumenten überhaupt nicht wahrgenommen. Die Erfahrung der Werbepsychologie[29] zeigt ein ganz anderes Bild. Gerade das, was unbemerkt unter die Haut geht, prägt sich ein. Der zweite Einwand: Selbst die weitverbreitete, in Millionenauflage verbreitete Literatur sei im Verhältnis etwa zu den Wirkungen des Fernsehens unerheblich. Diese sind als „vorübergehende Erscheinungen" lange unterschätzt worden. Die Langzeitwirkung der Fernsehbilder ist jedoch nicht zu bezweifeln. Sie ist um so höher zu bewerten, als die mit dem Bild verbundene Argumentation in der Regel aus der Erinnerung verschwindet. Das allerdings bedeutet nicht, daß aus Büchern mit Massenauflagen keine Anhaltspunkte für die kursierenden Auffassungen zur Rechtsordnung gewonnen werden können, die den Anspruch auf Geltung erheben.[30]

Hans Fehr hat darauf hingewiesen, daß in früherer Zeit die spezifische Wirkung des Bildes in Gestalt von Illustrationen für die Bildung der Rechtsüberzeugung unmittelbar genutzt worden sei.[31] Diese Bildwirkung, man könnte sie als rechtspädagogische Wirkung bezeichnen, ist immer hervorgehoben worden, wenn sich das Interesse der Juristen auf Literatur richtete. Das anschaubare Bild erscheint „lebensnäher", konkreter als Begriff und begriffliche Konstruktionen. Paradox ausgedrückt: Bilder sind leichter zu begreifen als Begriffe. Insoweit ist Literatur besonders geeignet, Rechtsinhalte zu verbreiten und zu übermitteln. Volle Wirkung kann der Übermittlungsvorgang allerdings nur gewinnen, wenn er ins Bewußtsein gehoben wird. Das geschieht bei der Interpretation von Literatur mit dem Ziel, Rechtsgehalte herauszuarbeiten. Neben das rechtspsychologische tritt somit das *rechtspädagogische* Interesse. Zwei Illusionen sind allerdings nicht ungefährlich: zum einen die Vorstellung, die Interpretation vermittle Rechtseinsichten, und zum anderen der Trugschluß, sie könne „Lebenswirklichkeiten" sichtbar machen. Gegen beide Gefahren gewährt die Feststellung eine gewisse Sicherheit, daß die Literaturtexte als Modelle, als *imaginative Modelle* aufzufassen sind: als architektonische oder technische Modelle, welche die wirkliche Stadt vorbilden oder die wirkliche Eisenbahn nachbilden, um „Erfahrungen" zu machen, die den Bau der wirklichen Stadt der Realisierung näherbringen oder um „Verhaltensweisen" zu erproben, die an der wirklichen Eisenbahn nicht erprobt werden können.[32] Entsprechend erlauben auch imaginative Modelle Annäherungen an die Wirklichkeit, insofern sie jene Anschaulichkeit und Geschlossenheit bieten, welche die Wahrnehmung zur Bewegkraft des Denkens werden läßt, freilich nur in fiktiven Landschaften, Architekturen, Gesellschaften und Handlungsabläufen, wie realistisch diese auch immer sein mögen. Darin liegt ihr eminenter pädagogischer Wert. An ihnen kann man den Laien „zeigen", was es mit dem Recht auf sich hat; und man muß sich sehr ernsthaft fragen, ob die Lektüre von Kriminalromanen in der Schule nicht weiterführen würde als Rechtskundeunterricht. Zumindest könnte so auch die Attraktivität des Lesens deutlich werden.[33]

Fassen wir zusammen: Dreifach ist das rechtswissenschaftliche Interesse an nicht rechtswissenschaftlicher, „schöner" oder trivialer Literatur. Es ist ausgewiesen als rechtshistorisches, institutionen- und ideengeschichtliches Interesse. Es ist zum zweiten ausgewiesen als rechtspsychologisches Interesse, als Interesse an den durch außerfachliche, nicht wissenschaftliche Literatur vermittelte und rezipierte Anschauung vom Recht, und dies vor allem in Verbindung mit dem Stellenwert, welche der Rechtsüberzeugung der Rechtsgenossen im Rechtsverwirklichungsprozeß zukommt. Sie ist schließlich ausgewiesen als rechtspädagogisches Interesse, als Interesse daran, die Anschaulichkeit imaginativer Modelle dazu zu benutzen, Rechtsfragen dem „Laienpublikum" zugänglich zu machen, Rechtsignoranz und Rechtsblindheit einzuschränken. Das kann nur gelingen, wenn man die einer „Story" immanenten Unterhaltungs- und Erschütterungstendenzen voll zur Geltung bringt, indem man sie nacherzählt und die Versuchung zurückweist, sie als Steinbrüche für juristische Argumentations- und Systematisierungskünste zu benutzen. Das dreifache Interesse der Jurisprudenz an der Literatur – darauf sei abschließend hingewiesen – kann fachspezifisch artikuliert werden: aus der Sicht des privaten, des öffentlichen Rechtes und des Strafrechtes. Im gegebenen Fall ist die Sicht der allgemeinen Staatslehre maßgeblich.

II. Juristische und literaturwissenschaftliche Interpretation

1. Zwischen politischer- und Wissenschaftsgeschichte gibt es Parallelen. Wie die Familie Lichtenstein erst in den Fürstenstand erhoben werden konnte, nachdem sie ein Territorium erworben, die Herrschaften Schellenberg, Vaduz und Balzers gekauft hatte,[34] so entstanden und entstehen Spezialwissenschaften durch Ausgrenzung von Forschungs- und Lehrgebieten oder -territorien. Danach reklamieren Juristen und Philologen jeweils eigene Fachgebiete bzw. Untersuchungsgegenstände für sich, welche durch die Reichweite ihrer Methoden abgegrenzt werden. Methoden-

streitigkeiten sind Grenzstreitigkeiten. Condominien und Coimperien sowie Bereiche guter Nachbarschaft sind in diesem Vergleichsbild nur schwer konstruierbar. Direkter und indirekter Imperialismus sind dagegen ohne weiteres denkbar. Eine Konsequenz aus dem strengen „Territorialprinzip" müßte dahingehen, daß der Literaturwissenschaftler, der sich mit dem Recht in der Literatur befaßt, eben einen anderen „Gegenstand" hat als der Jurist, der das gleiche tut. Ein Blick auf die „Praxis" erspart abstrakte Grundsatzerörterungen.

Im Jahrbuch der deutschen Schillergesellschaft hat der Literaturwissenschaftler Wulf Segebrecht das Thema *E. T. A. Hoffmanns Auffassung vom Richteramt und vom Dichterberuf* behandelt.[35] Er setzt sich mit der Behauptung auseinander, zwischen dem Dichter und dem Richter habe ein Verhältnis der „Duplizität" bestanden, es habe sich um ganz verschiedene Personen, letztlich also um eine Spaltung der Persönlichkeit gehandelt. Er kommt zu dem Ergebnis, die Behauptung sei unbegründet, im Werk des Dichters und in der Argumentation des Juristen seien übereinstimmende Konzepte nachweisbar. Dabei beruft er sich vor allem auf praxisbezogene Gutachten des Richters, die bisher unbekannt waren und die er mit dem literarischen Werk vergleicht. Er betritt somit ohne methodische Skrupel das Gebiet der Jurisprudenz. Darf er das? Verfällt er nicht fast zwangsläufig der Naivität, weil er den Stellenwert der Wörter und Sätze, der Begriffe und Argumente im jurisprudentiellen Kontext nicht beurteilen kann, weil ihm die Erfahrung im Umgang mit juristischen Texten abgeht? Müßte er nicht ein Sachverständigengutachten einholen und seine Überlegungen daran orientieren? Damit gerät Segebrecht witzigerweise genau in das Problemfeld, mit dem sich sein „Inquisit" Hoffmann befaßt: Darf der Richter Gutachten medizinischer Sachverständiger zur Frage der Zurechnungsfähigkeit „würdigen", oder ist er an das Letztgutachten gebunden? Hoffmann argumentierte differenziert. Soweit es sich um Sachverhalte handelt, die naturwissenschaftlich faßbar sind, darf er eine Überprüfung allein unter dem Gesichtspunkt des Satzes vom Widerspruch nach formalen Kategorien vornehmen; handelt es sich um solche, die einer exakten, naturwissenschaftlichen Erfassung nicht unterliegen, so muß er sich auf die „Sache" selbst einlassen und darf seine eigenen Kenntnisse und Erfahrungen mit einbringen. Demgegenüber vertritt Hoffmanns Freund Hitzig, den Segebrecht als aufklärerischen Naturrechtler vorstellt, die Gegenthese, wonach eben der Richter an's Sachverständigenurteil deshalb gebunden ist, weil sonst für richterliche Willkür die Bahn frei werde.

Es ist nicht ohne Reiz, daß Segebrecht, der in seiner Sache die Hinzuziehung eines juristischen Sachverständigen nicht einmal erwägt, sich für die Bindung des Richters an das Sachverständigengutachten ausspricht. Er schreibt: „Ohne Zweifel ist Hitzigs Rechtsauffassung weniger konflikthaltig als diejenige Hoffmanns. Sie gibt dem Richter Richtlinien an die Hand und entbindet ihn von im Einzelfall schwerer Verantwortung, die Hoffmann ihm dagegen zumuten möchte.“[36] Damit stellt sich der Literaturwissenschaftler gegen die heute einhellige Auffassung der Juristen. Nach geltendem Recht ist der Sachverständige wie der Zeuge „ein persönliches Beweismittel“. Nach 262 StPO ist es Aufgabe des Gerichtes, die Beweismittel frei zu würdigen und über das Ergebnis der Beweisaufnahmen nach freier Überzeugung zu entscheiden. Die Bindung an das Gutachten eines Sachverständigen ist damit ausgeschlossen. Das hat seinen guten Grund darin, daß die Verbindlichkeit des Sachverständigengutachtens keineswegs die Rechtssicherheit förderte, sondern die Einheit der Rechtssprechungsgewalt und die Unteilbarkeit der richterlichen Verantwortung sprengte. Das Moment der Willkür aber ist nach menschlichem Ermessen aus der freien Beweiswürdigung dadurch ausgeschaltet, daß ein Revisionsgrund gesetzt wird, wenn ein Gericht das „Urteil“ des Sachverständigen ignoriert oder ohne Grund übergeht. Hoffmann behält gegenüber Hitzig auf der ganzen Linie recht. Mit romantischer Neigung zur willkürlichen Spekulation hat seine Argumentation freilich nichts zu tun. Im Gegenteil: Sie ist von einem feinen Verständnis fürs Institutionelle, für Funktion und Struktur der rechtsprechenden Gewalt gekennzeichnet. Damit soll Segebrechts Ergebnis, daß zwischen dem Richter und dem Dichter keine Spaltung bestanden habe, in keiner Weise in Frage gestellt werden. Dennoch: Die Darlegungen Segebrechts sind ein Lehrstück dafür, daß in der Kooperation mit dem sachverständigen Juristen der Literaturwissenschaftler gegebenenfalls besser fahren würde als im Alleingang. Das gleiche gilt für den Juristen, der Literatur auf's Recht hin befragt. Freilich fragt er nach dem, was er versteht. Doch er fragt innerhalb eines Gebietes, das von den Literaturwissenschaften bearbeitet wird. So muß er sich denn in ihrer Sprache sachkundig machen, wie sich der Literaturwissenschaftler in die Rechtssprache einfinden oder einführen lassen muß.

2. Wulf Segebrechts Untersuchung wird vom biographischen wie auch vom Interesse am Werkinhalt bestimmt. Zur Methode der Werkerschließung äußert er sich nicht, sowenig er sich zur Problematik des Umgangs mit juristischen Texten äußert. Die Methodenfrage hängt jedoch entscheidend mit der Kompetenzfrage zusammen. Diese stellt sich zwangsläufig, wenn ein Jurist nach dem Recht in der Literatur fragt. Zweifellos

handelt es sich in einem wie im anderen Fall um die Auslegung, die Deutung, die Interpretation von Texten. Fraglich ist jedoch, ob es sich angesichts der Verschiedenartigkeit der juristischen und der literarischen Texte auch um verschiedenartige Methoden handelt. Die Jurisprudenz hat im Zentrum ihrer Bemühungen *rechtsverbindliche Texte*. Rechtsverbindlichkeit, mit Rechtskraft ausgestattet, heißt: Diese Texte sollen ins *Verhalten* derer umgesetzt werden, an die sie sich richten. Interpretation hat darauf hinzuwirken, daß Zweifel am Textinhalt ausgeräumt werden und eine gleichmäßige Umsetzung gesichert und disparates, widersprüchliches, antagonistisches Handeln unter Berufung auf den rechtsverbindlichen Text vermieden wird.

Dieses Ziel soll einmal dadurch erreicht werden, daß der historische Wille dessen, der den Text geschrieben und „autorisiert" hat, erfaßt und geklärt wird (Historische Methode). Zum anderen aber dadurch, daß der Text selbst als Objektivierung des Willens der autorisierenden Instanz unter grammatikalischen, logischen und teleologischen Aspekten entschlüsselt wird (Objektive Methode). In aller Regel werden beide „Methoden" dergestalt dialektisch verbunden werden, daß vom Primat der objektiven und der Subsidarität der historischen oder subjektiven Methode ausgegangen wird. Daß rechtsverbindliche Texte aus der Zeit in die Zeit hinein wirken, wird durch die Forderung nach Berücksichtigung der entstehungs- wie der geltungszeitlichen Faktoren deutlich, mit welcher jene andere verbunden ist, den Verständnishorizont des Adressaten zu berücksichtigen.[37] Daß der Interpretationsvorgang nicht als rein kognitiver Prozeß und seine Ergebnisse nicht die Zuverlässigkeit von naturwissenschaftlichen Erkenntnissen aufweisen, wird mit der Feststellung aufgefangen, daß es nicht um die Erarbeitung der richtigen, sondern der plausiblen, überzeugenden Lösung gehe. Dabei darf nicht übersehen werden, daß sich diese Vorgänge letztlich in einem normativen Rahmen abspielen, und daß gerade das Plausibilitätsargument normativ bedingt ist.[38] Eine „systemübergreifende" Interpretationsmethode ist daher nicht denkbar, welche für sozialistische wie nichtsozialistische Systeme Geltung beanspruchen könnte.[39]

Diese altbewährte Lehre scheint durch die Theorie vom „Vorverständnis" eine gewisse Auflockerung zu erfahren.[40] Danach tritt der Interpret nie voraussetzungslos an einen Text. Er bringt immer schon ein „Vorverständnis" mit. Dieses gilt es im Zuge des Interpretationsvorganges sichtbar zu machen und am Text entweder als Vorurteil zu entlarven oder aber zu einem tatsächlichen Verständnis weiterzuentwickeln. Der Interpretationsvorgang wird dadurch „dialektisiert". Die Position des Interpretationssubjektes wird reflektiert und dadurch das Risiko des Mißverständnisses gemindert. Allerdings ist nicht zu übersehen, daß die Vorverständnistheorie ihrerseits Mißverständnisse erzeugt. Das ist dann der Fall, wenn das Vorverständnis im Rahmen etwa der Verfassungsinterpretation gleichsam als conditio sine qua der Interpretation, als Vorbedingung verstanden wird, von der aus der Verfassungstext zum Sprechen gebracht und mit einer Verfassungstheorie identifiziert wird, die nicht aus dem Text erarbeitet, sondern von außen an ihn herangetragen wird. Auf diese Weise würde der Geltungsbereich des Verfassungstextes durch die Geltungsanmaßung des Vorverständnisses und der damit gleichgesetzten Verfassungstheorie ersetzt.[41] Auf theologischer Ebene hat Karl Barth diese Problematik kraftvoll so zur Sprache gebracht: „Kann man irgendeinen Text aus alter oder neuer Zeit verstehen, wenn man – statt seiner Selbsterschließung offen entgegenzusehen und geduldig zu folgen – mit einer Vorentscheidung über das Maß und die Grenzen seiner Verständlichkeit oder Unverständlichkeit schon an ihn herantritt?“[42]

Abschließend ist darauf hinzuweisen, daß auch der Philosoph der Hermeneuten und der Hermeneutik, Hans Georg Gadamer, auf die Reflexion eines gegebenen Vorverständnisses und nicht auf Reduktion des Auslegungsgegenstandes in ein gegebenes Vorverständnis abhebt.[43] Die Stärke der Vorverständnistheorie liegt darin, daß sie das jeweilige Interpretationssubjekt an die Notwendigkeit erinnert, sich selbst und die eigenen Voraussetzungen in der Auseinandersetzung mit dem Interpretationsobjekt in Frage zu stellen. Die bewährte Lehre wird dadurch akzentuiert, keineswegs aber aufgehoben. Wenn man die Lage der Literaturwissenschaften zu klären versucht und dabei auf Stanley Edgar Hymans[44] Versuch einer „Integration“ stößt, so liegt es nahe, die Hoffnung auf Integration aufzugeben. Die seitenlange Aufzählung der allein in Amerika vertretenen Methoden[45] läßt daran zweifeln, ob die Integrationsforderung mehr als ein Scherz ist. Sieht man sich indessen die Aufzählung genauer an, zeigt es sich, daß sie durchaus überschaubar bleibt. Einige Methoden werden übrigens von unserem „jokosen“ Superkritiker rücksichtslos eliminiert, wie die Jungianer,[46] denen flott und schneidig untermenschliche Blut- und Bodenmystik unterstellt wird. In dem verbleibenden Durcheinander zeichnen sich indessen zwei methodische Grundrichtungen ab: einerseits die Konzentration auf die Texte und zum anderen diejenige auf „Ursache und Wirkung“ derselben, auf ihr „Umfeld“. In die Polarität dieser Tendenzen – der Tendenz zur Isolation und derjenigen zur Assoziation – läßt sich die „Legion“ ordnen und ins Überschaubare bringen. Im einen wie im anderen Fall wird der Bezug zur Gegenposition nicht zu verkennen sein. Soweit ist eine entscheidende Differenz zur methodologischen Lage der Jurisprudenz nicht sichbar.

Wie stark die juristische, trotz allen Anfechtungen[47] nach wie vor herrschende Interpretationsmethode und die literaturwissenschaftliche Hermeneutik übereinstimmen, sei am Beispiel der sog. Rezeptionsforschung illustriert. In ihrem informativen Buch über Rezeptionsforschung unterscheidet Hannelore Link[48] zunächst drei Komponenten schriftlicher Kommunikation: den Autor, den Leser und den Gegenstand. Der Autor ist einmal der „textexterne" Textverfasser. Wir können ihn mit dem historischen Gesetzgeber vergleichen. Dazu kommt der „textinterne" Autor: „ein Geschöpf des Autors". Es kann sich um einen fiktiven Erzähler handeln. Daneben ist aber auch die Rede vom abstrakten, vom impliziten Autor, der als „Integrationspunkt" sämtlicher Verfahren und Eigenschaften des Textes das Bewußtsein definiert, „in dem alle Einzelheiten der Textgestalt ihren Sinn haben".[49] Man kann ihn mit dem Gesetz vergleichen. Entsprechend werden der abstrakte, implizite und der konkrete, externe, reale Leser[50] unterschieden. Der implizite Leser ist der Leser, wie er im Text vorausgesetzt wird. Auch diese Unterscheidung ist dem Juristen vertraut: auf der einen Seite der Gesetzesadressat, wie ihn sich das Gesetz vorstellt; auf der anderen Seite eben der reale Adressat, der im Interpretationsprozeß vorab unter geltungszeitlichen Gesichtspunkten vergegenwärtigt werden muß. Die Gesichtspunkte und die Momente, welche die Interpretation im juristischen wie im literaturwissenschaftlichen Bereich lenken und strukturieren, stimmen weitgehend überein. Die Gefahr der Überakzentuierung einzelner Aspekte ist im einen wie im anderen Bereich gegeben. Vor allem ist der Text als Mitte, als Gegenstand zwischen Autor und Leser durch textexterne Momente gefährdet. Dennoch: Ganghofer-Texte werden durch Verfilmungen in der Zeit des Nationalsozialismus nicht zur präfaschistischen Literatur. Darüber müßten sich Juristen und Literaturwissenschaftler einig sein.[51]

Immerhin, ein Gegensatz bleibt bestehen: der Gegensatz zwischen rechtsverbindlichen Texten und solchen, welche mit „Rechtskraft" nicht ausgestattet sind; derjenige zwischen normgebundener und normfreier Interpretation. Man darf allerdings nicht verkennen, daß dieser Gegensatz auch im Rahmen der Jurisprudenz erheblich ist. Rechtshistorische Untersuchungen unterliegen der Normbindung ebensowenig wie die Interpretation rechtstheoretischer Texte.[52] Zumindest tritt der normative Gesichtspunkt zurück und erscheint lediglich als perspektivischer Augenpunkt am Horizont. Diese Perspektive ist aber auch literaturwissenschaftlicher Interpretation eigen, soweit sie politisch eindimensionale Determinationen zurückweist. Methodengegensätze verursachen keine Schwierigkeiten im Übergang von einem Wissenschaftsgebiet ins andere; wohl aber die Erfahrungskonzentration im Umgang mit spezifischen Problemen und Themen. Sie und nicht die Methoden definieren in unserem Fall die Zuständigkeiten.

III. Stoffwahl, Stoffdisposition

1. Die nicht rechtswissenschaftliche, außerwissenschaftliche Literatur, für welche ein rechtswissenschaftliches Interesse angemeldet werden kann, ist unüberschaubar. Die Stoffauswahl fällt deshalb nicht leicht. Ein Moment der Willkür ist nicht zu vermeiden. Warum Schiller und nicht Kleist? Warum Dürrenmatt und nicht Frisch? Warum europäische Literatur und nicht afrikanische? Die Fragen ließen sich endlos vermehren. Sie lassen sich auch nicht befriedigend beantworten, es sei denn, man gebe sich mit dem Hinweis auf das Liebhaberinteresse des Interpreten und das Prinzip der Kräfteökonomie zufrieden. Es könnte auch sein, daß die Willkür in der Auswahl durch das Ergebnis der Auswertung kompensiert wird. Es könnte sein, daß ein kontrastreiches, beziehungsreiches Gesamtbild entsteht, welches für den Juristen Anregung und Provokation bietet und welches für den Laien die Möglichkeit einschließt, den Bereich von Staat und Recht in sein eigenes Weltbild zu integrieren.[53] Keine Bedeutung kann bei der Auswahl des Stoffes dem Gegensatz zwischen schöner und trivialer Literatur zukommen; wohl aber der Gegensatz zwischen historischen und zeitgenössischen Stoffen. Dabei ist bei der Auswahl der historischen Stoffe auch das rechtspädagogische Interesse zu berücksichtigen, welches in Verbindung mit dem psychologischen Interesse auch die Auswahl der zeitgenössischen Stoffe bestimmt. Aus den angegebenen Prämissen erscheint es ebenfalls angezeigt, dem rechtshistorischen Interesse entsprechend Exempel aus der Literaturgeschichte zu erörtern. Dem rechtspsychologischen Interesse dient dagegen eine Auswahl aus dem Bereich der zeitgenössischen Literatur.

2. Aus diesen Erwägungen ergibt sich eine Zweiteilung des Stoffes in einen ersten, ideengeschichtlichen Teil (historische Perspektiven) und einen zweiten Teil, der zeitgenössische Literatur (zeitgenössische Perspektiven) betrifft. Den beiden Teilen folgt ein Epilog, in dem eine „Auswertung" versucht wird. Die gemeinsame Perspektive für die ideengeschicht-

lichen Erörterungen sowie für die Auseinandersetzung mit zeitgenössischer Literatur ist der Bürgerstaat der Gegenwart. In den vier Kapiteln des ersten Teils werden die Übergänge vom mittelalterlichen theonomen Denken zum Machtstaat und zum Rechtsstaat, sowie Aufschwung und Rückschlag im Kampf um den Bürgerstaat geschildert. Die vier Kapitel des zweiten Teils erörtern das Risiko der Perversion und die Chance der Regeneration des Bürgerstaates. Perversion als Ausweglosigkeit? Die Antagonie von Verdecken und Aufdecken, Arkanstaat und Res publica, als Prinzip und Movens der Detektivgeschichte bildet die Thematik des zweiten Kapitels, Hoffnung und Angst als Grundkräfte von liberalen, sozialistischen und autoritären Utopien stehen im Mittelpunkt des dritten Kapitels. Im vierten Kapitel schließlich sollen Regenerationschancen jenseits der Utopien der Hoffnung und des Schreckens zur Diskussion gestellt werden. Als Sinn- und Leitbild dienen das Spiel und das Paar.

Anmerkungen

1 Georg Jellinek, *Ausgewählte Schriften und Reden*, 1. Bd., Berlin 1911, S. 179 ff.
2 *Grünhuts Zeitschrift*, IX, 1882, S. 438.
3 *Ausgewählte Schriften und Reden*, a. a. O., S. 234.
4 A. a. O., S. 234.
5 A. a. O., S. 238.
6 A. a. O., S. 234.
7 A. a. O., S. 234.
8 A. a. O., S. 208 ff.
9 Frankfurt am Main 1946.
10 „Ausgehend vom Glauben, daß ‚Recht' zum Wesen des Menschen gehört und jede echte Dichtung vom Wesen des Menschen bedeutende Aussagen macht, erschien die Hoffnung begründet, bei großen Dichtern auch eine verpflichtende Einsicht in das Wesen des Rechts zu finden. Vielleicht ist diese Einsicht gültiger als die der Juristen und systematischen Philosophen, weil die Wahrheit des Dichterworts ursprünglicher ist." (A. a. O., S. 5) Nicht zu überhören ist freilich das „Vielleicht", das die Argumentation bestimmt. Damit unterbleibt der Vorgriff auf das Ergebnis.
11 Vgl. etwa Erich Fechner, der Stifters *Witiko* als „Bilderbuch der Rechts- und Staatsphilosophie" bezeichnet, in dem die „Urfragen" „Blut und Leben" gewinnen. *(Recht und Politik in Adalbert Stifters Witiko. Stifters Beitrag zur Wesensbetrachtung des Rechts und zur Charakterologie und Ethik des politischen Menschen*, Tübingen 1952). Für Fechner ist es selbstverständlich, daß der Dichter einen Beitrag zur „Wesensbetrachtung des Rechtes" zu leisten

vermag. Die neben Fehrs Werk umfassendste Untersuchung, welche im deutschen Sprachraum dem Verhältnis von Recht und Literatur gewidmet worden ist, hat wohl Eugen Wohlhaupter in seinem dreibändigen Buch *Dichterjuristen*, Tübingen 1953, 1955, 1957, vorgelegt. Das „Interesse" Wohlhaupters ist allerdings nicht leicht zu fassen. Zunächst betrifft es die „Zufälligkeit", daß es Dichterjuristen gibt. Gelegentlich reduziert es sich auf das biographische Interesse. Vielfach steht das rechtshistorische Interesse im Vordergrund (vgl. III. Buch, Friedrich Hebbel, S. 1 ff.). Die kenntnisreiche Goetheinterpretation mündet in die fast nichtssagende Feststellung, „wie bedeutungsvoll ist es, daß gerade die größte Dichtung unserer Literatur durch eine rechtliche Klammer zusammengehalten ist" (vgl. I. Buch, S. 384). Im übrigen umfaßt das Beobachtungsfeld zeitlich lediglich das 19. Jahrhundert. Für das steigende Interesse am Dialog zwischen Jurisprudenz spricht, daß die *NJW* entsprechende Sonderhefte herausbringt und daß die Beziehung zwischen Literatur und Recht den Rang von Tagungsthemen erreicht hat (vgl. *NJW* 1984, S. 1057–1096; *Literatur und Recht*, Referate der Deutschen Richterakademie in Trier vom 13.–19. Dez. 1981); vgl. auch Peter Häberle. *Das Grundgesetz des Literaten im (Zerr?) Spiegel der Schönen Literatur*, Baden-Baden 1983.
Aus der Sicht des Soziologen interpretiert den „Dialog" zwischen Soziologie und Literatur Wolf Lepenies, *Die drei Kulturen. Soziologie zwischen Literatur und Wissenschaft*, München, Wien 1985.

12 *Anwaltsblatt, Nachrichten für die Mitglieder des Deutschen Anwaltsvereins e. V.*, Jahrg. 6, Heft 8/9, Aug./Sept. 1956, S. 154 ff.

13 A. a. O., S. 156.

14 Vgl. Jellinek, a. a. O.

15 Vgl. Walter Jens, *Deutsche Literatur der Gegenwart*, München 1961, S. 62 ff. Damit ist der Streit um das Eigengewicht des Ästhetischen im Verhältnis zu ethischen, moralischen und juristischen Urteilen keineswegs abgeschlossen. Vgl. dazu *unten:* Exkurs über die „Wahlverwandtschaft" zwischen Ernst Jünger und Carl Schmitt.

16 Vgl. H. O. Burger (Hrsg.), *Studien zur Trivialliteratur*, Frankfurt/M 1968. Zu allgemein ist die Formel Rolf Schendas, wonach die Gattungen des Trivialromans trotz ihrer scheinbaren stofflichen Vielfalt die „Forderung nach Fluchthilfe aus den Grenzen der erfahrenen sozialen Realität" erfüllen. (*Volk ohne Buch. Studien zur Sozialgeschichte der populären Lesestoffe 1770–1910*, Frankfurt/M 1970, S. 479; ferner Hannelore Link, a. a. O. S. 70 ff.). Gerade eine solche „Fluchtformel" löst die Überzeugung aus, daß eine ernsthafte Auseinandersetzung mit Problemen von Recht und Staat im Trivialroman gar nicht stattfinden könne. Der Gegensatz zwischen Hoch- und Trivialliteratur spielt in der Literaturwissenschaft nach wie vor eine Rolle. Im Rahmen der Trivialliteratur wird zwischen Unterhaltungs- und Kolportageliteratur unterschieden. Dabei stehen weniger authentische Kriterien als vielmehr Bedingungen der Produktion und der Distribution im Vordergrund. So wird etwa darauf hingewiesen, daß Kolportageliteratur den Leser über einen eigenen Markt

erreiche, während Unterhaltungsliteratur über den Buchhandel mit der hohen Literatur angeboten werde.
In diesen Zusammenhang gehört auch die Bedeutung des Massenkonsums. Doch man täusche sich nicht: Mit diesen „technischen" Differenzierungen verbinden sich qualitative und inhaltliche Differenzierungen und Vermutungen. Ansichten, die von vornherein politische Gefahren (Faschismusverdacht) einbeziehen, sind gerade für unsere Fragestellung wenig nützlich. Ob Ganghofer rechtsstaatlich denkt, ergibt sich aus der Einzelanalyse, nicht aus der Zuweisung zu einer Literaturgattung (vgl. Link, a. a. O., S. 64 ff.).

17 Erlenbach, Zürich, München und Leipzig 1923.

18 Vgl. Fehr, *Das Recht im Bilde*, S. 26.

19 *Le procès criminel du roman de renart. Étude de droit criminel féodal au XIe siècle*, Genève 1950. Ein besonders eindrucksvolles Beispiel für das rechtshistorische Interesse ist das Buch von A. Peyrel: *Balzac, juriste romantique*, Paris 1950.

20 Vgl. Fehr, a. a. O., S. 11.

21 A. a. O.

22 Friedländer, a. a. O., siehe Anm. 12.

23 An dieser Stelle berühren sich das rechtshistorische und das rechtsphilosophische Interesse. Damit wird folgende Grobstruktur der Rechtswissenschaft sichtbar: Den dogmatischen Fächern stehen die theoretischen gegenüber. Zu den letzteren gehören: Rechtsgeschichte, Rechtsphilosophie, Rechtssoziologie, Rechtspsychologie sowie Rechtspädagogik.

24 Gerard Schneilin, *Überlegungen zur tragikomischen Struktur in Dürrenmatts ‚tragischer Komödie' Der Besuch der Alten Dame*, in: *Person und Amt, Peter Schneider zum 60. Geburtstag, dem Präsidenten zum Abschied*, Mainz 1980, S. 221 ff.

25 *Arbeit am Mythos*, Frankfurt/M 1979. Der erste Teil des Werkes trägt den Titel *Archaische Gewaltenteilung*. Ich zitiere: „Archaische Gewaltenteilung ist auch die partielle Zuständigkeit der Götter in bezug auf das Menschenleben." (S. 162)

26 Beispielhaft für die ältere Literatur: Eugen Huber, *Recht und Rechtsverwirklichung*, Basel 1921, S. 131 ff., Georg Jellinek, *Allg. Staatslehre*, 3. Aufl., Berlin 1914, S. 332 ff. Vgl. dazu Luhmann, *Rechtssoziologie*, Bd. II, Hamburg 1972, S. 268.

27 Vgl. Peter Noll, *Gesetzgebungslehre*, Hamburg 1973, S. 107 ff.

28 Vgl. Peter Schneider, *Verantwortungstreue*, ein Beitrag zur Frage der Beamtentreue, in Vorbereitung.

29 In diesem Zusammenhang ist auf das nach wie vor faszinierende Buch von Vance Packard, *Die geheimen Verführer*, 11. Aufl., Düsseldorf und Wien, 1969, zu verweisen.

30 Vgl. Peter Schneider, *Sprechen wir morgen in Sprechblasen?*, Bd. 4 der Schriftenreihe der Handwerkskammer, Koblenz 1985, S. 116 ff.

31 Vgl. Hans Fehr, a. a. O., S. 27.

32 Der Ausdruck „imaginative Modelle" deckt sich im wesentlichen mit dem Ausdruck „poetische Modelle", wie er von Herbert Stachowiak in seiner *Allgemeinen Modelltheorie*, Wien 1973, S. 235 f., verwendet wird. Imaginativ im Kontrast zu poetisch schließt die Assoziation mit ästhetischen Kategorien eher aus.

33 Vgl. dazu Heinrich Pleticha/Deutsche Lesegesellschaft e. V. (Hrsg.) *Anstiftung zum Lesen*, Ravensburg 1982.

34 Vgl. Dieter Wenz, *Unbeirrt klettern die Lichtensteiner aus dem Schweizer Rucksack*, FAZ, 12. Juni 1986.

35 Wulf Segebrecht, *E. T. A. Hoffmanns Auffassung vom Richteramt und Dichterberuf. Mit unbekannten Zeugnissen aus Hoffmanns juristischer Tätigkeit*, in: *Jahrbuch der deutschen Schillergesellschaft*, 1967, S. 63 ff.

36 A. a. O., S. 131.

37 Vgl. Peter Schneider, Horst Ehmke, *Prinzipien der Verfassungsinterpretation*, *VVDStRL*, Heft 20, Berlin 1963, S. 7, S. 8, S. 12 ff. Die Rede von der historischen, grammatikalischen, systematischen usw. Methode ist verwirrend. Es handelt sich um *eine* Methode und verschiedene Momente, welche verschiedenen Prüfungsstationen entsprechen.

38 Vgl. Ernst Höhn, *Legalitätsprinzip und modernes Auslegungsverständnis*, in: *Festschrift zum 70. Geburtstag von Hans Hef*, Zürich 1981, S. 163.

39 Vgl. Theodor Viehweg, *Zwei Rechtsdogmatiken*, in: *Philosophie und Recht. Festschrift zum 70. Geburtstag von Carl August Emge*, Wiesbaden 1960, S. 106 ff.

40 Zur Theorie des Vorverständnisses: Ehmke, a. a. O.; Josef Esser, *Vorverständnis und Methodenwahl in der Rechtsfindung*, durchgesehene und ergänzte Ausgabe, Frankfurt/M, 1972.

41 Dieser Gefahr scheint weder die Ehmkesche noch die Vorverständnistheorie von Esser ganz gewachsen zu sein. Daß das zu lösende Problem gerade in der Konfrontation von Normgehalt und Einzelfall entsteht, wird durch die Formulierung vom Herantragen einer bestimmten Ordnungsfrage (Esser) verdunkelt. Immerhin geht Esser davon aus, daß die jeweilige Entscheidung „im Einklang mit dem gesamten Ordnungssystem" stehen müsse. Hier wird der dialektische Bezug von System- und Problemdenken sichtbar, den ich in der Formulierung zu fassen versuchte: „Das spezifische Problembewußtsein ist durch das spezifische Systembewußtsein geprägt." (*Pressefreiheit und Staatssicherheit*, Mainz 1968, S. 7.) Vgl. Ehmke, a. a. O., S. 55, sowie Esser, a. a. O., S. 136 ff. Sehr schön kommt die dialektische Struktur des hermeneutischen Prozesses bei Arthur Kaufmann, *Ontologische Grundlagen juristischer Hermeneutik*, in: *Gedächtnisschrift für René Marcic*, Berlin 1983, S. 585 ff., zur Anschauung.

42 Rudolf Bultmann, *Ein Versuch, ihn zu verstehen*, Zürich 1952. Vgl. zur Hermeneutik in der Theologie: *Theologische Realenzyklopädie*, Bd. VI, Lieferung 3/4, Berlin/New York, S. 346 ff.

43 Georg Gadamer, *Kleine Schriften* I, S. 127.

44 Stanley Edgar Hyman, *Versuch einer Integration*, in: Joseph Stulka/Walter Hinderer (Hrsg.), *Moderne amerikanische Literaturtheorien*, Frankfurt/M 1970, S. 435 ff.

45 A. a. O., S. 435 ff.

46 A. a. O., S. 437. In die gleiche Richtung weist übrigens auch die Deutung von Ernst Bloch (*Prinzip Hoffnung*, I, S. 67), für den Jung „der faschistische schäumende Psychoanalytiker" ist. Bloch meint, daß Jung anstelle des Machttriebes den Rauschtrieb gesetzt und Libido als archaisch ungeschiedene Ureinheit gedeutet habe. „Folgerichtig wird auch das Unbewußte an dieser mystifizierten Libido nicht bekämpft und ins heutige Bewußtsein aufzulösen versucht, wie bei Freud." Dagegen ein Zitat: „Das Bewußtsein der Schuld hat nämlich den Vorteil, daß man dann in der Lage ist, etwas daran zu ändern und zu verbessern. Was im Unbewußten bleibt, verändert sich bekanntlich nie; nur im Bewußtsein lassen sich psychologische Korrekturen anbringen." (*Nach der Katastrophe*, Neue Schweizer Rundschau 1945, S. 87)

47 Besonderes Interesse verdient der kommunikationstheoretische Ansatz von Eberhard Baden, *Gesetzgebung und Gesetzesanwendung im Kommunikationsprozeß*, Baden-Baden 1977. Letztlich führen Badens Erörterungen nicht zu einer Absage an die traditionelle, juristische Hermeneutik, sondern zu ihrer Verfeinerung. Freilich, wenn man die Äußerung von Bernhard Schlink, in: *Der Staat*, Bd. 19 (1980), S. 73 f., bedenkt, wonach sie ihren gestrigen Horizont „hinter sich gelassen und die Rechtswissenschaft sich weiterentwickelt hat", so mag die Rede von der auch heute herrschenden Methode als Ausdruck eines ignoranten und arroganten Traditionalismus gelten. Die Sorge, daß der Wechsel von der Interpretation zur Argumentation einer Flucht aus dem Text gleichkommt, dürfte nicht ganz unbegründet sein. Ich zitiere eine Formulierung von Peter Häberle: „Interpretationslehren überschätzen immer wieder die Bedeutung des Textes." (*Die offene Gesellschaft der Verfassungsinterpreten, JZ* 1975, S. 303.) Wenn Schlink demgegenüber auf die Grenzfunktion des Wortlautes (vgl. a. a. O., S. 100) verweist, so zeigt sich, daß die Argumentation sich eben doch im „gestrigen Horizont" entfaltet. Das gleiche gilt für die großgeschriebene „Folgenorientierung".

48 *Rezeptionsforschung, Eine Einführung in Methoden und Probleme*, 2. Aufl., 1980.

49 A. a. O., S. 22.

50 A. a. O., S. 23 ff.

51 Eine sehr entschiedene Gegenposition zu der hier vertretenen Auffassung vertritt Heinz Wagner, *Interpretation in Literatur- und Rechtswissenschaft, AcP* 165, S. 520 ff. Er verkennt allerdings nicht, daß es „eine grundlegende Einheit" von rechts- und literaturwissenschaftlicher Interpretation gibt; doch er betont die Gegensätze. Er betont sie zu hart, so etwa den Gegensatz zwischen Begriff und Bild, Explikation und Applikation. Die Formel lectio transit in mores zeigt doch deutlich, daß Literatur die Dimension der Applikation gerade nicht ausschließt. Vgl. dazu Hans Robert Jauß, *Ästhetische Erfahrung und*

literarische Hermeneutik, Frankfurt/M 1982, S. 165 ff. Im Verhältnis zu Wagner nimmt Heinz Müller-Dietz in seinem Beitrag *Zur literarischen und juristischen Hermeneutik*, in: *Dimensionen der Hermeneutik, Artur Kaufmann zum 60. Geburtstag*, Heidelberg 1984, S. 157, die vermittelnde Position ein.

52 In diesem Zusammenhang gilt als differentia specifica für die juristische Hermeneutik die Applikations- oder Anwendungsdimension. M. E. betont auch Esser diesen Bezug zu hart; vgl. a. a. O., S. 139. Vgl. dazu auch H. R. Jauß, a. a. O., S. 374 ff.

53 Vgl. Peter Wapnewski, *Was ist Literatur*, in: *Zumutungen, Essays zur Literatur des 20. Jahrhunderts*, München 1982, S. 14 ff. Zu der Formulierung „Literatur ist jedes gedruckte Wort" meint er, daß sie auch das Telefonbuch erfasse. Es mag sein, daß auch aus Telefonbüchern, Steuerformularen usw. Wesentliches zum Verständnis von Recht und Staat entnommen werden kann. Auf diese Chance verzichte ich. Für unsere Zwecke kommt man mit Wapnewskis Definition zurecht: „Literatur ist jeder zusammenhängende Text, der seiner Natur und Intention nach öffentlich ist." (S. 18)

ERSTER TEIL

HISTORISCHE PERSPEKTIVEN

PROGRESSION UND RESTAURATION

Erstes Kapitel

Das unheilige Reich des Reineke Fuchs

I. Die zwölf Gesänge

1. Der gestörte Aufzug

Pfingsten, das liebliche Fest

Unpathetisch, heiter, naiv evozieren die Eingangsverse des Epos – in der Fassung von Goethe – die heilig-heile Einheit von Schöpfer und Schöpfung, Natur und Gesellschaft.

„Pfingsten, das liebliche Fest, war gekommen, es grünten und blühten
Feld und Wald; auf Hügeln und Höhn, in Büschen und Hecken
Übten ein fröhliches Lied die neuermunterten Vögel;
Jede Wiese sproßte von Blumen in duftenden Gründen,
Festlich heiter glänzte der Himmel und farbig die Erde.
Nobel, der König, versammelt den Hof; und seine Vasallen
Eilen gerufen herbei mit großem Gepränge; da kommen
Viele stolze Gesellen von allen Seiten und Enden,
Lütke, der Kranich, und Markart, der Häher, und alle die Besten.
Denn der König gedenkt mit allen seinen Baronen
Hof zu halten in Feier und Pracht; er läßt sie berufen
Alle miteinander, so gut die Großen als Kleinen."

(I, 177)[1]

In Entsprechung werden die festlich-heitere Schönheit des Frühlingstages und die feierliche Pracht des Hofes beschrieben. Es ist jedoch nicht irgendein Frühlingstag, sondern Pfingsten, das liebliche Fest, ein Tag also, an dem die Ausgießung des Heiligen Geistes und das Sprachwunder gefeiert werden. Die Entsprechung von Natur und gesellschaftlicher Ordnung wird so überhöht und begründet im Schöpfergeist Gottes. In der Vielfalt der Farben, Töne, Düfte, Blumen, Wiesen, Felder und Wälder, Hügel und Höhen, im Zusammenspiel vom Lichtglanz des Himmels und der Vielfarbigkeit der Erde zeigt sich die Natur in harmonischer Schönheit, während am Hof auf den Ruf König Nobels die Edelleute in ihrer Verschiedenheit und in stolzer Kraft die vielschichtige Sozialordnung sichtbar machen. Man mag vermerken, daß die Natur in sich und aus sich selbst und ihrem Sein erscheint, daß das Übernatürliche keineswegs als gestaltende Kraft beschrieben wird, sondern allein in der Erwähnung des Pfingstfestes präsent ist, während die gesellschaftliche Ordnung durch die Dynamik des Königs und durch seinen Ruf Gestalt und Anschaulichkeit gewinnt. An diesem hohen Festtag treten die hohen Herren auf Befehl ihres Königs zusammen. Die höfische Vollversammlung, die kein Naturphänomen, sondern das Ergebnis der Dynamik von Ruf und Rufbefolgung ist, bringt das Einheitsprinzip zur Geltung. Ja, sie „eilen gerufen herbei mit großem Gepränge".

Ihre Eigenkraft verliert sich in der Einheit keineswegs. Die feierliche Pracht der Hofhaltung lebt gerade aus dem Gepränge der einzelnen stolzen Gesellen. Die Abhebung der gesellschaftlichen Dynamik von der in sich ruhenden und aus sich wirkenden Natur ist um so auffälliger, als es sich ja um eine Gesellschaft von Tieren handelt, also von Lebewesen, welche vom Naturgesetz in ihrem Verhalten bestimmt sind.[2] Die Vögel, welche den Zug der Noblen eröffnen, Lütke, der Kranich, und Markart, der Häher, sind eben anderer Art als die neuermunterten Vögel, welche ein fröhliches Frühlingslied singen. Ruf und Rufbefolgung konstituieren ihre Eigenart. Das Eigentliche dieser Eigenart aber zeigt sich darin, daß dem Ruf keine Befolgungsnotwendigkeit entspricht. Alle sind gerufen, aber nicht alle kommen.

„Niemand sollte fehlen! und dennoch fehlte der Eine,
Reineke Fuchs, der Schelm! der vielbegangenen Frevels
Halben des Hofes sich enthielt. So scheuet das böse Gewissen
Licht und Tag, es scheute der Fuchs die versammelten Herren."

(I, 13 ff.)

Die Dynamik von Ruf und Rufbefolgung wird so der Ausgangspunkt der Geschichte bzw. einer Geschichte, nämlich derjenigen von Reineke Fuchs im Verhältnis zu seinen „Gesellen" und der Gesellschaft, welche letztlich auch das Verhältnis zwischen dem Schöpfer und seinen Geschöpfen betrifft.

Die Szene wird zum Tribunal

Die makellose Darstellung der universalen Lebensordnung gelingt nicht, eben weil einer fehlt und nur alle zusammen das Ganze bilden. Das ist da eine. Das andere: Wenn einer fehlt, stellt sich die Frage nach seinem Verbleiben. Die Antwort: Der Schelm, der Frevler, scheut das Licht, er hält sich im Dunkeln auf. Damit wird auf einen Schlag deutlich, daß die Schöpfungsordnung keineswegs ungeteilt die eine ist, daß sie vielmehr zwei Seiten aufweist; eine lichtvolle und eine dunkle, daß sie ins Reich des Lichtes und ins Reich der Finsternis zerfällt und daß die einen im Lichte und die andern im Dunkeln sind. Im Dunkeln sind die Bösen, die mit dem bösen Gewissen, die Schelme und Frevler, im Lichte dagegen die Guten, die Gerechten. Das ist das zweite. Das dritte: Wenn es so ist, daß die Schöpfung eine helle und eine dunkle Seite, eine Tag- und eine Nachtseite aufweist, wenn also die Gerechten im Licht und die Ungerechten im Dunkeln sind, dann ist ja der abwesende Fuchs da, wo er hingehört. Hat er doch viele Frevel begangen. Damit wäre ja alles in Ordnung und die Geschichte zu Ende. Nein, an dieser Stelle beginnt sie. Ist es denn gewiß, daß der Fuchs viele Frevel begangen hat? Der Text tut so: Reineke enthält sich des Hofs wegen *vielbegangenen Frevels.* Aber nicht alle teilen diese Auffassung. Wenn alle sie teilten, so könnte man von ihrer Richtigkeit ausgehen. Die Tiere bzw. die edlen Herren treten zum Beweis, daß der Fuchs tatsächlich Frevel begangen hat, eifrig an. „Alle“ haben zu klagen. Doch einer tritt ihnen entgegen: Grimbart, der Dachs, der Brudersohn des Angeschuldigten. Das Einstimmigkeitsprinzip funktioniert nicht. So wenig es gelang, Einheit und Geschlossenheit im Aufzug der Herren zu demonstrieren – einer fehlt –, so wenig gelingt es, Einheit und Geschlossenheit wiederzugewinnen, indem der Fehlende einstimmig von allen als der Fehlbare ausgeschlossen wird. So und so herum wird das Unisono durch je einen verhindert. Zur Tagesordnung überzugehen, ist unmöglich. Geschickt zerpflückt der Dachs die Anschuldigungen des Wolfs, des Hündchens Wackerlos und Hinze, des Katers[3] sowie des Panthers, welche nicht nur eigene Betroffenheit, sondern die des Königs geltend machten. Als geschickter Verteidiger diskreditiert der Dachs die vorgebrachten Beweise, indem er diejenigen diskreditiert, welche sie vortragen. Nicht nur, daß es dem Fuchs ein leichtes wäre, die alten Geschichten, die der Wolf vorträgt, zu widerlegen, nein, es muß mit aller Deutlichkeit gesagt werden: Der Wolf hat selbst den Fuchs oft gefährdet, verletzt, beleidigt. Die Behauptung, der Fuchs habe den Königsfrieden dadurch verletzt, daß er den friedfertigen Lampe in seiner körperlichen Integrität verletzt habe, sei ein albernes Märchen. Reineke, ganz dem geistlichen Leben zugewandt, lebe und kasteie sich wie ein Klausner, seit des Königs Friede verkündet worden sei, habe er den Hasen in geistlichen Dingen unterrichtet und den ungeschickten Schüler gezüchtigt. Wer aber wolle dem Lehrer das Züchtigungsrecht absprechen.

„Sollte man nicht die Knaben bestrafen? und ginge der Leichtsinn,
Ginge die Unart so hin, wie sollte die Jugend erwachsen?"

(I, 156 f.)

Das Hündchen Wackerlos wird kurz abgefertigt. Beklagt es sich doch darüber, daß ihm Reineke Diebsgut abgenommen habe! Diebsgut! Reineke hätte den Dieb eigentlich, wie andere edlen Herren es in entsprechenden Fällen getan haben, hängen können. Das habe er gelassen, um den König zu ehren, dem die Halsgerichtsbarkeit zustehe.[4] Nach dieser markanten und geschickten Rede muß das Publikum den Eindruck gewinnen, daß es mit den Beweisen der Ankläger schlecht bestellt sei. – Doch die Lage ändert sich schlagartig mit dem Aufzug von Henning, dem Hahn, und seinem Geschlecht.

„Auf trauriger Bahre,
Ohne Hals und Kopf, ward eine Henne getragen,
Kratzfuß war es, die beste der eierlegenden Hennen.
Ach, es floß ihr Blut, und Reineke hatt' es vergossen!"

(I, 182 ff.)

Ein solcher Aufzug ist unbestreitbar publikumswirksam. Angesichts des Opfers verdichten sich die Affekte rasch zur Verurteilung des Täters. Publikumswirksam aber ist auch der Begleitbericht. Daraus erfährt man drastisch, was es mit dem frommen, den Königsfrieden respektierenden Klausner Reineke auf sich hat. Um einen frechen Mummenschanz handelt es sich, der einzig dem Zwecke diente, die Hühner aus der Sicherheit des Klosterhofs hinauszulocken, um sie dann zu überfallen. Genauso dient die Berufung auf den Königsfrieden dazu, das Hühnergeschlecht sorglos zu stimmen und damit dem Zugriff des Fuchses wehrlos auszuliefern. Das ist schon ein starkes Stück, wie Reineke, als Klausner verkleidet, den Hühnern vorgaukelt, daß er zu Rohkost übergegangen sei, und wie er dann die sorglosen, unvorsichtigen Tiere aus dem Hinterhalt überfällt und umbringt.[5] Verschlägt's da dem Dachs nicht die Rede? Zunächst kommt's zur feierlichen Bestattung des Opfers. Für den König ist der Frevel klar erwiesen. Er berät sich mit den Klügsten, wie man denselben bestrafen sollte. Aber man schreitet nicht sofort zur Exekution. Vorsichtig beschließt man, einen Boten zu entsenden, um den „listigen Frevler" zu veranlassen, sich dem Hof zu stellen.[6] Der Bär macht sich auf den Weg. Der Dachs meldet sich nicht mehr zum Wort.

Halten wir einen Moment ein: Zu einer prachtvollen und feierlichen Selbstdarstellung der im System der Vasallität verfaßten Gesellschaft ist es nicht gekommen. Der vom König veranlaßte große Aufzug mißglückt, weil der eine fehlt. Aus der geplanten Show wird eine Art Tribunal. Statt der Einordnung in die Harmonie der Schöpfungsordnung ergibt sich ein disharmonisches Hin und Her. Es gelingt auch nicht, die „Szene" durch markige Einstimmigkeit zu retten und den Frevler auszuschließen. Einer macht nicht mit. Dann allerdings gelingt mit geradezu pompöser Anschaulichkeit der Nachweis des Frevels. Der Verteidiger schweigt. Er hat nichts mehr zu sagen. Man müßte annehmen, daß im Anschluß an den Trauergottesdienst der unterbrochene Aufzug zu Ende geführt würde. Keineswegs: Es wird beraten und vorsichtig ein weiteres Procedere beschlossen. Man läßt den Schuldiggewordenen und *-befundenen* nicht etwa dort, wo er hingehört: in der Finsternis seines schlechten Gewissens. Nein, man will, daß er sich dem Hofe stellt, daß er erscheint.

Die Geschichte geht somit weiter. Sie „entläuft" gleichsam dem festlichen Rahmen. Sie „schreitet fort". Nun, von Fortschreiten kann kaum die Rede sein: Sie gerät vielmehr in groteske Sprünge und possenhafte Turbulenz und erweist den Frevler keineswegs als lichtscheuen Sünder, sondern als virtuosen Schelm, der das gotische Ordnungsgefüge und seine Träger der Lächerlichkeit preisgibt. In welchem Aufzug kommt doch Braun, der Bär, von seinem Botengang zurück![7]

„Als der König den Bären in seinem Elend erblickte, Rief er: ‚Gnädiger Gott!
Erkenn' ich den Braunen? Wie kommt er
So geschändet?' " Und Braun versetzte: „Leider erbärmlich
Ist das Ungemach, das ihr erblickt; so hat mich der Frevler
Reineke schändlich verraten!"

(II, 253 ff.)

Der König gerät in zornige Entrüstung. Er verschwört sich bei seiner Ehre, seiner Krone:

„Alles soll Reineke büßen, was Braun zu Recht begehret.
Halt' ich mein Wort nicht, so trag' ich kein Schwert mehr,
ich will es geloben!"

(II, 261 ff.)

Große Worte, doch zur großen Tat kommt es noch nicht. Man beschließt im Rate einstimmig, einen zweiten Boten auszusenden. Man einigt sich auf Hinz, den Kater, „weil er klug und gewandt sei" (II, 69). Hinze möchte sich drücken. Er sei klein und schwach. Wenn schon der starke Bär versagt habe, wie sollte er dann zu Erfolg kommen.

Der König erklärt:

„... man findet
Manchen kleinen Mann voll List und Weisheit, die manchem
Großen fremd ist. Seid Ihr auch gleich kein Riese gewachsen,
Seid Ihr doch klug und gelehrt."

(II, 282)[8]

Da gehorcht der Kater.

Bemerkenswert ist noch dies: Für den Fall, daß sich Reineke wiederum der Ladung entziehe, dann hätten er *und* sein Geschlecht mit „ewigem Schaden" zu rechnen.

„Ist er klug, so komm' er in Zeiten."

(II, 274)

Die Drohung betrifft somit ihn und sein ganzes Geschlecht. Wir haben es eben nicht nur mit einem Individuum, sondern mit dem Chef eines „Geschlechtes" zu tun. Seine Haftung wird auf das Kollektiv ausgedehnt, für das er steht.

Die Geschichte der zweiten Ladung verläuft so burlesk wie die der ersten. Hat Reineke den Bären mit seiner Honiggier ins Verderben gelockt, so Hinze mit seiner Mäusegier. Hat der Bär die Kopfhaut eingebüßt, so Hinze ein Auge. Das Söhnchen des „Paters" schlug es dem im Keller des Pfarrhofs in die Falle geratenen Kater aus. Dafür kastriert dieser im verzweifelten Versuch, zu entkommen, den dazugeeilten Pfarrherrn. (III, 190 ff.) Zwischendurch gelingt es übrigens dem unverschämt schamlosen Fuchs, die Frau seines Feindes, des Wolfes zu vergewaltigen. (III, 115 ff.) Kein Wunder, daß jetzt des Königs Zorn „heftig entbrennt":

„... er dräute
Dem Verräter den Tod ohn' alle Gnade."

(III, 172 f.)

Wiederum hält er Rat mit seinen Baronen und Weisen. (III, 173 ff.) Die Rede des Dachses ist entscheidend:

„Es mögen in diesem Gerichte
Viele Herren auch sein, die Reineke Übles gedenken,
Doch wird niemand die Rechte des *freien Mannes* verletzen.
Nun zum dritten Mal muß man ihn fordern. Ist dieses geschehen
Kommt er dann nicht, so möge das Recht ihn schuldig erkennen."

(III, 178 ff.)

Damit wird deutlich, weshalb der Fuchs ein erstes und ein zweites Mal geladen wurde und weshalb er ein drittes Mal geladen werden muß. Es handelt sich keineswegs um Verzögerungstaktiken, sondern um das Recht des freien Mannes auf rechtliches Gehör, ein Recht, auf welches sich ein jeder im gegebenen Fall berufen kann, ein Recht also, das man auch im Zorn und trotz des Ziels, einen dem Unrecht verfallenen Standesgenossen der Strafe zuzuführen, nicht opfern darf. Das Jedermannsinteresse fordert Konsequenz auch in einem Fall, in dem Unrecht „klärlich" bewiesen und sich der Untäter zweimal in unerhörter Arroganz und unter Umständen, die erneut Delikte involvieren, über die Ladung des Königs hinweggesetzt hat.

Und dann noch eines: Selbst wenn durch Nichtbefolgung der dritten Ladung das Recht auf rechtliches Gehör verwirkt ist, steht die Schuld nicht einfach fest: Ein förmliches Schuldanerkenntnis ist unerläßlich.[9] Dieser „Logik" kann sich der König nicht versagen. Aber die strenge Forderung des Rechtes scheint unerfüllbar: Wer sollte es denn nach den bisherigen Ereignissen wagen, die Ladung zu überbringen? Der Dachs stellt sich zur Verfügung. Eine interessante Nuance: Der Dachs stellt anheim, ob er als Privatmann oder als Bote des Königs den Fuchs aufsuchen solle. Der König läßt im Grunde die Antwort offen. Er erteilt dem Dachs zwar den Auftrag: „So geht dahin." Er rät ihm aber, klug zu Werk zu gehen, der Fuchs sei ein gefährlicher Mann. Hauptsache ist es, den Fuchs an den Hof zu bringen; ob das dem Privatmann besser als dem öffentlichen Boten gelingt, ist eine Frage der Zweckmäßigkeit, die sorgfältig entschieden werden muß.[10] Daß sie überhaupt gestellt wird, zeigt, wie subtil und differenziert der Text juristisch argumentiert.

2. Der gestörte Prozeß

Zur Rechtslage:

Vor der Begegnung mit dem gefährlichen Mann wollen wir uns die Rechtslage noch einmal vergegenwärtigen: Dem Fuchs wird vom Wolf Beleidigung, insbesondere Entehrung seines Weibes und Schädigung der Gesundheit der Wolfskinder vorgeworfen. Das Hündchen Wackerlos wirft ihm Raub vor. Der Kater und der Panther stellen die Verletzung des Königsfriedens in den Vordergrund. Am wichtigsten schließlich ist die Mordklage des Hahns. An der Tatsache, daß der Fuchs dieses Kapitalverbrechen begangen hat, besteht kein Zweifel. Dennoch schreitet man nicht zur Exekution, wird der des Mordes überführte Bösewicht nicht aus der Gemeinschaft der Gerechten und der guten Ordnung ausgeschlossen. Dem steht das Recht des freien Mannes auf eine dreimalige Vorladung entgegen, das seinerseits den Anspruch auf rechtliches Gehör schützt. Der Beschuldigte muß gehört werden, er muß sich verteidigen können, auch dann, wenn seine Schuld von vornherein feststeht. Und wenn mit Rechtsverzögerung, ja Rechtsvereitelung gerechnet werden muß, damit, daß der Beschuldigte das Gericht verwirrt und einen Freispruch erschwindelt? Diese Gefahr ist im Falle des Fuchses eminent. Aber auch dann muß er gehört werden. Damit treten zwei fundamentale Interessen in Erscheinung, die es im Recht auszugleichen gilt: das Interesse, begangene Rechtsverletzung rasch und entschieden durch Strafverhängung zu „heilen", den Täter ins Recht zu fassen.

Auf der anderen Seite steht das Interesse an der vollen Aufklärung der Tat- und Rechtsfrage. Es muß verhindert werden, daß es im Zorn über die Rechtsverletzung zu voreiligen Vorurteilen kommt, welche neues Unrecht erzeugen. In Verbindung damit stehen die Interessen der Beschuldigten. Sie werden durch das Prinzip des rechtlichen Gehörs und durch das Recht auf Verteidigung gesichert, die in unserem Text so hoch eingeschätzt werden, daß das Risiko der Rechtsverzögerung, ja der Rechtsvereitelung in Kauf genommen wird. In diesem Zusammenhang ist das Recht des freien Mannes auf dreimalige Ladung zu sehen. Im „Recht des freien Mannes" kommt der Grundwert der Freiheit als Standesrecht zur Geltung.[11]

Entscheidend aber ist es, daß der Prozeß, den der Text „vorführt", am Anfang von der Ungewißheit bestimmt wird, ob der Fuchs die ihm vorgeworfenen Handlungen überhaupt begangen habe und ob sie als Rechtsverletzungen zu qualifizieren seien. Eins ist vom anderen zu unterscheiden. So bestreitet der Dachs keineswegs – um ein Beispiel zu erwähnen –, daß Reineke die Wurst weggenommen habe, aber er deutet den Vorgang so, daß er als eine Verletzung des Rechtes nicht in Betracht kommt. Umgekehrt aber stellt der Fuchs den Hasenmord in Abrede. Ziel des Prozesses ist die Beseitigung der Ungewißheit, um damit die Voraussetzung für eine begründete Entscheidung zu schaffen. Mittel, das Ziel zu erreichen, sind Beweise und Gegenbeweise sowie rechtliche Argumentationen, wobei eben beide Parteien zu Gehör kommen müssen. Bemerkenswert an dem Prozeß, den der Text vorführt, ist, daß die Schuld bereits relativ früh festgestellt und daß das Standesrecht des Fuchses dennoch sorgfältig berücksichtigt wird, so daß der Leser eigentlich den Eindruck gewinnen muß, daß des Guten zuviel getan und dem Rechtsbrecher die Möglichkeit gegeben wird, sich über Recht und Gericht lustig zu machen. Bemerkenswert aber ist es auch, daß dieser prozessuale Formalismus den Konsens der Tiere findet.

Chancenabwägung

Unterdessen ist der Dachs in Malepartus, der Burg, der „Veste", angelangt, wo er Reineke in Gesellschaft von Weib und Kindern vorfindet. Er begrüßt den Oheim als gelehrten Weisen, als klugen Mann. Daß ein solcher Mann sich über die Ladung des Königs mit Verachtung und Spott hinweggesetzt habe, sei schwer verständlich. Heute werde er zum dritten Mal geladen. Beschwerden und böse Gerüchte mehrten sich. Es sei jetzt Zeit, nachzugeben und sich dem Hofe zu stellen.

„Stellt Ihr Euch nicht, so seid Ihr verurteilt. Denn führet der König
Seine Vasallen hierher, Euch einzuschließen, in dieser
Feste Malepartus Euch zu belagern; so gehet
Ihr mit Weib und Kindern und Gut und Leben zugrunde."

(III, 207 ff.)

„Oheim, Ihr ratet mir wohl, daß ich zu Hofe mich stelle,
Meines Rechtes selber zu wahren. Ich hoffe der König
Wird mir Gnade gewähren; er weiß, wie sehr ich ihm nütze;
Aber er weiß auch, wie sehr ich deshalb den andern verhaßt bin.
Ohne mich kann der Hof nicht bestehen. Und hätt' ich noch zehnmal
Mehr verbrochen, so weiß ich es schon, sobald mir's gelinget,
Ihm in die Augen zu sehen und ihn zu sprechen, so fühlt er
Seinen Zorn im Busen bezwungen. Denn freilich begleiten
Viele den König und kommen in seinem Rate zu sitzen;

Aber es geht ihm niemand zu Herzen; sie finden zusammen
Weder Rat noch Sinn. Doch bleibet an jeglichem Hofe,
Wo ich immer auch sei, der Ratschluß meinem Verstande.
Denn versammeln sich König und Herren, in kitzlichen Sachen
Klugen Rat zu ersinnen, so muß ihn Reineke finden.
Das mißgönnen mir viele. Die hab' ich leider zu fürchten,
Denn sie haben den Tod mir geschworen, und gerade die Schlimmsten
Sind am Hofe versammelt ..."

(III, 218 ff.)

Der Abwesende, der wie das schlechte Gewissen das Licht, die Herren und den Hof scheut, der in der glanzvollen Runde keinen Platz hat, stellt sich schlicht als die Zentralkraft vor, ohne die der Hof nicht bestehen kann. Da vollzieht sich eine kopernikanische Wende oder aber die Perversion der Rechtsordnung. Wie begründet Reineke seine Behauptung? Ganz einfach mit dem Hinweis auf seinen Verstand. Ohne diesen Verstand kommen eben keine verständigen Beschlüsse zustande, und ohne solche Beschlüsse kann ein Hof nicht existieren. Das weiß der König sehr wohl, deshalb wird er ihm Gnade erweisen, deshalb wird er auch seinen gegenwärtigen Zorn bezwingen, wenn Reineke ihm in die Augen sieht und mit ihm spricht. Daß der König auf die Intelligenz von Reineke angewiesen ist, läßt somit die Frage von Recht und Unrecht ins Bedeutungslose schwinden. Ja, selbst wenn er, Reineke, zehnmal soviel verbrochen hätte, der König könnte nicht anders handeln. Das Müssen scheint über das Sollen zu triumphieren. So gesehen sind all die Anklagen und Beschwerden nichts anderes als Instrumente eines Machtkampfes. Man neidet ihm seine Schlüsselstellung, man haßt ihn um seiner Macht willen, einer Macht, die ausschließlich auf seiner Intelligenz und dem Vertrauen bzw. der Abhängigkeit des Königs beruht. Eben diese Neider hat er gefürchtet und deshalb gezaudert, der Ladung Folge zu leisten. Weiteres Zaudern würde den Untergang der Sippe bedeuten: „Denn der König ist mir zu mächtig." (III, 241) Er kann sich ihm nicht auf Dauer widersetzen. Er folgt also der Ladung. Die Chance guter Verträge mit den Feinden ist nicht ausgeschlossen. Der Abschied von der Familie ist rührend. Frau Ermelyne empfiehlt er die Kinder, vor allem Reinhart, den Jüngsten, dem die Zähnchen so artig ums Mäulchen stehen usw. Dann macht er sich mit dem Dachs auf den Weg. Da zeigt es sich schon bald, daß er keineswegs bloß der kühle Machttaktiker ist:

„Ich bebe vor Sorgen.
Ich entschlage mich nicht des ängstlichen, bangen Gedankens,
Daß ich wirklich dem Tode entgegengehe.“[12]

(III, 256 ff.)

Er will Grimbart, da kein „Pater“ da ist, beichten. Er tut es und gibt alles, was man ihm vorwirft, zu. Vor allem bekennt er die üblen Streiche, die er dem Wolf gespielt hat. (III, 261 ff.) Grimbart mahnt ihn zur Umkehr und zu guten Werken. (III, 392 ff.)[13] Reineke verspricht alles. Doch wie sie in die Nähe von Hühnern kommen, sind alle guten Vorsätze vergessen. Nur mit Mühe gelingt es dem Dachs, den Gierigen am Ort der Versuchung vorbeizulotsen. (III, 400 ff.) Der Anblick der Königsburg versetzt den Fuchs in einige Betrübnis; „denn heftig war er beschuldigt“ (III, 447). Wie bekannt wird, daß Reineke wirklich kommt,

„Drängte sich jeder heraus, ihn zu sehen, die Großen und Kleinen.“ (IV, 2)

Die Stimmung ist unfreundlich und der Auftritt Reinekes großartig. Verschwunden scheint alle Bedrückung. Die unfreundliche Stimmung ignoriert er.

„Aber Reineken deuchte, daß sie von keiner Bedeutung;
Wenigstens stellt' er sich so, da er mit Grimbart, dem Dachse,
Jetzo dreist und zierlich die hohe Straße daher ging.
Mutig kam er heran und gelassen, als wär' er des Königs
Eigener Sohn und frei und ledig von allen Gebrechen.“

(IV, 4 ff.)

Aber wie gewandt und kunstvoll sich dieser Meister der forensischen Rhetorik auch verteidigt: Nachdem formell die Klage erhoben worden, häufen sich die heftigen Angriffe und Anschuldigungen sowie die Beweise seiner Schuld derart, daß das Todesurteil einstimmig im Rate beschlossen wird.

„Nun war es geschehen!
Denn im Rate des Königs mit *einer* Stimme beschloß man:
‚Reineke Fuchs sei schuldig des Todes! So soll man ihn fangen,
Soll man ihn binden und hängen an seinem Halse, damit er
Seine schweren Verbrechen mit schmählichem Tode verbüße.‘“

(IV, 86 ff.)

Beeindruckend ist zunächst seine Fähigkeit, sich zu verstellen. Er *stellt* sich so, als ob er die unfreundliche Stimmung nicht wahrnehme; er *gibt* sich ruhig und gelassen. In Wirklichkeit ist er unruhig, bedrückt, betrübt, angsterfüllt. Daran hat auch die Beichte nichts geändert. Das Pendant zu seinem scharfen Verstand ist eine lebhafte Emotionalität, die er jedoch voll beherrscht. Er scheint unberührt von der ungünstigen Lage. Aber es geht auch eine gewisse Aggressivität von seinem Auftritt aus: Dreist, d. h. frech, unverschämt, schamlos geht er daher. Doch diese Aggressivität ist diszipliniert und deshalb nicht simples Gegenbild seiner Angst und Unruhe. Er tritt dreist *und* gewandt auf. Seine Attitüde ist schmuck, elegant, fein, wie's einem Herrn geziemt, eben einem feinen Herrn. Da kommt kein frecher Raufbold daher, sondern ein feiner, arroganter Kavalier. Entsprechend „zierlich" ist seine Rede:

„Ergriff er das Wort, so floß die zierliche Rede
Seiner Entschuldigung her, als wär' es die lautere Wahrheit."

(IV, 79 f.)

Der König fällt das Urteil selber. (IV, 92 f.) Im übrigen: Reinekes Mutmaßung, daß der Prozeß nichts als eine Manipulation seiner Todfeinde darstelle, bewahrheitet sich nicht so ohne weiteres. Viele redliche und ehrliche Leute, die mit Braun, dem Bären, und dem Kater gar nichts zu tun haben, sagen gegen ihn aus.[14] Die kopernikanische Wende vom Staat als dem Garanten des Rechtes zum Machtstaat, in dem die Intelligenz des Fuchses Zentralkraft ist, hat sich somit nicht vollzogen. Das Recht hat gesiegt. Der Frevler selbst gibt das Spiel verloren. Jetzt steht er ganz am Rand, auf der obersten Sprosse der Galgenleiter. (IV, 91 ff.) Zwar sind nicht alle mit dem Urteil zufrieden. Die „Intelligenz" ist es nicht, der Affe, der Dachs und die ganze Verwandtschaft Reinekes. Empört verlassen sie den Hof. Der König ist verdrießlich und gibt zu, daß viele von der „Sezession", die sich übrigens in höfischer Form vollzieht – man nimmt „Urlaub" vom König –, für den Hof unentbehrlich seien. (IV, 95 ff.) Noch einmal meldet sich der Verdacht, daß es in dem Prozeß weniger um Recht und Unrecht als um einen Machtkampf zwischen den intelligenten und den starken Tieren gegangen sei. Freilich darf man nicht vergessen, welche ätzende Bosheit sich hinter der dreisten Zierlichkeit oder zierlichen Dreistigkeit des Fuchses verbirgt, daß hinter dem Schelm und Schalk der Frevler und Bösewicht steht, der mit geradezu diabolischer Perfidie zu Werk geht. Nein, das Urteil hat, so will uns scheinen, nicht den Falschen getroffen. Seine Feinde[15] sind eifrig bemüht, die Hinrichtung vor dem versammelten „Rest-Hof“ – so muß man wohl nach dem Auszug der „Intelligenz“ sagen – zu vollziehen. Die Furcht, es könnte ihm im letzten Moment ein rettender Einfall kommen, treibt sie zur Eile.

Der Schatzschwindel

Der Fuchs zermartert sich den Kopf, wie es gelingen möge, „was glücklich Neues (zu) ersinnen“ (IV, 172). Und das Unmögliche gelingt durch die Kraft des letzten Wortes, das man ihm vergönnt. Die Fähigkeit „was glücklich Neues zu ersinnen“, bildet der Grundzug der füchsischen Intelligenz. Diese Intelligenz ist „innovativ“, schöpferisch. Sie ist nicht nur reproduktiv, sondern produktiv. Sie kann etwas hervorbringen, was es bisher noch nicht gab, was den Horizont des Herkömmlichen durchbricht. Diese innovative Intelligenz, diese Erfindungskraft ist situationsbezogen und steht im Gegensatz zur theoretischen Spekulation. Die Situation bestimmt der Fuchs als Notsituation. Die innovative Intelligenz zeigt Mittel und Wege, aus der Notsituation „zu entkommen“, das Leben zu retten. Deshalb ist die Rede vom „glücklich Neuen“. Sie ist praktische Intelligenz, welche von der Situationsanalyse zur praktischen Problemlösung übergeht. Dazu gehört, wie wir sagen würden, Psychologie, Wissen um Motive, Antriebe aus der Mitwelt. Sie bildet die Grundlage dafür, die anderen zu lenken.

Im gegebenen Fall steht dem Fuchs nur das Wort zur Verfügung. Er ist gefesselt, den Strick hat er bereits am Hals. Seine Feinde bewachen ihn streng. Weder mit Händen noch Füßen, noch dem Gebiß, noch irgend einem Werkzeug kann er ins Werk setzen, was er „ersonnen“ hat. Mit dem Wort wendet er sich ans „Volk“.[16] Es kann ihm gelingen, eine Bewußtseinsänderung, eine Meinungsänderung herbeizuführen. Entscheidend ist es, daß ihm das Wort „abgenommen“ wird, daß man ihm glaubt. Insofern gibt ihm seine hoffnungslose Situation eine einzigartige Chance, die er blitzschnell ergreift. Wer unmittelbar vor dem Tod steht, spricht die Wahrheit. Auf diesen Erfahrungssatz baut er.

„Ich sehe den Tod vor meinen Augen und werd’ ihm
Nicht entgehen.“

(IV, 185 f.)

Dazu kommt noch eines: Der Fuchs wendet sich keineswegs gegen das Urteil. Er akzeptiert es vielmehr und legt darüber hinaus eine volle Beichte coram publico ab. Sein Wunsch ist es,

„Noch zum letztenmal öffentlich sprechen und redlich bekennen.“

(IV, 189)

Das öffnet die Herzen und schafft Benevolenz, Mitleid, Bereitschaft, der Gedankenführung zu folgen und, was da gesagt wird, für wahr zu halten. Und diese solide Basis ebnet den Weg „zu gewaltigen Lügen“. Darin liegt gerade das „glücklich Neue“, daß er lügt in einer Situation, in der alle Wahrheit erwarten. Doch er lügt nichts Beliebiges. Seine Lüge, welche die Vermutung der Wahrheit für sich hat, fasziniert die Zuhörer. Es ist die Geschichte von einem Silber- und Goldschatz, den der Erzähler zu besitzen und an sicherer Stätte heimlich zu bewahren behauptet.

„Und es horchte der König, da von dem Schatz gesagt ward
Neigte sich vor und sprach: ‚Von wannen ist er Euch kommen?
Saget an! Ich meine den Schatz.‘ “

(IV, 241 ff.)

Der Fuchs läßt sich nicht bitten. Er gibt das große Geheimnis preis. Es handelt sich um einen gestohlenen Schatz.

„Es hatten sich viele verschworen,
Euch, Herr König, zu morden, und wurde zur selbigen Stunde,
Nicht der Schatz mit Klugheit entwedet, so war es geschehen
Merket es, gnädiger Herr! denn Euer Leben und Wohlfahrt
Hing an dem Schatz. Und daß man ihn stahl, das brachte dann leider
Meinen eigenen Vater in große Nöte, es bracht' ihn
Frühe zur traurigen Fahrt, vielleicht zu ewigem Schaden;
Aber, gnädiger Herr, zu Eurem Nutzen geschah es!“

(IV, 249 ff.)

Jetzt gerät auch die Königin in Erregung. Der König gebietet Schweigen und setzt hinzu:

„Reineke komme nun wieder herab und trete mir näher;
Denn es betrifft die Sache mich selbst, damit ich sie höre.“

(IV, 264 f.)

Das ist die sensationelle Wende: Vom äußersten Rand der Gesellschaft, von der obersten Sprosse der Galgenleiter gelangt der ingeniöse Lügner ins Zentrum des Staatsinteresses und des Staatsgeheimnisses. Was er vorausgesagt, scheint sich zu bewahrheiten: Der König ist auf ihn angewiesen. Die „innovative" Intelligenz hat den Vollzug des Urteils im letzten Moment gestört und die unmittelbare Lebensgefahr abgewendet. Sie ließ den Fuchs Lügen „ersinnen", aber eben nicht beliebige Lügen, sondern solche, die das Publikum auf dem Fundament der Wahrheitsvermutung packen, seine Phantasie und Neugierde entzünden. Die verworrene Geschichte vom Mordplan und dem Schatz nagelt das Königspaar fest. Die Bannwirkung der Lüge ist so stark, daß sie dem Fuchs schließlich die Freiheit einbringt. Doch die Sache ist kompliziert: erzählt doch der lügende Fuchs die Wahrheit. Er erzählt den „Mythos" von den wirklichen Verhältnissen. Die Geschichte vom Schatz, vom König Emmrich dem Mächtigen, den der Vater Reinekes gefunden haben soll, ist erfunden. (V, 3, 8 ff.) Erfunden ist auch die Geschichte von der Verschwörung, die angeblich der Vater mit Hilfe des Schatzes inszeniert hat. Daß die Hauptfeinde, Braun, Isegrim, der Kater, zu den Verschwörern gehörten, ist eine Behauptung, die dazu dient, die Feinde zu diskriminieren. Daß sie mise en scéne dem alten Fuchs zugeschrieben wird, zeigt dem König, wie gefährlich ein Fuchs ist, wenn er seinen Schatz den andern vorenthält. Den Dachs, seinen Verwandten und vor allem den eigenen Vater zählt Reineke zu den Verschwörern, um die Wahrscheinlichkeit der Darstellung zu steigern. Wer belastet schon seine Nächsten ohne Not und ohne daß was dran ist? Daß dem jungen Fuchs die vorgesehene Wahl des Bären zum König unerträglich war, ist erfunden. Aber wie großartig läßt sich in der Erfindung eine Schmeichelei an die Adresse Nobels einflechten:

„‚Unser König ist edel geboren und mächtig und gnädig',
Dacht ich im Stillen bei mir; ‚es wäre ein trauriger Wechsel
Einen Bären und tölpischen Taugenichts so zu erhöhen'."

(V, 64 ff.)

Natürlich ist es eine faustdicke Lüge, daß er, der junge Fuchs, den Schatz an sich gebracht habe, um das hochverräterische Unternehmen zu Fall zu bringen. Wie sicher verwendet der Lügner dabei aber das realistische Detail! Daß das Unternehmen zusammenbrechen muß, nachdem der Schatz verschwunden war, wer könnte daran zweifeln. Und daß das Königspaar – die Initiative liegt bei der Königin – an den Schatz herankommen möchte, ist nur zu begreiflich. Reineke aber befindet sich in einer phantastischen Monopolsituation: Er allein verfügt über das erfundene Geheimnis. Er erkauft sich damit Gnade und Freiheit.

„Gnädige Frau, vermöget den König,
Mir zu geloben vor Euch, daß er mich wieder begnadigt,
Daß er mir alle Verbrechen und Schulden und alle den Unmut,
Den ich ihm leider erregt', auf keine Weise gedenket,
So besitzet gewiß in unsern Zeiten kein König
Solchen Reichtum, als er durch meine Treue gewinnet."

(V, 162 ff.)

Der Fuchs erzählt den „Mythos" der wirklichen Verhältnisse. Seine Lügen konstituieren diesen Mythos. Ob nun das hochverräterische Unternehmen stattgefunden hat oder nicht, wahr ist, daß die Großen die Königsmacht ständig bedrohen. Die Geschichte vom Schatz ist erlogen. Wahr ist aber, daß die Königsmacht sich ohne den Rat des Fuchses nicht halten kann. Die Intelligenz, die List, die Klugheit des Fuchses, das ist der Schatz, der Reichtum, den der König durch die Treue des Fuchses erwirbt.[17]

Man mag sich an die Geschichte von La Fontaine erinnern, in welcher der alte Bauer seinen Erben empfiehlt, den Schatz, der angeblich im Akker vergraben ist, unermüdlich zu suchen, und hinzufügt: „Fouillez, bêchez, creusez!"[18] Den Schatz gab es nicht; doch er wurde durch das ständige Umgraben des Ackers geschaffen. Nun, den Lügenschatz gibt es auch nicht; doch wenn der König die Lügen glaubt und Reineke vertraut, so wird sich das Vertrauensverhältnis zwischen König und Fuchs wie ein Schatz, wie ein Mittel zur Machterhaltung auswirken. Indem der Fuchs lügt, sagt er die Wahrheit, d. h. er kann sie nicht direkt sagen – niemand würde sie ihm abnehmen –, er findet nur auf dem Umweg der Lüge Gehör. (Die eigenartige Verbindung von Lüge und Wahrheit charakterisiere ich mit dem Begriff des „Mythos". Damit verbindet sich keine Mythentheorie etwa derart: Mythen werden erfunden, um dem Publikum Wahrheiten zu vermitteln, welche auf direktem Wege nicht verstanden, sondern nur Protest herausfordern würden, weil sie das dem Publikum eigene mythische Weltverständnis störten. Mythen sind eben in der Regel nicht bewußte Erfindungen, sondern Selbstzweck. Sie erzählen schlicht die Wahrheit.) Natürlich geht es dem „Lügner" nicht um die Wahrheit bzw. Unwahrheit, sondern um die Wirkung, darum, die Meinung des Publikums, vor allem die von König und Königin zu ändern, und zwar zu seinen Gunsten. Das gelingt ihm. Plötzlich ist er wieder ein Held, und seine Feinde, die ihn aufhängen wollten, sind die Bösewichte.

„So veränderte sich in dieser Stunde die Sache
Reinekens völlig. Er machte sich los, und seine Verkläger
Wurden zuschanden ...“

(VI, 40 ff.)

Die große Provokation

Zwar hat Reineke, indem er „glücklich Neues“ ersann, sein Leben gerettet; zwar steht er wieder in Ehren, aber er ist noch nicht am Ziel. Die Gefahr, daß der ganze Schwindel auffliegt, ist eminent. Was, wenn der König verlangt, er solle den Schatz sofort herbeischaffen, dessen Lage er scheinbar mit größter Genauigkeit angibt?

„Höret! Im Osten von Flandern ist eine Wüste, darinnen
Liegt ein einzelner Busch, heißt Hüsterlo, merket den Namen!
Dann ist ein Brunn, der Kreckelborn heißt, ihr werdet verstehen,
Beide nicht weit auseinander. Es kommt in selbige Gegend
Weder Weib noch Mann im ganzen Jahre. Da wohnet
Nur die Eul' und der Schuhu, und dort begrub ich die
Schätze.
Kreckelborn heißt die Stätte, das versteht und nützet das Zeichen!
... Bei Kreckelborn geht ihr vorüber,
Seht zwei junge Birken hernach, und merket! die eine
Steht nicht weit vom Brunnen; so geht nun, gnädiger König
Grad' auf die Birken los; denn darunter liegen die Schätze ...“

(V, 206 ff.)

Genauere Angaben kann man sich kaum wünschen. Daran könnte sich ja auch ein Königsbote orientieren. Nur ein Bote kommt gar nicht in Frage. Dafür ist die Sache zu wichtig. Da muß schon der König selbst hinfahren. Doch der König fordert, daß der Fuchs ihn begleite. Von Aachen, Paris, Lüttich und Köln habe er zwar gehört, nicht aber von Hüsterlo und Kreckelborn. Ob das nicht doch vielleicht erdichtete Namen seien? Erneut bricht Mißtrauen auf. Reineke beschwichtigt. Der Ort liege ja gar nicht so fern. Daß es ihn tatsächlich gibt, bezeugt ihm der Hase. Der König entschuldigt sich, aber er will auf die Begleitung nicht verzichten. Flugs trägt der Fuchs die Geschichte vor, wonach er unter dem päpstlichen Bann steht und so für den König kein würdiger Begleiter ist. Zunächst müsse er nach Rom und dann nach Jerusalem, um so vom Bann befreit zu werden. Nach seiner Rückkehr wolle er den König begleiten. Dieser zeigt Einsicht und geht erneut auf den Leim. Reineke – man kann es kaum fassen – verabschiedet sich, vom König begnadigt, zur Pilgerfahrt, nachdem er seine Feinde noch tückisch zu Schaden gebracht hatte. (VI, 41 ff.)

Ihn noch ein Stück Wegs zu begleiten, veranlaßt er zwei geistliche Herren, Lampe, den Hasen, der ihn ehrlich bedauert, und den Widder Bellyn, den Kanzler.

„Ihr würdet
Mir durch eure Gesellschaft die größte Wohltat erzeugen
Ihr seid angenehme Begleiter und redliche Leute,
Jedermann redet nur Gutes von euch, das brächte mir Ehre;
Geistlich seid ihr und heiliger Sitte; ihr lebet gerade
Wie ich als Klausner gelebt. Ihr laßt euch mit Kräutern begnügen,
pfleget mit Laub und Gras den Hunger zu stillen und fraget
Nie nach Brot oder Fleisch, noch andrer besonderer Speise."

(VI, 158 ff.)

Sie gelangten zum Malepartus, wo sich Reineke von seiner Frau verabschieden will. Lampe bittet er ins Haus, dem Widder weist er duftige Weide. Und dann geschieht das Unglaubliche und Ungeheuerliche: Lampe bezeichnet er Frau und Kindern gegenüber als den Verräter, der all sein Ungemach verschuldet habe. Der König habe den Hasen ihm, dem Fuchs, zur Sühne übergeben.

„Denn es sagte der König zuletzt mit gutem Bescheide:
‚Lampe war es, der dich verriet.' So hat er wahrhaftig
Große Strafe verdient und soll mir alles entgelten.
Aber Lampe vernahm erschrocken die drohenden Worte,
War verwirrt und wollte sich retten und eilte zu fliehen
Reineke schnell vertrat ihm das Tor, es faßte der Mörder
Bei dem Halse den Armen, der laut und gräßlich um Hülfe
Schrie: ‚O helfet Bellyn! Ich bin verloren! Der Pilger
Bringt mich um!' Doch schrie er nicht lange; denn Reineke hatt' ihm
Bald die Kehle verbissen. Und so empfing er den Gastfreund."

(VI, 187 ff.)

Die Familie fordert er zum Mahl auf;

„... denn fett ist der Hase,
Guten Geschmackes. Er ist wahrhaftig zum erstenmal etwas
Nütze, der alberne Geck; ich hatt' es ihm lange geschworen."

(VI, 197 ff.)

Dann macht sich die Familie über den „Braten" her, und die Füchsin ruft voller Freude:

„Dank sei König und Königin! ... wir haben durch ihre
Gnade das herrliche Mahl, Gott mög' es ihnen belohnen!"

(VI, 204 f.)

Hier geht es um mehr als um hemmungslose Freßlust. Es geht um einen als Hinrichtung getarnten Mord am Gastfreund. Warum dieser Aufwand? So wird jede, auch die letzte Möglichkeit zerstört, sich über das Wesen des Fuchses Illusionen zu machen. Nein, das ist nicht nur der dreist-zierliche Baron, der fabulierende Schelm, der blitzgescheite Rat und witzig-charmate Hofmann, sondern ein bösartiger, gemeiner, tückischer Heuchler – der Pilger bringt mich um, schrie der Hase laut und gräßlich –, dem nichts heilig ist, nicht einmal das Gastrecht, der nicht nur seine Feinde, sondern gerade den mit Haß und mörderischer Bosheit verfolgt, der ihm freundlich mitleidig entgegenkommt. Ja, der Hase ist ein geistlicher Herr, der seinen Nächsten liebt; er ist weichen Gemütes, das krasse Gegenbild des Fuchses, das Prinzip christlicher Gesinnung. Ihm gilt der mörderische Haß, der den Fuchs in seinem Wesen entlarvt. Hinzu kommt noch die grausige Justizkomödie: Der zu Unrecht dem Galgen Entkommene richtet im Namen des Königs den Unschuldigen. Ein stärkeres Symbol für die Perversion der Rechtsordnung ist kaum denkbar. – Es verweist auf das Gericht über das „Lamm Gottes".[19]

Doch ist ein solcher Sieg noch zu fürchten? Hat sich der Fuchs nicht in der Falle seines Hasses gefangen? Seine scheußliche Untat muß herauskommen. Schließlich ist noch ein zweiter geistlicher Herr in der Gegend: Bellyn. Doch wie springt Reineke mit ihm um![20] Leicht gelingt es ihm, den Hilferuf Lampes umzudeuten und zu erklären, weshalb der Hase den Malepartus noch nicht zu verlassen gedenke. (VI, 289 ff.) Dem beruhigten Schafbock überreicht er sodann ein „Ränzel" mit wichtigen Briefen an den König. Gutgläubig trottet der Kanzler zum Hof zurück und überreicht dem König den Ranzen mit dem Hinweis, zu dem ihm der Fuchs geraten hatte, nämlich, daß die darin enthaltenen Briefe Reineke und er zusammen entworfen hätten. Wie der Notarius auf Geheiß des Königs das gut verschnürte „Ränzel" geöffnet, zieht er das Haupt des ermordeten Lampe hervor. (VI, 360 ff.) Reineke sucht den Mord somit gar nicht zu überdecken. Er gibt ihn mit unglaublicher Frechheit offen zu, und damit läßt er den ganzen Schwindel auffliegen. Ja, den Schatz gibt es gar nicht. Die Königin und der König ließen sich „die bunte Kappe mit den

Schellen" anziehen und sind in aller Öffentlichkeit blamiert. Doch – und das ist charakteristisch – parallel zu Aggressivität, zum tollkühnen Angriff, geht die Depression. Das konnten wir schon einmal feststellen. Von der Notwendigkeit, das Land zu verlassen – so groß sei die Not noch nie gewesen –, jammert er seiner Frau vor. (VI, 243) Aber wie der Dachs mit der Nachricht ankeucht, jetzt werde es ernst, der König rüste zum Angriff auf den Malepartus, gibt sich Reineke lässig und überlegen. Gerade hat er zwei junge Tauben erjagt. Von den beiden Söhnchen berichtet er mit väterlichem Stolz, sie würden ihm nacheifern und sich im grimmigen Spielen üben. Die Tauben geben ein prächtiges Mahl ab, an dem auch Grimbart vergnügt teilnimmt. Nichts von schlechtem Gewissen; nichts von Sorge und Angst. Im Gegenteil: Er ist erfolgssicher und fürchtet nicht den Gang zum Hof. (VII, 256 ff.) Das ist allerdings deshalb nicht ganz unverständlich, weil der König auf die Provokation nur schwach reagiert hatte. Er machte den Schafsbock zum Schuldigen. Hatte dieser doch den füchsischen Rat befolgt und sich als mitverantwortlich für den Inhalt des Ranzens erklärt. Dann überantwortet er den Bock und sein ganzes Geschlecht für immer der Wut des Wolfsgeschlechtes. So versöhnt er sich mit Isegrim, der ja mit dem Bären und dem Kater in Ungnade gefallen war. (VI, 376 ff., 397 ff.)[21] Dann lädt der untreue König zu einem prächtigen Hoffest. Doch es werden wieder Klagen gegen den Fuchs laut, der im Malepartus auf der Lauer liegt. (VII, 11, 25 ff.) Diesmal wird die „Exekution", der Feldzug gegen den Fuchs, den man für fähig hält, das Land zu ruinieren, und sein Geschlecht beschlossen. (VII, 146 ff.) Dem kommt Reineke zuvor. Diesmal wird besonders seine Stellung als Sippenchef hervorgehoben, dessen Gewandtheit vor Gericht stets der Sippe gedient habe. Auf dem Weg zum Königshof trifft er Martin, den Affen, der ihm zusichert, ihn in Rom mit Geld und seinen vielfältigen Beziehungen von dem päpstlichen Bann zu befreien. (VIII, 256 ff.) Luther hätte keine schonungsloseren Worte über die in der Stadt Petri herrschende Korruption finden können als Martin, der Affe: Der Papst ist alt und krank. Die Gewalt hat der Kardinal Ohnegenüge, ein feuriger, junger Mann von schnellem Entschluß, dessen Geliebte Martin gut kennt, übernommen. Dessen Schreiber heißt Johann *Partei*, und Notarius ist der Herr Schleifenundwenden. Dazu kommen die Richter Moneta und Donarius, der Herr Schalkefund sowie der Doktor Greifzu.

Martin versichert Reineke zudem, daß seine Gemahlin, Frau Rückenau, mit dem Königspaar eng befreundet, sich für ihn verwenden werde. Diesmal zieht die „Intelligenz" nicht aus; sie organisiert sich. Im Saale des Königs finden sich zwar viele Feinde, aber auch Freunde und Verwandte. Grimbart macht Reineke Mut. Er braucht ihn, denn der König empfängt ihn zornig. Doch mit Brillanz schmettert der Fuchs zunächst die zwei Anklagen des Kaninchens und der Krähe ab, und zwar so, daß die Ankläger sich schleunigst verflüchtigen. (IX, 76 ff., 123 ff.) Dann erst kommt es zu Reinekes großem und grandiosem Auftritt als Rhetor. Auf den schweren Vorwurf, er habe den Hof mit seinem Schwindelschatz oder Schatzschwindel betrogen, antwortet er mit der Behauptung, der Bock habe die zwei Stücke, den Ring und den Spiegel, welche die Existenz des Schatzes beweisen würden, unterschlagen. Er, der Fuchs, habe sie in das bekannte „Ränzel" gepackt, um sie in die Hand des hohen Paares kommen zu lassen. Aber nicht nur das: Mit dem Mord des Hasen habe er rein nichts zu tun. Auch dieses Verbrechen ginge auf das Schuldkonto des Bocks. (IX, 163 ff.)

Der König hört ihm allerdings, voller Unwillen und Zorn, zunächst nicht zu. Er wendet sich ab. Doch da tritt Frau Rückenau, die Äffin, in Aktion. Sie weist den König einmal auf die politische Lage hin, also darauf, daß Reineke über eine mächtige Verwandtschaft verfüge. Zum andern erinnert sie den König an die Verdienste des Fuchses, vor allem an seinen klugen Rechtsrat, der auch in schwierigsten Lagen zum Erfolg verhalf. (IX, 206 ff.) Der König wird nachdenklich. Er wendet sich dem Fuchs wieder zu und leiht ihm rechtliches Gehör. Daß der Hof sich zu teilen scheint in Freunde und Feinde des Fuchses, kann er nicht übersehen.

Reineke packt die Zuhörer nicht etwa damit, daß er seine freche Behauptung, Bellyn habe den Hasen getötet und die dem Königspaar zugedachten Schmuckstücke unterschlagen, mit weiteren Argumenten und fiktiven Beweisen absichert und vertieft, sondern damit, daß er die Schmuckstücke, die nicht existieren, beschreibt. Diese Beschreibung des „Schatzes" ist das funkelnde Schmuckstück seiner Rede. (X, 5 f.) Da begeistert sich der virtuose, listige Redner an den feinsten Details, wohl wissend, daß die genaue Beschreibung eines Gegenstandes über seine Nichtexistenz hinwegtäuscht. Nicht nur die Schönheit wird gerühmt: Der Ring hätte seinem Träger Gefahrenfreiheit und aller Welt Liebe und Freundschaft eingetragen. Ihn hat er dem König zugedacht, Kamm und Spiegel der Königin. Der Kamm hätte die Gesundheit gewährt, der Spiegel die Schönheit. Die Beschreibung der Bildwerke, welche beide Stücke zieren, gibt ihm Gelegenheit, antikes Bildungsgut, so die Geschichte vom Urteil des Paris, zu vermitteln sowie die Verdienste der Füchse fürs Königshaus herauszustellen und die Anschläge seiner Feinde eindrucksvoll zu beleuchten. So mischt er in die ästhetische Beschreibung raffiniert Argumente der Verteidigung und der Anklage. Diese gibt so der forensischen Argumentation den Geleitschutz. Er spielt seine zierliche und trügerische Redekunst so geschickt aus, daß jedermann sich einbilden mußte, die herrlichen Stücke vor sich zu sehen. Schließlich wird auch der König überzeugt. Die Verdienste der Füchse fürs Königshaus stehen für ihn außer Zweifel. Der Einfluß der klugen Äffin Frau Rückenau war bedeutsam. Doch der Hof bleibt in zwei Hälften gespalten, „entzweit".

3. Gottesgericht ohne Gott oder der Triumph der Macht

Der Wolf will und kann nicht nachgeben. Und da er sich argumentativ nicht durchsetzen kann, fordert er den Fuchs zum Zweikampf.

„... wir machen wahrhaftig
Diesen Streit mit Worten nicht aus. Was sollen wir keifen?
Recht bleibt Recht, und wer es auch hat, zeigt sich am Ende."

(XI, 319 ff.)

„... ich denke, zu kämpfen
Über Altes und Neues und wiederhol' es: ein Mörder,
Ein Verräter seid ihr, ein Dieb; und Leben um Leben
Wollen wir kämpfen, es endige nun das Keifen und Schelten.
Einen Handschuh biet' ich Euch an, so wie ihn zu Rechte
Jeder Fordernde reicht; Ihr mögt ihn zum Pfande behalten,
und wir finden uns bald. Der König hat es vernommen,
Alle die Herren haben's gehört! ich hoffe, sie werden
Zeugen sein des rechtlichen Kampfes..."

(XI, 335 ff.)

Der Verlauf des Kampfes ist ungemein spannend. Es ist ein „rechtlicher Kampf". Er verläuft nach rechtlichen Regeln.[22] Fest umgrenzt ist der Kampfplatz, und das am Kampfgeschehen leidenschaftlich teilnehmende Publikum wird von Wächtern zurückgehalten. Die Autorität des Königs bürgt dafür, daß Sieg und Niederlage zweifelsfrei festgestellt und die rechtliche Konsequenz klar gezogen wird. Auf den Rat von Frau Rückenau erscheint der Fuchs geschoren und gut eingefettet. Dem Wolf, dem Stärkeren, wird es so schwer, den Gegner zu packen. Ebenfalls auf den Rat der Äffin tritt der Fuchs mit voller Blase an, um mit deren ätzenden Inhalt den Wolf zu blenden. Diese Tricks plaziert er wirkungsvoll. (XII, 25 ff.) Es gelingt ihm, den in der Reaktion beeinträchtigten Wolf ein

Auge auszureißen. Aber da triumphiert doch die überlegene Kraft des Wolfes. Hilflos „unterliegt“ der Fuchs. Mit hohler Stimme kündigt ihm der Wolf das Ende. Und er jammert um Gnade und häuft Versprechen auf Versprechen. (XII, 80 ff.) Doch plötzlich gelingt's ihm, das Geschlecht des Wolfs zu greifen. (XII, 169 ff.)

„Erbärmlich zu schreien
Und zu heulen begann der Wolf mit offenem Munde.
Reineke zog die Tatze behend aus den klemmenden Zähnen
Hielt mit beiden den Wolf nun immer fester und fester,
Kneipt' und zog, da heulte der Wolf und schrie so gewaltig,
Daß er Blut zu speien begann, es brach ihm vor Schmerzen
Über und über der Schweiß durch seine Zotten, er löste
Sich vor Angst. Das freute den Fuchs, nun hofft' er zu siegen,
Hielt ihn immer mit Händen und Zähnen und großer Bedrängnis,
Große Pein kam über den Wolf, er gab sich verloren.
Blut rann über sein Haupt, aus seinen Augen, er stürzte
Nieder betäubt.“

(XII, 172 ff.)

Die Freunde des Gestürzten bitten den König, dem Kampf ein Ende zu machen. Unter Zustimmung aller erfüllt dieser die Bitte. Auf sein Geheiß begeben sich die Wächter in die Schranken und reden dem Sieger Reineke zu, er möge es jetzt gut sein lassen.

„Denn wenn einer getötet in diesem Zweikampf erläge,
Wäre es schade auf jeglicher Seite. Ihr habt ja den Vorteil!
Alle sahen es, Klein' und Große. Auch fallen die besten
Männer Euch bei, Ihr habt sie Euch auf immer gewonnen.“

(XII, 200 ff.)

Reineke ist gern bereit, sich dem Willen des Königs zu beugen. Schöneres als den Sieg könne er sich nicht denken. Doch er erbittet die Zustimmung der Freunde. Diese wird ihm jubelnd gewährt. Und nicht nur die Freunde kommen in Scharen zum Sieger gelaufen, sondern auch solche, die ihn sonst verklagten. „In der Welt geht's immer so zu.“ (XII, 219) Der König spricht ihn „ledig“ und erklärt, daß sich alle Strafe aufhebt. Überdies ernennt er ihn zum Kanzler.

„Ich kann Euch am Hofe
Nicht entbehren, und wenn ihr die Weisheit mit Tugend verbindet,
So wird niemand über Euch gehn, und schärfer und klüger

Rat und Wege bezeichnen. Ich werde künftig die Klagen
Über Euch weiter nicht hören. Und ihr sollt immer an meiner
Stelle reden und handeln als Kanzler des Reiches. Es sei Euch
Also mein Siegel befohlen, und was ihr tuet und schreibet
Bleibe getan und geschrieben."

(XII, 298 ff.)

Mit einem Bekenntnis der Treue verabschiedet sich der Kanzler vom Königspaar, um zunächst zu Hause nach Frau und Kindern zu sehen. Der „Wedel" ist breit geworden, d. h. sein Ansehen und seine Potenz sind gewachsen. Er hatte wieder die Gunst des Königs, war wieder im Rat.

„... und dachte, wie er es nutzte.
Wen ich liebe, dem frommt's und meine Freunde genießen's.
Also dacht' er; ‚die Weisheit ist mehr als Gold zu
verehren.'"

(XII, 343)

Frau Ermelyn gegenüber hebt er besonders hervor, daß der König ihn „laut vor allen" zum Kanzler ernannt und ihm das „Siegel befohlen" habe.

„Alles, was Reineke tut und schreibt, es bleibet für immer
Wohlgetan und geschrieben; das mag sich jeglicher merken!"

(XII, 359 f.)

Und damit kommen wir zu der „Moral von der Geschicht", zu den Schlußversen, die den Bogen zu den Eingangsversen zu schließen scheinen:

„Hochgeehrt ist Reineke nun! Zur Weisheit bekehre
Bald sich jeder und meide das Böse, verehre die Tugend!
Dieses ist der Sinn des Gesangs, in welchem der Dichter
Fabel und Weisheit gemischt, damit ihr das Böse vom Guten
Sondern möget und schätzen die Weisheit, damit auch die Käufer
Dieses Buchs vom Lauf der Welt sich täglich belehren.
Denn so ist es beschaffen, so wird es bleiben, und also
Endigt sich unser Gedicht von Reinekens Wesen und Taten.
Uns verhelfe der Herr zur ewigen Herrlichkeit! Amen."

II. Die Moral von der Geschicht'

1. Gott und der Lauf der Welt

Schelm oder „Meister seiner Bauern"?

Nach dem Gang durch die 12 Gesänge dürfte die Meinung Emil Staigers eher befremden, daß es sich um ein „liebenswürdiges Werk"[23] handle. Ebensowenig wird man mit der Tatsache zurechtkommen, daß das Epos als heitere Kindergeschichte ausgegeben und als solche auch illustriert wird.[24] Zu Ende des 19. Jahrhunderts hat Gaston Paris[25] in einer souveränen Zusammenfassung der europäischen Renard-Forschung die Auffassung vertreten, daß der Fuchs in der Dichtung des 13. Jahrhunderts die Wandlung vom Schelm zum Schurken, vom Possenreißer, Spaßmacher, dem niemand böse sein kann, zum Inbegriff der Bosheit, Treulosigkeit und Ungerechtigkeit erfahren habe. Mit dem Eingang in die gängige Literatur des Mittelalters seien die mündlich überlieferten folkloristischen Tiererzählungen in konkrete Satiren verwandelt worden, welche die bestehenden Verhältnisse beißend-witziger Kritik unterziehen. Natürlich kann sich der Satiriker auch gegen den Unruhestifter, den Umwälzer, den Revolutionär richten. Es ist kaum anzunehmen, daß Goethe[26] sich so lange und so intensiv mit der Übersetzung und Metrisierung des Epos befaßt hätte, um der deutschen Kinderstube liebenswürdiges Erzählgut zuzuführen. Er wollte seiner Zeit viel eher den Spiegel vorhalten und seine These illustrieren, daß Revolution die Wirkung des Fehlverhaltens der Mächtigen sei.[27] Zugleich aber hat er bei den nachfolgenden Versen, die er Reineke in den Mund legt,[28] an die Revolutionäre seiner Zeit gedacht:

„Doch das Schlimmste find' ich den Dünkel des irrigen Wahnes
Der die Menschen ergreift: Es könne jeder im Taumel
Seines heftigen Wollens die Welt beherrschen und richten.
Hielte doch jeder sein Weib und seine Kinder in Ordnung,
Wüßte sein trotzig Gesinde zu bändigen, könnte sich stille,
Wenn Toren verschwenden, in mäßigem Leben erfreuen!
Aber wie sollte die Welt sich verbessern? Es läßt sich ein jeder
Alles zu und will mit Gewalt die anderen bezwingen.
Und so sinken wir tiefer und immer tiefer ins Arge."

(VIII, 152 ff.)

Nun scheint Reineke allerdings eher zur Kategorie der Unruhestifter, der Verwirrer, derer, die alles durcheinanderwerfen, der Diaboli, als zu denen zu gehören, die sich „still ... im mäßigen Leben erfreuen". Goethe bezeichnet ihn als Schelm: „... und dennoch fehlte der Eine, Reineke Fuchs, der Schelm! ..." Es gibt viele Arten von Schelmen. Ein Schelm im Sinne der sogenannten Schelmenromane[29] ist er nicht. Der „pikareske Unheld" ist zwar frech, pfiffig, lüstern, respektlos, witzig wie Reineke; aber er hat keinen „Stand". Er gehört zu den Landfahrenden, den Vaganten, zu denen, die Grenzen und Autoritäten hassen, die nirgends eingeordnet sind und weder Eigentum noch Macht besitzen. Reineke ist Standesherr, Schloßherr, Grundbesitzer, „Meister seiner Knechte", Eheherr und besorgter Familienvater, Chef des Clans der Füchse und ihrer schlauen Verwandten.

Wie wenig er mit dem „unständigen" Schelm der „Schelmzunft" zu tun hat, ergibt sich indirekt, jedoch besonders anschaulich aus der Stelle, wo er unmittelbar nach dem Mord am Hasen in tiefer Unruhe die Flucht erwägt:

„Ja, ich leugn' es euch nicht, es ist die Freundschaft nur dünne
Zwischen dem König und mir, und wird nicht lange bestehen.
Wenn er die Wahrheit erfährt, wird er sich grimmig entrüsten
...
Keine Gnade darf ich erwarten, das weiß ich am besten;
Ungehangen läßt er mich nicht, wir müssen uns retten.
Laßt uns nach Schwaben entfliehn! dort kennt uns niemand; wir halten
Uns nach Landes Weise daselbst. Hilf Himmel! es findet
Süße Speise sich da und alles Guten die Fülle:
Hühner, Gänse, Hasen, Kaninchen und Zucker und Datteln,
Feigen, Rosinen und Vögel von allen Arten und Größen;
Und man bäckt im Lande das Brot mit Butter und Eiern.
Rein und klar ist das Wasser, die Luft ist heiter und lieblich..."

Schwaben als Land der Träume, als Insel der Seligen, als Friedensinsel!

„Ja, Weibchen, wollen wir endlich
Friede genießen, so müssen wir hin, Ihr müßt mich begleiten."

(VI, 232 f.)

Das „Weibchen" hält dem angstgepeinigten Träumer klug und besorgt vor:

„... Was wollte das werden?
Elend sind wir und fremd in jedem anderen Lande;
Hier ist alles nach unserem Begehren. Ihr bleibet der Meister
Eurer Bauern. Und habt ihr ein Abenteuer zu wagen
Denn so nötig? Fürwahr, um Ungewisses zu suchen,
Das Gewisse zu lassen, ist weder rätlich noch rühmlich.
Leben wir hier doch sicher genug! Wie stark ist die Feste!"

(VI, 249 ff.)

Das kluge und mutige Wort von Frau Ermelyn vertreibt den Traumspuk. „Andrer Orten find' ich's nicht besser, als wie ich es habe." (VI, 273) Er hält somit stand und bleibt, was er ist: Standesherr.

Dennoch gehört er nicht nur dem Namen nach zur Gattung der Schelme, deren göttlicher Ursprung nach Karl Kerényi[30] im göttlichen Erzschelm Hermes sichtbar wird, und welche auch in der außereuropäischen Überlieferung in faszinierender Vielgestaltigkeit in Erscheinung tritt. Zu den nächsten Verwandten Reinekes gehört, worauf bereits Herder[31] treffsicher hingewiesen hat, Odysseus, der Listenreiche, dessen eigentümliches Verhältnis zum Recht Christof Hillebrand[32] herausgearbeitet hat. Mit ihm teilt er den Stand, und so wie er mit vielen anderen die Eigenschaften des Tricksters teilt. Der Zug zum Bitterbösen, der dem Schelm durchs „Schelmische" hindurch eignet und den er, wie eingangs erwähnt, im XIII. Jahrhundert angenommen hat, ist sein Spezifikum. Aber man kann es drehen und wenden, wie man will: Das Bild des Fuchses bleibt in der Dimension der Ambivalenz, und so ist es eben nicht abwegig, wenn man in ihm und seinem Realitätssinn, der mit Frivolität gepaart ist, die Inkarnation des Français moyen gesehen hat, und insofern Asterix als ein Nachfahre gelten kann.[33]

Der ferne Gott

Reineke Fuchs ist somit ein „schurkischer" Standesherr. Diese Feststellung legt eine „soziologische" Deutung nahe. Ist sein schurkisches Verhalten nicht aus den gesellschaftlichen Verhältnissen erklärbar, als das Verhalten eines Standesherrn und eines reichen Grundherrn, der sich grausam gegenüber seinen Knechten, gegenüber den Schwachen, Armen und Machtlosen zeigt? Gewiß, er vergeht sich am Hühnervolk, am Hasen, am Schafbock, also an solchen, die sich nicht wehren können. Doch er urteilt für den Bauern und gegen den Lindwurm. (IX, 226 ff., 303 ff.) Nein, er hält es nicht einfach mit den Stärkeren gegen die Schwachen.

Seine Bosheiten und Gemeinheiten richten sich auch gegen andere große Herren, gegen andere Standesherren: den Wolf, den Bären, die Katze vor allem; aber nicht als Individuen, die er aus diesem oder jenem Grund haßt, sondern als die Repräsentanten ihrer Familie, ihrer Sippe und ihres Geschlechts. Die Gesellschaft, in der er lebt, ist in Sippen, Geschlechter, Stämme aufgespalten. Die Schicht der Herren ist in sich zerrissen, „konfliktär". Reineke ist nicht nur der Standesherr, sondern Familienvater und Sippenchef, der sich für „die Seinen" wehrt und dessen Aggressivität nach außen gerichtet ist. Nach innen verhält er sich anders: Er ist ein treusorgender Familienvater, der sich um die Erziehung seiner Söhnchen rührend kümmert und der sich freut, wenn sie sich als flinke, harte und erfolgreiche Raubtiere bewähren. Er ist ein zärtlicher Ehegatte, der nicht daran denkt, allein nach Schwaben zu fliehen, und der auf die Ratschläge seines „Weibchens" hört. Gewiß, mit der ehelichen Treue nimmt er es nicht genau. Doch seine „Seitensprünge" dienen eher der Diffamierung des Feindes als dazu, in den Armen fremder Schönen Genuß und Erholung vom „Eheglück" zu finden.

Die fremde Frau ist die Frau des Feindes, den es zu verletzen, zu beleidigen, herabzusetzen, zu schwächen gilt: Sie ist nicht „Lustobjekt", sondern Instrument im Kampf zwischen den Gruppen.[34] Ob man soweit gehen kann, ob man wirklich die Dominanz von Politik über Sexualität im Falle Reinekes verabsolutieren kann, mag zunächst dahingestellt sein. In unserem Zusammenhang kommt es darauf an, den Gegensatz zwischen Innen- und Außenmoral auch in geschlechtlicher Hinsicht herauszuarbeiten. Zwischen dem zärtlichen Gatten und dem die Wölfin vergewaltigenden Sadisten besteht immerhin ein erstaunlicher Gegensatz, den man politisch-soziologisch deuten kann. Auf diesen Nenner ist allerdings die „zärliche" Beziehung zwischen Fuchs und Löwin, die in den 12 Gesängen nur angedeutet, in der französischen Fassung jedoch beim Namen genannt wird,[35] nicht zu bringen. Andererseits ist der Fuchs selbstverständlich Herr im Haus, wenn er auch auf den klugen Rat seines „Weibchens" hört.

So mag denn vieles, nicht zuletzt das geschlechtliche Verhalten Reinekes für eine soziologische Deutung seiner „Bosheit", seiner Aggressivität und für die Unterscheidung zwischen Innen- und Außenmoral sprechen. Doch das Tierepos ist anspruchsvoller: Es bietet eine Erklärung für den gesellschaftlichen Konflikt, für den Kampf zwischen den Tiergattungen und Tierklassen an. Diese Unterscheidung ist *theologisch*.

Zentralpunkt bildet der *Hasenmord*. Der Hasenmord stellt außer Zweifel, daß der Fuchs alles andere als einen liebenswürdigen Schelm und das Epos einen freundlich-harmlosen Bericht über lustig-freche Streiche, sondern eine bitterböse Satire darstellt, die mit vernichtender Schärfe die in den Eingangsversen aufleuchtende Vision der heil-heiligen Welt als Illusion erweist. Laszarowicz bezeichnet den Hasenmord als „crime gratuit",[36] als ein Verbrechen um des Verbrechens willen, ohne Sinn, ohne Zweck, als Verbrechen aus *reiner Bosheit*.

Freilich ließe sich die soziologische Deutung – so will es zunächst scheinen – gerade am Hasenmord erhärten. Manifestiert sich nicht an diesem Beispiel das grausame Grundverhältnis zwischen den Starken und den Schwachen, den Fressern und ihren Opfern mit äußerster Dramatik? Geht es denn nicht doch um den simplen Freßakt, der das Wesen, den Abgrund gesellschaftlicher Wirklichkeit enthüllt? Gewiß, der Fuchs spricht vom „fetten Wesen des Hasen", das ihm gefallen habe. (VIII, 96) Dazu kommt die intellektuelle Arroganz den Opfern gegenüber, welche „zum Teil auch so plump, in jeglichen Dingen grob und stumpf" sind. (VIII, 99 f.) Müßte der Hase, dieser nutzlose Geck, dieser Dummkopf, nicht eigentlich froh sein, daß er von einem höheren, einem intelligenten Wesen gefressen und damit in die Kategorie der Nützlichkeit erhoben wurde? So wird denn auch eine Rechtfertigungsideologie für den Freßvorgang mitgeliefert: Der starke Fresser mit dem feinen Verstand ist voll im Recht, wenn er den dummen, plumpen, fetten Hasen frißt, der eben dazu da ist, gefressen zu werden. Doch auch so herum bleibt der Bruch des heiligen Gastrechts und die unerhörte Rede, daß der Freßakt ein Justizakt, ein Akt wiedergutmachender Gerechtigkeit[37] sei, einfach unverständlich. Gerade diese Umstände des Hasenmordes deuten auf den Grund und auf das Wesentliche sowie die Notwendigkeit der theologischen Deutung. Reineke verkörpert die Ungerechtigkeit dieser Welt, welche *den* Gerechten, das Lamm Gottes, gerichtet hat. Der Hase und sein geistlich-unfleischliches Wesen steht in der Christusanalogie. Daß Bellyn die Rolle des Sündenbocks zugewiesen wird, steht außer Frage. (VII, 425 f.) In Reineke Fuchs konstituiert sich diese Welt als heillos, abgesonderte, sündige Welt, die sich jedoch in sich selbst rechtfertigt und das ganz andere, jenes geistliche, unfleischliche, haßfreie, schuldlose Wesen verstößt, ihm das Gastrecht verweigert, ja, es bestraft, eben weil es nicht ist wie die Welt. Damit vollzieht sich, vollendet sich die Perversion der Rechtsordnung in der furchtbaren Justizkomödie von Golgatha. Das weist über die Theorie vom crime gratuit[38] hinaus und erklärt, warum es in der Welt so zugeht, wie es in ihr zugeht, warum die Herren um die Beute streiten, warum das Gesetz „Friß-Vogel-oder-stirb" gilt.

Der Hasenmord weist jedoch noch eine weitere Perspektive auf: Mittelalterliche Texte wollen und sollen symbolisch gelesen werden.[39] Nicht nur, daß der Hase in Christusanalogie zu sehen ist und damit ein Agapesymbol ist, er gilt auch als Symbol der irdischen Liebe, der Fruchtbarkeit, und wird Frau Venus zugeordnet.[40] Im Osterhasen kommen beide Symbolbezüge zusammen. Bedeutsam aber vor allem ist das „Symbolverhältnis" zwischen dem Hasen und dem Fuchs. Der Fuchs steht im Zeichen der Sonne, während der Hase im Zeichen des Mondes steht. So erscheint der Fuchs als Sonnentier, als Symbol männlicher Intelligenz und Vitalkraft und der Hase als Symbol des Weiblichen, er verkörpert Fruchtbarkeit, Empfindsamkeit und Gefühlsstärke. Der Hasenmord bedeutet somit nicht nur die Tötung der himmlischen, sondern auch die Tötung der irdischen Liebe in Gestalt des Weiblichen. Übrig bleibt eine sich in ihrer Ungerechtigkeit rechtfertigende *heillose* Welt, die dem grausamen Gesetz unterworfen ist, wonach die einen den anderen als Mittel zum Zweck dienen und allein kalter Verstand das Überleben sichert. Eine Vision der modernen Welt?

Diese *theologische* Erklärung des Hasenmordes findet eine Bestätigung in der zweiten Beichte, welche der Fuchs dem Dachs gegenüber abgibt. In dieser Beichte, kurz vor seinem zweiten Auftritt vor dem Königsgericht, gibt er selbst eine Erklärung für den Lauf dieser Welt und für ihr Unverhältnis zu Gott und seinem Liebesgebot. Ja, Gott ist fern und die Welt folgt ihrem eigenen Gesetz. Wie kommt das? Der Fuchs denkt nicht daran, die Ursache in jener Gesinnung zu sehen, welche im Hasenmord zum Ausdruck gelangt, und damit eigene Schuld einzugestehen. Du beichtest „fremde Sünden", hält ihm der Dachs vor – wie der Fuchs die Schuld, daß es so ist, wie es ist, kurzerhand den Pfaffen zuschiebt. Doch Reineke läßt sich nicht rühren, und er hält daran fest:

„Diese verkehren die Welt, es lernt die Gemeinde das Böse;
Denn man sieht, so hält es der Pfaffe, das sündiget jeder,
Und vom Guten leitet hinweg ein Blinder den andern."

(VII, 191 ff.)

Vor allem empört er sich über die freche Verletzung des Zölibates, daß Pfaffenkinder wie ehelich Geborene gehalten würden und daß die Pfaffen ihre Hände überall im Geldgeschäft und der Macht hätten. Da mögen sie noch so schöne Predigten über die guten Werke halten: Keiner glaubt guten Worten, die durch böse Werke widerlegt sind. Gewiß, es gibt fromme Priester; aber eben die anderen, die „plärren und plappern", geben den Ton an, diejenigen, welche es stets mit den Reichen und Mächtigen halten. Und so kommt es denn, daß jeder sein Spielchen treibt, daß falsche Propheten das Feld beherrschen und Mord und Betrug zur Tagesordnung gehören. Auch der König raubt wie jeder andere, und den Rest läßt er dem Wolf und dem Bären. Da rede kein Kaplan dazwischen, niemand wage es, die Wahrheit zu sagen. Und so spiele auch er sein Spiel. Gewiß, er habe Lampe gefressen, „sein fettes Wesen gefiel mir". Von den gräßlichen Umständen ist nicht die Rede. In der Welt könne man sich nicht verhalten wie im Kloster. „Handelt einer mit Honig, er leckt zuweilen die Finger." (VIII, 94) Das wird leicht und leichtfertig im Tone „Was ist denn schon dabei?" vorgebracht. Na ja, auch Bellyn habe er übel mitgespielt. „Sie haben den Schaden; ich habe die Sünde." (VIII, 98) Daß man eigentlich Nächstenliebe üben müsse, wisse er. Gelegentlich rege sich auch das Gewissen und „zeigt mir von ferne Gottes Zorn und Gericht und läßt mich das Ende bedenken" (VIII, 139 f.). Dann empfindet er auch Reue und erkennt, daß ungerechtes Gut erstattet werden müsse. *Doch die Reu ist kurz, und Gott ist fern.* Und schon faßt er sich wieder: Ist denn nicht rechtens, was viele tun, der König und seine Großen, ohne daß es zum Protest der Kirche käme. Daß er sich zu den Großen, zu den Herren rechnet, versteht sich, obgleich er im Hinblick auf seinen Prozeß mit der Floskel „von den Kleinen, die man hängt ..." spielt und auch die populäre Redensart nicht verschmäht, daß man nur dem bösen Beispiel von „Oben" – gezwungenermaßen – folge. Er entwickelt eben in seiner Beichte eine ingeniöse und umfassende „Rechtfertigungsstrategie". Dazu gehört als letztes Argument, als rhetorischer Schlußstein und Höhepunkt, daß es überdies nutzlos wäre, ein guter Herr, ein „Bester", ein Aristokrat zu sein, da das Volk gute Herren gar nicht verdiene, da es auch den Guten Böses nachsage. Und dann kommt jene Stelle, welche von Goethe mit genialer Sicherheit an die richtige Stelle ins rhetorische Kunstwerk der „Rechtfertigungsbeichte" eingefügt wurde, jene Stelle vom Dünkel des irrigen Wahnes:

„es könne jeder im Taumel
Seines heftigen Wollens die Welt beherrschen und richten."

(VIII, 153 f.)

Damit wird auf einen Schlag das bestehende böse Herrschaftssystem gerechtfertigt, weil es eben doch noch besser als Herrschaftslosigkeit ist und das böse Volk nichts Besseres verdient. Die Selbstrechtfertigung des „Beichtkindes" ist lückenlos, sowohl was das Individuum als auch was den Standesherren anlangt.[41] Zwischen Gottesrecht und Weltrecht klafft ein Abgrund. Beide Rechtsreiche sind völlig getrennt. Das ist so, weil die Kirche versagt, weil sie die Welt nicht bekehrt, sondern verkehrt, indem sie das böse Beispiel gibt. So ist die böse Herrschaft gleichsam von oben legitimiert. Sie ist es aber auch von unten, insofern sie das letzte Bollwerk gegen den Wahn der Volksherrschaft oder der Herrschaftslosigkeit bildet, in dem die Welt zugrunde ginge.

So wird denn in der Rechtfertigungsbeichte – welch ein Paradoxon – bestätigt, was im Bild des Hasenmordes anschaulich wird: Die von Gott gesonderte Welt setzt sich selbst ins Recht, sie rechtfertigt sich selbst in ihrem Unrecht. Hoffnung auf die Rechtfertigung am Kreuz gibt es da nicht, wo man sie nicht braucht. Die „vernichtende Idee der Satire" hat in Reineke Fuchs einen vollkommenen Ausdruck gefunden.

2. Der Welt Lauf und das Bündnis von List und Gewalt

Einsicht mehrt Freiheit

Die letzten Verse der 12 Gesänge könnten im „Käufer des Buches" die Illusionen wecken, daß der „Mischer von Dichtung und Wahrheit" einen Kreisgang abgeschlossen habe und dort, von wo er ausging, auch wieder angekommen sei: in der heil-heiligen Ordnung der Schöpfung, welche Natur und Gesellschaft umschließt. Gewiß, eine geschlossene Welt zeigen die Verse am Schluß; aber nicht eine von Gottes Schöpfergeist erschlossene Welt. Wie zunächst das Bild von der Schöpfungsordnung als heiler Heilsordnung zerstört wurde, so wurde auch das Bild von einer Ordnung zerstört, in der ernsthaft und in strengem Verfahren die Frage nach Recht und Unrecht beantwortet und die Ungewißheit, wer im Recht und wer im Unrecht sei, in Gewißheit verwandelt wird. Man erfährt, daß es in Wirklichkeit nicht ums Recht, sondern um die Macht geht. Hoftag, Gerichtstag, Königswürde, Königsfriede, Kanzlertracht und Klausnerkutte, Ritterlichkeit, Vasalltreue, der Dienst für Witwen und Waisen, Gehorsam, Disziplin und Milde: alles Mummenschanz und Mumpitz, alles Verstellung und Verkleidung. Dahinter verbirgt sich der gnadenlose Kampf ums Fressen und Gefressenwerden, um den Anteil an der Beute und ums Überleben. Nicht fides, sondern Perfidie, nicht Nächstenliebe und Güte, sondern Brutalität und Gewalt bestimmen die Wirklichkeit. Träger dieses Kampfes sind die großen Geschlechter, die von den Chefs, den Herren, den Verwaltern der patriae potestas regiert werden. Im Binnenbereich herrscht, wie wir sahen, im großen und ganzen

Friede. Die Kinder werden streng aufs Gruppenziel hin erzogen. Elternfürsorge und Elternfreude sowie Gattenliebe – die eheliche Treue wird im Kampf gegen den „Feind“ relativiert – prägen das Bild der Familie. In der Großgruppe herrscht das Prinzip verwandtschaftlicher Solidarität. Die Aggressivität richtet sich nach außen. Der Verwandtschaftsbegriff ist auffällig weit gefaßt, so weit, daß schließlich nur noch zwei feindliche Gruppen übrigbleiben: die „Intelligenz“ und die „Violenz“, die Gens der Gescheiten und diejenige der brutalen Bestien. Repräsentativ für die Verlierer sind allzumal die Hühner. Trauergottesdienste für die Opfer ändern nichts daran, daß ihr Gerichtstag eintritt, wenn sie als Gericht auf der Tafel der Großen aufgefahren werden. Im Topf der Bauern haben sie noch nichts zu suchen. Noch stehen diese im Schatten ihrer Meister. Die Geschicke und die Geschichte bestimmen die Herren, die großen und die kleinen. Volk ist Niedervolk. Der dumpfe Ruf nach Mitbestimmung gilt als schrecklichster aller Schrecken, schrecklicher als Mißwirtschaft und Kakistrokratie. Die geistlichen Herren bilden eine Sonderklasse, welche die bestehenden Verhältnisse befestigt und mit dem großen Spiel um die Verteilung der Beute vollauf beschäftigt ist. Kaufleute, Gewerbetreibende, Bürger erscheinen am Horizont genauso wie die großen Städte Aachen, Genf, Köln, Paris, Rom und Jerusalem. Die zwölf Gesänge beschreiben ländliche Verhältnisse: Burg und Bauernhof, Klosterhof und Pfarrhof. Freilich ist es nicht eine von den Werten der Bildung abgeschnittene Welt. Rühmt sich doch der Wolf, der keinerlei Bildung besitzt und nicht einmal lesen kann, dümmlich, er habe an der Universität Erfurt Sprachen und Recht studiert. (VIII, 517)

Der Konflikt zwischen dem Wolf und dem Fuchs charakterisiert die „Verfassungsstruktur“. Bemerkenswert ist, daß dieser Konflikt nicht in Form eines Krieges zum Austrag kommt. Man hält sich im Rahmen des Prozesses, des argumentativen und schließlich des pugnativen Prozesses. So groß der Haß zwischen den Parteien ist, sie halten sich an Formen, welche durch des Königs Autorität und den Grundkonsens der Barone garantiert sind. Der Königsfriede wird zwar immer wieder verletzt, und der König wird daran erinnert, daß er, wenn er nicht für strenge Sanktionen sorge, der Mittäterschaft schuldig werde. Aber es kommt nicht zum Äußersten. Vom Krieg ist nur im Hinblick auf die fällige Exekution eines Urteils die Rede. Zwar erfahren wir, daß es im Prozeß nicht um Recht und Unrecht, sondern um die Macht geht. Beleidigung, Ehebruch, Raub und Mord, Betrügereien und Hinterhältigkeiten aller Art: keiner ist besser als der andere. Man wirft sich Scheußlichkeiten im Tone der Empörung und Selbstgerechtigkeit vor. Man fügt sich Schaden zu, aber man meidet die Vernichtung. Wie glimpflich gestaltet sich alles in allem die Niederlage des Wolfs![42]

Auch der Fuchs will an der Begrenzung des Machtkampfes nichts ändern. Im Gegenteil: Seine erfinderische Intelligenz richtet sich auf die Verstärkung von Gewaltbegrenzung und auf die Vermeidung äußerster Konflikte durch Schlichtung. Die Äffin erinnert den König an die kluge Schlichtung des Streites zwischen dem Lindwurm und dem Bauern, die der Fuchs bewirkt hatte. (IX, 226 ff.)[43] Ein Lindwurm hatte sich stürmisch beim königlichen Gerichtshof beschwert, daß ein Mann, der schon zweimal gerichtlich ins Unrecht versetzt worden sei, sich nicht ins Recht fügen wolle. In erster Instanz hatten zwei Raben den Mann verurteilt; in zweiter Instanz waren der Wolf und der Bär beteiligt und zum gleichen Ergebnis gelangt. Der Mann, ein Bauer, gibt sich nicht geschlagen, er bezichtigt seine Richter der Parteilichkeit und verlangt die Entscheidung des königlichen Gerichtshofes. Die Räte des Königs neigen zur Bestätigung der Vorinstanz. Der König, seiner Sache nicht sicher, überträgt den Fall Reineke Fuchs zur selbständigen Entscheidung:

„... wie er es spräche (das Urteil), so soll es geschehen."

(IX, 302)

Reineke läßt sich den Fall vortragen und entscheidet nach „des Rechtes wahren Sinn" (IX, 315 f.). Die Räte sowie König und Königin preisen das Urteil, und jeder rühmt Reinekes Klugheit. Um was ging es? Der Lindwurm hatte sich in einem Haag verfangen, so daß er nicht mehr vorwärts noch rückwärts konnte. Ein Wanderer, ein Bauersmann, hörte die kläglichen Hilferufe des Lindwurms und erklärt sich schließlich bereit, diesen zu befreien, wenn er schwöre, daß er ihm nichts tue. Der Lindwurm schwört. Kaum ist er frei, überkommt ihn Hunger. Unter Berufung auf den Rechtsgrundsatz „Not kennt kein Gebot" will er sich an seinem Befreier sättigen. Das ist der Streitfall. Wie entscheidet der Fuchs? Er fordert die Wiederherstellung der Ausgangslage. Der Lindwurm wird wiederum in den Haag zurückversetzt und der Bauer aufgefordert, erneut zu entscheiden.

Damit hat der kluge Fuchs die Grundsatzfrage, ob der Satz „Not kennt kein Gebot" vor dem Satz „pacta sunt servanda" den Vorrang besitze, umgangen. Die Rechtspflicht, sich fressen zu lassen, braucht nicht ausgesprochen zu werden. Wenn der Bauer sich fressen lassen will, so ist das seine Sache und nicht etwa die Sache des Richters. Schlau? Gewiß. Weder die Anhänger des Notrechts noch diejenigen des Vertragsrechts bzw. einer Grundwertstheorie werden gekränkt. Die Entscheidung ist konsensfähig, sie wird von den „Rechtsgenossen mitgetragen und ist deshalb auch durchsetzbar. Es geht um eine echte Entscheidung und nicht etwa um einen „dilatorischen Formelkompromiß“.[44] Der Konflikt ist ausgetragen. Darüber hinaus: Der Bauer wird in den Stand gesetzt, seine Entscheidung im Wissen um ihre Konsequenzen zu fällen. Dieses Wissen besaß er das erste Mal nicht. Jetzt ist er *aufgeklärt*. Er war ein blinder und deshalb kein freier Mann. Freiheit heißt hier nicht die Fähigkeit, die Welt zu bessern, gerechter zu machen, sondern sie so zu sehen, wie sie ist, und sich danach zu richten. Dem Fuchs ist es somit auch in diesem Fall gelungen, etwas „Glücklich-Neues“ zu ersinnen.

Fuchs und Löwe und der absolute Staat

Die Welt sehen, wie sie ist, und sich an ihrem Lauf orientieren, das ist es, worauf es dem Fuchs ankommt, aber nicht in theoretischer, sondern in praktischer Absicht. Er sieht eine Welt, in der es ums Fressen, ums Gefressenwerden geht, in der um die Verteilung der Beute unter den Großen dieser Welt, den Herren, gestritten wird. Das Recht ist eine Waffe im Kampf. Gegenkräfte im Dienste der Gerechtigkeit und der Nächstenliebe sieht er nicht. Wo er ihnen in der Gestalt des schwachen Hasen begegnet, erfaßt ihn Grimm und Haß. Er macht ihnen den Prozeß. Nein. Der zweckfreie Mord als Selbstzweck ist nicht seine Sache. Er haßt eben das, was zwecklos und unnütz ist. Was soll Liebe, Mildherzigkeit, Freundlichkeit in einer lieblosen, harten, gottfernen Welt? Der Prozeß zwischen dem Fuchs und dem Wolf ist ein Machtkampf, der in geregelter Form ausgetragen wird. Der Sieg des Fuchses bedeutet den Sieg der Intelligenz über die Violenz. Der Wolf und der Bär verkörpern eine ältere Herrenschicht, primitivere, einfachere Kräfte. Es sind die alten Rittersleut', die Raubritter, Haudegen und Raufbolde, grob, stumpf, plump und blind, ohne Bewußtsein ihres Seins, wenig geeignet, als Richter, Räte und Diplomaten zu wirken.

Mit dem Fuchs zieht ein feines Geschlecht ins Zentrum der Macht: Schreiber, Notare, Sekretäre, kurzum Administratoren, Bürokraten und Räte aller Art. Die Beschlußfähigkeit bzw. die Entscheidungsfähigkeit des Hofes wird gesteigert. Der Kanzler ist der absolute Chef. Was er entscheidet, ist „sakrosankt“. Beschwerden und Anklagen gegen ihn sind unzulässig. Der Prozeß um die Macht soll nicht erneut aufleben. Doch das „neue System“ ist ohne die Autorität des Königs nicht denkbar. Ohne ihn kein allmächtiger Kanzler, doch ohne den allmächtigen Kanzler keine königliche Autorität! Die ausgeklügeltesten Pläne bleiben Papier, wenn nicht Furcht und Ehrfurcht vor den Monarchen dazukäme. So zeigt sich im Bündnis zwischen Löwe und Fuchs die Grundform des modernen Machtstaates. Im „Principe" lesen wir:

„Da nun ein Fürst genötigt ist, die Rolle eines wilden Tieres gut zu spielen, muß er sich den Fuchs und den Löwen zum Muster nehmen; der Löwe nämlich entgeht den Netzen nicht, der Fuchs entwischt dem Wolfe nicht. Er muß daher ein Fuchs sein, um die Schlingen zu wittern und ihnen zu entgehen; und ein Löwe, um die Wölfe zu schrecken. Die, welche bloß Löwe sein wollen, verstehen ihre Sache schlecht."[45]

Die Satire schildert eine „verkehrte Welt", einen mundus perversus. Der Fuchs behauptet, die Perversion geschehe durch die Pfaffen. Laszarowicz ist der Meinung, wo von Perversion die Rede sei, müsse auch von Reversion gesprochen werden, zumindest setze Perversion einen Ordo voraus, ein Ordo von Grundwerten, die Idee des Wahren, Guten und Schönen. „Die vernichtende Idee der Satire" verkehrt diese richtige Ordnung. Aber sie identifiziert sich nicht mit ihrem Ergebnis. Mit Mord und Betrug könne man sich doch nicht identifizieren, meint Laszarowitcz.[46] Die Satire halte der Welt somit ein Schreckbild vor, um die reversio wieder in Gang zu setzen. Doch wie sieht die Ordnung aus, auf welche die Welt sich zurückdrehen soll? Ist es die alte Ordnung der Vasallität, der erhabene Rechtsbau, feingegliedert und steil, dem gotischen Dome vergleichbar, auf dem Prinzip der Treue und dem Glauben begründet, wie der enthusiastische Rechtshistoriker Hans Fehr meint?[47]

Nun, gerade diesen Bau hat die Satire als heuchlerische Kulisse, als heuchlerisches Machwerk „entlarvt". Sollte die Desillusionierung durch erneute Illusionierung aufgehoben werden? Nein, zur wunderschönen Welt der Eingangsverse gibt es kein Zurück. Doch Reineke verherrlicht den Mord und alles, was zur Perversion der Rechtsordnung gehört, nicht. Er rechnet damit. Er rechnet mit Machtkämpfen, aber er sucht Eskalationen zu verhindern. Er versucht sie in Form zu bringen und in Form zu halten, indem er die Staatsmacht stärkt und die Gefahr des Bürgerkrieges eindämmt. Statt pathetischer Rechtsbeschwörung, Grundsatz- und Grundwertetreue fordert er das Kalkül. Man sucht die Konfliktrisiken zu minimalisieren, indem man sich aus dem Grundsätzlichen heraushält und sich um so strenger an den Realitäten orientiert. Diese aber werden bestimmt durch die Triebnatur, welche die Intelligenz zu berechnen, zu manipulieren und zu lenken vermag, und zwar im Gesamtinteresse.[48]

Dieses Geschäft besorgt die Hofkanzlei der Reichsverwaltung unter dem Kanzler. Natürlich bleibt es beim Gegensatz zwischen denen, die fressen, und denen, die als Fraß dienen. Doch es kommt eine gewisse Ordnung ins schreckliche Grundverhältnis. Überdies wird es sorgsam verborgen hinter der Fassade des mittelalterlichen Rechtsbaus. Man tut so, als ob die reversio die perversio ablöste und die heile, heilige Einheit der Schöpfungsordnung wiederhergestellt sei.

III. Gesamtbild

Betrachtet man alle Momente, welche sich aus der Interpretation der 12 Gesänge und dem Versuch, die Moral von der Geschicht zu deuten, ergeben, so zeigt sich kein geschlossenes Gesamtbild. Zwar steht der satirische Grundzug des Epos fest. Die Kritik an den bestehenden Verhältnissen ist vernichtend. Alle Versuche, den Fuchs als harmlosen Possenreißer zu deuten, mißlangen. Er ist ein böser Schelm, kein Vagant und potentieller Rebell, der sich über Herrschaft schlechthin, die geistliche wie weltliche, lustig macht. Er ist Standesherr und er will Herrschaft, er will absolute Herrschaft. Vom äußersten Rand der Gesellschaft, von der Galgenleiter erkämpft er sich die Stellung eines Kanzlers mit absoluter Entscheidungskompetenz im Schutze der Autorität des Monarchen. Der schlaueste und stärkste Fresser konstituiert absolute Herrschaftsmacht, bindet die anarchischen Kräfte in der Herrenschicht wie im Volke und sichert einen Frieden, der auf Macht und nicht auf Recht beruht.

Mit diesem Vorgang verbindet sich die radikale Zerstörung der alten Ordnung, und zwar in substantia. Vernichtet wird die Vision der Einheit von Schöpfergott und Schöpfung, Natur und Gesellschaft, einer Einheit und Harmonie in der Vielheit, wie sie in den Eingangsversen aufleuchtet. Vernichtet wird die Illusion, daß Herrschaft Gottesherrschaft, und damit gerechte Herrschaft sei. Der Hauptangriff erfolgt durch den Hasenmord. Dadurch vollzieht sich die Trennung zwischen Gottesreich, Recht und Gericht und dem Unrecht des eingerichteten Machtreiches, aus dem himmlische und irdische Liebe ausgegrenzt sind, in dem allein kalter Verstand und grobschlächtiger Utilitarismus gelten. Zugleich aber bleiben die Formen des mittelalterlichen Rechtsbaus bestehen. In Kirche und Staat spielen die Potentaten frech das Spiel des heilig-heilen Reiches und verschleiern die furchtbare Wahrheit der Wirklichkeit. Im materiellen und formellen Recht bleibt alles beim alten. Doch das Gottesgericht vollzieht sich ohne Gott. Eine revisio ordinis kann durch das Schreckbild der Satire nicht erwirkt werden.

Das ist die eine Seite. Doch Reineke ist ambivalent. Wie auch im Märchen erscheint er als kluger Ratgeber, als Innovator, als Inszenator eines Bewußtwerdungsprozesses. Er stellt sich auf den Lauf der Welt ein. Er klärt auf und mehrt durch Aufklärung die Freiheit. Den Bauern setzt er instand, sein Urteil am Lauf der Welt zu orientieren und sich dem Zugriff des Lindwurms, der die dunkle Urwelt verkörpert, zu entziehen. In seinem Prozeß stieg Intelligenz über Violenz. Die primitiveren, ihrer Gier unterworfenen Tiere werden durch die intelligenten Tiere beherrscht, und so werden ihre chaotischen Energien letztlich dem Gemeinwohl nutzbar. Wer die Wirkkraft der Triebe kennt, kann sie nutzen. Zwar lügt der Fuchs schamlos, aber er lügt so, daß daraus die Wahrheit entsteht. Zwar gibt es keinen Schatz, der bei Krekelborn vergraben ist, doch die scharfe Intelligenz Reinekes ist der Schatz, mit dessen Hilfe es gelingt, das Chaos der Triebe zu überwinden. Aufklärung und Wahrheit für diejenigen, welche sie ertragen; die anderen bedürfen der *lügengewirkten* Illusion. Mit wunderbarer Präzision beschreibt das mittelalterliche Tierepos Vorgänge und Vorstellungen, die die Geschichte der Neuzeit bewegen.[49]

Anmerkungen

1 *Goethes Werke*, Hamburger Ausgabe in 14 Bänden, Hamburg 1949, 6. Aufl. 1962, Band 2, S. 285 ff. Dazu Hartmut Koholt, *Reyneke de Vos*, München 1981, S. 13 A. Koholt spricht von einem „Idyllischen Natureingang" als „religiösen Bezug", der durch das Pfingstfest vermittelt wird.

2 Zur Bedeutung der Tiererzählung vgl. Anm. 23. Im gegebenen Zusammenhang genügt der Hinweis darauf, daß die Tiere Eigennamen tragen und so zu Individuen werden, zu Persönlichkeiten, die eigenverantwortlich handeln können (vgl. Koholt, a. a. O., S. 22).

3 Die Kläger sind unter sich übrigens nicht einig: So wendet sich Hinze gegen Wackerlos mit dem Vorwurf, das Hündchen habe ihm, dem Kater, den Knochen entwendet.

4 Vgl. I, 158 ff, 165 f.

5 Vgl. I, 216 ff.

6 Vgl. I, 272 ff.

7 Die schlimme Begegnung des Bären mit den Bauern zeigt die für die Dichtung typische Ambivalenz: Einerseits haben wir es mit einem Tierreich zu tun, das

dem Vasallitätssystem nachgebildet ist. In erster Linie treten hohe Herren wie der Fuchs, der Wolf, der Bär auf. Sie sind Ritter und Grundherren, „Meister ihrer Bauern". D. h., die Menschen, Bauern, Soldaten, Pfaffen, Händler sind in dieses Reich integriert. Andererseits aber sind diese „hohen Herren" Tiere, die von den Menschen verfolgt, verprügelt, unter Umständen auch geschützt werden, wie etwa die Hühner durch die Mönche und ihre Hunde.

8 Man versucht sich somit auf die spezifische „Stärke" des Gegners einzuspielen. Doch der Versuch mißlingt grausam.

9 „... so möge das Recht ihn schuldig erkennen". (III, 182)

„‚... Herr König, begehret

10 Ihr es von mir, so will ich sogleich die Botschaft verrichten,
Sei es, wie es auch sei. Wollt Ihr mich öffentlich senden
Oder geh' ich, als käm ich von selber? Ihr dürft nur befehlen.'
Da beschied ihm der König: ‚So geht dann! Alle die Klagen
Habt Ihr sämtlich gehört, und gehet nur weislich zu Werke;
Denn es ist ein gefährlicher Mann.'"
(III, 189 ff.)

11 Vgl. Georg Jellinek, *Die Erklärung der Menschen- und Bürgerrechte. Ein Beitrag zur modernen Verfassungsgeschichte*, Leipzig 1904, 2. und erweiterte Aufl.

12 Charakteristisch für die Dichtung ist es, daß nicht nur die Fassade an-, sondern auch die „arrière boutique de la pensée" (Montaigne) ausgeleuchtet wird.

13 Sehr sonderbar ist das Verfahren, das der Dachs, dieser Laienpriester, der nicht einmal des Lateins mächtig ist, handhabt, um den Fuchs „freizusprechen":

„Brach ein Reischen am Wege, dann sprach er: ‚Oheim, nun schlagt Euch
Dreimal über den Rücken mit diesem Reischen und legt es,
Wie ich's Euch zeige, zur Erde und springt dreimal darüber
Dann mit Sanftmut küsset das Reis und zeigt Euch gehorsam.
Solche Buße leg' ich Euch auf und spreche von allen
Sünden Euch los und ledig, vergeb' Euch
Alles im Namen des Herrn, so viel ihr immer begangen.'"

(III, 393 ff.)

14 „Aber es standen zuletzt wahrhaftige, redliche Männer gegen Reineken auf, die wider ihn zeugten, und alle Seine Frevel fanden sich klar". (IV, 84 ff.)

15 Daß ausgerechnet seine Todfeinde das Henkerswerk eifrig und eilig zu vollenden suchen, macht allerdings keinen guten Eindruck und erweckt Zweifel an der Unparteilichkeit des Urteils. (IV, 111 ff.) Reineke qualifiziert ihr Tun als Ausdruck von grausamem Haß und tödlicher Rache. (IV, 131 ff.)

16 Zum Galgen ziehen nicht nur der König und die Königin mit ihren Frauen, nicht nur die großen und kleinen Ritter und Herren, sondern die „Menge der Armen und Reichen". (IV, 142)

17 Vgl. Koholt, a. a. O., S. 52.

18 La Fontaine, *Die Fabeln*, Gesamtausgabe in deutscher und französischer Sprache, Wiesbaden, S. 9.

19 Vgl. unten S. 147.

20 Koholt bezeichnet sein Verhalten als „Kabinettstück der Perfidie" (vgl. Koholt, a. a. O., S. 54).

21 Ehrengäste sind jetzt Isegrim und Braun, welche der König auf Veranlassung des Fuchses schädlich behandelt hatte. Es geht hoch her. Man trinkt und ißt, tanzt und singt, ficht und übt sich im Wettkampf. Der König schaut freundlich aufs Getümmel, das ihn erfreut. So scheint man die unglaubliche Provokation, die sich Reineke erlaubt hat, leichtfertig zu überspielen.

22 Die Schilderung des Verlaufs entspricht der Rechtslage im 12. und 13. Jahrhundert. Daß die Tiere nicht auf Pferden gegeneinanderreiten, wie's Ritterbrauch war, ist nur zu verständlich. Freilich: Im *Roman de Renart* erscheinen die Tiere wie Brichemer der Hirsch, Roenel der Hofhund und Reineke hoch zu Roß. Vgl. die zehnte Branche des *Romans de Renart*, übersetzt von Eckhard Rattunde, in: *Das Tier in der Dichtung*, Heidelberg 1970, S. 131 ff. Man wird Jodogne, a. a. O., S. 183, Recht geben: Dadurch gewinnt die Darstellung einen Zug drolliger Komik.

(Vgl. Hermann Nottarp, *Gottesurteil-Studien*, München 1956, S. 269 ff.). Überprüfen wir im einzelnen:

1. Die Herausforderung sowie die Anklage erfolgt vor dem Gerichtsherrn; desgleichen die Annahme. Die Faustpfänder, die Handschuhe werden dem Gerichtsherrn übergeben.

2. Der Gerichtsherr fordert von den Parteien die Stellung von Bürgern bzw. Geiseln, da ihre Reden verworren seien und die Gewähr dafür geboten werden müsse, daß sie am nächsten Tag zum Zweikampf erscheinen.

3. Der Fuchs verbringt die Nacht vor dem Kampf mit seinen Verwandten. Es wird der Ort nicht bezeichnet. Üblich ist es, die Nacht in der Kirche zu verbringen und mit einer Messe zu beschließen. Auch davon ist keine Rede.

4. Im Gegensatz zur Regel erscheint der Fuchs nicht nüchtern, sondern nach einem kräftigen Entenfrühstück. Daß er sich in der Nacht taktisch auf den Kampf vorbereitete, ist durchaus nicht regelwidrig. Es kam vor, daß der Gerichtsherr den Kontrahenten Fechtmeister zur Verfügung stellte, um sie für den Kampf fitzumachen. Daß der Fuchs geschoren und eingefettet erscheint, ist so originell nicht. Scheren und Einfetten des Kampfgewandes galt als Mittel zur Abwehr von Zauber. In unserem Fall ist es ein rein zweckrationales Verfahren.

5. Der Sühneversuch entfällt aus begreiflichen Gründen.

6. Der Kampf findet coram rege et praesente populo auf einem abgegrenzten Kampfplatz statt. Der Platz, ein Sandplatz, Ring oder Kreis benannt, wird von zwei „Kreisrichtern" bewacht und gegen Interventionen des Publikums abgeschirmt. Vor Beginn des Kampfes wird der „Kreis" von allen außer den Kämpfern freigemacht.

7. Es wird Kostenvorschuß verlangt. Die Waffen werden nicht gesegnet, was

schon deshalb unmöglich ist, da es sich um einen „Ringkampf", um einen catch as catch can handelt.
8. Die Kreisrichter bringen die Heil'gen, wohl Reliquien, auf die der Kläger und der Beklagte ihre Sache vereiden. Beide werfen sich Meineid vor. Der Besiegte ist also des Meineids überführt.
9. Der König gibt das Zeichen zum Beginn.
10. Der Fuchs versucht sein Leben durch Anerkenntnis der Klage zu retten. Das wäre rechtlich durchaus möglich, mit der Folge allerdings, daß er Ehre und Freiheit verliert.
11. Im letzten Moment gelingt es ihm, den Feind wehrlos zu machen. Er könnte ihn töten. Tötung wäre rechtens.
12. Der König interveniert auf Betreiben der Freunde des Besiegten durch die Kreiswächter. Es kommt nicht auf die Tötung, sondern auf den Sieg an. Dieser wird festgestellt. Der Sieger holt sich die Zustimmung der Freunde und verzichtet auf Tötung. Diese, die kollektive Partizipation des Siegers betonende Geste wird in den Quellen nicht erwähnt.
13. Das Publikum drängt in den Kreis: jubelnd die Anhänger des Siegers, jammernd der Anhang des Besiegten.
14. Der Besiegte erhält ärztliche Pflege. Er wird auf einer Bahre weggetragen. Sonst wird über sein Schicksal nichts berichtet. Eine Bemerkung des Siegers: Er sei jetzt der „Vormann" des Besiegten.
15. Durch den Sieg ist das Recht geklärt und der „Rechtsstreit entschieden". Die Folge ist förmlicher Freispruch und Ehrung.

23 Vgl. Emil Staiger, *Goethe*, 2. Bd., Zürich 1956, S. 100: „Da nämlich Tiere die Menschen vertreten, kann niemand mehr ernsthaft angeklagt werden. Jeder handelt wie er muß. Statt uns moralisch zu entrüsten, erfreuen wir uns an der unbeugsamen Konsequenz der lebendigen Geschöpfe und sind sogar Reineke Fuchs nicht gram, wenn er zuletzt, gewandt und listig, über die anderen, die nicht besser, nicht so schlau sind, triumphiert." Gewiß, leserpsychologisch ist ein gewisser Entlastungseffekt durch das Tiergedicht gegeben. Man schluckt bittere Wahrheit, wenn sie andere betrifft. In der Sache erzählt das Epos jedoch „Geschichte", die gerade da ansetzt, wo Wollen und Nichtwollen das Müssen durchkreuzt. Die Geschichte von Reineke Fuchs ist „Geschichte", weil die Tiere im Zeichen von Befehl, Gehorsam bzw. Nicht-Gehorsam stehen.

24 Der Heyne-Verlag hat 1979 in der Reihe *Das besondere Kinderbuch* den seinerzeit von C. F. Wisholt, Breslau, verlegten *König Nobel*, ein heiteres Bilderbuch von Jul. Lohmeyer und Fedor Flinzer herausgebracht. In den Eingangsversen unter dem Titel *Der Günstling* wird Reinekes „Erfolgsgeschichte" rekapituliert und sein „unumschränktes" Regiment, das den Haß des Hofes erzeugt, hervorgehoben. Im Verhältnis zu den 12 Gesängen handelt es sich um eine „Nachher-Geschichte". Im Vordergrund steht ein großer Sieg über den äußeren Feind. Der Sieger ist der gewaltige Tiger. Er wird hoch geehrt. Zu den Ehrungen gehört ein Wettbewerb um das köstlichste Scherzspiel. Der

gewaltige Tiger erkennt den Preis Reineke zu. Dabei hatte sich dieser in eine Hochverratsaffäre verwickelt und stand wieder einmal unmittelbar vor dem Schandtod. In Wirklichkeit handelte es sich um *sein* Scherzspiel: Den Esel hatte er als Löwen verkleidet und zum Gegenkönig ausgerufen. Die Schlacht am Storchenfluß ist eine reine Burleske. Nobel fällt mitsamt dem Hof auf den Unfug herein. Der gewaltige Kriegsheld durchschaut ihn und er erkennt dem „frechsten Streich" des Fuchses eben den Siegespreis im Wettbewerb um das „köstlichste Scherzspiel" zu. Der Nachher-Geschichte fehlt die Substanz. Sie ist jedoch reich an kindlichen Gags. Der Fuchs wird zum Witzbold. Freilich kann nicht verkannt werden, daß der „Kriegsheld", der gewaltige Tiger, zur dominierenden Figur geworden ist. König und Hof haben sich zum Narren gemacht. Die Illustrationen sind in markartschem Pompstil gehalten. – Auf einem ganz anderen Niveau sind demgegenüber Max Slevogts 12 Radierungen *Reineke*, Berlin 1928. Bezeichnend, daß sie dem Publikum vom Verlag als Blätter empfohlen werden, die das alte Thema „in launigster Weise" neuzeitlich abwandeln. Das stärkste Reineke-Portrait stammt ebenfalls von Slevogt. Es zeigt den Fuchs auf der Galgenleiter.
Truntz, *Goethes Werke*, Hamb. Ausg. 2. Bd., Hamburg 1956, S. 598, macht darauf aufmerksam, daß im 20. Jahrhundert die alte Fuchs-Geschichte nur noch Lesestoff für Kinder darstellt, Erwachsenen dagegen zu primitiv sei.

25 Gaston Paris, *Mélanges de Littérature Française du Moyen-Age*, publié par Mario Roques, Paris 1912, *Le Roman de Renard*, p 337 s. Paris übernimmt die These von Leopold Sudre, dessen Buch *Les sources du Roman du Renard* er in der zitierten Arbeit bespricht, daß auch die „primitiven", die folkloristischen Tiergeschichten, die in den „Roman" Eingang gefunden hatten, ihrem Wesen nach einen caractère parodique aufweisen. „La parodie qui est inhérente à cette conception ne va pas ... sans une certaine satire générale." (S. 341)
Demgegenüber komme die satire proprement dite erst mit der Verwandlung des Fuchses im XIII. Jahrhundert zustande. Wie Sudre und Gaston Paris hebt auch Omer Jodogne hervor, daß der Fuchs im Zyklus der 26 „Branches", welche in 75 Jahren entstanden sind, im Zeitraum von 1175–1250 die Rolle des „Bösen" habe übernehmen müssen. Aber die „mechanceté morale et physique" sei „intelligente" gewesen und erst spät radikal negativ beurteilt worden. Wenig überzeugend ist Jodognes These, daß der Zyklus keine sozialpolitische Satire aufweise, da er sich in einem rein agrarischen Utopia abspiele (vgl. *Le Roman de Renard – un fait socio-littéraire*, in: *Bulletin de l'Académie Royale de Belgique, Classe de Lettres et Sciences morales et politiques*, Bruxelles, LVIII 1972, S. 178–188). Die These kann sich allerdings in einem gewissen Sinn auf eine große Tradition berufen, insofern als sie mit der Auffassung Jakob Grimms zusammengesehen werden kann: Nach Grimm ist Satire da nicht denkbar, wo der konkrete Wirklichkeitsbezug fehlt (vgl. Jacob Grimm, *Reinhart Fuchs,* Berlin 1834 – Göttingische gelehrte Anzeige, 1834, S. 881–887).
In einem gewissen Gegensatz zur Theorie des bösen Fuchses steht diejenige,

welche in ihm den français moyen sieht (vgl. Leo Spitzer, *Romanische Literaturstudien* 1936– 1956, *Die Branche VIII des Roman de Renart*, Tübingen, S. 70 f., Anm. 1).

Mit größter Intensität vertritt demgegenüber K. Laszarowicz die These vom satirischen Charakter der 12 Gesänge wie ihrer Vor-und Urbilder. So lehnt er auch den Vorschlag von Jauß ab, *Van den Vos Reynarde* des Niederländers Willem als *scherzhafte* Satire in altfranzösischem Stil und den mittelhochdeutschen *Fuchs Reinhart* des Elsässers Glichenzâres als *pathetische* Satire, welche eine von intreuwe beherrschte Welt zeigt, aufzufassen. Er spricht von der vernichtenden Idee der Satire, von der aus der Gegensatz scherzhaft-pathetisch sich auflöst (vgl. *Verkehrte Welt. Vorstudie zu einer Geschichte der deutschen Satire*, Tübingen 1963). Der Grundgegensatz, den französische Wissenschaftler zwischen satire générale und satire proprement dite sehen, bleibt dadurch unberührt, da sie den Gegensatz zwischen den populären, folkloristischen Tiergeschichten und den in die litterature courante des Mittelalters eingegangenen Tierdichtungen betrifft.

Die Literaturwissenschaft arbeitet somit mit folgenden „Schicht"-Vorstellungen:

1. Einer populären, folkloristischen Schicht, welche überall im Orient sowie in Afrika, im slawischen wie im nordischen Bereich nachweisbar ist und welche vor allem durch mündliche Überlieferung bis ins mittelalterliche Abendland hineinwirkt, welches andererseits durch *schriftliche* Überlieferung des antiken Fabelgutes geprägt ist. In dieser Schicht überwiegt das heitere, launige, lustige Element, die Parodie in Gestalt der satire générale. Anzumerken ist freilich, daß etwa Foulet die These, der *Roman du Renard* „sort du peuple" (G. Paris, a. a. O.) ablehnt und die „populäre" Tradition bestreitet (vgl. Spitzer, a. a. O., S. 65).
2. Die Schicht, die durch den französischen Roman, den Zyklus der 26 branches, die zwischen 1175–1250 entstanden sind, konstituiert wird. In ihrem Rahmen vollzieht sich die Wandlung zur satire proprement dite, die Wandlung des heiteren zum bitter-bösen Fuchs.
3. Die mittelhochdeutsche-niederländisch-deutsche Schicht, in welcher die Einzelgeschichten zum geschlossenen Gedicht gestaltet werden. In ihr triumphiert die vernichtende Idee der Satire: Die 12 Gesänge erscheinen 1794. Als Vorlage diente Gotscheds Prosafassung von 1752, welche ihrerseits auf dem niederdeutschen *Reynke de vos*, der einem lübeckschen Ordensgeistlichen zugeschrieben wird, basiert. Es handelt sich um eine Übersetzung einer niederländischen Vorlage. Diese wiederum ist eine Umarbeitung des 1375 erschienenen *Reinaerts Historie*, eines Verswerkes, das somit den Gehalt auch der 12 Gegenstände ausmacht. Reinaerts Historie wird schließlich auf den *Van den Vos Reynaerde* eines gewissen Willem bezogen, der im 13. Jahrhundert erschienen sein dürfte und auf Branche I des französischen Zyklus fußt. Das mittelhochdeutsche Gedicht des Elsässers Heinrich von Glichenzâres, das keine Nachfolge gefunden hat und um 1182 erschienen ist, ist mit dem Inhalt der

12 Gesänge und ihrer „Vorlagen“ insofern vergleichbar, als es mit dem Triumph des bösen Fuchses abschließt (vgl. dazu Laszarowicz, a. a. O.). In der Einleitung zum Textbuch *Der Reinhart Fuchs des Elsässers Heinsider*, Tübingen 1984, wird die Grundlage des Gedichtes mit älteren Branches des *Roman de Renart* identifiziert (vgl. S. XXI f.). Hervorgehoben wird auch die Bedeutung des Gedichtes als Quelle alten deutschen Rechtslebens. (S. XXX) Die Entsprechungen in der Schilderung des „Rechtsganges“ sind unübersehbar. Interessant ist der Versuch, den Inhalt des Gedichtes als Polemik gegen „die brutale und dumme Machtpolitik der Staufer“ festzumachen (vgl. *Das Tier in der Dichtung*, Heidelberg 1970, Einleitung von Ute Schwab, S. 9). Bemerkenswert ist, daß sich im Gewande der literaturwissenschaftlichen Diskussion um eine literarische Kategorie, die Kategorie der Satire, genau das zeigt, was das juristisch-moralische Interesse betrifft (vgl. dazu auch Hans Robert Jauß, *Ästhetische Erfahrung und literarische Hermeneutik* I, S. 251 ff.).

26 Goethes Verhältnis zu den 12 Gesängen hat „Rätselraten“ ausgelöst. Überzeugend ist die Auffassung, daß er am überlieferten Gehalt wenig geändert habe, daß er sich jedoch damit identifizierte und deshalb das Epos nicht zu den Nachdichtungen gezählt hat (vgl. Laszarowicz, a. a. O., S. 270).

27 Vgl. Laszarowicz, a. a. O., S. 257 ff.

28 Es gilt als erwiesen, daß es sich bei den folgenden Versen um eine Einschiebung Goethes handelt (vgl. Laszarowicz, a. a. O., S. 271, Anm. 83). Daß der „Einschub“ im Munde Reinekes wenig passend wirke, ist nicht einleuchtend (vgl. Käthe Scheel, *Goethes ‚Reineke Fuchs‘ und seine Quellen*, Quickborn-Mitteilungen, Hamburg 1949, S. 43–45).

29 Vgl. *Spektrum der Literatur, Lexikothek*, Jürgen Rathje, *Der Schelm*, S. 100 ff.
Ursprünglich trägt das Wort eine ausgesprochen negative Bedeutung: Aas, Leichnam, Todeswürdiger, Teufel, Betrüger, Unruhestifter. Demgegenüber ist mit Wort „Schalk“ in niederhochdeutscher Entwicklung „eine Person, die mit Heiterkeit und Schadenfreude jemand einen Possen spielt“ (Goethe) gemeint. Man bemerkt somit bei beiden Wörtern eine gewisse Ambivalenz (vgl. Friedrich Kluge, *Etymologisches Wörterbuch der deutschen Sprache*, 20. Aufl., bearbeitet von Walther Mitzka, Berlin 1967).

30 Vgl. C. G. Jung, Karl Kerényi, Paul Radin, *Der Göttliche Schelm*, Zürich, o. J.

31 Herder bezeichnet Reineke als „Ulysses aller Ulysses“ (vgl. *Sämtliche Werke*, hg. von B. Suphan, 16. Bd., S. 218).

32 Christof Hillebrand, *Zyklopengesellschaft*, in: *Person und Amt, Peter Schneider zum 60. Geburtstag, dem Präsidenten zum Abschied*, Mainz 1980, S. 230 ff.

33 Vgl. André Stoll, *Asterix. Das Trivialepos Frankreichs*, 3. Aufl. Köln 1977.

34 Darauf macht auch Omer Jodogne, a. a. O., S. 181, aufmerksam, selbstverständlich in bezug auf den „französischen Fuchs“.

35 Vgl. Jodogne, a. a. O.

36 Vgl. Laszarowicz, a. a. O., S. 267, S. 279.

37 Es ist bezeichnend, daß Laszarowicz diese Umstände des Hasenmordes nicht erwähnt. Er muß deshalb bei der „puren Lust am Bösen", beim crime gratuit stehen bleiben.

38 Die Begriffe „crime gratuit"und „crime immotivé" finden sich in Andre Gides *Caves du Vatican, Œuvres Complètes, NRF*, t. VII, p 337, 350. Der „unmotivierte" Mord Lafcadios ist ebenfalls „sinnvoll", wenn man bedenkt, daß das Opfer ein in der Nachfolge Christi stehender, lächerlicher, häßlicher Gelehrter, ein geistlicher Mensch, ein – ich will das Wort wagen – „Hasenmensch" ist.

39 Vgl. Bezzola, a. a. O., S. 11 ff.

40 Vgl. *Handwörterbuch des deutschen Aberglaubens*, Berlin, Leipzig 1927–1942, Bd. III, S. 1504 ff., Bd. VI, S. 1327 ff.; zur Fuchssymbolik: Bd. III, S. 174 ff. Vgl. Ferner *dictionnaire des symboles*, éd., Paris 1974, H-Pie, S. 123 ff., Pie-Z, S. 85 ff.

41 Vgl. dazu für den *Roman du Retard* Omer Jodogne, a. a. O., S. 183.

42 Immerhin wird ihm ärztliche Hilfe zuteil; er wird auf einer Bahre vom Feld der „Unehre" getragen, begleitet von den jammernden Familienangehörigen.

43 Die Intervention der Frau Rückenau verschafft dem Fuchs überhaupt erst wieder „rechtliches Gehör".

44 Zum Begriff des dilatorischen Formelkompromisses: Carl Schmitt, *Verfassungsrechtliche Aufsätze*, Berlin 1958, S. 195, Anm. 30.

45 Niccolò Machiavelli, *Der Fürst*, Wiesbaden 1980, S. 71.

46 Er schreibt: „Aber es wäre absurd anzunehmen, daß er (der Autor) sich mit diesen Zuständen abgefunden oder sie gar bejaht hätte." (a. a. O., S. 269) Eindrucksvoll kontrastiert er *Inversion* und *Perversion, Umkehrung* und *Verkehrung*.
Inversion: „Dabei pflegt gewöhnlich ein zum Possen- und Schwankhaften neigender Übermut am Werk zu sein, der sich, zumal in der Vertauschung von groß und klein, stark und schwach, oben und unten, bezeugt". (S. 291)
Perversion: „Der Erzähler zieht sich nicht in eine irreale Welt zurück ...; vielmehr zeichnet er ... ein Bild vom ‚Laufe der Welt' (S. 186), um am Ende resigniert zu gestehen, daß er keine Hoffnung auf Besserung habe ..." (S. 292)

47 *Das Recht im Bilde*, Erlenbach, Zürich, München und Leipzig 1923, S. 15. Fehrs „Einheitsbegeisterung" bleibt bei den Eingangsversen der 12 Gesänge stehen; der Fortgang des satirischen Epos wird ignoriert. Bezeichnend, daß im Band *Das Recht in der Dichtung* unter den Werken Goethes die 12 Gesänge keine Erwähnung finden; bezeichnend auch, daß Fehrs Interpretation von Glichenzâres *Reinhart Fuchs* „versöhnend" ausklingt (vgl. a. a. O., S. 97).

48 Man mag gegen die These einwenden, daß Reineke, zum Kanzler ernannt, frohlockt: „Wen ich liebe, dem frommt's, und meine Freunde genießen's." Das ist eine Selbstverständlichkeit, um derentwillen die Bedeutung, daß die Intelligenz zur absoluten Macht gelangt ist, nicht vergessen werden darf.

49 Daß das Epos über die Satire hinausreicht, daß zur destruktiven, vernichtenden Kritik konstruktive Überlegungen hinzukommen, hat auch Hartmut Koholt in seiner Interpretation des *Reynke de Vos* hervorgehoben:
„Damit ist der Punkt bezeichnet, der den Verstext des ‚Reynke de Vos' durch seine Handlungsstruktur und Figurengestaltung mehr sein läßt als Gesellschaftskritik oder gar Satire, die nur den Finger auf die Wunde legt. Denn es wird, wenn auch nur partiell, so doch durchaus faszinierend, für eine bestimmte Art von Individuen, für bestimmte Mitglieder dieser Gesellschaft ein Weg gezeigt, wie man ihre Widersprüche, in denen man zermahlen zu werden droht, zum eigenen Vorteil benutzen kann. Das Mittel dazu ist, und das macht ein weiteres Faszinosum aus, arg verknüpft mit der Auswahl dieser erfolgreichen Protagonisten mit dem Fuchs als Helden der Erzählung ... List und Intellektualität sind dabei natürlich kein umwälzendes, noch nie dagewesenes Prinzip, jedoch im gesellschaftlichen Konkurrenz- und Verteilungskampf ein Mittel, das nicht ständegebunden, sondern universell und ubiquitär verwendbar ist."
Koholt reduziert das Angebot des listigen Fuchses an die Leser seiner „Geschichte" somit auf Sozialtechniken des Überlebens in einer Gesellschaft, in der es um Fressen und Gefressenwerden geht. Er verkennt, daß der Fuchs-Kanzler im Verbund mit dem Löwen-König ein neues „System" inauguriert: eben das absolutistische. Dieses bietet dem Intelligenten, demjenigen, der den Lauf der Welt kennt, bessere Lebenschancen. Freilich ist es durch die Kulissen des alten Systems noch sorgfältig abgeschirmt. Koholt argumentiert soziologisch, wobei m. E. der Aufstieg vom Kleinadel zum Großadel überbewertet wird. Von seinen Voraussetzungen aus ist es Koholt auch nicht möglich, die negative Theologie, welche übrigens einen eminenten Säkularisierungseffekt hat, zu würdigen. Vorzüglich ist dagegen die Interpretation der „Spiegel-Rhetorik" gelungen.

Zweites Kapitel

Der Richter von Zalamea: Das Heilige Recht und die Behauptung der Menschenwürde

Calderón de la Barca hat den *Alcalde* im Jahre 1642 geschrieben. Die Handlung knüpft an eine Begebenheit während des Portugalfeldzuges (1580/81) unter Philipp II. an, den man „alcalde de Dios" und „Señor de Todo"[1] nannte. Im Dorf Zalamea werden spanische Truppen einquartiert. Während der General Don Lope und sein Quartiergeber, der reiche Bauer Crespo, sich gut verstehen, läßt sich der Hauptmann Alvaro de Ataide nicht davon abbringe, der schönen Tochter des Bauern nachzustellen. Er vergewaltigt das Mädchen schließlich. Am gleichen Tage wird Crespo zum Alkalden, zum Dorfrichter gewählt. Die demütige Bitte des Vaters, der Hauptmann möge die Ehre der Tochter durch Heirat wiederherstellen, wird höhnisch und frech zurückgewiesen. Da waltet der Richter seines Amtes. Der Hauptmann wird festgesetzt und zum Tode verurteilt. Dem Ansinnen des Generals, ihn der Militärgerichtsbarkeit auszuliefern, widersetzen sich der Richter und seine Bauern. Auf Befehl des ergrimmten Generals soll das Dorf niedergebrannt werden. Da erscheint der König. Er läßt sich den Streitfall vortragen und entscheidet zugunsten des Dorfrichters.

Soviel zur Handlung, deren Interpretation unter drei Leitsätzen entfaltet werden soll. Der erste:

„Wer den Hauptpunkt richtig trifft,
darf in kleinen Dingen irren."[2]

Der zweite:

„Gibt es einen, der nicht weiß,
Daß ich zwar von reinem Stamme,
Doch ein Bauer bin?"[3]

Und schließlich der dritte:

„... allein die Ehre
Ist das Erbgut meiner Seele,
Und der Seele Herr ist Gott."[4]

I. „Wer den Hauptpunkt richtig trifft, darf in kleinen Dingen irren"

1. Beginnen wir mit dem Schluß, mit dem Auftritt des Königs, der dem Streit zwischen Soldaten und Bauern ein Ende setzt, und zwar in Gestalt eines *Rechtsspruches* und nicht in Gestalt eines *Machtspruches*. Der Streit hört nicht deshalb auf, weil der König pompös als Souverän auftritt, sondern weil er im Namen der Gerechtigkeit entscheidet. Dabei geht es nicht um eine Entscheidung, die beiden Parteien teilweise Recht gibt und ihnen so die Fügsamkeit leicht macht. Nein, klipp und klar verweist der König die einen ins Unrecht und die anderen ins Recht. Dazu kommt, daß es um keinen beiläufigen Streit geht, wie er zwischen Bauern und Soldaten eben einmal ausbricht, sondern um einen Streit, der die Grundlagen betrifft. Das kommt in dem Moment dramatisch zum Ausdruck, in dem im Hintergrund der Szene das Tor des Gemeindehauses geöffnet wird und der Hauptmann erdrosselt auf einem Stuhl sitzend sichtbar wird. „Großes allgemeines Erstarren" heißt es in der Regieanweisung.[5] Da gibt es nichts mehr zu deuten, da kann nichts mehr suspendiert, verhandelt, verschoben oder aufgehoben werden. Der Mann ist tot. Und im brutalen Entweder-Oder lautet die Frage: Mord oder gerechtes Gericht? Der König weiß, was er sagt, wenn er schließlich angesichts der Leiche des königlichen Offiziers sagt, daß das, was geschehen sei, rechtens geschehen sei. Leicht fällt ihm das Urteil nicht. Erschüttert fragt er den Bauernrichter Crespo:

„Hast Du solche Tat gewagt?"

Crespo antwortet ruhig und sicher:

„Selbst habt Ihr erklärt, mein König,
Daß das Urteil gut gefällt ist.
Darum ward es recht vollstreckt."[6]

Man kann der Antwort die *Logik* nicht absprechen. Recht „drängt" auf Verwirklichung. Erst in der Vollstreckung erfüllt sich das Urteil. Ist das Urteil rechtens, so *muß* es vollstreckt werden. Hinrichtung ohne Urteil ist „rechtlos", sowie das Urteil ohne Vollstreckung „wirkungslos" und damit in letzter Konsequenz ebenfalls „rechtlos" ist. Wirkungsloses, unwirkliches Recht ist Nicht-Recht, ist ein Widerspruch in sich selbst.[7]

Doch die Antwort befriedigt den König nicht. Widersetzt sich sein Zweifel dem strengen Anspruch der Logik? Er fragt: „Gab es nicht mein Staatsgericht, um das Urteil auszuführen?“ So schieben sich zwischen Urteil und Vollstreckung Fragen, welche die Einheit zwischen beiden aufzubrechen scheinen. Der König hat zwar das Urteil des Bauernrichters gutgeheißen, er spricht ihm jedoch die Vollstreckungskompetenz ab: „Der Prozeß ist recht geführt, doch es ist nicht sein Amt, das Urteil zu vollstrecken. Denn ein andres Tribunal muß den Fall zu Ende bringen. Gebt den Hauptmann also frei.“[8] Darauf antwortet Crespo mit dem Faktum der Vollstreckung. Doch das Faktum, das alle erstarren läßt und den König erschüttert, bringt seine Fragen nicht zum Verstummen. Er hält daran fest, daß es Zuständigkeitsgesichtspunkte zu berücksichtigen gilt. Damit entsteht kein Bruch zwischen Urteil und Vollstreckung. Es bleibt dabei, Urteile müssen vollstreckt werden. Urteil und Vollstreckung bleiben verbunden. Ihr Verhältnis wird jedoch kompliziert. Die Vollstrekkung ist nicht einfach ein factum brutum, sondern ihrerseits ein rechtlich geordneter Vorgang, was gerade derjenige verkennt, der überzeugt ist, daß ein gerechtes Urteil sofortigen Vollzug verlangt.

Crespos Reaktion beruht freilich nicht auf dem ungeduldigen Vollstreckungsbedürfnis dessen, der sich im Recht weiß. Er antwortet mit einer eigenartigen und bemerkenswerten Formulierung:

„Die Justiz des Reiches, König,
hat zwar einen einz'gen Leib,
doch der hat gar viele Hände.
Darf da eine Hand nicht töten,
wenn's der anderen erlaubt ist?“[9]

Die Justiz hat *einen Leib*. Sie bildet einen Organismus, ein Ganzes, eine Einheit. Es gibt, so gesehen, keine verschiedenen Arten und Formen von Justiz-, in unserem Fall von Strafgewalt. Jedes Urteil ist Ausdruck der einen und unteilbaren Justiz- bzw. Strafgewalt. „Gehandhabt“ wird diese eine unteilbare Gewalt freilich durch viele „Hände“. Für zwei Hände fallen zu viele Fälle an. Dennoch: Die vielen Hände gehören zu dem einen Leib. Durch sie vollzieht sich die eine Gewalt. Daraus wird die eigenartige, bemerkenswerte, in Form einer Frage vorgetragene Schlußfolgerung gezogen:

„Darf da eine Hand nicht töten,
wenn's der anderen erlaubt ist?“

Versuchen wir den Gedanken aus dem *Bild* herauszupräparieren: Der Leib, der Organismus der Justiz, ist durch viele Hände, will heißen durch viele einzelne Gerichte organisiert. Jedem Gericht steht es zu, in einem bestimmten Fall, unter bestimmten Voraussetzungen, ein Todesurteil auszuführen, verkürzt ausgedrückt: zu töten. Wenn nun jeder Richter, jedes Gericht, jede Hand das gleiche Recht „zu töten“ besitzt, was macht es denn aus, welche Hand den Stab bricht? Gerade darin aber scheint sich Crespos Schluß als grandioser Fehlschluß zu erweisen. Crespo versteht den Sinn von Zuständigkeitsverteilungen offenbar überhaupt nicht. Er geht wohl von der Vorstellung aus, daß die vielen Hände nur dazu da seien, um mit den vielen Fällen fertig zu werden. Wer jeweils zugreift, ist gleichgültig. Es geht, um ein Beispiel auszuformulieren, um einen Mord, der in X begangen wurde. Das Gericht in Y greift zu, da der mutmaßliche Mörder sich in seiner Gewalt befindet. Es kommt zum Todesurteil und zur Vollstreckung. Das Gericht war nicht zuständig. Was soll's. Hauptsache das Urteil war richtig. Bestimmungen über die örtlichen und die funktionellen Zuständigkeiten besitzen danach kein entscheidendes Gewicht. Es geht um Nebenpunkte. „Was verschlägt ein kleiner Irrtum, wenn man Recht im Großen hat.“[10] Und der König nimmt den Gedanken auf und sagt: „Wer den Hauptpunkt richtig traf, darf in kleinen Dingen irren!“[11]

Somit teilt der König die Auffassung Crespos. Auch für ihn kommt es demnach entscheidend auf das materielle und nicht auf das formelle Recht an, darauf, daß Verbrecher bestraft werden, und nicht, durch wen sie bestraft werden. Freilich steht außer Zweifel: Es muß die richterliche Zuständigkeit vorliegen.[12] Selbstjustiz ist mit der Doktrin von der Einheit der Justiz nicht vereinbar. Dieser Punkt gehört zu den Haupt- und nicht zu den Nebenpunkten. Auch nach Crespos Auffassung muß „die Erlaubnis zu töten“ vorliegen. Wenn sie vorliegt, dann allerdings spielen Zuständigkeitsvorschriften nur eine nebensächliche Rolle. Soviel ergibt sich zumindest aus dem Dargelegten. Dazu noch eine Anmerkung: Die Verabsolutierung des Satzes, daß Verbrecher ohne Rücksicht auf formelles Recht bestraft werden müssen, hätte das Recht und die Kompetenz eines jeden einzelnen, Strafgewalt im gegebenen Fall auszuüben, zur Folge. Damit wäre die Garantiefunktion des Organisations- und Verfahrensrechtes für die Durchsetzung des materiellen Rechtes ausgeschaltet und der Willkür- und Lynchjustiz das Tor geöffnet.[13] Soweit geht weder Crespo noch gar der König. Ja, wie weit gehen sie eigentlich? Läßt sich die Behauptung überhaupt aufrechterhalten, daß sie das formelle Recht über die Maßen abwerten und kein Verständnis für Sinn und Zweck einer

Gerichtsverfassung und Zuständigkeitsverteilung zeigen? Nichts spricht übrigens dafür, daß etwa der Sinn einer Zuständigkeitsverteilung nach örtlichen Gesichtspunkten in Frage gestellt sei oder geleugnet werde. Die örtliche Zuständigkeit Crespos liegt zweifelsfrei vor. Sie braucht nicht diskutiert zu werden. Zur Debatte steht die funktionelle Zuständigkeit. Sie wird bestritten:

„Der König: Was ging vor?
Don Lope: Ein Bauernrichter sperrte einen
Hauptmann ein.
Ich verlange seine Freiheit,
Und der Bauer weigert sie.“[14]

Darum geht es, und unter diesem Gesichtspunkt muß die Formulierung von der Einheit der Justiz, ihrem einen Leib, verstanden werden. An der Unteilbarkeit der Justizgewalt nimmt auch der Bauernrichter, das Bauerngericht teil. Die Rede von der Einheit der Justiz wendet sich gegen die ständische Aufteilung, in concreto gegen die Sondergerichtsbarkeit von Militärgerichten. Sowenig es ein Recht für Ritter und Bauer und Bürger gibt – Verbrechen ist Verbrechen, Vergewaltigung Vergewaltigung –, sowenig gibt es eine gesonderte Gerichtsbarkeit für Bauern, Bürger und Ritter. Es geht also keineswegs um eine grundsätzliche Abwertung des formellen Rechtes durch das materielle, sondern um die höhere Forderung nach Einheit von formellem und materiellem Recht.

Aber wie kommt es denn zu der Gegenüberstellung von Hauptpunkt und den „kleinen Dingen“, dem „kleinen Irrtum“ und dem „Recht im Großen“? Zunächst: Der König anerkennt das Prinzip der Einheit der Rechtsordnung indem er die Kompetenz des Bauernrichters, ein Strafurteil zu erlassen, akzeptiert, und zwar auch gegenüber einem Hauptmann. Dem Vorbehalt, daß ihm jedoch die Vollstreckungsgewalt nicht zustehe, daß sie dem „Staatsgericht“ zukomme, ist angesichts des großen Gesamtkonzepts keine entscheidende Bedeutung beizumessen. Die Rede vom „kleinen Irrtum“ ist in diesem Zusammenhang nicht unangemessen. Es bleibt noch ein Vorbehalt des Königs übrig:

„Warum ließet Ihr den Mann,
da er Hauptmann war und Ritter,
nicht enthaupten?“[15]

In diesem Fall geht es nicht um die Zuständigkeit, sondern um eine Modalität der Todesstrafe, welche durch die Standeszugehörigkeit bestimmt ist. Crespo antwortet nicht etwa mit dem Argument, daß solche Differenzierungen unangemessen seien und höheres Recht verletzten. Er antwortet mit einem Praktikabilitätsargument. Der Dorfhenker habe keine Erfahrung im Enthaupten, da in Zalamea die Edelleute ohne Tadel lebten. Er fügt dann noch ein zweites, ein sophistisches, oder besser gesagt, bauernschlaues Argument an: Der Anspruch auf standesgemäße Todesstrafe sei Sache des Betroffenen:

„Bis er also sich beklagt,
geht es uns andere nichts an."[16]

Der König begnügt sich mit der Feststellung:

„Das ist nun geschehen ...
nach Gesetz starb dieser Hauptmann.
Wer den Hauptpunkt richtig traf,
darf in kleinen Dingen irren."

Der Hauptmann ist nicht standesgemäß hingerichtet worden. „Das ist nun geschehen ..."; das kann nicht geändert werden. Der Hauptpunkt aber ist: Er starb nach dem Gesetz. Ein kleines Ding im Verhältnis zum Hauptpunkt ist die nicht standesgemäße Todesart, insbesondere, wenn man bedenkt, daß die Gesamtargumentation darauf abzielt, die ständische Gerichtsbarkeit abzulehnen. Von einer Bagatellisierung des formalen Rechtes im ganzen kann, so zeigt es sich mit aller Deutlichkeit und Klarheit, keine Rede sein. Hinzu kommt, daß außer dem entschuldbaren Irrtum Crespos die Tatsache angeführt wird, daß es unmöglich war, das Urteil richtig zu vollstrecken. Bemerkenswert ist es jedoch, daß der König im Zusammenhang mit der Vollstreckungskompetenz und der Vollstreckungsmodalität zugleich Irrtum gelten und das bisherige Recht bestehen läßt, während er die Zuständigkeit des Bauerngerichtes, Strafen zu verhängen, wie eine Gegebenheit und Selbstverständlichkeit feststellt und den Einwand der Zuständigkeit der Militärgerichtsbarkeit mit einer Handbewegung wegfegt.[17]

2. Es bleibt noch ein gewichtiger Einwand: Das Urteil des Bauernrichters war ein Urteil *in eigener Sache*. Das Opfer war die eigene Tochter und verletzt war seine eigene Ehre, die Ehre seines Hauses. Crespo ist sich der Problematik bewußt. Er sagt auf den Einwand Don Lopes: „Dieser Vater ist der Richter."

„Darf das diesen Fall verändern?
Wenn ein Fremder zu mir kommt
Und mir seine Klage vorbringt,
Muß ich nicht zum Recht ihm helfen?
Wer darf klagen wider mich,
Wenn ich meiner Tochter helfe,
Wie ich jedem helfen würde?
Sollte man es mir verbieten,
Der ich meinen Sohn verhaftet,
Auch die Tochter zu verhören,
Die vom gleichen Blute stammt?
Prüfe man doch mein Verfahren,
Ob ich Unterschleif getrieben,
Ob die Zeugen ich bestochen,
Ob ich wichtiges verschwiegen
Laßt mich sterben, wenn ich log.“[18]

Der König prüft die Akten und befindet:

„Der Prozeß ist recht geführt...“[19]

Mit dem Einwand, daß der Dorfrichter Richter in eigener Sache war, mit dem Einwand der Befangenheit setzt er sich explizit nicht auseinander, weil er zum Ergebnis kommt, daß der Prozeß rechtmäßig geführt worden ist. Die Einzelfallprüfung führt zum negativen Resultat. Die Frage, ob das Judizieren in eigener Sache mit dem Wesen des Richteramtes kollidiere, kommt so nicht auf. Ist ein Richter in eigener Sache, ein parteiischer Richter überhaupt ein Richter? Müßte sein Spruch nicht aus Präventivgründen als Spruch eines Nichtrichters, als nullum und im Extremfall des Todesurteils als Mord gelten? Man denke etwa daran, daß dem Volksgerichtshof die Qualität eines Gerichtes abgesprochen wird, weil das Moment der Parteilichkeit ausschlaggebend war und vom Prinzip richterlicher Unabhängigkeit nichts übrig blieb.[20] Calderón bleibt beim Gegenprinzip der Einzelfallprüfung. Dabei könnte er sich auch auf den Grundsatz der Rechtssicherheit berufen, der nach geltendem deutschen Recht insofern zur Geltung kommt, als das Vorliegen gesetzlicher Gründe, die den Ausschluß eines Richters zwingend vorschreiben, nicht zu den Gründen zählen, welche die Wiederaufnahme des Verfahrens erfordern. Im Wiederaufnahmeverfahren ist die Bedeutung der richterlichen Befangenheit, der richterlichen Parteilichkeit nach Maßgabe der Einzelfallprüfung zu bestimmen. Insofern deckt sich die Auffassung Calderóns mit dem heute geltenden Recht. Im übrigen aber ist das geltende Recht durch die Tendenz bestimmt, im Falle besonders gewichtiger Befangenheitsgründe den Richter von vornherein vom Verfahren auszuschließen, um die Gefahr der Fehlentscheidung im Einzelfall auszuschalten.[21] Wirkt dennoch ein befangener Richter an einem Urteil mit, so ist dieses nicht etwa nichtig, es liegt jedoch ein Revisionsgrund vor, der mit der Folge der Rückverweisung bis zur letzten Instanz geltend gemacht werden kann.

II. „Gibt es einen, der nicht weiß, daß ich zwar von reinem Stamme, doch ein Bauer bin?"

1. Auf den ersten Blick konnte man den Eindruck gewinnen, daß der Dichter den Vorrang des materiellen gegenüber dem formellen Recht postuliert, daß er sich auf den populären Standpunkt stellt: „Was sollen Formalitäten, wenn's um's Recht geht." In Wirklichkeit geht es ihm jedoch darum zu zeigen, daß die Einheit der Rechtsordnung auch im formellen Recht zur Geltung kommen muß, daß auch ein Bauerngericht zuständig ist, Verbrechen zu bestrafen, selbst wenn es sich um Soldaten und Edelleute handelt. Das ist gemeint und nicht die Diskreditierung von Zuständigkeits- und Verfahrensregeln. Das ist der Hauptpunkt. Es geht im Ganzen um das Verhältnis zwischen Recht und ständischer Gliederung.

2. Zunächst ein Wort zur Relation zwischen dem „reinen Stamm" und dem Bauernstand. Was ist mit dem Ausdruck „reiner Stamm" gemeint? Negativ formuliert: Crespo ist weder Maure noch Jude, er ist katholischer Spanier und stammt von katholischen Spaniern. Juden und Mauren waren durch die von der Monarchie eingeführte Inquisition und unter dem Druck der Straße ausgerottet und ausgetrieben worden. An die 300 000 hatten zu Beginn des 16. Jahrhunderts Spanien verlassen. Der Historiker Jacques Pirenne[22] spricht schlicht von der Rassenpolitik des „katholischen Königs" Ferdinand, welcher die Schatzkammer immens bereichert habe. Das Resultat der Säuberung war der reine Stamm, zu dem Crespo gehört. Von Calderón wird das Phänomen unter keinem Gesichtspunkt problematisiert. In unserem Zusammenhang ist aber eines bedeutsam: Der reine Stamm ist nicht das Menschengeschlecht, sondern die, wie wir heute noch sagen würden, Nation als Einheit. Hinzu kommt,

daß die Einheit des „reinen Stammes“ die Vielheit der Stände nicht ausschließt. Crespo ist nicht nur Spanier, sondern auch ein Bauer. Als Bauer hat er seinen Stolz. Wenn er als Bauernrichter seine Zuständigkeit auch gegenüber dem adligen Hauptmann behauptet und durchsetzt, so geht es ihm keineswegs um die Auflösung der Stände, um Gleichheit im Sinn der französischen Revolution. Zu seinem Sohn Juan, der nicht begreifen will, daß ein so reicher Mann sich mit Einquartierung abplagt, sagt Crespo:

„Sag mir, was gewinn ich,
Wenn ich mir den Adel kaufe
Und das Blut doch nicht erhandle?
Wird man sagen, ich sei edler
Als vorher? Das ist doch Unsinn.
Wie wird es heißen? Ich sei nobel
Für fünftausend Stück Realen.
Das ist Geld und doch nicht Ehre;
Keiner kann sich Ehre kaufen.“

„Nicht will ich erborgte Ehre,
Die zu Hause mich verläßt.
Bauern waren meine Väter;
Bauern seien meine Söhne. –“[23]

Ob man diesem oder jenem Stand zugehört, ist keine Frage des Wollens, sondern des Seins. Man *ist* Bauer oder man *ist* Edelmann. Es ist das eine Frage der *Abstammung*. Gewiß, es ist möglich, einen Adelstitel zu kaufen, aber gekaufter Adel ist kein echter Adel, wie eben eine Perücke kein echtes Haar ist.[24] Gekaufter Adel ist geborgte *Ehre*, ein Widerspruch in sich selbst.

Ehre: damit gelangen wir zu einem Zentralbegriff. Sind Adel und Ehre eins? Zumindest ist der Adlige nicht einfach der wesenhaft Bessere, Stärkere. Es gibt armselige Edelleute. Mit Liebe und Bosheit zeichnet Calderón einen solchen: Mendo, ein „lächerlicher Junker“, ein Hungerschlukker, der zwar von seinem Vater „einen großen Adelsbrief, schön in Gold und Blau gemalet“,[25] doch keinen Pfennig Geld geerbt hat. An seinem Beispiel wird deutlich, weshalb man die Soldaten bei den Bauern und nicht bei den Edelleuten einquartiert.

„Weil bei ihnen die Soldaten
sicher Hungers sterben müßten.“[26]

Dennoch gibt der lächerliche Junker mächtig an. In absurder Argumentation versucht er nachzuweisen, daß sein Adel keineswegs bloß Erbadel, sondern etwas sei, was ganz aus ihm, aus seinem Wesen zu erklären sei.

„Freilich, wenn ich's überlege,
Bin ich keinen Dank ihm schuldig,
Daß er mich als Junker zeugte;
Denn selbst gegen seinen Willen
Hätte ich mich doch geweigert,
Selbst in meiner Mutter Leibe –
Daß man anders mich erzeugte
Als von einem Edelmann."[27]

Das adlige Ei hätte sich also gegen unadlige Befruchtung zur Wehr gesetzt. Womit bewiesen sein dürfte, daß sein Adel nicht Erb-, sondern Wesen-, Eigenadel ist. Es kommt aber noch schöner: Die Kinder werden aus den Speisen, welche die Eltern zu sich nehmen, *gebildet*. Hätte der Vater Zwiebel zu sich genommen, so hätte das der adlige Embryo gemerkt; den „Geruch gespürt/ und zugleich zu mir sich gesagt:/ Halt es ist nicht wohlgetan,/ mich aus solchem Zeug zu machen."[28] Wer würde da nicht mit dem verständigen Diener des Adelsnarren sagen: „Es ist wahr, ... daß der Hunger/ trefflich den Verstand verfeinert."[29] Die Ironie ist unüberbietbar. Der Narr durchschaut sie natürlich nicht. Er habe gar keinen Hunger. Edelleute hätten Essen nicht nötig. Das sei Sache des gemeinen Volkes. So sei es dann auch richtig, daß Tagelöhner hungerten und Edelleute nie.[30]

Doch sein toller Ritt ist noch nicht zu Ende: Er ist in die Tochter Crespos verliebt. Die Heirat täte ihm gut, meint der lebenskluge Diener, weil er so zu einem reichen Schwiegervater käme. Dazu der lächerliche Junker:

„Sollte Geld mich so erniedrigen,
Daß ich mir zum Schwiegervater
Einen Bauersmann erwähle?"

Und dann abschließend:

„Wozu brauche ich die Heirat,
Fort mit ihr ins Nonnenkloster,
Wenn ich ihrer einmal satt bin!"[31]

Damit ist das Bild klar: Der lächerliche Junker ist nicht nur kraft seiner Herkunft, sondern kraft seines eigenen Wesens adlig; er ist über Speis und Trank, Geld und Gut erhaben. Das ist der Traum von der Bedürfnislosigkeit. Erfaßt ihn die Sinneslust, so sucht er sie mit mancherlei Tricks zu befriedigen; ist sein „Lustobjekt" ein Bauernmädchen, so denkt er nicht daran, es zu heiraten. So fordert's seine Ehre. Das Bauernmädchen hat keine. Ab ins Kloster, wenn der Ehrenedelmann sie satt hat. Das ist der Traum von der Bedürfnisbefriedigung. Beide Träume sind kompensatorisch und Komponenten der Standesideologie. Diese Standesideologie wird durch die Lächerlichkeit und die Absurdität ihrer Begründung bereits widerlegt. Freilich wird sie nicht nur durch den lächerlichen Junker, sondern auch durch den ehrenfesten General Don Lope vertreten und durch den Hauptmann handfest praktiziert.

Don Lope hat zwar dem Hauptmann, der gegenüber der Tochter Crespos zudringlich geworden ist, ein neues Quartier angewiesen, „auf daß in diesem Hause nicht neu Streit entbrennt".[32] Er fragt Crespo jedoch – verwundert über dessen Empörung –, ob er denn nicht wisse, daß Bauern solche Lasten zu tragen hätten. Die Antwort Crespos betont einen grundsätzlichen Unterschied:

„Mit dem Gut, nicht mit der Ehre!
Gut und Leib dem König geben,
Das ist Pflicht; allein die Ehre
Ist das Erbgut meiner Seele.
Und der Seele Herr ist Gott."[33]

Der Bauer akzeptiert seine Leistungspflichten, seine Pflichten als Untertan, soweit es sich um Natural- und Geldleistungen (Gut) sowie um Dienstleistungen (Leib) handelt. In diesem Bereich, in dem es um materielle Güter geht, ist der König Herr und der Bauer Untertan.

Eine andere Sache ist es mit der Ehre. Sie gehört nicht in den Bereich der materiellen Güter. Sie ist Erbgut der Seele, welche ihrerseits der Herrschaft Gottes unterworfen ist. So ist die Herrschaft des Königs und des Adels durch den Herrschaftsbereich Gottes begrenzt und die Dimension materieller Güter von der Dimension immaterieller Güter unterschieden. Ehre als Erbgut der Seele konstituiert gegenüber irdischen Herrschaftsansprüchen einen „Innenraum" der Unverfügbarkeit und Unantastbarkeit. Er ist unmittelbar zu Gott und vermittelt Eigenständigkeit. Die Ehre kennzeichnet ihren Träger als Subjekt und verbietet, daß man mit ihm umgeht, wie man mit einer Sache umgeht, so wie der Vergewaltiger mit der schönen Isabel umgegangen ist und dies in Ausübung eines vermeintlichen Herrenrechts. Dagegen wehrt sich der Bauer in voller Anerkennung seiner Pflichtgebundenheit als Untertan. Herrschaftsansprüche, welche die Ehre, den Status der Person als Subjekt verletzen, sind als tyrannisch zurückzuweisen, da sie über das hinausgehen, was Herrschaft als Zuständigkeitsbereich zugemessen ist. Knapp formuliert Pascal: „La tyrannie consiste au désir de domination, universel et hors de son ordre."[34]

Ehre haben Adlige wie Bauern, Frauen und Männer, Junge und Alte. Sie alle sind Subjekte, unabhängig von Herkunft und Geschlecht. Doch der Begriff der Ehre geht über den Individualbereich hinaus und wirkt in den Bereich der Hausgemeinschaft hinein. So tritt Crespo für die Ehre seines Hauses, seiner Familie ein, indem er die Ehre der Tochter zu schützen versucht. Das Gleiche gilt für den Bruder im Verhältnis zur Schwester. Die Hausehre ist indessen nicht das übergreifende Prinzip, aus dem die Ehre der Hausangehörigen abgeleitet wird. Es handelt sich um eine Art Fokus, in dem die Einzelehren gesammelt in Erscheinung kommen. Mit diesem Bild wird auch erklärt, weshalb die Verletzung der Ehre des Einzelnen immer auch die Ehre der anderen und nicht nur die Hausehre betrifft.

Es liegt nahe, den Begriff der Ehre, den Calderón im *Richter von Zalamea* gebraucht, mit dem uns vertrauteren Begriff der Menschenwürde[35] zu vergleichen. Vergleichbarkeit ist insofern möglich, als im einen wie im anderen Fall die Fundierung des Status der Einzelperson gemeint ist, und dieser Status nicht aus einer spezifischen Verbandszugehörigkeit abgeleitet wird. Insbesondere ist die Zugehörigkeit zum „reinen Stamm" für Calderón keineswegs die „Ursache" dafür, daß auch dem Bauern Ehre zukommt. Ursache oder besser Urheber ist Gott. In Gott gründet die Ehre des Gotteskindes. Es geht also nicht um die Ehre des Spaniers, des Edelmannes, des Bauern. Crespo behauptet somit die Ehre des Menschen, wie es die Menschenwürde zu behaupten gilt. Eindeutig ist indessen die theonome Begründung. Von einer Würde bzw. Ehre kraft der menschlichen Natur bzw. der Menschenvernunft ist keine Rede. Überdies bildet der „reine Stamm" das Bezugsfeld. Die „Unreinen" sind out.

3. Ehrverletzung bewirkt den Zorn des Verletzten und provoziert Gegenwehr.

„Wißt, ich hätte ihn erschlagen,
Hätte er mein Haus beschimpft."

Und:

„Wäre er gleich General –
Wenn er meine Ehre kränkt,
Töte ich ihn ohne Gnade."

Und:

„Wer von meiner Ehre
Auch ein Teilchen nur bedroht,
Ha, bei Gott, den häng ich selber."[36]

Die Gegenwehr ist radikaler, extremer Art: erschlagen, töten, hängen. Geht's um die Ehre, so geht's um's Äußerste. Ein Ehrenmann reagiert ohne Gnade und auch dann, wenn nur ein Teilchen seiner Ehre *„bedroht"* ist. Da scheint es keine Abstufungen zu geben. Die Strafe verfügt der Ehrenmann in Vollzug des Ehrenschutzes. Beruft er sich dabei auf ein *Recht*? Nein. Er würde mit dem Vollzug Schuld auf sich laden. Crespo dankt Don Lope, daß dieser ihn vor großer Schuld durch Ausquartierung des Hauptmanns bewahrt habe.[37] Auf ein die Tat rechtfertigendes Recht, die eigene und die Ehre des Hauses zu schützen, beruft sich Crespo nicht. Ein solches würde dem „Leib der Justiz" tödliche Wunden beibringen, zumal der Geltungsbereich der Ehre weit und vage ist. Justiz schließt Selbstjustiz aus.[38]

Der zur Diskussion gestellte Fall läßt indessen an Eindeutigkeit nichts zu wünschen übrig: Das schöne Bauernmädchen wird vergewaltigt, der Vater gewaltsam gehindert, der Tochter zu helfen. Tochter und Vater werden als Objekte behandelt und dadurch entehrt, entwürdigt, geschändet. Isabel verschmäht die Sonne, daß sie aufgehe und durch ihr „zorniges Licht"[39] des Mädchens ganze Schande und sein ganzes Elend sichtbar mache. Wohin soll sie sich wenden? Ins Vaterhaus? Da würde sie den Vater mit ihrem Unglück belasten. Kehrt sie aber nicht nach Hause zurück, so wirkt sich dies wie ein Schuldbekenntnis aus. „Oh, dann zischelt die Verleumdung." In der Mitte ihrer großen und bewegenden Klage wird deren Grund sichtbar:

„Weh dem Mann, weh dem Manne,
Welcher eine Menschenseele
Durch Gewalttat will gewinnen ...
Seelenlos ein Weib begehren,
Heißt nur einen Leichnam lieben ..."[40]

Dazu kommt ein Weiteres: Gewiß, das Mädchen muß mit der Verleumdung rechnen, es habe seine Schande verdient, da es sich letztlich doch freiwillig hingegeben habe. Darüber hinaus aber wird die mit der Vergewaltigung vollzogene Zerstörung der Jungfräulichkeit – Schuld hin oder her – als objektive Qualitätsminderung empfunden. Schändung bewirkt Schande, das Ansehen, ja, der Wert des Mädchens ist getroffen. Deshalb bittet es, fordert es den Vater auf, es zu töten.

„Ehrlos bin ich, deine Tochter,
Und du frei; so magst du, Vater
Lob durch meinen Tod erwerben.
Laß die Menschen von dir sagen,
Daß du um der Ehre willen
Deinem eignen Kind den Tod gabst."[41]

Der Vater geht darauf nicht ein. Sie möge aufstehen. Glück und Unglück müsse man mit festem Willen in die Brust aufnehmen. Es gelte das nächstliegende zu tun, dem Bruder ein sicheres Obdach zu geben, der schwer gefährdet ist, da er den Frevler niedergeschlagen und verwundet hat. Dem Frevler wünscht er den Tod: „Meine Trübsal soll nicht enden, bis er tot ist."[42] Die Entehrung der Tochter entehrt das Haus und den Hausherrn. Was die im Haus zusammengefaßten Personen angeht, betrifft immer auch die Hausgemeinschaft. Da lassen sich keine Individualisierungen und Isolierungen denken. Immer ist das Ganze mitbetroffen. Deshalb sagt Crespo, nachdem ihm der Gerichtsschreiber mitgeteilt hat, daß er, Crespo, zum Richter gewählt worden sei:

„Indes ich Rache sinne,
Werd ich durch des Richters Stab
Plötzlich Herr der eignen Ehre."[43]

Die Entehrung der Tochter ist seine eigene, und so wird er in einem buchstäblichen Sinne Richter in eigener Sache. Er ist sich übrigens der Problematik seiner Position durchaus bewußt. Aber er nimmt sie auf sich und sagt zur Tochter:

„Höret, Richter ist der Vater,
Und er wird euch Recht verschaffen."[44]

Bevor er jedoch von seiner Amtsgewalt, die ihn von der Notwendigkeit der Privatrache befreit, Gebrauch macht, wendet er sich noch einmal als

Mensch an den Menschen. Freilich hat er kraft Amtsgewalt den Hauptmann festgesetzt.

„Nur als Mensch will ich vor Euch
Meinem Schmerze Worte geben.“

Den Richterstab lehnt er an die Wand. Er stellt sich dem Hauptmann vor: Er sei mit seinem Stand zufrieden. Sein Haus sei stets in Ehren gehalten worden, von den Bauern, dem Rat und den hohen Ämtern. Er sei der reichste Bauer in der Runde.

Seine Tochter sei „in der besten Zucht der Welt“ aufgewachsen. Wie der Ruf ihrer Mutter, so sei auch der ihre rein. Daß sie schön sei, „soll Euch Euer Wahnsinn künden“. Nur ein Mittel gibt es, die Entehrung wieder gutzumachen: die Heirat. Er bietet dem Frevler sein ganzes Gut. Er bietet sich und seinen Sohn zum Verkauf in Sklaverei.

„Und die Summe, die Ihr einlöst,
Mag dann Euren Brautschatz füllen.-“

Er wirft sich vor ihm auf die Knie.

„Was verlang ich denn von Euch?
Meine Ehre, die Ihr raubtet;
Da ich Euch voll Demut bitte,
Scheint es, daß sie nicht mehr mir,
Sondern Euch gehören müsse.
(Sehr stark) Macht hab ich, sie mir zu nehmen,
Doch Ihr sollt sie selbst mir schenken.“[45]

Der Appell an den Menschen erweist sich als sinnlos. Dem Frevler reißt die Geduld. Die Klage des alten Mannes bezeichnet er als Frechheit. Dem Töchterlein habe er es zu verdanken, daß der Hauptmann seine Wut bewahre. Wenn der Alte sich mit ihm schlagen wolle, dann, so meinte er höhnisch, erfülle ihn das nicht mit Furcht, und wenn er den Richter spielen wolle, dann habe der Bauer ihm, dem Hauptmann, nichts zu sagen! „Nur das Kriegsrecht darf mich richten.“ Er traktiert ihn als Schwätzer, als „überlästigen“ alten Mann. Nein, durch nichts lasse er sich erweichen. Darauf erhebt sich Crespo und nimmt den Richterstab auf: „Nun, Ihr sollt Eure Schuld begleichen!“[46] Der Richter läßt den Hauptmann durch die bewaffneten Bauern entwaffnen und einkerkern. Das gleiche geschieht mit Juan, seinem Sohn, der den Hauptmann verwundet hatte und jetzt seine Schande dadurch zu rächen sucht, daß er die Schwester töten will. Das Motiv für die Verhaftung des Sohnes ist übrigens keineswegs nur „amtsbezogen": Er hofft so das Leben des Sohnes zu sichern und zugleich der Menge die Strenge seiner Amtswaltung zu zeigen. Crespo ist kein Rigorist. Er sucht Eigeninteresse und Amtsinteresse, Haus- und Amtsehre klug zu verbinden.[47]

Don Lope, benachrichtigt, daß „ein Richterlein vom Ort" seinen Hauptmann ins Loch gesteckt habe, kommt voller Wut ins Dorf zurück, um den Frechling zu verprügeln. Crespo hält seinem Ansturm gelassen stand. Dem General geht es einzig und allein um die Zuständigkeit des Kriegsgerichts. Ja, er gibt Crespo sein Wort zum Pfand, daß ihm Sühne gewährt werde. Doch Crespo beharrt auf seiner Zuständigkeit. Damit wird mit aller Deutlichkeit gezeigt, daß die Zuständigkeitsfrage nicht etwa abgewertet wird, sondern, daß ihr der gleiche Rang zukommt wie der Sachfrage. Der König entscheidet schließlich – wie wir wissen – zu Gunsten Crespos. Er setzt ihn für die Dauer seines Lebens zum Richter ein. Crespo sagt knieend:

„Die Gerechtigkeit, mein König,
Habt Ihr hoch in mir geehrt."[48]

Eine bemerkenswerte Formulierung: Der König hat nicht Crespo geehrt, sondern die Gerechtigkeit in ihm. Die Verleihung eines Amts bedeutet doch die Ehrung dessen, dem es verliehen wird. Aber eben das – das Landläufige – sagt der Bauer nicht. Der König ehrt die Gerechtigkeit, oder anders ausgedrückt: Er gibt der Gerechtigkeit die Ehre. Durch die Amtsverleihung verwirklicht sich die Gerechtigkeit. Darum allein geht es, nicht um die Ehrung eines Menschen, dem der König ein Amt anvertraut. Bemerkenswert ist auch, daß die Autorität des Königs in der letzten Szene imponierend dargestellt wird. Aber letztlich geht es nicht darum, sondern eben um die Gerechtigkeit, welche der Träger der Autorität ehrt, wodurch die Quelle eben dieser Autorität freigelegt wird. Ein schöner, erhebender Schluß. Doch man vergesse das Nachspiel nicht. Es scheint der endgültigen Bereinigung der Affäre zu dienen. Die neben dem Hauptmann Verhafteten, unter ihnen Crespos Sohn, werden freigelassen. Crespo bekräftigt noch einmal den Vorrang des Rechts auch gegenüber der königlichen Autorität: Er hätte nicht nachgegeben, auch wenn der König nicht gekommen wäre.[49] Ein Opfer bleibt jedoch: die Tochter. Was geschieht mit ihr:

„In ein Kloster tritt sie ein,
Um den Bräutigam zu finden,
Der des Menschen Stand nicht ansieht.“[50]

III. „. . .allein die Ehre ist das Erbgut meiner Seele, und der Seele Herr ist Gott“

Unter diesem Leitsatz versuchen wir die Zusammenfassung:
1. Beginnen wir mit der Redewendung vom *Leib der Justiz*. Ebenso gut könnte vom Reich als Leib gesprochen werden. Die Redewendung ist uns aus antikem und christlichem Denken vertraut. Sie wirkt bis heute nach. Für Platon war die Polis der große Mensch.[51] In christlicher Soziallehre ist in mannigfacher Ausprägung vom Leib Christi die Rede.[52] Die romantische Staatstheorie begreift in Anlehnung an mittelalterliche Muster den Staat als Organismus.[53] Funktion der Redewendung ist es, das jeweils anvisierte Sozialgebilde als *gegliederte Einheit* zu fassen. Der Leib ist gegliederte Einheit und verweist zugleich auf verschiedene Kräfte, wobei dem Haupt herrschende, den Gliedern dienende Funktion zukommt. – Für Calderón betont das Wort Leib die Einheit. Die Justiz hat einen *einzigen Leib*. Sie ist unteilbar. Es gibt keine wesensverschiedenen Justizarten. Das absonderliche Bild von ihrer Vielhändigkeit, das an indische Gottheiten erinnert, bringt nur dies eine zum Ausdruck, daß die vielen Hände ganz und gar dem einen Leib dienen. Der mit dem Bild verbundenen Vielheit kommt keine eigenständige Bedeutung zu. Der Gedanke einer ständisch differenzierten Justizorganisation wird durch das absonderliche Bild vom vielhändigen Leib der Justiz gerade zurückgewiesen.
2. Der „Topos Leib“ ist an sich gerade geeignet, den Ständestaat zu charakterisieren. In der Differenzierung wird das Ganze als Organismus sichtbar. Ohne die Differenzierung in den Nähr- und Wehrstand wäre das Ganze nicht lebensfähig, nur im Ganzen sind jedoch die einzelnen Stände sinnvoll. Zum Ganzen gehört das Haupt, und das Haupt ist der König. Damit wird der hierarchische Grundzug anschaulich gemacht, die Notwendigkeit von Oben und Unten, von Herrscher und Beherrschten. Ohne Haupt geraten die Glieder in Gleichgewichtsstörungen. Sie fallen, wie figura zeigt, übereinander her, und der Höhere bestreitet dem Niedrigen den Eigenstand und umgekehrt. Damit würde das Organische am Ständewesen zerstört. Die tödliche Mechanik des Machtkampfes käme zur Geltung. Der König faßt nicht nur die ständischen Vitalfunktionen

zusammen, er ist auch das Haupt der Justiz im engeren Sinne des Wortes, welche Interessen ausgleicht und das Verbrechen sühnt.

Der Leib des Reiches ist nicht nur nach funktionellen Gesichtspunkten gegliedert. Es geht nicht nur um die Sicherheit nach innen und außen, nicht nur um Ernährung und materielle Versorgung im weitesten Sinne, nicht nur um die Gliederung in Nähr- und Wehrstand und nicht nur um die Rechtswahrung im Rahmen der Justiz. Es geht auch um das Verhältnis zwischen Reichs- und Hausordnungen. Ihre Struktur bzw. Organisation ist analog. Das Haupt des Reiches und das Haupt des Hauses bzw. der Familie entsprechen sich. Vater, Mutter, Kinder bilden einen Organismus wie das Reich: einen Leib. Was den einzelnen berührt, berührt auch immer das Ganze. Die Ehre des einzelnen ist die Ehre des Hauses, für die der Hausvater steht. Das Haus ist das Reich im kleinen; doch diese Mikrokosmen bilden die Basis des Makrokosmos. Militärische und ökonomische Sicherung sind das eine, das andere ist der im Geschlechtsverband gesicherte Zusammenhang zwischen Erzeugung, Erziehung und Produktion.

3. Das „Haupt" ist nicht allmächtig, es ist an die Gegebenheiten des Leiblichen gebunden. Es ist das Haupt des Leibes. Das ist das eine. Das andere: Der Leib verfügt nicht über die Seele. Es ist nicht von zwei Zuständigkeits- und Herrschaftsbereichen die Rede: dem Staat einerseits, der Kirche andererseits, sondern nur davon, daß die Herrschaft des Leibes von der Herrschaft über die Seele ausgeschlossen ist. Mit der Seele beginnt der Herrschaftsbereich Gottes. Das heißt: Für das Reich der Leiblichkeit gilt die Grenze der Seele, ein Bezirk der Unantastbarkeit. Dieser Bezirk gilt für alle Stände. In einer Gesellschaft der Ungleichheit erschließt sich die Dynamik der Gleichheit und die Freiheit des Christenmenschen. Dem Grundzug von oben nach unten ersteht ein Gegenzug von unten nach oben. In der Einheit der Rechtsordnung im materiellen und im formellen Sinn zügeln sich Zug und Gegenzug.

4. Von einer harmonia mundi aber ist keine Rede. Im Zug und Gegenzug gibt es Opfer der Ungleichheit. Für die Entehrte gibt es keine Wiedergutmachung in „dieser Welt". Allein Christus der Bräutigam – jenseits aller ständischen Ungleichheit – gibt ihr wieder, was ihr geraubt, genommen, „endgültig" entrissen wurde: die Ehre.

5. Bauer, General und König stehen dafür, daß Gerechtigkeit ihren Grund in der Würde des Menschen, in seiner Ehre besitzt. Doch: Das Bezugsfeld ist der „reine Stamm". Als Symbol und Garantie dafür, daß in diesem Bezugsfeld die Ehre der Bauern respektiert werde, gilt die Teilhabe der Bauerngerichte an der unteilbaren Justiz auch dann, wenn sich ein

Ritter und Hauptmann in ihrer örtlichen Zuständigkeit eines gemeinen Verbrechens schuldig gemacht haben sollte.[54]

Anmerkungen

1 Vgl. Michael de Ferdinandy, *Philipp II., Größe und Niedergang der spanischen Weltmacht*, Wiesbaden 1977, S. 289.
2 Vgl. Caldéron, *Der Richter von Zalamea*, Stuttgart 1957, S. 85.
3 A. a. O., S. 22.
4 A. a. O., S. 33.
5 A. a. O., S. 84.
6 A. a. O., S. 84.
7 Das ist die Regel. Die Ausnahme: klare Rechte, die nicht mehr durchsetzbar oder noch nicht durchsetzbar sind. Beispiele: 1. Der Anspruch auf die Gebiete jenseits der Oder-Neiße-Linie ist de facto nicht durchsetzbar. Er bestand jedoch bis zum Zeitpunkt des Abschlusses des Polenvertrages. 2. Das Widerstandsrecht, das unabhängig von der Machtlage und der Verwirklichungsdauer gilt.
8 Vgl. de la Barca, a. a. O., S. 84.
9 A. a. O., S. 84 ff.
10 A. a. O., S. 85.
11 A. a. O., S. 85.
12 Das ist geradezu ein Leitmotiv des Dramas (vgl. a. a. O., S. 68).
13 Damit kommt das große Westernthema in Sicht, das vom Prinzip des „due process of Law“ aus zu begreifen ist und das Risiko der Unmittelbarkeit des Vollzugs betrifft.
14 Vgl. de la Barca, a. a. O., S. 83.
15 A. a. O., S. 85.
16 A. a. O., S. 85.
17 Dabei lesen wir noch bei Montesquieu: „Es ist sogar notwendig, daß die Richter dem gleichen Stand angehören wie der Angeklagte oder seinesgleichen sind, damit er sich nicht einbilden kann, er sei in die Hände von Leuten gefallen, die geneigt sind, ihm Gewalt anzutun.“ (Vgl. *Vom Geist der Gesetze*, 1. Bd., Tübingen 1951, S. 218)
18 Vgl. de la Barca, a. a. O., S. 83 f.
19 A. a. O., S. 84.
20 Volksgerichtshof, vgl. *BT* 10/2367.
21 Nach § 22 StPO ist ein Richter von der Ausübung des Richteramtes kraft Gesetzes ausgeschlossen: „1. Wenn er durch die Straftat selbst verletzt ist... 3. Wenn er mit dem Beschuldigten oder mit dem Verletzten in gerader Linie verwandt ist.“

Beide Ausschließungsgründe liegen in casu vor. Die Regelung orientiert sich nicht am konkreten Fall, sie geht vielmehr von der Vermutung aus, daß bei den erwähnten Befangenheitsgründen die Gefahr des Rechts- und Machtmißbrauchs allzu groß sei. Es handelt sich um eine Präventivform, deren Verletzung einen absoluten Revisionsgrund im Sinne von § 338, Abs. 2 StPO darstellt.

22 Vgl. Jacques Pirenne, *Die großen Strömungen in der Weltgeschichte*, Bd. II, Bern 1945, S. 235.

23 Vgl. de la Barca, a. a. O., S. 22.

24 A. a. O., S. 22.

25 A. a. O., S. 16.

26 A. a. O., S. 16.

27 A. a. O., S. 16.

28 A. a. O., S. 17.

29 A. a. O., S. 17.

30 A. a. O., S. 17.

31 A. a. O., S. 18.

32 A. a. O., S. 33.

33 A. a. O., S. 33.

34 Pascal, *Œuvres Complètes*, éd. Strowski, t. III., p. 100.

35 Vgl. dazu etwa den *Grundgesetzkommentar*, herausgegeben von Ingo von Münch, 2. Aufl., München 1981, zu Art. 1 GG, S. 67 ff.

36 Vgl. de la Barca, a. a. O., S. 33.

37 A. a. O., S. 33 f. Wichtig ist es, daß Don Lope dem Bauern im Grunde recht gibt: „Teufel! Wer Euch reden hört, ist geneigt, Euch recht zu geben.“ (S. 34)

38 Ein Vergleich mit der Argumentation von Friedrich Schiller verdeutlicht diese Position. Auch für Schiller sind Zorn und gewaltsame Gegenwehr die Konsequenz von Ehr- und Würdeverletzung. Doch „Notwehr“ entspringt den ew'gen Rechten, die unveräußerlich und unzerbrechlich wie Sterne im Himmel hangen. Notwehr ist rechtens, ist Notwehrrecht und bricht entgegenstehendes positives Recht (6. Bd., S. 66 f.), während es für Crespo beim *Rechts*verbot der Selbstjustiz einerseits und beim Ehrengebot, die Ehrverletzung zu rächen, andererseits bleibt.
Calderón löst den Widerspruch im Drama dadurch, daß er den Ehrenschutz in die Hand des Richters gibt, der zugleich Betroffener ist. Schiller dagegen vindiziert vor die Notwehr die Kategorie des Rechts.

39 A. a. O., S. 62.

40 A. a. O., S. 65.

41 A. a. O., S. 67.

42 A. a. O., S. 68.

43 A. a. O., S. 68.

44 A. a. O., S. 69.

45 A. a. O., S. 73.

46 A. a. O., S. 74.

47 (Für sich) „So kann ich sein Leben wahren,
Und die Menge wird erfahren,
Daß ich streng mein Amt gehalten."
(A. a. O., S. 78)

48 A. a. O., S. 85.

49 A. a. O., S. 86.

50 A. a. O., S. 86.

51 Vgl. Platon, *Der Staat*, Zürich 1950, S. 132, S. 249 f.

52 Vgl. das „Urbild", Römer, 12, 4 f.

53 Vgl. dazu Peter Schneider, *Ignaz Paul Vital Troxler und das Recht. Eine Studie zum Nachweis der Bedeutung des romantischen Gedankengutes für die Entwicklung des Schweizerischen Bundesstaates*, Zürich 1948.

54 Zur Diskussion darüber, ob Calderón im *Richter von Zalamea* konservatives oder ideologiekritisches Denken zum Ausdruck bringe, nur soviel:
Kein Zweifel, die monarchisch-ständische Gesamtordnung wird im Willen und der Gerechtigkeit Gottes begründet. Man kann diese Auffassung als konservativ bezeichnen. Von einem Impetus im Sinne der französischen Revolution kann keine Rede sein. Ebensowenig aber kann von Untertänigkeit und Untertanenmentalität gesprochen werden. Gerechtigkeit und Königsmacht werden unterschieden, und die Ehre des Bauern gilt keineswegs als Element der Innerlichkeit. Es wird ihr politische Bedeutung zugemessen, die in der Aufwertung des Bauerngerichts objektiviert ist (vgl. Manfred Engelbert, *Calderón de la Barca*, in: Klaus Pörtl (Hrsg.), *Das Spanische Theater. Von den Anfängen bis zum Ausgang des 19. Jahrhunderts*, Darmstadt 1985, S. 257 ff.). Interessant ist es, daß Engelbert auf den „Zuständigkeitsstreit" nicht eingeht.

Drittes Kapitel

Wilhelm Tell: Der Bürgerstaat

Wie schwer wir uns im Umgang mit unserem Tell und seinem Friedrich Schiller tun, bezeugen Max Frisch und Friedrich Dürrenmatt. Max Frisch trivialisiert das Drama zu einer unglücklichen und dummen Geschichte.[1] Gessler bzw. Tillendorf ist kein Großtyrann, Tell kein Held. Die Apfelschußszene – den Apfelschuß verhindert der Landvogt im letzten Moment – passiert als Folge von Mißverständnissen, Angeberei und Wichtigtuerei und der Tyrannenmord als Ausbruch eines dumpf-chthonischen Cholerikers.

Friedrich Dürrenmatt parodiert im *Besuch der alten Dame*[2] die Rütliszene, indem er die Landsgemeinde, die Bürgergemeinde in eine Heuchler- und Mördergemeinde pervertiert. Das Gemeine und Niedrige siegt über das Erhabene, schmutzige Alltäglichkeit über Enthusiasmus und Brüderlichkeit. Das Schwurwort wird als verlogene Phrase entlarvt. Und manch einer fragt sich bedrückt, wie es möglich war, daß er, als es um das Entweder– Oder von „Anpassung und Widerstand"[3] ging, sich durch hohles Pathos und heroische Gestik mitreißen ließ und Mut faßte aufgrund der idealistischen Rhetorik eines deutschen Dichters. Besorgt und verwirrt fragt man dann wieder, ob man sich durch diese Rhetorik nicht in den Bann einer mythischen Figur ziehen ließ, in der die Kräfte des Aufruhrs, des Terrors ihr Sinn- und Leitbild finden. War „unser" Tell nicht das Leitbild, der Heros der Jakobiner und berufen sich nicht heute Palästinenser und Anarchisten eben auf diesen Tell[4] und preisen seine Methode des politischen Mordes als die einzig erfolgversprechende – was immer darunter auch zu verstehen ist. Wie immer: Keinesfalls ist das Thema Tell erbaulich. Es ist ein gefährliches Thema. Wir behandeln es, indem wir der Frage nachgehen, wie es Friedrich Schiller behandelt habe. Ist es eigentlich wahr, daß sein Schauspiel einerseits nichts als Schau und Phrase bietet, andererseits jedoch den Weg in den Abgrund des mörderischen Aufruhrs weist?

Diese Frage läßt sich nach dem Rezept „tolle lege", „nimm und lies", beantworten. Wir wollen Schillers Wilhelm Tell lesen, nicht um zu ergründen, ob die historischen Verhältnisse richtig wiedergegeben werden – das dürfte das Interesse des Historikers betreffen –, aber auch nicht, um den Rhythmus, Aufbau und Ablauf der Handlung, den Typus des Dramas, die Sprachregie (Emil Staiger) zu erfassen – das dürfte das

Interesse des Literaturwissenschaftlers berühren –, sondern um Kontur und Gehalt seiner Aussagen zu begreifen, die sich auf das Gemeinwesen der Eidgenossen, auf den Widerstand gegen die Vögte beziehen und den Konflikt zwischen Recht und Unrecht betreffen. Damit konzentriert sich die Lektüre auf das spezifisch juristische und politische Interesse an Rechts- und Staatstheorie.[5]

I. Tyrannis und Tyrannen

1. Rechtsgefährdung und Rechtsverletzung

Im ersten Aufzug entwirft Schiller das Bild der Tyrannenmacht, die in den Ländern Uri, Schwyz und Unterwalden herrscht und ihre Macht noch auszudehnen droht. Tyrannis bedeutet Verletzung und Bedrohung von, wie wir heute sagen, Grundrechten. In der *ersten Szene* geht es um das Grundrecht der *Familie*, ums Hausrecht, um die Hausehre, um die Rechte der Frau und der Kinder, welche der Hausvater zu wahren, zu schützen, zu verteidigen und zu „rächen" hat. Der Wolfenschießen, des Kaisers Burgvogt auf dem Roßberg, hat die Hausehre des Baumgarten verletzt, indem er nach dessen Weib verlangte und damit die Ehre des Hauses schändete. Zwar kommt es nicht zum Vollzug, aber nur deshalb nicht, weil Baumgarten, von seiner Frau herbeigeholt und alarmiert, dem Vogt mit der Axt den Kopf spaltet.

„Mein gutes Hausrecht hab ich ausgeübt
Am Schänder meiner Ehr und meines Weibs."

(82 f.)[6]

Für den Tyrannen gibt's keine Schranke. Seine Leidenschaft, sein Unmut, seine Begehrlichkeit setzt er kraft seiner Amtsgewalt und Amtsmacht durch. Dagegen setzt der Bauer „Gegengewalt", mit voller Billigung seiner Mitbürger.

„Werni: Ihr tatet wohl, kein Mensch kann euch drum schelten.
Kuoni: Der Wüterich! Der hat nun seinen Lohn!
Hat lang verdient ums Volk von Unterwalden."

(98 f.)

Der Wüterich: Der Ausdruck ist bemerkenswert. Schiller verwendet ihn, um deutlich zu machen, was den Tyrannen zur Rechtsverletzung treibt: Maßlosigkeit und höchste Reizbarkeit, die zwischen Wunsch und Wunschverwirklichung nicht differenzieren kann. Dem Wüterich geht es im Grunde nicht um politische Macht, sondern um die Verwirklichung seiner Bedürfnisse und Wünsche. Er ist seinem Wesen nach gierig, auf was auch immer, auf Weiber, auf Fressen und Saufen, auf fremdes Gut und Blut. Er wird mit dem Tiger verglichen. (1060) Er vernichtet, verstört und zerstört.

In der *zweiten Szene* geht es um *Eigentum*, ums Haus von Stauffacher zu Steinen in Schwyz, ein „Haus, reich, wie ein Edelsitz" (207). Gessler, der Vogt von Küssnacht, will nicht,

„daß der Bauer Häuser baue
auf seine eigene Hand, und also frei
Hinleb, als ob er Herr wäre in dem Lande."

(231 ff.)

Er droht Stauffacher, daß er dies „wehren" werde. So wankt denn der Grund, auf dem das Haus steht, ein gastliches Haus übrigens, offen für Notleidende und Zuflucht Suchende, nicht zuletzt auch für Baumgarten, den Flüchtling aus Altenzell. (342 ff.) Bezeichnend, daß Hauseigentum und politische Freiheit zusammen gesehen wird, daß der Vogt die Verfügungsmacht im Ökonomischen zu brechen versucht, um die politische Freiheit einzuschränken. Die Stauffacherin sieht in Gesslers Reaktion allerdings lediglich den Neid des besitzlosen Ministerialen gegenüber dem reichsfreien Bauern.

„Nicht nennt er sein als seinen Rittermantel,
Drum sieht er jedes Biedermannes Glück
Mit scheelen Augen giftger Mißgunst an,
Dir hat er längst den Untergang geschworen –
Noch stehst Du unversehrt – Willst Du erwarten
Bis er die böse Lust an Dir gebüßt?
Der kluge Mann baut vor."

(268 ff.)

Auch die *dritte Szene* erweist sich als „Szene des bedrohten Rechts". Wir befinden uns in Altdorf, wo die Feste Zwing-Uri im Bau ist. Zwing-Uri ist das Symbol bedrohter *Freiheit und Sicherheit* und damit der Tyrannenmacht schlechthin. Wie ein Scherz nimmt sich neben dem im Bau befindlichen „Fluchgebäude" (377) die Szene mit der Stange und dem Hut aus. Das Scherzen vergeht einem, wenn man begreift, daß derjenige, der dem Hut gegenüber die Grußpflicht verletzt, dem König verfallen ist mit seinem Leib und Gut. Das ist ein grausamer, ein widerlicher Scherz, ein übles „Spiel mit ernsthaft würdgen Leuten“ (406).

Ins Bild des Tyrannen mischt sich so ein Zug infamer, ja diabolischer Scherzhaftigkeit, welche auf Demütigung und Entwürdigung abzielt. Dieser Zug wird gerade in der Apfelschußszene scharf zur Geltung gebracht. Dem brutalen Wüterich gesellt sich der abgefeimte, frivole Spieler und Spötter, dem Menschen nichts wert sind.

Eine unüberbietbare Steigerung tyrannischen Wütens zeigt sich in der vierten Szene, in der die Verletzung des Rechtes auf *Gesundheit und Leben* geschildert wird. Es geht um die Blendung von Melchtals Vater, die Untat eines „Wüteriches“ (569 ff.). Melchtal hatte den Knecht geschlagen und ihm die Finger gebrochen, der ihm das beste Gespann Ochsen auf Geheiß des Vogtes wegstehlen wollte. Es war die leichtfertige Rede des Unverschämten: „Wenn der Bauer Brot Wollt essen, mög er selbst am Pfluge ziehn!“, (474) die den gerechten Zorn des jungen Mannes aufflammen ließ. Walter Fürst, bei dem der Flüchtige Zuflucht findet, kritisiert aber voller Verständnis für das Ungestüm des Jungen, er habe zu rasch reagiert, der Knecht habe auf Geheiß der Obrigkeit gehandelt, er, Melchtal hätte die auferlegte Buße dulden müssen, obgleich sie, wie wir später erfahren, unverhältnismäßig war. (564 ff.) Doch das Entscheidende: Der Vogt läßt den Vater Melchtals kommen und fordert von ihm, den Sohn auf der Stelle herbeizuschaffen. Der alte Mann schwört, daß er nicht wisse, wo der Sohn sei. Darauf läßt der Vogt durch die Folterknechte den alten Mann zu Boden werfen und blenden, ihn, den völlig Schuldlosen. Er beschlagnahmt darüber hinaus sein Gut und jagt den Blinden ins Elend. Das hat mit Rechtsdurchsetzung nicht das Geringste zu tun, sondern das ist blanker Terror.

> „Welch Äußerstes
> Ist noch zu befürchten, wenn der Stern des Auges
> In seiner Höhle nicht mehr sicher ist?“
>
> (639 ff.)

fragt Melchtal und weist damit Stauffachers vorsichtig hinhaltendes Taktieren zurück. Hinzu kommt, daß durch den Akt der Blendung dem Individuum das Licht als Sinnbild von Wahrheit und Gerechtigkeit entzogen wird. Blendung ist furchtbarer als der Tod, und derjenige, der sie verfügt, erweist sich letztlich als Ausgeburt der Finsternis, der Widernatur und Widervernunft.[7]

2. Anpassung oder Widerstand

Dieses Äußerste fordert den Widerstand aller, fordert Gewalt gegen Gewalt, so meint Melchtal, und er sagt:

„Sind wir denn wehrlos? Wozu lernen wir
Die Armbrust spannen und die schwere Wucht
Der Streitaxt schwingen? Jedem Wesen ward
Ein Notgewehr in der Verzweiflungsangst..."

(642 ff.)

Der Hirsch verteidigt sich gegen die Hundemeute, die Gemse gegen den Jäger, der geduldige Pflugstier gegen seinen Feind, sie alle verteidigen sich mit Gewalt, sie alle nehmen ihr Notwehrrecht wahr. So wird deutlich, daß es sich um ein in der Natur verwurzeltes Recht handelt, von dem Gebrauch gemacht werden soll, wenn Natur-und Grundrechte verletzt und bedroht werden. Angesichts des Äußersten, in dem alles, was Tyrannis genannt werden kann, finsteres Wüten, Verletzung von Hausrecht und Eigentumsrecht, Freiheit und Sicherheit, Gesundheit und Leben, Verletzung der Ordnung der Natur und der Vernunft, der Ordnung Gottes, in seinem Wesen – besser Unwesen – sichtbar wird, angesichts dieses Äußersten beschließen Stauffacher, Walter Fürst und Melchtal den kollektiven Widerstand in den drei Ländern zu organisieren. Alle drei Länder sind von der Krankheit, der Pest der Tyrannis, erfaßt. Es wird die heimliche Zusammenkunft auf dem Rütli verabredet und das Schutz- und Trutzbündnis der drei Länder im Schwur der drei Männer, die drei Generationen verkörpern, vorweggenommen. (737 ff.)

Dem kollektiven Widerstand steht jedoch Tell, der Schwiegersohn von Walter Fürst, der Erretter von Baumgarten, ablehnend gegenüber. Er meint:

„Die schnellen Herrscher sind, die kurz regieren.
– Wenn sich der Föhn erhebt aus seinen Schlünden,
Löscht man die Feuer aus, die Schiffe suchen
Eilends den Hafen, und der mächtge Geist
Geht ohne Schaden, spurlos, über die Erde.
Ein jeder lebe still bei sich daheim,
Dem Friedlichen gewährt man gern den Frieden."

(422 ff.)

Tell meint somit, daß Tyrannenmacht an sich selbst zugrunde gehe, wenn man sie nur nicht reize. Jeder soll für sich allein das Werk des Überdauerns betreiben. Freilich, er distanziert sich nicht einfach vom Vaterland und seiner Not. Er sei kein Mann des Rats:

„Doch was ihr tut, laßt mich aus eurem Rat,
Ich kann nicht lange prüfen oder wählen,
Bedürft ihr meiner zu bestimmter Tat,
Dann ruft den Tell, es soll an mir nicht fehlen."

(442 ff.)

Die Wege trennen sich, der eine führt übers Rütli zum kollektiven Widerstand und schließlich zur Zerstörung von Zwing-Uri, der andere über die Apfelschußszene zur Tat des Einzelkämpfers. Es kann jedoch nicht übersehen werden, daß es sich nicht einfach um die Alternative zwischen Anpassung und Widerstand handelt. Tell ist kein „Anpasser" in dem Sinne, daß er sich mit der Unrechtsherrschaft arrangiert, daß er mitmacht, um sich und seine Familie zu schützen. Er traut der Methode des Stillhaltens mehr zu als der des organisierten Widerstandes, der, so fürchtet er, die zerstörende Wut des Tyrannen reizen und steigern werde. Im übrigen fehlt es ihm nicht an Mut und Tatkraft – das hat er bewiesen –; wohl aber, wie er meint, an Vermögen, an einem Organisation und Planung voraussetzenden kollektiven Unternehmen mitzuwirken.

II. Der kollektive Widerstand

1. Das Prinzip der Besonnenheit

Die Rütliszene wird durch ein Vorspiel eingeleitet. Dieses dient nicht nur dazu, den Zuschauer auf die Szenerie einzustimmen, sondern auch dazu, die Grundstimmung zu verdeutlichen, aus der heraus das Gesamtgeschehen entfaltet wird. Die Schwyzer unter der Führung von Stauffacher und die Unterwaldner unter der Führung Melchtals warten auf die Urner, welche

„Weit umgehen (müssen) durchs Gebirg,
Daß sie des Landvogts Kundschaft hintergehen."

(983 f.)

Melchtal berichtet Stauffacher, daß er den geblendeten Vater getroffen habe.

„O Herr Stauffacher! Ich hab ihn
Gesehen, der mich nicht mehr sehen konnte!
Und glühend Rachgefühl hab ich gesogen
Aus der erloschnen Sonne seines Blicks."

(987 ff.)

Stauffacher knapp und bedächtig:

„Sprecht nicht von Rache. Nicht Geschehenes rächen,
Gedrohtem Übel wollen wir begegnen."

(992 f.)

Vergegenwärtigen wir uns noch einmal den ersten Aufzug: Er zeigt, was Tyrannenmacht, was Unrechtsmacht bedeutet und daß sich die Tyrannen die Hände gereicht haben, daß das Äußerste an Unrecht geschehen ist, und daß der gewaltsame Widerstand die letzte Chance darstellt, um die alte Freiheit der Waldstädte zu retten. Das, was geschehen ist, indiziert eine konkrete Gefahr. Es ist nicht um seiner selbst willen bedeutsam, zumindest nicht im Zusammenhang mit dem geplanten, kollektiven Widerstand. Es geht nicht um ein Straf- und schon gar nicht um eine Racheaktion. Rache ist nach rückwärts gerichtet, gilt der Bewältigung von Vergangenheit, doch es gilt den Blick vorwärts zu richten und die gefahrvolle Zukunft zu bewältigen. Das heiße Rachegefühl verleitet zu Unbedachtsamkeit und auch zu Unverhältnismäßigkeit und führt damit zur Selbstgefährdung. Gefordert ist kühl kalkulierte Gefahrenabwehr und nicht wildes Dreinschlagen. Rache verführt zur bloßen Destruktion, während doch ein konstruktives, am Gemeinwohl orientiertes Handeln notwendig ist. Es mag durch „gerechten Zorn", durch Tyrannenhaß bewegt sein. Stauffachers kühle Distanznahme schließt die heftige Parteinahme nicht aus. Aber Zorn ist etwas anderes als Wut und Rachedurst. Melchtal versteht den Älteren, und in seinem Bericht darüber, wie es ihm in Unterwalden gelungen sei, den Geist des Widerstandes aufzustacheln, vermerkt er, daß er den Landvogt an der Tafel schwelgen sah:

„Urteilt, ob ich mein Herz
bezwingen kann,
Ich sah den Feind, und ich erschlug ihn nicht."

(1063 f.)

Darum geht es, die Leidenschaft zu zügeln, aber nicht um Leidenschaftslosigkeit, um leidenschaftsloses Generalstabskalkül, sondern um die

Kraft, die vorhandenen Mittel klug einzusetzen im Kampf gegen einen gefährlichen Feind. So sind Stauffacher und Melchtal dem Prinzip Besonnenheit verpflichtet, aus dem die Gesamtaktion entfaltet werden soll und welches die Einsicht ermöglichte, daß diese nicht allein der Vernichtung des Feindes, sondern der Verwirklichung des im Recht gegründeten Gemeinwillens dient.[8]

2. Die Rütliszene

Die Konstituierung der Landsgemeinde

Die Urner treffen ein. Bitter beklagt der Anführer, Walter Fürst, daß sie auf eigenem Erbe und auf

„Väterlichem Boden (uns) verstohlen
Zusammen schleichen, wie die Mörder tun,
Und bei der Nacht, die ihren schwarzen Mantel
Nur dem Verbrechen und der sonnenscheuen
Verschwörung leihet."

(1098 ff.),

ihr „gutes Recht" holen. Auch hier entfaltet sich wieder die Symbolik von Licht und Dunkel, Tag und Nacht, und zwar ebenso wie beim Vater Melchtals dergestalt, daß die Welt verdreht erscheint: Im Dunkeln muß derjenige bleiben, der sich eigentlich offen im Sonnenlicht sollte zeigen dürfen; während die Finsterlinge sich frech und unbehelligt im Licht brüsten.

Die Situation ist widernatürlich und verunsichert das Identitätsbewußtsein. Ist es denn denkbar, daß sich die menschlichen Verhältnisse gegen die Natur wenden, daß sich der Einklang von Natur und Geschichte auflöst? Gehören nicht alle, welche die Sonne scheuen, zum lichtscheuen „Gesindel", zu den Verschwörern und unehrlichen Leuten? Da hilft das muntere Wort Melchtals wenig:

„Was die dunkle Nacht gesponnen,
Soll frei und fröhlich an das Licht der Sonnen."

(1105 f.)

Dabei ist es nicht ohne Tiefsinn: Entfaltet sich nicht alle Kreatur aus dem Dunkeln ins Licht?

Rösselmanns Vorschlag, man möge sich als Landsgemeinde verstehen, beendet die Unsicherheit:

„Wir stehen hier statt einer Landsgemeinde,
Und können gelten für ein ganzes Volk,
So laßt uns tagen nach den alten Bräuchen,
Des Lands, wie wir's in ruhigen Zeiten pflegen,
Was ungesetzlich ist in der Versammlung
Entschuldige die Not der Zeit. Doch Gott
Ist überall, wo man das Recht verwaltet
und unter seinem Himmel stehen wir."

(1108 f.)

Stauffacher greift den Vorschlag sofort auf:

„Wohl, laßt uns tagen nach der alten Sitte,
Ist es gleich Nacht, so leuchtet unser Recht."

(1116 f.)

Damit ist die „Widernatürlichkeit" der Lage akzeptiert, und die Versammelten haben auf dem Boden von Brauchtum und Recht ihre Eigenständigkeit gefunden. Man weiß jetzt, wie man zu verfahren hat. Man „repräsentiert" das ganze Volk, man kann als das ganze Volk „gelten". Der demokratische Legitimationszusammenhang ist erstellt. Man *ist* zwar nicht das ganze Volk, man kann indessen als dieses gelten, mit der Wirkung, daß die Beschlüsse, welche gefaßt werden, diesem zugerechnet werden können. Rösselmann formuliert bemerkenswert vorsichtig. Er bringt das klassische Repräsentationsschema zum Ausdruck, das den Dualismus zwischen Repräsentant und Repräsentierten voraussetzt und von den irrationalen Zwängen identitärer Demokratie frei ist.[9]

Weit unbefangener formuliert Melchtal:

„Ist gleich die Zahl nicht voll, das Herz ist hier
Des ganzen Volkes, die Besten sind zugegen."

(1118 f.)

Das läßt sich leicht behaupten, schwer beweisen. Melchtal kann jedoch für seine Behauptung einiges anführen: Die zehn aus jedem Land sind Vertrauensleute, und die drei, welche sie ausgesucht haben, genießen das Vertrauen ihrer Landsleute.[10] Zwar kann man sich nicht auf ein formalisiertes Wahlverfahren berufen. Angesichts der Tatsache, daß wir es mit kleinen Gruppen zu tun haben, in denen jeder jeden kennt, angesichts auch der außerordentlichen Verhältnisse dürfen ernstliche Zweifel an der Kompetenz der Versammelten, das „ganze" Volk zu vertreten bzw. zu repräsentieren, nicht erhoben werden. Es steht somit fest, daß es sich um eine außerordentliche Landsgemeinde der drei Völker handelt, deren Beschlüsse rechtlich für alle gelten können.

„Wohlan, so sei der Ring sogleich gebildet,
Man pflanze auf die Schwerter der Gewalt."

(1122 f.)

Doch wer soll den Vorsitz übernehmen? Da zeigt sich, daß es sich nicht nur um die Repräsentanten eines Volkes, sondern um die dreier Völker handelt. Die Landsgemeinde wählt den Vorsitzenden nicht einfach aus ihrer Mitte. Es muß zuerst entschieden werden, welches der drei Länder den Vorsitzenden stellen darf. Unterwalden läßt den mächtigen Freunden den Vortritt. Geschickt vermittelt der Pfarrer, indem er Uri die militärische Führung, Schwyz den Vorsitz im Rat zudenkt. Sein Vorschlag wird stillschweigend akzeptiert.

Die nächste Frage: Wer kann als geeigneter Kandidat gelten? Stauffacher meint, nicht ihm, sondern dem Ältesten solle die Ehre zukommen. Ulrich der Schmied ist der älteste Schwyzer:

„Der Mann ist wacker, doch nicht freien Stands,
Kein eigner Mann kann Richter sein in Schwyz."

(1140 f.)

Die Versammlung besteht nicht nur aus freien Bauern, sondern auch aus Eigenleuten, welchen nur das aktive Wahlrecht und nicht auch das Recht zusteht, in Ämter gewählt zu werden. Gewählt wird schließlich der Schwyzer Altlandmann Reding. Er wird von Schwyz designiert und präsentiert, jedoch von allen gewählt, und zwar nach einer Regel, welche wiederum für alle verbindlich ist. Sorgfältig hat Schiller Landeszuständigkeit und Zuständigkeit der zentralen Einrichtung der Landsgemeinde kombiniert. Sein Sinn für föderative Strukturen ist bemerkenswert.

Alter oder neuer Bund?

Damit ist die Konstituierung abgeschlossen: Reding übernimmt den Vorsitz, leistet den Amtseid und fragt nach der Aufgabe, welche die Versammlung zu erfüllen hat:

„Was ist's, das die drei Völker des Gebirgs
Hier an des Sees unwirtlichem Gestade
Zusammenführte in der Geisterstunde?"

(1149 ff.)

Als ob das nicht jeder wüßte. Doch die Fortsetzung der Rede des Vorsitzenden macht deutlich, daß dies keineswegs der Fall ist, und wie wichtig es ist, geschäftsordnungsgemäß von Frage zu Frage fortzuschreiten und zunächst den Tagungsgegenstand genau zu bestimmen. Reding fragt:

„Was soll der Inhalt sein des neuen Bunds,
Den wir hier unterm Sternenhimmel stiften?"

(1152 f.)

Dem hält Stauffacher entgegen, daß es sich um die Erneuerung eines uralten Bündnisses aus Väterzeiten und nicht um einen neuen Bund handele. Die Unterscheidung zwischen neuem Bund und Erneuerung des alten Bundes klingt zunächst spitzfindig, sie ist jedoch von großer Bedeutung. Bei der Stiftung eines neuen Bundes geht man davon aus, daß vorher drei Völker unverbunden nebeneinander existierten. Ungereimt wäre von diesem Standpunkt aus die Konstituierung einer gemeinsamen Landsgemeinde. Zuerst hätte der Bund geschlossen werden müssen. Dieser hätte sich dann in Gestalt einer gemeinsamen Landsgemeinde ein gemeinsames Organ geben können. Stauffachers Feststellung erklärt somit auch den Konstituierungsvorgang, der eben ohne die Einheit in der Vielheit unerklärlich wäre. Zugleich aber klärt sie die Grundlage für alles weitere. Deshalb berichtet er breit ausholend, „was die alten Hirten sich erzählen" (1165), den Mythos vom Ursprung und der Einheit der drei Völker. Sie stammen ab von einem großen Volk „hinten im Lande nach Mitternacht", welches in Teuerungsnot geriet und dessen Landsgemeinde beschloß, daß jeder zehnte mit den Seinen auswandern müsse. Die Auswanderer schlugen sich mit dem Schwert durchs deutsche Land, bis sie ins Hochland der Waldgebirge kamen, wo keine Menschenspuren zu sehen waren.

„Nur eine Hütte stand am Ufer einsam,
Da saß ein Mann und wartete der Fähre."

(1179 f.)

Da ließen sie sich nieder, nicht zuletzt, weil die Gegend ihrem Vaterlande zu gleichen schien, sie gründeten Schwyz und hatten manchen sauren Tag, den Wald

„Mit weitverschlungenen Wurzeln auszuroden".

(1189)

Sie vermehrten sich, und als der Boden nicht mehr genug hergab, erweiterten sie ihr Gebiet, und es kam zur Gründung von Stanz und Altdorf, zu drei gesonderten Völkern, die sich aber stets als Zugehörige eines Volkes erkannten.[11] Sie ordneten sich freiwillig Reich und Kaiser unter, da man stets eines höchsten Richters bedarf. Sie leisteten dem Kaiser militärischen Beistand, so wie er ihnen Schutz gewährte und ihre Freiheit anerkannte. Im übrigen „regierten sie sich fröhlich selbst".[12] Die durch einen Grafen ausgeübte hohe Gerichtsbarkeit des Kaisers akzeptierten sie. Andererseits wiesen sie auch Unrechtsakte seitens des Kaisers zurück.[13] Ihre Lage änderte sich mit den Ein- und Übergriffen der österreichisch-kaiserlichen Vögte in ihren bereits 1000 Jahre alten Eigenbereich.

Zusätzliche Kompetenzen können diese im Rahmen der Reichsordnung nicht geltend machen. Ihre und ihres Herrn „Politik" geht dahin, die österreichische Territorialhoheit auf das Gebiet der Eidgenossen auszudehnen. Die Betroffenen müssen sich auf ihre eigenen Rechte besinnen und Widerstand leisten, Gewalt mit Gewalt begegnen und in den Urstand der Natur, den Kriegszustand zurückkehren.[14] An dieser Stelle greift der Pfarrer Rösselmann mit der Frage ein, ob man sich mit dem Kaiser aus dem Hause Österreich nicht einigen könne, wenn man sich Österreich unterwerfe. Er löst Empörung aus: Das sei die Sprache des Verrates. Die Landsgemeinde verabschiedet einstimmig als erstes Landesgesetz das Verbot, über Kapitulation gegenüber Österreich auch nur zu reden, und verknüpft damit die Sanktion des Ausschlusses aus der Rechtsgemeinschaft. Rösselmann jubelt – offenbar war seine Frage provokativ gemeint –: „Jetzt seid ihr frei, ihr seids durch dies Gesetz". (1310)

Mit diesem Gesetz hat die Landsgemeinde positiv rechtlich klargestellt, daß sie sich im Verhältnis zu Österreich als gleichberechtigter Territorialstaat begreift. Das geschichtliche, das natürliche Recht wird ins positive Recht transformiert. Es erscheint als logische Konsequenz, daß derjenige, der eine Kapitulation gegenüber Österreich erwägt, dem Rechts- und Staatsverband der Eidgenossen nicht mehr angehören kann, weil er Verrat übt. Damit ist die Rechtslage klar: Abwehr und Widerstand gegenüber den Vögten ist in concreto nicht einfach als Koordination von individuellen Widerstands- und Notwehrrechten zu interpretieren. Es handelt sich um das Verteidigungsrecht eines Staates gegen rechtswidrige Interventionen, Übergriffe, ja Angriffe eines zweiten Staates. Soweit Gewalt angewendet wird, handelt es sich um Kriegsakte.[15]

Aber auch unter diesem Gesichtspunkt wird die *Notwendigkeit* der Gewaltanwendung sorgfältig überprüft. Auch für den Staat gilt das Gebot, nur im äußersten Fall, wenn kein anderes Mittel mehr vorhanden ist, Gewalt anzuwenden, kriegerische Maßnahmen auszulösen. So fragt denn der Vorsitzende der Landsgemeinde, ob beim Kaiser selbst um Intervention gebeten worden sei, bzw. darum, die alten Rechte zu bestätigen. Die Antwort: Auch dies sei versucht worden. Aber vom Kaiser sei keine Hilfe zu erwarten.

„Helft euch selbst,
Gerechtigkeit erwartet nicht vom König."

(1339 f.)

Damit ist der Weg frei für militärische Beschlüsse. Im Zentrum der Erwägungen steht wiederum das Gebot, Gewalt nur mit äußerster Zurückhaltung einzusetzen und unnötige Opfer zu vermeiden.

„Was sein muß, das geschehe, doch nicht darüber.
Die Vögte wollen wir mit ihren Knechten
Verjagen und die festen Schlösser brechen,
Doch, wenn es sein mag, ohne Blut. Es sehe
Der Kaiser, daß wir notgedrungen nur
Der Ehrfurcht fromme Pflichten abgeworfen.
Und sieht er uns in unseren Schranken bleiben,
Vielleicht besiegt er staatsklug seinen Zorn,
Denn billge Furcht erwecket sich ein Volk,
Das mit dem Schwerte in der Faust sich mäßigt."

(1365 ff.)

Im übrigen wird über den richtigen Zeitpunkt der Maßnahmen heftig debattiert und gestritten. Der Vorsitzende muß um Ruhe bitten. Mit zwanzig gegen zwölf Stimmen wird schließlich beschlossen, den Angriff noch hinauszuschieben, wobei die Möglichkeit, mit List vorzugehen, eine maßgebliche Rolle spielt. Den Vögten will man im übrigen freien Abzug zugestehen. Nur im Falle des mächtigen Gesslers werden in dieser Hinsicht Bedenken laut. Der kluge Vorsitzende bricht an dieser Stelle die Diskussion ab:

„Die Zeit bringt Rat. Erwartets in Geduld.
Man muß dem Augenblick auch was vertrauen."

(1436 f.)

Im übrigen drängt die Zeit: Der Sonnenaufgang ist nahe. Die Versammlung muß geschlossen werden. Dies geschieht durch den feierlichen Schwur:

„Bei diesem Licht, das uns zuerst begrüßt,
Von allen Völkern, die tief unter uns
Schweratmend wohnen in dem Qualm der Städte,
Laßt uns den Eid des neuen Bundes schwören.
– Wir wollen sein ein einzig Volk von Brüdern
  In keiner Not uns trennen und Gefahr.
– Wir wollen frei sein, wie die Väter waren,
  Eher den Tod, als in der Knechtschaft leben,
– Wir wollen trauen auf den höchsten Gott
  Und uns nicht fürchten vor der Macht der Menschen."

(1443 ff.)

Die Einheit von Natur und Recht, Licht und Gerechtigkeit ist wieder hergestellt. Aber die Szene schließt nicht pathetisch, sondern mit der lebensklugen Verhaltensanweisung von Stauffacher: Ruhig soll jeder seinen Geschäften nachgehen, für den Bund Freunde werben, den Vögten gegenüber Zurückhaltung üben, auf eigenmächtige Aktionen verzichten und die Kräfte für die Gesamtaktion aufsparen.[16]

III. Der individuelle Widerstand und der Tyrannenmord

1. Die Ausgangslage

Im ersten Aufzug wird das Wesen der Tyrannen und der Tyrannis freigelegt. Der Tyrann verletzt und gefährdet Grundrechte. Dazu gehört auch das Grundrecht eines Staates auf Unabhängigkeit. Grundrechte sind mit einem *Notwehrrecht* ausgestattet. Davon dürfen Einzelne sowie das staatliche Gemeinwesen Gebrauch machen, wenn jegliche Möglichkeit der Rechtsvermittlung und Rechtsentscheidung ausgeschlossen ist. Im Falle des staatlichen Gemeinwesens geht es ums Kriegsrecht, im Falle des Individuums ums Widerstandsrecht. Tell, der brave Mann, der das Lamm aus dem Abgrund (440), der den Baumgarten über den stürmischen See rettet, Tell hält nichts vom kollektiven Widerstand. Die Tyrannen kommen und gehen, die Alltäglichkeit besteht. Man geht seinen Verpflichtungen als Hausvater, als Berufsmann nach und wartet, bis das Wetter sich verzieht. Im übrigen fühlt er sich dem Vaterland verbunden und ist bereit, im konkreten Fall, wenn's Not tut, zu helfen. Seine Position ist zwiespältig. Lehnt er den kollektiven Widerstand grundsätzlich ab oder lehnt er die Mitwirkung an Organisation und Planung ab, weil er kein Mann des Rats, sondern ein Mann der Tat ist? Dieser vorsichtig-hinhaltende, ja, dieser apolitische Mann wird provoziert, zur Tat genötigt, und zwar als „Privatmann", als Hausvater.

2. Provokation und Reaktion

Er wird herausgefordert durch den Unfug mit dem Gesslerhut, durch die unerhört zynische Reaktion des Vogts, der als Wüterich in Erscheinung tritt und sich als Menschenfeind, als Verächter der Menschenwürde erweist. Warum läßt sich Tell eigentlich auf das widerliche und grausame Spiel ein? Weil der Vogt erklärt, daß beide, Tell und sein Knabe, das Leben verwirkt hätten und daß er es dem Geschick des Schützen überlasse, ob das Urteil vollstreckt werde oder nicht. Also: Wenn Tell nicht schießt, so haben weder er noch sein Sohn eine Chance. Wenn er versagt, wenn er den Sohn tötet, verwirkt er auch sein eigenes Leben. (1881 ff.) Er schießt, um die Lebenschance des Sohnes wahrzunehmen. Er folgt dem diabolisch konstruierten Zwang. Dazu gehört notwendig das vorgängige Todesurteil über beide, die Feststellung, daß Tell *und* sein Sohn ihr Leben verwirkt haben. Als Reaktion auf die Verletzung des Gebotes, den Hut zu grüßen, ist dieses Urteil ein Beispiel für unüberbietbare Willkür, eine Verletzung der Verhältnismäßigkeit in geradezu groteskem Ausmaß. Und dennoch liegt – paradox formuliert – noch eine weitere Steigerung in der „gnädigen" Erlaubnis, durch den Schuß von einer Chance Gebrauch zu machen, entspricht doch der Chance das Risiko, daß der Vater das eigene Kind tötet und zum Henker wird. Gegen dieses Ansinnen wenden sich alle mit Empörung, nicht zuletzt Bertha und Rudenz, welcher zum Schwert greift – im Gegensatz zu ihm ist das empörte Volk unbewaffnet. (1999 f.)

In diesem Augenblick erfolgt der Apfelschuß. Die Szene scheint bereinigt. Doch der Wüterich greift noch einmal zu. Die Auseinandersetzung um den zweiten Pfeil ist bekannt. Ihr Ergebnis auch: Zwar bleibt es beim zugesicherten Verzicht auf den Vollzug des Todesurteils, es wird in lebenslänglichen Freiheitsentzug für Tell verwandelt. (2060 ff.)

Wichtig ist das Schlußwort Gesslers, daß er genau wisse, mit was für Leuten er es zu tun habe:

„Rebellen seid ihr alle gegen Kaisers
Gericht und nährt verwegene Empörung.
Ich kenn euch alle – ich durchschaue euch ganz –
Den nehm ich jetzt heraus aus eurer Mitte,
Doch alle seid ihr teilhaft seiner Schuld,
Wer klug ist, lerne schweigen und gehorchen."

(2080 ff.)

Für Gessler sind alle Rebellen und Aufrührer. Zwischen dem, der aus eigener Verantwortung für sein Recht und dasjenige der Seinen ohne politische Zielsetzungen eintritt, und solchen, die sich politisch zum Widerstand zusammenfinden, kann er selbstverständlich nicht unterscheiden. Tell „fertig zu machen", auszuschalten, ist für ihn eine Angelegenheit der politischen Sicherheit und als solche von höchster Bedeutung und Dringlichkeit. Gerade der herausragende Einzelne ist gefährlich.

In der Apfelschußszene hat Schiller bereits umsichtig das Material gesammelt, um einen Tyrannenmord zu rechtfertigen. Vor allem zeigt er, daß es sich wirklich um einen Tyrannen, um einen Wüterich handelt, der sich durch nichts und niemanden mäßigen läßt, dem Heiliges nicht heilig und menschliche Werte höchstens als Risiko für den totalen Gehorsamsanspruch des Staates gelten können. Zugleich wird seine Gemeingefährlichkeit deutlich, daß nämlich der, mit dem er sich einmal angelegt hat, sich nie und nimmermehr sicher fühlen kann. Tell steht im Zugzwang des Entweder-Oder: Entweder gibt er alles preis, was ihm etwas bedeutet, oder er schlägt zurück, und dabei kommt nur das äußerste Mittel in Betracht.[17] Bevor es zum Schuß in der hohlen Gasse kommt, werden all diese Argumente noch einmal vorgetragen und ihre Wirkkraft dadurch vervielfacht, daß der Schuß den Wüterich trifft, wie er im Begriff ist, Armgard und ihre Kinder niederzureiten. In Tells Monolog ist überdies die bittere Not des Jägers, der zur Menschenjagd gezwungen ist, unüberhörbar. Das „Geschäft" des Mordes ist ihm schwere Last und steht in schrecklichem Widerspruch zu seinem Verständnis vom Leben. Er trägt sie, um die „holde Unschuld" seiner Kinder vor der „Rache des Tyrannen" zu schützen.[18] Die letzten Worte Gesslers erschließen sein Wesen und seine Absichten vollends. Harras, der meint, daß das Volk doch gewisse Rechte habe, hält er vor, daß er im Dienste Österreichs die Aufgabe habe, das Volk zum Gehorsam zu zwingen.

„Weitschichtige Dinge sind im Werk und Werden,
Das Kaiserhaus wird wachsen, was der Vater
Glorreich begonnen, will der Sohn vollenden.

Dies kleine Volk ist uns ein Stein im Weg –
So oder so – es muß sich unterwerfen."

(2727 ff.)

Profiliert sich der Wüterich zum Politiker des absoluten Staates? Sein letztes Wort zielt auf's Zentrum der Widerständigkeit, die Redefreiheit.

„– die Zungen sind noch frei."

(2779)

Durch „ein neues Gesetz" soll diese letzte und entscheidende Bastion der Freiheit bezwungen werden: Da trifft ihn der Pfeil. Hausehre und Familienschutz, Eigentum, Freiheit und Sicherheit der Person, das Recht auf Gesundheit und Leben und zum Schluß: das Recht auf die Freiheit „der Zungen" bilden normativ und faktisch die Gegenposition zur Tyrannei. Gewiß, Gessler profiliert sich zum Vertreter einer Staatsidee, zugleich aber diskreditiert er sie, indem in seiner Person deutlich wird, daß ihre Realisierung der Wut des Wüterichs bedarf. Freilich nimmt Tell diese Argumentation in seinen Monolog nicht auf. Sie paßt nicht zum Mann der Tat, dem die Tat Last und Not bedeutet, der sich ganz auf das Recht eingrenzt, die „Seinen" zu schützen. Die Wirkung der Tat begreift er jedoch im Hinblick auf das Ganze:

„Frei sind die Hütten, sicher ist die Unschuld
Vor dir, du wirst dem Lande nicht mehr schaden."

(2793 f.)

Der Zusammenhang zwischen der Not- und Widerstandshandlung des einzelnen und dem Gemeinwohl ist hergestellt. „Tumultuarisch" rufen alle, die dabei sind: „Das Land ist frei". (2821)

IV. Gesamtbild

1. Kollektiver und individueller Widerstand

Die zeitgenössische Kritik hat Schillers Wilhelm Tell gelegentlich mangelnde Einheit vorgehalten. „Man sollte beinahe glauben, Schiller habe zwei durch ihren Stoff miteinander verwandte Schauspiele in ein einziges zusammenzunehmen versucht."[19] Die Feststellung ist zutreffend. Schiller selbst bestätigt sie im Brief vom 5. Dez. 1803 an Iffland, in welchem er betont, daß die Sache Tells „eine Privatsache" sei.[20] Nicht zutreffend ist dagegen die Kritik, wonach die Befreiung der Eidgenossen und das Tellstück sich im Endergebnis eben doch nicht vereinen ließen. Schiller hat die Zusammenführung der „Privatsache" und der „öffentlichen Sache", der Staatsaktion und der Aktion des Einzelkämpfers nicht nur angestrebt, sondern auch umgesetzt. Das ergibt sich nicht allein aus der Art und Weise, in welcher die Ereignisabläufe ineinandergreifen. Das ergibt sich schon aus der Charakterisierung Tells. Tell mag ein Einzelgänger sein, der sich in der Not gerade als Einzelner stark fühlt. Man mag ihn auch als Träumer bezeichnen, der seltsame Vorlieben hat. Perfid verbindet Gessler den grausamen Einfall des Apfelschusses mit Tells Ruf. (1902 ff.)

Tell ist jedoch ein Bürger unter Bürgern, kein „vaterlandsloser Geselle", kein vom Gemeinwesen Abgesonderter, sondern ein Mann, der sich durch seine mutige Hilfsbereitschaft vor seinen Mitbürgern, die Schiller keineswegs idealisiert, ausgezeichnet hat. Er ist kein Mann des Rats, kein Organisator, kein Politiker. Seine Welt ist die Welt der Familie und des Berufs. Aber diese Welt ist mit der Welt des Vaterlandes fest verbunden, dem Tell auf seine Weise zu dienen bereit ist, nicht durch Rat, sondern durch die Tat im konkreten Fall. Freilich, zur Tat wird er auf dem Boden seiner Privatsache als Hausvater provoziert und genötigt. Die Not, handeln zu müssen, ist überzeugender als jede brillante, advokatorische Dialektik, mit der der Tyrannenmord gerechtfertigt werden könnte. Dabei darf nicht verkannt werden, daß die Rechtfertigungs-Argumentation im Grundzug festgefügt und durch die Umstände erhärtet vorliegt. Wenn der politische Bezug fehlt, so heißt das nicht, daß die politische Wirkung der Tat als zufällige Nebenwirkung zu bewerten ist. Der „Privatmann" ist zugleich der Mitbürger. Deshalb sind es nicht zwei Handlungsabläufe, die zufällig ineinander geraten, sondern ein Schauspiel, in dem die Rolle des Einzelnen und die der Gesamtheit kunstvoll gesondert und mit Bedacht zusammengefügt werden.

So werden denn auch „Staatsrecht" und Individualrecht nicht strikt getrennt. Der Staat, dessen Entstehung umständlich geschildert wird, dessen Rechtstitel in der Landnahme, im tausendjährigen Besitz, in der Bearbeitung des Bodens und im stets bekundeten Unabhängigkeitswillen begründet war, der im Rechtsverbund des Reiches anerkannt war und der in Gestalt der Selbstregierung seinen Ausdruck fand – dessen Rechtstitel fest und unanfechtbar ist, dieser Staat der Eidgenossen ist zugleich den Grundwerten verpflichtet, die die Position der Einzelnen und Familien schützt. Er ist der Staat seiner Bürger. Staat ist nicht Obrigkeit, Staatsgewalt, welche die Bürger als Untertanen in einem abgegrenzten Territorium zur Einheit zwingt. Staat ist das sich selbst regierende Staatsvolk. Nur insofern ist der Staat auch „Obrigkeit“, Staatsgewalt. Es gibt die politischen und militärischen Anführer. Es gibt den Gesetzgeber, der den Landesverrat unter höchste Strafe stellt, dessen Gebote mit Sanktionsgewalt ausgestattet sind. Aber er legitimiert sich nicht aus sich selbst heraus, sondern dadurch, daß er das Staatsvolk repräsentiert. Dieses gewinnt seine Einheit aus dem „Mythos der Herkunft“, aus der Erzählung der alten Hirten, aber zugleich aus der Tatsächlichkeit gemeinsamer Geschichte, aus gemeinsamer Sitte und Brauchtum und aus dem Willen zur Unabhängigkeit: aus „Blut und Herz“ (1201) und damit aus der „Selbstregierung“. Die „Staatsgewalt“ formt sich aus der Einheit des Staatsvolkes, letzteres aber steht wiederum in Rückbezüglichkeit zur Staatsgewalt.

Die Einheit des Staatsvolkes ist indessen nicht als undurchdringliche, kompakte Größe, als Kollektiv schlechthin zu begreifen. Sie ist vielfältig strukturiert. Sie umfaßt die Dreiheit von Uri, Schwyz und Unterwalden. Sie gründet in der Erinnerung an die gemeinsame Herkunft und grenzt die Vielheit gegenüber dem Feind und den anderen ab. Einheit und Vielheit prägen auch die Struktur der Staatsgewalt. Das wird am Vorgang der Wahl des Vorsitzenden der Landsgemeinde deutlich. Das Staatsvolk ist aber auch nicht Kollektiv schlechthin im Verhältnis zu seinen Angehörigen. Der Einzelne geht nicht im „Volksganzen“ auf. Seine Eigenständigkeit wird in Tell dramatisch sichtbar. Auf der Rütliwiese leisten die „Volksvertreter“ den Eid und schwören:

„Wir wollen sein ein einzig Volk von Brüdern.“

(1447)

Das bedeutet keineswegs Selbstpreisgabe, „aliénation totale“ zu Gunsten des einzigen Volkes. Brüderlichkeit hebt Eigenständigkeit nicht auf, und Eidgenossenschaft sieht die Genossen in ihrem Eigen- und Selbstsein und damit auch Gegensätze, Mehrheiten und Minderheiten in ständigem Wechsel. Daß in der Rütliszene nicht nur das Prinzip der Einstimmigkeit, sondern auch das Mehrheitsprinzip „vorgeführt“ wird, ist deshalb von tieferer Bedeutung. Schiller entwirft mit bewundernswerter Zielsicherheit das Bild vom genossenschaftlichen Mehrvölker- oder Bundesstaat im Gegensatz zum Obrigkeits- und Einheitsstaat. Ihm gelingt, woran der Theoretiker Rousseau in seiner Staatsdoktrin gescheitert war, nämlich den Zwiespalt zwischen volonté générale und volonté de tous aufzulösen.[21]

Nach Emil Staiger dichtete Schiller nicht, um demokratische Ideen zu verkünden, sondern um in ihnen, die er im Schauspiel entfaltet, ein Gleichnis der gesetzlichen Selbstbestimmung, der wahren Autonomie zu formen.[22] Ein Gleichnis? Ein Bild also fürs Eigentliche und nicht das Eigentliche? Ist das Wort, wonach die Eidgenossen sich „fröhlich selbst regieren", nicht als Hinweis darauf zu sehen, daß in demokratischer Selbstbestimmung das „Eigentliche", freilich im Risiko des Scheiterns, geschehen kann?

2. Gleichheit

Von einem „Grundrecht", das unser demokratisches Selbstverständnis entscheidend prägt, ist in Wilhelm Tell und in der Befreiungsgeschichte der Eidgenossen kaum die Rede: vom Grundrecht auf Gleichheit. Aus der Landsgemeinde sind zwei Gruppen ausgeschlossen, die Frauen und die Edelleute. Es handelt sich um eine Landsgemeinde der freien Bauern. Eigenleute sind zwar zugelassen, aber nicht im Sinn der Berechtigung, in ein Amt gewählt zu werden; insbesondere fehlt ihnen die Fähigkeit zum Richteramt. Das Sagen, so möchte man meinen, haben die „Stauffachers", die reichen und freien Reichsbauern, diejenigen, deren Häuser wie Edelsitze wirken, die Herrenbauern. Das ist allerdings nur bedingt richtig: Der Jäger Tell ist kein reicher Mann, doch niemand würde ihm das aktive und passive Wahlrecht absprechen. Die „Idee" des ökonomischen Zensus wird nicht artikuliert. Klassengegensätze werden nicht sichtbar gemacht. Wohl verbürgt Reichtum, Ansehen und Einfluß auch politischen Einfluß. Stauffacher, aber auch Walter Fürst sind angesehene Leute. Melchtals Vater war begütert. Eine wohlhabende bäuerliche Oberschicht mit politischem Einfluß wird vorausgesetzt. Die freien Jäger, Fischer, Hirten werden ihr jedoch gleichgesetzt. Zwischen diesen Schichten herrscht Gleichberechtigung und keine Feindschaft.

Weit gespannter ist das Verhältnis zwischen Bauer und Edelmann. Melchtal ist in dieser Hinsicht voller Mißtrauen und Aggressivität (vgl. 691 f., 2488 f.). Für ihn ist der Bauernstand der erste Stand. Der Edelmann ist höchst überflüssig und zugleich politisch unzuverlässig. Spielen Rudenz und Bertha von Bruneck nicht mit den Österreichern? Einhellig ist man der Auffassung, daß am Bundesschwur die Edelleute nicht zu beteiligen sind. Bei der Ausführung der Landsgemeindebeschlüsse wird Rudenz beteiligt, und zwar gegen die Auffassung Melchtals, der sich nur ganz allmählich von seiner Abneigung abbringen läßt.

Attinghausen bekennt sich rückhaltlos für's „Vaterland" und für die guten alten Sitten. Leidenschaftlich lehnt er die österreichische Politik ab, die darauf abzielt, das „Vaterland" zu annektieren und seine Ressourcen an Mann und Gut voll für seine Pläne zu nutzen bzw. auszubeuten. Der Glanz der modernen Landesherrschaft mag die Jugend blenden. Es ist ein falscher Glanz. Heftig hält er seinem Neffen Rudenz vor, daß er sich durch den fremden Zauber betören und dem Vaterland entfremden lasse. Mit bitterem Heimweh werde er büßen, wenn er der Versuchung folge (vgl. II 1). Keinerlei Ressentiments empfindet Attinghausen darüber, daß die Bauern den Bund unter Ausschluß der Edelleute beschworen haben. Im Gegenteil: Endlich haben sie sich zu ihrer staatstragenden Aufgabe voll bekannt. Damit ist der Edelmann von seiner Führungspflicht entlastet. Er ist nicht mehr genötigt, das Vaterland zu verkörpern. Das Vaterland wird jetzt von seinen Bürgern verkörpert, die den Mut zum Widerstand gefunden haben (vgl. 2415). Ihre militärischen Chancen schätzt er aus mancherlei Erfahrung als Feldhauptmann hoch ein. Visionär sieht er voraus, daß ihnen der Sieg über die österreichischen Ritter zufallen werde. (2438 ff.) Dem Edelmann kommt im Rahmen des Ganzen auch weiterhin militärische Führungsfunktion zu. Schiller löst schließlich die Spannung zwischen Edelmann und Bauer auf. Rudenz und Bertha werden zu Bürgern unter Bürgern. Daß Rudenz seine Knechte freiläßt und das Herr-Knecht-Verhältnis auflöst, ist die Konsequenz dieses Integrationsvorganges, durch den dem Grundsatz der Gleichheit Rechnung getragen wird.[23] Wenn man bedenkt, welch gewaltiger Anstrengungen es bis heute bedurfte, um die Gleichstellung der Frau in politischer Hinsicht zu bewirken, so müßte es geradezu als selbstverständlich gelten, wenn Schiller die Frauen nicht nur aus der Landsgemeinde, sondern aus der politischen Verantwortung überhaupt ausschlösse und sie gleich den Kindern dem Schutz des Mannes überantwortete.

Demgegenüber ist es auffällig, wie weitgehend der Handlungsablauf durch zwei Frauen bestimmt wird. Bertha von Bruneck bewirkt – auf eine knappe Formel gebracht – die Integration der Stände,[24] die Überwindung der Gegensätze zwischen Edelmann und Bauer, während es der Stauffacherin zu danken ist, daß die Integration des Widerstandes gegen Österreich in Angriff genommen wird. Sie treibt den zögernden Stauffacher nach vorn. Sie ist es, welche den Krieg als äußerstes Mittel fordert und die besorgten Einwendungen Stauffachers, die gerade auch das Schicksal der Frauen im Krieg betreffen, vom Tisch fegt.

„Stauffacher: O Weib! Ein furchtbar wütend Schrecknis ist
Der Krieg, die Herde schlägt er und den Hirten.
Gertrud: Ertragen muß man, was der Himmel sendet,
Unbilliges erträgt kein edles Herz.
Stauffacher: Dies Haus erfreut dich, das wir neu erbauten.
Der Krieg, der ungeheure, brennt es nieder.
Gertrud: Wüßt ich mein Herz an zeitlich Gut gefesselt,
Den Brand würf ich hinein mit eigner Hand.
Stauffacher: Du glaubst an Menschlichkeit! Es schont der Krieg
Auch nicht das zarte Kindlein in der Wiege.
Gertrud: Die Unschuld hat im Himmel einen Freund!
– Sieh vorwärts, Werner, und nicht hinter dich!
Stauffacher: Wir Männer können tapfer fechtend sterben,
Welch Schicksal aber wird das Eure sein?
Gertrud: Die letzte Wahl steht auch dem Schwächsten offen,
Ein Sprung von dieser Brücke macht mich frei."

(314 ff.)

Der Logik dieser Entschlossenheit ist der zaudernde Mann nicht gewachsen, ebensowenig das abendländische Hausmütterchenideal, wie es im Dialog von Hektor und Andromache klassisch zur Geltung kommt. Das Verhältnis von Mann und Frau wandelt sich in ein solches gemeinsamer Verantwortung für das bedrohte Gemeinwesen.

3. Altes und Neues: Revolution oder Evolution

Der Streit um die politische Tendenz, die in Schillers Wilhelm Tell zum Ausdruck gelangt, ist alt. Läßt er sich vom Text her entscheiden? Es muß auffallen, mit welcher Insistenz auf altes, auf gutes Recht, auf die guten alten Sitten, die Freiheit der Väter hingewiesen wird. Attinghausen geht dabei am weitesten. Max Frisch macht aus ihm einen stocksenilen und stockkonservativen Greis, der eisern und stur daran festhält, daß alles so bleiben muß „wie vor des chunges zyten".[25] Andererseits aber stellt der gleiche Attinghausen fest:

„Das Alte stürzt, es ändert sich die Zeit,
Und neues Leben blüht aus den Ruinen."

(2415 f.)

Er ist überzeugt, die Entschlossenheit der Bauern zum Widerstand gegen Österreich verbürge, daß durch andere Kräfte „das Herrliche der

Menschheit sich erhalten" will, und schließlich sieht er den Sieg der Bauern über den Adel voraus:

„Es hebt die Freiheit siegend ihre Fahne."

(2446)

Was gilt nun? Die Verherrlichung des Alten oder die Hoffnung auf's Neue? Tyrannis wird beschrieben als Verletzung und Gefährdung des Hausrechts, des Eigentums, des Rechtes auf Freiheit und Sicherheit, des Rechtes auf Gesundheit und Leben und letztlich auch der Redefreiheit. Dazu gehört auch das Recht auf die Freiheit und Unabhängigkeit eines Staates. Diese Rechte sind mit dem Notwehrrecht ausgestattet, d. h. mit dem Recht zur gewaltsamen Abwehr des Angriffs nach Maßgabe des Verhältnismäßigkeitsprinzips. Das gilt für jedermann, den Einzelnen wie den Staat. Das ist sogar Naturgesetz. Insofern geht es stets darum, die rechtswidrigen Verhältnisse zu beseitigen und das Recht wiederherzustellen. Das Recht ist begrifflich das alte gute Recht. Neues Recht kann man nicht wiederherstellen. Dieses gute alte Recht ist ewiges Recht. Es kann und muß immer wieder hergestellt werden. Aus dieser Perspektive ist Veränderung nicht denkbar. Man schließt auch keinen neuen Bund, sondern bestätigt den alten. Neu ist nur die Bekräftigung des alten Bundes. Freilich läßt sich das Moment der Bekräftigung nicht einfach auf das Alte reduzieren. Der einstimmige Beschluß der Landsgemeinde, jeden, der an Unterwerfung gegenüber Österreich denke, als Landesverräter zu brandmarken, ist neu, obgleich er das alte Recht bestätigt. Es wird bewußt eine Konsequenz aus dem alten Recht gezogen und die Freiheit im Gesetz gegründet. Geschichte wird nicht einfach fortgeschrieben, sondern durch Bewußtseinsakte fortentwickelt.

„Rütlischwur und Tyrannenmord sind Werke der Freiheit. Sie offenbaren ebenso die Furchtbarkeit der Freiheit, wie die Herrlichkeit der Freiheit, stellen Frieden und Einklang wieder her, aber nicht mehr in der ersten anfänglichen Gestalt der Notwendigkeit, sondern jetzt auf einer höheren Stufe: Weil zur Natur und Gewöhnung inzwischen Entscheidungstat und Freiheit getreten sind, entsteht etwas neues – nicht mehr patriarchalische Nachbarschaftlichkeit, sondern der Staat als Gemeinschaft der Freien."[26]

Nur aus dieser Sicht können die konträren Aspekte in der Argumentation von Attinghausen vermittelt und der prospektive und der retrospektive Utopismus verhindert werden. Sowohl die Bekräftigung des alten Bundes, als auch die Wiederherstellung des verletzten Rechtes verändern die Verhältnisse, weil sie eine „Bewußtseinsveränderung“ implizieren. „Das Herrliche der Menschheit“ wird im Fortschreiten „erhalten“ und nicht im Festhalten an dieser oder jener „Urkunde“. Mit anderen Worten: Man muß das urkundliche Recht immer wieder verändern, wenn man seinen ewigen Gehalt erhalten will.[27] Damit ist zwar deutlich, daß zwischen dem Alten und dem Neuen in Gestalt von Veränderungen vermittelt wird, die auf Unveränderliches bezogen sind. Damit ist die Weise noch nicht deutlich, in der Veränderung geschieht: Revolution oder Evolution?

Unter Revolution verstehen wir gemeinhin – ohne wenn und aber – den gewaltsamen Umsturz, die grundlegende Veränderung des Bestehenden unter Bruch der jeweiligen Legalität. Mit anderen Worten: gewaltsame „Systemveränderung“.[28] Unter Annahme dieser Revolutionsbegriffe ist der kollektive wie der individuelle Widerstand im Sinne Schillers zu überprüfen.

Was den kollektiven Widerstand angeht, so handelt es sich einfach um das Selbstverteidigungsrecht des Staates gegenüber dem Übergriff eines anderen Staates. Die amerikanische Revolution ist kein Muster für Schillers Darstellung. Es handelt sich keineswegs um die gewaltsame Ablösung vom „Muttergemeinwesen“.[29] Als Muttergemeinwesen käme das Reich in Frage. Dieses wird jedoch von den Eidgenossen gar nicht in Frage gestellt. Im Gegenteil: Man beruft sich ja gerade auf die „Reichsgarantie“, darauf, daß das Reich die Staatlichkeit anerkannt habe. Man stellt auch die Reichspflichten nicht in Frage, genausowenig wie die Tatsache, daß dem Kaiser die hohe Gerichtsbarkeit zukommt. Man ist reichstreu und akzeptiert auch die Kompetenzen der Reichsvögte. Alle Schwierigkeiten ergeben sich daraus, daß das „Kaiserhaus“ und das Haus Österreich eins sind. Deshalb ist der „Rechtsweg“, was den Streit mit Österreich angeht, versperrt. Die „Selbsthilfe“ ist der einzige Ausweg. Dabei kommt es ganz entscheidend darauf an, daß dem Reich die Kompetenz-Kompetenz fehlt. Das hat der Mediziner Schiller klar erkannt. Den Eidgenossen ist es vorbehalten, einen Unrechtsspruch des Reiches zurückzuweisen. Sie besitzen die Kompetenz-Kompetenz und damit Souveränität und Selbstverteidigungsrecht.[30]

Die Vögte sind Reichsvögte. Sie nehmen Reichskompetenzen wahr. Soweit steht ihnen Entscheidungsbefugnis zu. Aber die Reichsvögte betreiben unter der Hand österreichische Politik. Bezeichnend: Der Hut auf der Stange ist nicht der Kaiserhut. Sie gehen über ihre Kompetenz als Reichsvögte hinaus und verletzen damit die Staatlichkeit der Eidgenossenschaft. Sie betreiben Annexionspolitik, und dafür fehlt ihnen die

„Deckungsnorm". Doch wie weit „deckt" diese? Zielsicher klammert Schiller die Frage aus, indem er auf das materielle Unrecht der von ihnen begangenen Grundrechtsverletzungen bzw. -gefährdungen abstellt. Selbst wenn die Vögte eine „Deckungsnorm" in Anspruch nehmen könnten, sie „exzedieren", indem sie Grundrechte offensichtlich verletzen. Hier kommt das Widerstandsrecht des Einzelnen zur Geltung. Es reagiert auf die laesio enormis. Für Tell ist es unerheblich, ob sich Gessler im Rahmen von „Obrigkeitsrechten" bewegt oder nicht. Ihm geht es um die Verletzung von Grundrechten. Darauf gründet sein Widerstandsrecht. Freilich könnte er sich auch darauf berufen, daß es Gessler an der Deckungsnorm fehle. So oder so: Er ist kein Revolutionär. Er beruft sich auf bestehendes Recht.

In einem wesentlichen Punkt erscheinen Schillers Thesen allerdings als „revolutionär": soweit sie die Abschaffung und Aufhebung des Herr-Knecht-Verhältnisses, die Integration von Edelmann und Bauern betreffen. Um was geht es in der französischen Revolution anderes als um Gleichheit? Gerade in diesem Punkt aber ist gewaltsamer Umsturz, ist Revolution überflüssig. Man einigt sich. Die Umwälzung vollzieht sich friedlich. Daß es sich jedoch um die Revolution vom ancien régime zum modernen, am Gleichheitsgrundsatz orientierten Regime handelt, wird durch die Praxis des Konsens und dann eben durch Konsens und Rechtsverzicht, durch Gesetzesänderung sichtbar. Man wird sich klar sein müssen, daß von Revolution in diesem Falle nur in übertragenem Sinn gesprochen werden kann: In der Sache mag von Revolution gesprochen werden, da es sich um eine grundlegende Veränderung der Verhältnisse, um eine „Umwälzung" handelt. Der Form nach aber handelt es sich um eine Evolution. Diese hat weder mit dem kollektiven noch mit dem individuellen Widerstand zu tun. Weder die „Staatsaktion" (Schiller) noch die Einzelaktion zielen auf die Veränderung staatlicher und gesellschaftlicher Verhältnisse ab. Sie wehren rechtswidrige Übergriffe ab.[31]

Es mag an dieser Stelle ein kurzer Exkurs über Schillers Stellung zur französischen Revolution erlaubt sein. Schiller hat die Vorgänge in Frankreich mit nüchternem Interesse verfolgt. Zeitweilig erwog er, dem Drängen seiner Mainzer Freunde Forster und Huber nachzugeben und nach Mainz zu kommen, um eine Stelle an der Mainzer Universität anzunehmen, welche seit der Reform von 1784 eine Anziehungskraft für „fortschrittlich Gesinnte" besaß. Aus dem Moniteur erfährt er, daß ihm am 6. August 1792 das französische Bürgerrecht verliehen worden sei. Er erwägt eine Reise nach Paris, aber nicht, um sich mit der Sache der Revolution zu solidarisieren, sondern um zu Gunsten des Königs zu intervenieren. Er bricht mit dem Mainzer Freund Forster, der sich immer stärker auf die radikale Seite schlägt. Das Treiben der Mainzer Clubisten stößt ihn ab. Nach dem Tode Ludwig XVI. schreibt er am 8. Februar an Körner: „Ich kann seit 14 Tagen keine französische Zeitung mehr lesen, so ekeln diese Schinderknechte mich an."

Er schlägt sich indessen keineswegs auf die Seite der einsetzenden Reaktion in Deutschland, welche weitgehend darin bestand, daß die deutschen Fürsten den französischen König rächten, indem sie sich an ihren Untertanen rächten. Pressezensur, pedantische Kontrolle der Universitätslehre – die wahren Jakobiner sind die Philosophen – kennzeichnen die damalige Politik der deutschen Kabinette. Wie Kant, der sich für seine Schrift „Religion innerhalb der Grenzen der Vernunft" einen strengen Verweis gefallen lassen mußte, bleibt er der Idee der gesetzlichen Freiheit verpflichtet. Wie Kant lehnt er revolutionäre Gewalt, den Ausbruch der Volkswut und der „rohen Natur" ab, und wie Kant plädiert er für Evolution, dafür, den freiheitlichen Rechtsstaat mit friedlichen Mitteln zu verwirklichen. Im Gegensatz zu Kant aber hält er am Recht zum Widerstand fest.[32]

4. Parricida und die Mitmenschlichkeit

Im 4. Aufzug geschieht der Tyrannenmord und die Befreiung des Landes. Der individuelle und der kollektive Widerstand wachsen in ihrer Wirkung zusammen. Rudolf der Harras kann sich nicht mehr durchsetzen. Es wird ihm entgegengehalten:

„Eur Walten hat ein Ende. Der Tyrann
Des Landes ist gefallen. Wir erdulden
Keine Gewalt mehr. Wir sind freie Menschen."
Alle (tumultuarisch): „Das Land ist frei."

(2818 ff.)

Warum schließt Schiller nicht mit dem 4. Aufzug? Die Frage ist vielfach gestellt worden. Viele halten den 5. Aufzug für überflüssig. Man mag einwenden, der kollektive Widerstand sei noch nicht vollendet. Zwar werde die Entschlossenheit zur Tat deutlich, die Tat selbst aber stehe noch aus. Sicherlich wäre es möglich gewesen, die entsprechenden Vorgänge auch im 4. Aufzug darzustellen. Die erste Szene des 5. Aufzuges bringt den Erfolgsbericht in knapper Form.[33] Sie rechtfertigt den 5. Aufzug in keiner Weise. Er steht im Bann eines anderen Ereignisses, des Kaisermordes. Am 24. Februar 1804 berichtete Benjamin Constant in seinem Tagebuch über eine Soirée bei Schiller. Es seien zwei Szenen aus Wilhelm Tell vorgelesen worden. Zum letzten Akt notiert er:

„Une belle idée est d'avoir mis Tell en scène avec Juan d'Austria, assassin de l'Empereur, son oncle, pour faire sentir la difference d'un meurtre dicté par des motifs personnels avec celui que Guillaume Tell est forcé de commettre."[34]

Gewiß, Schiller muß es darauf ankommen, das Besondere an Tells Tat herauszustellen, um auszuschließen, daß er mit den Königsmördern von Paris sympathisiere. Die Distanzierung vom Kaisermörder war deshalb erforderlich. Er mußte eine besondere Rechtfertigung des Tyrannenmordes auch deshalb vorlegen, weil er dem Einwand begegnen mußte, daß das Recht des Einzelnen, gegen Träger von Amtsgewalt Gewalt einzusetzen, schließlich zur Anarchie und Auflösung der Staatsordnung führe. Mit dieser Argumentation hat Kant das Widerstandsrecht abgelehnt.[35] Constants Tagebuchnotiz trifft, so will es scheinen, den Kern der Sache. Dennoch: Auch die Parricida-Szene traf und trifft bis heute auf Kritik und wird als überflüssig, ja peinlich bezeichnet.[36] Versuchen wir die Kontroverse vom Text aus aufzuarbeiten. Dabei kann es uns nicht um die Frage der ästhetischen, sondern nur um die Frage der rechts- und staatstheoretischen Stimmigkeit gehen.

Schiller stellt ein letztes Mal die „Staatsaktion" und die Aktion des Einzelkämpfers einander gegenüber, und zwar im Zeichen und unter dem Eindruck des Kaisermordes. Freudig feiert man in Altdorf den Sieg über den Tyrannen. Da trifft die Nachricht von der Ermordung des Kaisers durch seinen Neffen ein. Es entsteht Erregung. Stauffacher berichtet einläßlich die bekanntgewordenen Ereignisse und schließt:

„Am Wege aber saß ein armes Weib,
In ihrem Schoß verblutete der Kaiser."

(2986 f.)

Bezeichnend ist die Reaktion Melchtals:

„So hat er nun sein frühes Grab gegraben,
Der unersättlich alles wollte haben!"

(2988 f.)

Nichts von Empörung über eine böse Tat, Befriedigung vielmehr darüber, daß der Unersättliche sich selbst das Grab geschaufelt habe. Stauffacher berichtet, daß der Tod des Kaisers ungeheuren Schreck im Lande ausgelöst habe, daß die Grenzen gesperrt seien und mit unerbittlicher Härte die flüchtigen Mörder verfolgt würden. Johannes, ihr Führer, irre angeblich im Gebirge. Walter Fürst stellt fest, daß dem Morde der politische Erfolg versagt geblieben sei. Rache könne keine Frucht tragen. Auch Stauffacher verurteilt die Tat, meint aber:

„Wir aber brechen mit der reinen Hand
Des blutgen Frevels segenvolle Frucht.
Denn einer großen Furcht sind wir entledigt,
Gefallen ist der Freiheit größter Feind."

(3016 ff.)

Das Verbrechen wirkt sich für eidgenössische Politik als Segen aus. Ein neuer Kaiser aus anderem Haus dürfte wiederum für Gerechtigkeit sorgen. Auf seine Seite werden sie sich schlagen:

„Dem neuen Herrn tun tapfere Freunde not,
Er wird uns schirmen gegen Österreichs Rache."
(Die Landsleute umarmen sich)

(3027 f.)

So ist man demnach keineswegs bereit, dem Begehren der Witwe, an der Verfolgung der Mörder mitzuwirken und sie allenfalls auszuliefern, Folge zu leisten. Eine Rechtsverpflichtung hierzu bestehe nicht. Damit ist die Sache erledigt. Klug urteilen die Politiker, und Melchtal spricht allen aus dem Herzen, wenn er erklärt, daß der Schmerz der Witwe die eine Seite und die Freude der Eidgenossen die andere Seite der Angelegenheit sei. Man bricht auf, um Tell, „dem Stifter unserer Freiheit", den Dank des Vaterlandes zu sagen. Tell ist nach Hause zurückgekehrt. Tiefe Freude erfüllt ihn, daß er mit den Seinen auf dem „Seinen", auf eigenem Grund wieder zusammen ist, und daß sie kein Tyrann mehr trennt. Hedwig allerdings scheut noch zurück, seine Hand zu fassen. Doch er sagt „herzlich und mutig":

(Diese Hand)

„Hat euch verteidigt und das Land gerettet,
Ich darf sie frei hinauf zum Himmel heben."

(3143 f.)

In diesem Moment entdeckt er, daß ein Fremder im Hause ist, ein Mönch. Er erkennt den Kaisermörder. Da erfaßt ihn Panik. Die Kinder dürfen nicht hören, wer das ist. Er schickt sie und die Frau fort, weit weg:

„Du darfst
Nicht unter einem Dach mit diesem wohnen."

(3160 f.)

Dieses Entsetzen, diese Erregung wirkt sonderbar: Noch ist die eigene Frau nicht sicher, ob seine Hand eine Mörderhand ist, da fällt er schon über einen Mörder her wie über ein giftiges Ungeheuer, das die Seinen verderben könnte. Ist das nicht ein Zeichen unsäglicher Selbstgerechtigkeit, hinter der sich Unsicherheit verbirgt? Das mag sein, doch zunächst einmal geht es um das apodiktische Urteil, daß man selber im Recht und der andere im Unrecht sei. Schwarz und weiß, rein und unrein. Der Selbstgerechte läßt sich auf den anderen gar nicht ein. Er isoliert ihn voller Entsetzen und Abscheu von seiner Familie. Er stempelt ihn zum Unmenschen, zum Ungeheuer, das man vernichten muß. Der hohe Grad an Emotionalität, der mit der Selbstgerechtigkeit verbunden ist, zeigt, daß man sich nicht nur auf das andere, sondern auch auf sich selbst nicht einlassen kann. Ist Tell, der Stifter der Freiheit, als ein Selbstgerechter nicht unfrei? Wird ihm nicht im Aufschrei der Abscheu die Heldenmaske weggerissen und das Hohle am Heroen hörbar? Diskreditiert Schiller seinen Helden oder diskreditiert er sich selbst?

Zumindest läßt er Tell nicht im Schreck verstummen. Der Mann der Tat beginnt zu reden, zu argumentieren, freilich nur bereits bekannte Argumente wiederholend. Er habe in der gerechten Notwehr eines Vaters gehandelt und des Herdes Heiligtum verteidigt, er habe das Schreckliche, das Letzte von den Seinen abgewendet und die heilige Natur gerächt. Vom Vaterland ist nicht die Rede. Dafür wirft er mit aller Vehemenz Parricida Vatermord und Kaisermord, Schändung der Natur, „der Ehrsucht blutige Schuld" vor und faßt zusammen:

„Gemordet
Hast du, ich hab mein Teuerstes verteidigt."

(3183 f.)

Und dann hebt er seine reinen Hände zum Himmel und verflucht den Mörder. Das ist die Sprache der Selbstgerechtigkeit, aber es graust ihm, daß er überhaupt noch mit dem Verfluchten redet. Er jagt ihn fort:

„Laß rein die Hütten, wo die Unschuld wohnt."

(3188)

Parricida bricht zusammen. So könne er und wolle er nicht mehr leben. Da wandelt sich Tell: Mitleid erfaßt ihn mit dem Enkel Kaiser Rudolfs, der als flüchtiger Mörder an der Schwelle des armen Mannes steht. Erschüttert verhüllt er sein Gesicht. Parricida gibt zu, daß Ungeduld und Neid ihn getrieben hätten, Neid auf seinen Vetter Leopold, dem Ehr und Kron zugesichert wurden, während er, der Gleichaltrige, in sklavischer Unmündigkeit gehalten worden sei. Tell meint, Parricidas rasche, wilde Wahnsinnstat rechtfertige im nachhinein die Entscheidung des Kaisers. Er fragt nach den Helfern des Mordes und weist auf die Auswirkung der Acht. Er läßt sich auf Parricida ein. Parricida wirft sich vor ihm nieder, bittet in tiefem Schrecken vor sich selbst um Mitleid und Menschlichkeit. Da heißt ihn Tell aufstehen:

„– Was Ihr auch Gräßliches
Verübt – Ihr seid ein Mensch – Ich bin es auch –"

(3223 f.)

Der Krampf hat sich gelöst, der starren und wütenden Abwehr folgt die Zuwendung aus der Einsicht in die Mitmenschlichkeit, daß auch der Unmensch Mensch sei, wie schließlich ja nur der Mensch zum Unmenschen werden könne. Damit ist die Gefahr der Selbstgerechtigkeit überwunden.

Ausgehend von dem Satz: „Was ihr auch Gräßliches verübt – ihr seid ein Mensch – ich bin es auch", wird man den 5. Aufzug verstehen müssen. Schiller mußte es darauf ankommen, die Tat Tells im Kontrast zur Untat Parricidas noch einmal ins richtige Licht zu rücken, um Mißverständnisse abzuwehren, die mit dem Widerstandsrecht des Einzelnen leicht verbunden werden können.[37] Aber letztlich handelt es sich um beteuernde Wiederholung von Argumenten, wobei allerdings auffällt, daß der Bezug zum „Vaterland" fehlt. Schiller scheint alles auf den Gegensatz natürlich-widernatürlich abzustellen: Widernatürlich ist der Vatermord, natürlich, daß der Vater seine Kinder schützt. Aber diese Kontrastdialektik trägt den 5. Aufzug nicht. Notwendig ist dagegen das Wort von der Mitmenschlichkeit, gerade deshalb, weil es unsentimental ist. Mord bleibt Mord. Doch der Mörder bleibt Mensch. Welche Tragweite dieses Wort besitzt, erfassen wir vielleicht erst dann, wenn wir den verbrecherischen jungen Fürsten durch einen Verbrecher unserer Zeit, etwa einen Auschwitzmörder oder einen Terroristen ersetzen.

Nicht nur den 5. Aufzug, sondern das ganze Stück sollte man von diesem unsentimentalen Mitmenschlichkeitswort aus interpretieren. Dann fällt auch die Kritik von Frisch und Dürrenmatt, um die wir dankbar sein müssen, zusammen. Gewiß ist das Alltägliche schwunglos, gewiß müssen wir mit der Perversion demokratischer Einrichtungen rechnen. Wir können es aber nur dann, wenn wir den Höhenrausch der Selbstgerechtigkeit, der jäh in niedrige Wut umschlägt, überwinden und zur Einsicht in unsere Fehlbarkeit gelangen.

Eins bleibt noch festzuhalten: Wie verschieden reagieren die „Politiker" und der „Unpolitische" auf den Kaisermord! Auf der einen Seite kühle Kenntnisnahme, kühle Distanzierung gegenüber Mord und Mördern, aber auch gegenüber den Rächern, und offenkundige Befriedigung darüber, daß der Feind ihrer Freiheit sich ein frühes Grab gegraben habe. Auf der anderen Seite ein „aufwühlendes Seelendrama", panische Erregung, wütende Abscheu und schließlich mitmenschliche Zuwendung. In der Schlußszene gelangen die Staatsaktion, gekrönt dadurch, daß Rudenz der Edelmann seine Knechte freigibt und mit Bertha als Gleicher unter Gleiche tritt, und die Einzelaktion, „Tell der Schütz und Erretter", endgültig zusammen. Eins gehört zum anderen. Daß jedoch die Existenz des Gemeinwesens davon abhängt, wie der Einzelne sich sucht und meistert, ist die kraftvolle Aussage, die den Schlußstein des Schauspiels bildet.

Anmerkungen

1 Vgl. Max Frisch, *Wilhelm Tell für die Schule*, Frankfurt/M. 1971, erste Auflage, mit alten Illustrationen, S. 93: „Beinahe war es zu spät als Ritter Konrad oder Grisler von seinem Pferd sprang; der kniende Schütze zielte bereits mit gekniffenem Auge, als Ritter Konrad oder Grisler zu ihm trat und den Pfeil von seiner zitternden Armbrust nahm, wortlos – ..."

2 Vgl. Friedrich Dürrenmatt, *Der Besuch der alten Dame, Eine tragische Komödie mit einem Nachwort*, Zürich, 1956, S. 93 ff.

3 Vgl. R. Meier, *Anpassung und Widerstand*, Stuttgart 1967.

4 Vgl. R. Labhardt in: *Tell, Werden und Wandern eines Mythos*, Bern und Stuttgart 1973, S. 107 ff.; Max Frisch a. a. O., Anmerkung 71, S. 122.

5 Zu Weg und Ziel der Auslegung vgl. Einleitung.

6 Friedrich Schiller, *Sämtliche Werke*, 2. Aufl., München 1960, Band II, S. 913 ff.

7 Schillers Bild vom Tyrannen stimmt im wesentlichen mit der Tradition überein, wonach der Tyrann ein Wesen ist, in dem das Niedrige über das Hohe,

Wut und Gier über Vernunft und Einsicht herrschen. Ernst Walser fixiert das uralte Tyrannenbild wie folgt: „Finster brütend sitzt er auf seiner Burg. Er bedrückt die Bürger, stellt ihren Frauen und Töchtern nach und raubt ihr Gut. In blinder Wut fährt er hastig auf, ist blutdürstig, habsüchtig, argwöhnisch." (*Gesammelte Studien zur Geistesgeschichte der Renaissance*, Basel 1932, S. 193)
Daß dies tradierte Tyrannenbild in Schillers Darstellung eingegangen ist, darf außer Frage gestellt werden. Dazu kommt jedoch die Dimension des gefährdeten und verletzten Rechtes, in erster Linie in Gestalt des Haus-, Eigentums-, Freiheits- und Sicherheitsrechtes, des Rechtes auf Gesundheit und Leben, sowie des staatlichen Souveränitätsrechtes.

8 Schiller grenzt Besonnenheit von „Außersichsein" ab. Der vom Rachegefühl Überwältigte oder Erfaßte ist außer sich. Er muß in sich gehen, um zur Besonnenheit zu gelangen (vgl. *Sämtliche Werke*, Bd. XII, Stuttgart und Tübingen 1838, S. 48 in der Anmerkung).

9 Erst kürzlich hat der Hessische Staatsgerichtshof im Streit um das ruhende Mandat dieses als verfassungswidrig verworfen und damit auch das Prinzip der identitären Demokratie gegenüber dem Repräsentationsprinzip zurückgewiesen. Vgl. dazu auch mein im Auftrag des Hessischen Landesanwaltes erstattetes Rechtsgutachten.

10 Man beachte die Zahl „zehn", welche in der Zusammensetzung der Landsgemeinde wiederkehrt.

11 „Blut" und „Herz" sind die Erkennungsmerkmale. „Ja wir sind eines Herzens, eines Blutes! Wir sind ein Volk und einig wollen wir handeln." (1202 f.) Hinzu kommt auch das Element der sprachlichen Einheit, welches das Volk der Eidgenossen gegenüber einem anderen Volk, das „in anderer Zunge" spricht, abgrenzt. (1194) Entscheidend ist jedoch der Unabhängigkeitswille: „Die anderen Völker tragen fremdes Joch." (1204) Für Schiller ist es übrigens selbstverständlich, daß sich Territorium und Staatsvolk nicht einfach decken, daß selbst „in unseren Landesmarken" Untertanen fremder Herren leben. (1206)

12 Es ist traurig, daß uns heute der Zusammenhang zwischen politischer Selbstbestimmung, Fröhlichkeit und damit Glück so wenig selbstverständlich ist. Für die Väter der amerikanischen Verfassung gehörte das „pursuing and obtaining happiness" in den Zusammenhang der Grundrechtsgewährleistungen, während für uns fröhliche Bürger und Staatsmänner ebenso unseriös sind wie ein heiterer Atlas ...

13 Zwar wird der Herr der deutschen und der welschen Erde als höchster Richter, als Träger des „höchsten Blutbannes" anerkannt. Aber die Eidgenossen unterwerfen sich nicht bedingungslos seinem Rechtsspruch; sie behalten sich das Recht vor, darüber zu entscheiden, ob es sich um Rechtsspruch oder Rechtsbruch handelt. (1243 ff.)

14 Die berühmte Passage ist staats- und rechtstheoretisch bemerkenswert. Der Druck der Tyrannenmacht vermag das Recht nicht zu brechen. Verletzungen

und Zerstörungen der ewigen Rechte sind ausgeschlossen. Gewiß, das Eigentumsrecht, das Lebensrecht kann im konkreten Fall zerstört oder verletzt werden. Damit wird jedoch ihr Wesen, ihre Substanz nicht erfaßt und berührt. Diese ist *unantastbar*, weil sie den Bereich des Wirklichen, der Geschichtlichkeit, transzendiert und normiert. Dennoch ist das Recht als Norm nicht unwirklich. Werden die konkreten Rechte in unerträglicher Weise verletzt, so greife man „getrost" nach den ewigen Rechten, man hole sie „herunter", eben in die Wirklichkeit, in Gestalt der Gegengewalt gegen die Gewalt des Unrechtes. Die ewigen Rechte sind eins mit dem höchsten Gut, das mit dem Schwert gegen Gewalt verteidigt werden soll. Rechtsmacht und Unrechtsmacht stehen in permanentem Widerstreit, der normalerweise mit friedlichen Mitteln auszutragen ist, im Ausnahmefall mit Gewalt, mit kriegerischen Mitteln.

15 So ist es denn konsequent, daß im Gespräch zwischen Stauffacherin und Stauffacher das Risiko des *Krieges* erörtert wird. (302 ff.) Daß es sich um Krieg und nicht um Aufruhr, Revolution, Sezession handelt, scheint allerdings durch den Hinweis auf den Urstand der Natur in seiner Bedeutung relaviviert. Unter Krieg versteht Rousseau une relation d'État à État, im Verhältnis zwischen Staaten (vgl. *contrat social*, Paris, Garnier Frères, p. 244), während der alte Urstand der Natur ein Verhältnis zwischen Menschen meint: „Mensch dem Menschen gegenübersteht" (1282). Daß damit das bellum omnium contra omnes und die Auflösung des Gesellschaftsvertrages nicht gemeint sein kann, ergibt sich indessen aus der Formel:

„– Wir stehn vor unser Land,
Wir steht vor unsre Weiber, unser Kinder!"

(1286 f.)

16 Den Ablauf der Rütliszene begreift Emil Staiger aus dem Gedanken der „Sprachregie". Bedeutsam vor allem wird die Deutung der sprachlichen Entfaltung Stauffachers von der „epischen Ruhe" bis zur allererfassenden „untergründigen Leidenschaft": „Die Steigerung der Sprache des einzelnen Menschen zur Sprache eines Chores. Ein exemplarisches Ereignis! Die Rede des Einzelnen weitet sich zur Rede der menschlichen Gattung." (*Friedrich Schiller*, Zürich 1967, S. 394)

17 Damit befinden wir uns im Argumentationsfeld des Widerstandsrechtes. Zum traditionellen Schema des Tyrannen als Wüterich und Scheusal gehört die Rechtfertigung seiner Ermordung, ja der Gedanke der Belohnung des Mörders (vgl. Walser, a. a. O. S. 193). Kein Zweifel, daß Tells Handeln im Rahmen differenzierter, gegenwärtig Geltung beanspruchender Argumentation gerechtfertigt ist (vgl. dazu Werner Kägi, *Widerstandsrecht und Rechtsstaat, NZZ*, Nr. 1027 vom 29. 5. 1947; Peter Schneider, *Recht und Macht*, Mainz 1970, S. 207 ff., sowie in *Ev. Staatslexikon*, 2. Auflage 1975, zum Stichwort Revolution).

18 Ich kann insofern Staiger nicht folgen, als dieser meint, daß der Monolog keine folgerichtige Begründung enthalte. Die Begründung ist ungemein knapp, sie wird jedoch durch den Kontext amplifiziert (vgl. a. a. O., S. 386 f.).
19 *Wilhelm Tell. Schauspiel, Quellen, Dokumente, Rezensionen*, Hamburg 1967, S. 223 ff.
20 „So ... steht der Tell selbst ziemlich für sich in dem Stück, seine Sache ist eine Privatsache und bleibt es, bis sie zum Schluß mit der öffentlichen Sache zusammengreift." (a. a. O., S. 152)
21 Dabei fehlt es nicht an Übereinstimmungen mit Rousseau. Die Formel von „Blut und Herz" entspricht der Aussage Rousseaus, daß die wichtigsten Gesetze nicht im Marmor und Erz, sondern im Herz der Bürger eingegraben seien, und daß das Gemeinwesen durch Sitten und Brauchtum sowie durch die öffentliche Meinung zusammengehalten werde (vgl. *contrat social*, a. a. O., p. 276). Der Gegensatz zu Rousseau ergibt sich daraus, daß Schiller repräsentativ und nicht identitär denkt.
22 Vgl. a. a. O., S. 391 f.
23 Vgl. dazu Dieter Borchmeyer, *Tragödie und Öffentlichkeit – Schillers Dramaturgie*, München 1973, S. 186.
24 Rudenz neigt im Grund nur zu Österreich, weil er glaubt, nur so Bertha gewinnen zu können. Bertha öffnet ihm die Augen:

„Seid,
Wozu die herrliche Natur euch machte!
Erfüllt den Platz, wohin sie euch gestellt,
Zu eurem Volke steht und eurem Lande,
Und kämpft für euer heilig Recht."

(1649 ff.)

Im übrigen verweist sie darauf, daß sie als Erbin durch Österreich genau so bedroht ist wie die Eidgenossen (1658 ff.).
25 Vgl. Frisch, a. a. O., S. 56 f.
26 Gerhard Storz, *Der Dichter Friedrich Schiller*; Stuttgart 1963, S. 407.
27 In den Briefen über die ästhetische Erziehung der Menschen (*Gesammelte Werke*, XII. Band) unterscheidet Schiller zunächst zwischen dem „Nothstaat" (S. 7), dem „Naturstaat" (S. 9) und dem „moralischen Staat" (S. 9). Im Notstaat oder Naturstaat walten Naturgesetze, während der moralische Staat auf das „Sittengesetz als auf eine wirkende Kraft" (S. 9 f.) gegründet wird. Wollte man den alten Bund mit einem Notstaat identifizieren, so wäre nicht recht einzusehen, weshalb derselbe durch Brauchtum, gute alte Sitten und die ewigen Rechte und das gute alte Recht zusammengehalten wird, welche doch bloße Naturgesetze transzendieren. Umgekehrt wäre es ebensowenig einleuchtend, weshalb der neue Bund, wollte man ihn mit dem moralischen Staat identifizieren, auf Zwangsgewalt und Strafgesetz zurückgreifen sollte. Notstaat

und moralischer Staat scheinen theoretische Grenzpositionen zu bilden. Der wirkliche Staat ist immer mehr oder weniger im Naturgesetz bzw. im Sittengesetz verankert. Mehr Freiheit und weniger Natur ist das Ziel der menschlichen Entwicklung, nicht aber die Ablösung des einen durch das andere. Die Möglichkeit der Vermittlung zwischen Natur- und Vernunft- bzw. Stittengesetz im Ästhetischen ist denn auch das eigentliche Thema der Briefe. „Mitten in dem furchtbaren Reich der Kräfte und mitten im heiligen Reich der Gesetze baut der ästhetische Bildungstrieb unvermerkt an einem dritten fröhlichen Reiche des Spiels und des Scheins ..." (S. 130) Dieses fröhliche Reich ist der ästhetische Staat, in dem der Wille des Ganzen durch die Natur des Individuums vollzogen wird. Schillers Lehre vom ästhetischen Staat bedarf der vertieften Analyse, die im gegebenen Zusammenhang nicht durchgeführt werden kann. Ich verweise auf: Fritz Martini, *Wilhelm Tell, der ästhetische Staat und der ästhetische Mensch*, in: *Wege der Forschung*, Band CCCXXIII, Darmstadt 1972, S. 368 ff.; Dieter Borchmeyer, *Tragödie und Öffentlichkeit, Schillers Dramaturgie im Zusammenhang seiner ästhetisch-politischen Theorie und die theoretische Tradition*, München 1973, insbesondere S. 178 ff.

28 Vgl. *Ev. Staatslexikon*, 2. Auflage, Stuttgart/Berlin 1975, Stichwort: *Revolution* (Peter Schneider).

29 Vgl. Werner Kägi, *Die rechtliche Entwicklung vom Kolonialregime zur nationalen Unabhängigkeit*, in: *Europa und der Kolonialismus*, Zürich und Stuttgart, S. 145. Kägi bezeichnet die Losreißung, den „Abfall" der amerikanischen Kolonien als einzigen größeren Rückschlag der Geschichte der Mäßigung und Überwindung des Kolonialismus im Britischen Reich. Weder um Losreißung noch Abfall handelt es sich bei der Befreiung der Eidgenossenschaft in Schillers Drama.

30 Der Hinweis in Stauffachers Rütlirede auf die Gehorsamsverweigerung der Väter, als die Einsiedlermönche sich auf einen erschlichenen Schenkungsbrief berufen, besitzt deshalb tragende Bedeutung für das Selbstverständnis der Eidgnossen. (1242 ff.)

31 Der Gleichheitsgedanke spielt weder im Rechtfertigungsargumentarium zum kollektiven noch zum individuellen Widerstand eine Rolle.

32 Vgl. Palleske, *Schillers Leben und Werke*, 14. Auflage, Stuttgart 1894, 2. Band, S. 171 ff.; Benno von Wiese, *Friedrich Schiller*, 3. Auflage, Stuttgart 1963, S. 765 ff.

33 Vgl. Schiller, a. a. O., 2869 ff.

34 Zit. nach *Wilhelm Tell*, (vgl. Anm. 19), S. 163.

35 Vgl. *Sämtliche Werke*, Leipzig o. J. (1922), Band 1, S. 191 ff., Band 5, S. 434, 438, 440, 443, Fußnote S. 444.

36 Vgl. die in *Wilhelm Tell* (Anmerkung 19) wiedergegebenen Rezensionen, Berlinische Nachrichten vom 7. 7. 1804, S. 205, Der Freimüthige vom 7. und 10. 1804, S. 211, Wilhelm Tell beurtheilt von einem Schweizer. (S. 226)

37 Dennoch: Für die Konzeption Schillers sind die einzelnen Momente, die den Kontrast bilden, bezeichnend: Albrecht ist der größte Feind der Freiheit, und

zwar der Freiheit der Eidgenossenschaft. Er ist unersättlich und will alles haben. Er will die Eidgenossenschaft annektieren, seinem eigenen Territorium einfügen. Er mißbraucht sein Kaiseramt als Träger der österreichischen Hausmacht. Er ist der Cheftyrann, der Herr der Vögte, die in seinem Namen ihre Rechte mißbrauchen. Er verkörpert die Idee des Obrigkeitsstaates, welche am gegenseitigen Mißtrauen der Bürger orientiert ist – man erinnere sich an die anschaulichen Schilderungen, die Tell seinem Sohn Walter von den Verhältnissen im Tiefland gibt – und auf der Ungleichheit zwischen Herr und Knecht beruht. Er verkörpert die Idee des Machtstaates, wonach personelle und sachliche Mittel einzig für das Ziel der Machterweiterung einzusetzen sind und in dem schweigender Gehorsam die Position des Untertanen charakterisiert. Er verkörpert die Gegenidee zur Idee des Genossenschaftsstaates. Er ist ein ungerechter Herrscher. Den Eidgenossen steht ihm gegenüber das Verteidigungsrecht zu. Ein individuelles Widerstandsrecht wäre jedoch nur im Falle der konkreten Gefährdung oder Verletzung eines Grundrechtes gegeben. Ihm gegenüber stünde auch Tell kein Widerstandsrecht zu. Er darf Gessler erschießen, nicht aber den Kaiser, es sei denn, daß dieser konkret in seine Rechte eingreift, und zwar so, daß eine andere Lösung nicht mehr denkbar ist. Parricida steht dagegen in einem konkreten Bezug zum Kaiser. Dieser mag seine Interessen beeinträchtigen, aber von einer Verletzung eines Grundrechtes und einer ultima ratio-Lage ist nicht die Rede. Im Gegenteil: Der an sich ungerechte Herrscher entscheidet in concreto gerecht, d. h. im Rahmen seines Ermessens.

Viertes Kapitel

Agnes Bernauer: Die Restauration des Väter-Staates

I. Die traurige Geschichte der Agnes Bernauer

Die traurige Geschichte, die Hebbel in seinem deutschen Trauerspiel in fünf Aufzügen entfaltet, ist rasch erzählt. Die engelhaft schöne Tochter des Augsburger Bürgers, des Baders und Wundarztes Kaspar Bernauer, begegnet anläßlich eines Turniers, das zu Fasching 1428 in Augsburg stattfindet, dem Herzogssohn Albrecht. Agnes Bernauer und Albrecht verlieben sich ineinander. Es kommt zur heimlichen Heirat. Dadurch wird die Ordnung der Erbfolge verletzt und die Sicherheit des Staates gefährdet. Albrecht wird enterbt. Das Kind, das als Ersatzerbe eingesetzt wird, stirbt jedoch nach wenigen Jahren. Erneut ist die Staatssicherheit in Gefahr. Da setzt der Vater Albrechts, Herzog Ernst zu München-Bayern, das Todesurteil über Agnes, das Jahre zuvor hochangesehene Juristen erarbeitet haben, in Kraft. Sie wird ertränkt. Albrecht empört sich gegen den Vater. Er besiegt ihn in offener Feldschlacht. Doch Kaiser und Papst bedrohen ihn mit Acht und Bann, da er den Frieden rechtswidrig gebrochen habe. Albrecht beugt sich der „Gewalt des Rechtes" und übernimmt die Nachfolge des Vaters, der sich in ein Kloster zurückzieht.

II. Stände, Staat, Reich und Kirche und das Todesurteil über den Engel von Augsburg

1. Die Sozialordnung, die den Verlauf des Trauerspiels bedingt, ist durch das Prinzip der Ungleichheit der Stände bestimmt. Die Einzelnen und ihre Familien sind Ständen zugeordnet, die eine Stufenordnung bilden, es sei denn, daß sie zu den Outcasts, zu den unehrlichen Leuten gehören. Noch vor kurzem gehörten die Bader zu den Unehrlichen. Doch es gelang ihnen der Aufstieg in den Bürgerstand und zur Standesehre.[1] Mit dieser Ehre wäre unvereinbar, daß Agnes mit dem jungen Herzog ein eheliches Verhältnis einginge.[2]

Die Ständeordnung ist mit der Staatsordnung verbunden, die durch den Fürstenstand, den Stand der Regimentsfähigen getragen wird. Die Regimentsfähigkeit wird durch Standeszugehörigkeit und Erbfolge vermittelt. Die Heirat mit einer Frau eines nicht ebenbürtigen Standes beeinträchtigt die eigene Regimentsfähigkeit und vor allem diejenige der Kinder und gefährdet die Sicherheit des Staates und damit das Leben von Millionen von Menschen und ihrer Familien, ihres Gewerbes, ihrer Höfe, Dörfer und Städte.[3] Denn mit dem Einbruch in die Erbfolge ist die territoriale Friedensordnung in Frage gestellt und die Gefahr des Bürgerkrieges wahrscheinlich.

Die Heirat Albrechts mit der nicht ebenbürtigen Bürger- und Baderstochter führt somit einen Zustand öffentlicher Gefahr herbei, wobei auch Übergriffe des Kaisers auf den Bestand des Territorialstaates zu befürchten sind.[4] Das Verhältnis zwischen Territorialstaat und Reich könnte so empfindlich gestört und die Gesamtordnung von Ständen, Staat und Reich betroffen werden. Diese Gefahr könnte nur durch Liebesverzicht oder den Verzicht auf die Ehe vermieden werden. Beides ist ausgeschlossen. Für die sittsame Bürgerstochter ist Liebe ohne Ehe unmöglich. Der junge Herzog kann ohne Liebe nicht leben. So muß es zur Ehe kommen, die zwangsläufig den Staat gefährdet. Die Krise kann vermieden werden, indem Albrecht enterbt und ein Ersatzerbe – Adolf das Kind – eingesetzt wird.[5]

2. Die Sozialordnung, die sich in der Ordnung von Ehe und Familie, der Stände, des Staates und des Reiches darstellt, ist Rechtsordnung. Wer diese Ordnung stört und verletzt, wird von der *Gewalt des Rechtes* erfaßt. Dies trifft für Albrecht zu. Der Kaiser bedroht ihn mit der Reichsacht, der Papst mit dem Bannfluche, weil er mit blanker Waffe rebellisch im Feld erschienen ist und in seinem Trotz „wider göttliche und menschliche Ordnung" verharrt.[6] Der militärische Sieg über den Vater hat nichts zu bedeuten, höchstens eine Versuchung. Die Gewalt des Rechtes ist der Gewalt der Waffe überlegen. Herzog Ernst: „Wenn das Gewalt ist, was du erleidest, so ist es eine Gewalt, die alle deine Väter dir antun, eine Gewalt, die sie sich selbst aufgeladen und ein halbes Jahrtausend lang ohne Murren getragen haben, und das ist die Gewalt des Rechts! Weh dem, der einen Stein wider sie schleudert, er zerschmettert nicht sie, sondern sich selbst; denn der prallt ab und auf ihn zurück. Oder bin ich's, der zu dir redet, ist's nicht das ganze Deutsche Reich?"[7]

Die aggressive Formel „Gewalt des Rechtes" erweckt den Eindruck von Unwiderstehlichkeit. Gewalt des Rechtes heißt zugleich Last des Rechtes, welche die Väter getragen und ertragen haben. Was bleibt dem Sohn letztlich anderes, als sich in die Reihe der Lastträger einzuordnen, wenn er sich nicht durch die Gewalt zerschmettern lassen will. Man denkt unwillkürlich an den Riesen Atlas und das Himmelsgewölbe und versteht das Wort des Herzogs, daß der Sohn mit der Übernahme des Amtes für sein Unrecht Buße leiste.[8] Die Gewalt des Rechtes gründet in der Tradition der Väter. Nicht nur der Vater, sondern die Väter tun dem Sohn „Gewalt" an. Doch die Rechtsordnung ist nicht nur tradierte, sondern *heilige* Ordnung, d. h. im Willen Gottes gegründete Ordnung. Und deshalb: Wer sich gegen die heilige Ordnung vergeht, mit dem wird Gott schrecklich ins Gericht gehen.[9] Und deshalb hat der Rechtsbrecher Albrecht auch den Bannfluch der Kirche zu gewärtigen und damit zu rechnen, daß sein Name aus dem Buche des Lebens getilgt werde.[10] Es droht ihm zeitliche und ewige Sanktion. Die heilige Rechtsordnung ist doppelt „sanktioniert", durch die weltliche und die kirchlich-geistliche Gewalt und durch Gott selbst.

Die Rede von der Rechtsordnung als einer heiligen Ordnung ist insofern problematisch, als Hebbel die Rechtsordnung als die Ordnung einer gefallenen, einer *unheilen* Welt darstellt. Wie kann die Ordnung einer unheilen Welt als heilige Ordnung gelten?

Die Menschen sind aus dem Paradies in die Wüste vertrieben worden. Wüste steht für Dürre, Leere, im Gegensatz zur paradiesischen Fülle. Wüste ist an sich wertlos. Die Menschen haben in der Dimension des Wertlosen Werte zu schaffen,[11] um das Leben fristen zu können. Es wird ihnen nichts geschenkt. Ihr Gesetz ist Mühe und Arbeit. Sie erfüllen dies Gesetz nur, wenn sie „Sand über Sand erhöhen", wenn sie sich eine Herrschafsordnung geben, durch welche Mord, Raub, Betrug, Zwietracht bewältigt werden können. Ohne sie wäre alles unnütz und verlorene Mühe. Diese Herrschaftsordnung ist es, die Gott als Erhaltungsordnung[12] will. Insofern ist sie eine heilige Ordnung in einer unheilen, unheiligen Welt. Aufruhr und Rebellion sind elementare Verstöße gegen die heilige Ordnung. Dabei bleibt anzumerken:

1) Die Träger der heiligen Herrschaftsordnung sind nicht „heilig". Gott unterscheidet nicht zwischen Königen und Bettlern, sondern allein zwischen Guten und Bösen. Die Herrschenden, seine Stellvertreter, werden schärfer zur Rechenschaft gezogen als alle anderen. Sie sind Staub wie alle anderen. 2) Herrschaft beruht nicht nur auf dem Willen Gottes, nicht nur auf dem Willen der Herrschenden; sondern auch auf der „Übereinkunft der Völker". Herrschaft ist nicht nur von oben, sondern auch von unten abgesichtert.[13] 3) Gott fordert von Herrschenden und Beherrschten Rechenschaft nach Maßgabe seiner Gebote. Das betrifft in der Regel den „Zeitpunkt", in dem sie wieder vor ihm stehen. Er interve-

niert jedoch im Einzelfall als Herr über Leben und Tod im Ablauf der Geschichte. Er überläßt das Steuerrad im allgemeinen den Stellvertretern. Gelegentlich dreht er es selbst.[14]

3. Nach dem Tode des „Ersatzerben" findet der Staatskanzler ein Dokument vor, das bereits unmittelbar nach der Einsetzung des Ersatzerben von drei Juristen ausgearbeitet worden war.[15] Es ist dem Inhalt nach als Urteil abgefaßt. Der Form nach handelt es sich um ein Juristen-Gutachten, um eine Rechtsmeinung.[16] Es fehlt die Unterschrift des Herzogs, um der Rechtsmeinung die Rechtskraft, die auctoritas zu verleihen und das Gutachten in ein Urteil im formellen Sinn zu verwandeln, das vollstreckt werden muß. Preising stellt fest, daß die Autoren als Juristen höchste Autorität besitzen, daß der Kaiser ihnen den Auftrag, einen Sachsenspiegel abzufassen, hätte erteilen können und daß sie würdig gewesen wären, Kaiser Justinian zu Füßen zu sitzen und über die Welt zu richten. Es handelt sich nicht um Provinzgrößen, sondern um Juristen von Weltrang. Wenn sie eine Meinung formulieren, dann ist eine vertretbare Gegenmeinung ausgeschlossen. Wenn sie Agnes Bernauer verurteilen, dann ist sie nicht zu retten.[17] Ihr Spruch ist Wahrspruch. Die auctoritas des Fürsten ist somit durch die veritas der gelehrten Juristen gedeckt. Man gelangt zu dem Ergebnis, daß in diesem Falle der Satz gilt: veritas et auctoritas faciunt judicium. Dabei steht die Eigenständigkeit der veritas außer Zweifel. Die Juristen haben unabhängig, ohne Intervention des Herzogs ihre Rechtsmeinung fixiert. Sie wurden weder bestochen noch genötigt.[18]

Zweierlei mag auffallen: Erstens, daß das „Juristenurteil" erst nach mehreren Jahren in Kraft gesetzt wird, und zum zweiten, daß kein Verfahren durchgeführt wird, in dem die Angeklagte sich verteidigen könnte.[19] Das *Verfahrensdefizit* scheint durch die Einheit von veritas und auctoritas ausgeglichen. Was den ersten Punkt anbelangt, so ist damit eine letzte Steigerung des Verbindlichkeitsgrades des Wahr- und Rechtsspruches verbunden. Der Wahrspruch der Juristen ist durch ein *Gottesurteil* bestätigt. Gott hat Adolf, das Kind – den Ersatzerben –, abgerufen. Darin ist die Bestätigung des harten Spruchs zu sehen.[20] Die auctoritas des Fürsten beruft sich nicht nur auf veritas, sondern auch auf divinitas. Juristen von Weltrang und Gott selbst stehen hinter der auctoritas principis, durch welche das Urteil formell in Kraft gesetzt wird. Bei solcher Sachlage scheint es müßig zu sein, über den Inhalt, über die Begründung noch Worte zu verlieren. Die Form spricht für den Inhalt. Die Gewalt des Rechtes erscheint als Dreigewalt in der Einheit von veritas, divinitas und auctoritas. Da ist nur noch widerspruchsloser Vollzug denkbar. Daran fehlt es gerade: Der Amtshenker weigert sich, den Engel von Augsburg zu ersäufen. Ein Höriger muß das grausame Werk besorgen. Das Volk murrt.[21]

Da der Autor es beim Autoritätenbeweis nicht bewenden läßt und den Blick auf die inhaltliche Begründung des tödlichen Spruchs freigibt, kann man sich eine Beurteilung nicht ersparen. Die Diskrepanz zwischen pathetischer Autoritätsbeschwörung und dem inhaltlichen Befund ist groß. Zwar berufen sich die Weltrangsjuristen auf die Ordnungen des Reiches und andere lautere Quellen,[22] doch es wird keine einzige Stelle angeführt, kein konkreter Deliktstatbestand herangezogen, um das Todesurteil zu begründen. Die Juristen folgern aus ihrem Globalverweis, daß Agnes wegen *verbrecherischer Verleitung* zur *unrechtmäßigen Ehe* den Tod verdiene. Was unter verbrecherischer Verleitung zu verstehen ist, wird nicht ausgeführt. Zu denken wäre an Hexerei, ein Vorwurf, der auch von der Kanzel herab erhoben wurde und im Volksgerede umging.[23] Immerhin meinen die Leuchten der Jurisprudenz, daß weitere Erhebungen erforderlich wären,[24] wenn das Urteil auf den Tatbestand verbrecherischer Verleitung zur rechtswidrigen Ehe gestützt werden sollte. Doch, so fahren sie fort, darauf komme es gar nicht an, da wegen bloßen Eingehens der Ehe „im äußersten Fall" und zur Abwendung schweren Unheils Agnes vom Leben zum Tode befördert werden dürfe. Auch Preising, der die veritas der Weltrangjuristen für unanfechtbar hält, wundert sich: „Manch ähnliches Blatt hielt ich schon in der Hand, aber da ging dem strengen Spruch jedesmal eine Reihe schnöder Gewalttaten voran, man las viel von Raub, Mord, Brand und Friedensbruch, ehe man an die Strafe kam. Hier könnte höchstens stehen: sie trug keinen Schleier und schnitt sich die Haare nicht ab." Und an anderer Stelle sagt er: „Aber es ist doch entsetzlich, daß sie sterben soll, bloß weil sie schön und sittsam war."[25] Mit anderen Worten: Da liegt doch der Vorwurf einer strafbaren Handlung gar nicht vor.

Das führt zur Frage, ob das Todesurteil überhaupt als Schuldspruch zu qualifizieren sei, oder ob es sich um eine bloße Notstandsmaßnahme handle, die im äußersten Falle zur Abwehr schweren Unheils als zulässig erachtet wird. In der Literatur ist von einem *Notstandsmord* die Rede.[26] Beim Notstandsmord liegt der Mordtatbestand im volkstümlichen Wortsinn vor. Die Tat ist an sich vorwerfbar, obgleich sie von einem Träger staatlicher Gewalt oder mit staatlicher Autorisation begangen worden ist. Sie kann allerdings aus Gründen der Staatsraison, zur Beseitigung eines staatlichen Notstandes, d. h. nur dann gerechtfertigt sein, wenn der „Mord" das einzige Mittel ist, schweres Unheil für den Staat abzuwenden. Es geht dann nicht um die Verfolgung von Unrecht, sondern um die

Elimination einer Gefahr, welche den Staat als Friedensordnung in seiner Funktion bedroht.[27] Es geht nicht um Sühne und Buße oder Vergeltung, sondern darum, einen Störfaktor wegzuschaffen. Der Ermordete wird der Staatsraison *geopfert*. Der Mord ist also bloßes Mittel zum Zweck.

Kein Zweifel: Die Notstandskonstruktion löst eine Reihe von Verständnisschwierigkeiten. Daß Agnes Bernauer kein Prozeß gewährleistet wird, daß ihr das Recht auf Verteidigung und Beistand versagt wird, wird mit Hilfe dieser Konstruktion ohne weiteres verständlich. Weiterhin wird verständlich, daß es an konkreten Schuldvorwürfen fehlt. Ebenso kann die Tatsache erklärt werden, daß der Herzog erst nach dem Tod des „Ersatzerben" der Juristenmeinung Rechtskraft erteilt. Erst in diesem Moment tritt der Notstand ein. Albrecht ist wieder Erbfolger und die Erbfolge damit wiederum mit dem Makel der Nichtebenbürtigkeit und den daraus folgenden Risiken des Bürgerkrieges behaftet. Die Tötung der Frau erscheint als einziges Mittel, die Gefahren abzuwenden. Daß die Tötungsart freigestellt wird, versteht sich in diesem Denkzusammenhang von selbst. Andererseits versteht sich in diesem Zusammenhang auch, daß bis zuletzt mildere Mittel[28] erörtert werden: Ehescheidung, der Gang ins Kloster, die Vortäuschung des Todes. Doch all diese milderen Mittel versagen. Der Herzog hat das Schwert nicht willkürlich gezogen. Er ist kein Tyrann.[29] Er waltet seines Amtes als Hüter der Schwert- und Erhaltungsordnung des Staates. Er handelt nicht voreilig. Er hält sich an das Verhältnismäßigkeits- und Erforderlichkeitsprinzip. Dieses erweist sich als Grenzmarkierung gegenüber Tyrannei und Willkürstaat.

Gegen diese Lösung könnte der Aufwand an Rechtspathos sprechen, der mit der Berufung auf Gott und auf die Juristen von Weltrang betrieben wird. Wirft Preising Agnes nicht die Störung der Weltordnung vor, die eben eine in ihrem Wesen heilige Ordnung ist, woraus sich ergibt, daß Gott selbst mit Strafgewalt interveniert? Ist das Urteil nicht doch Verdammungsurteil, Unrechtsvergeltung, wenn es sich auf den Vorwurf stützt, Agnes habe dadurch, daß sie die Ehe einging, den Sohn vom Vater und das Volk vom Fürsten entfremdet, einen Zustand herbeigeführt, in dem man nicht mehr nach Schuld und Unschuld, sondern nur noch nach Ursache und Wirkung urteilen könne?[30] Kann der ungeheure Vorwurf, Agnes habe die Weltordnung in den Grundfesten erschüttert und die Rechtsordnung in einen vormenschlichen Naturzustand verkehrt, mit einem heiklen Notstandsraisonnement in Einklang gebracht werden? Einem Raisonnement übrigens, das im Falle Albrechts nicht Platz greift, obgleich seine Rebellion gegen den Vater eben in jenem Zustand abrollt, in dem man nur noch nach Ursache und Wirkung urteilen kann.

Nein, ihm wird Rechtsbruch vorgeworfen und härteste Strafe angedroht. Das Leben wird ihm geschenkt, auf daß er sein Verbrechen in der Übernahme und Ausübung des Staatamtes abbüße. Agnes aber wird wie eine tolle Hündin, die eine öffentliche Gefahr darstellt, ersäuft, oder noch schlimmer, als unschuldiges Opfer hingemordet? Tatsächlich scheinen der Kanzler und der Herzog von ihrer Unschuld überzeugt zu sein,[31] so wie die Schuld Albrechts außer Zweifel steht. Eins will nicht zum andern passen. Zwei Denkmuster: Das Gerechtigkeits- und das Ordnungs- und Notstandsdenken stoßen aufeinander mit dem Effekt, daß bei diesem Zusammenstoß die mit dem einen oder dem anderen Muster verbundenen Gewalthemmungsmechanismen zerstört werden: die mit dem Gerechtigkeitsdenken verbundenen prozessualen Hemmungen, sowie die Hemmungen, die mit der Forderung nach einem konkretem Schuldvorwurf verbunden ist einerseits, und die Hemmungsfunktion des Verhältnismäßigkeitsgedankens andererseits. So zeigt sich, daß mit der Berufung auf Weltrangjurisprudenz und Gottesurteil eine grenzenlose Ermächtigung der Staatsgewalt und die Perversion der Gewalt des Rechtes in das Recht der Gewalt erwirkt wird.[32] Gewiß, der Herzog ist kein Schurke, aber es wird ihm eine Argumentation zur Verfügung gestellt, welche jede Staatsschurkerei deckt.

Keine Rede davon, daß dieser „Staat im Recht" ausschließlich als Friedensstaat, als Garant des Friedens in einer kriegerischen Welt identifiziert werden kann. Zwar wird die Staatsordnung als Friedensordnung und als Voraussetzung für die Entwicklung der Wirtschaft in Stadt und Land gepriesen und der Verzicht auf persönliche Wünsche als Pflicht eines Fürsten unter Berufung auf diese Aufgabe und diesen Auftrag gefordert. Doch da, wo Herzog Ernst zum entscheidenden rhetorischen Schlag gegen den Widerstand des Sohnes ausholt, beschwört er in seiner donnernden Bannerrede nicht die Friedensfahne, sondern das Kriegsbanner: „Schau dies Banner an ... Es ward aus demselben Faden gesponnen, woraus der letzte Reiter, der ihm folgt, sein Wams trägt, es wird einst zerfallen und im Winde zerstäuben, wie dies! Aber das deutsche Volk hat in tausend Schlachten unter ihm gesiegt und wird noch in tausend Schlachten unter ihm siegen, darum kann nur ein Bube es zerzupfen, nur ein Narr es flicken wollen, statt sein Blut dafür zu verspritzen und jeden Fetzen heilig zu halten."[33]

III. Tragischer und politischer Konflikt

1. Friedrich Hebbel hat seine Agnes Bernauer als moderne Antigone bezeichnet[34] und danach den seinem Trauerspiel zugrunde liegenden Konflikt als tragischen Konflikt aufgefaßt. Zum tragischen Konflikt gehört nach seinem Verständnis die Unausweichlichkeit und die Unlösbarkeit. Die Unlösbarkeit des Konfliktes ergibt sich aus dem Zusammenstoß zweier Prinzipien, die sich gegenseitig ausschließen und in deren Namen die beteiligten Menschen zugleich als schuldig und als unschuldig gelten. Wer einen tragischen Konflikt feststellt, kann keiner der beteiligten Parteien Recht geben: Beide sind im Recht, beide im Unrecht. Die Aussage, daß in einem konkreten Fall ein tragischer Konflikt vorliege, hat allenfalls auch politische Bedeutung. Wer etwa von einem tragischen Konflikt zwischen Schwarzen und Weißen in Nordamerika oder Südafrika redet, hat es aufgegeben, über Lösungen nachzudenken und auszuprobieren. Er hält es für unmöglich. Die Steigerung der Konfliktintensität ist unvermeidbar. Allenfalls ist mit dem „tragischen" Untergang beider Parteien zu rechnen, sicher jedoch mit dem tragischen Untergang der einen.

Welche Wirkungen vom tragischen Konflikt auf Betrachter und Beteiligte ausgehen, kann in unserem Zusammenhang im einzelnen nicht erörtert werden. Was es auf sich hat und was sich daraus ergibt, wenn Geschick und Wesen der Menschen im ganzen tragisch[35] gedeutet werden, interessiert in unserem Zusammenhang ebenfalls nicht. Unser Interesse gilt der Möglichkeit, mit der Feststellung des tragischen Konflikts ein politisches Fehlurteil zu koppeln und damit die Lösung des Konfliktes zu verfehlen. Andererseits aber ist die Zulässigkeitsgrenze, innerhalb derer von einem tragischen Konflikt gesprochen werden darf, anhand des Textes noch einmal sorgfältig zu überprüfen.

Der das Drama bewegende Konflikt ergibt sich also daraus, daß sich zwei Menschen verschiedenen Standes ineinander verliebt haben und sich nicht mit dieser Liebe begnügen können. Sie bedürfen der Anerkennung vor Gott und den Menschen durch das Sakrament der Ehe.[36] Daraus ergibt sich „schweres Unheil" für den Staat und schließlich die Hinrichtung zur Abwehr des Unheils.

Aus der Sicht der Staatsordnung ist die öffentliche Hinrichtung rechtens und unanfechtbar. Für Herzog Ernst ist sie schmerzlich aber notwendig. Für Albrecht ist sie zunächst untragbar. Er wütet und rebelliert. Er wird mit der Gewalt des Rechtes konfrontiert. Er beugt sich. Dennoch berufen sich die Liebenden unmittelbar auf den Gott der Liebe,[37] d. h. auf den Höchsten, den Schöpfer der Schöpfung. Man könnte sagen, daß mit dem Untergang der liebenden Frau der höhere Wert im Verhältnis zum niedrigeren Wert sich als der Schwächere erweist. Die Staatsordnung ist stärker als die Liebesordnung, obgleich sie ein Relativum im Verhältnis zum Absolutum zu sein scheint.[38] Sie ist aber auch stärker als die Welt der Frau, die mit der Hinrichtung der Agnes getroffen wird. Es ist dies zunächst die Welt der Mutter, die durch die verstorbene Herzogin, der Albrecht tief verbunden ist,[39] sichtbar wird. Er führt Agnes in diese Mutterwelt ein und spürt, daß sie aufgenommen ist und im Segen der Verstorbenen steht. Hat doch die Mutter derjenigen ihren Schmuck vermacht, die als erste nach ihr an ihrem Betpult niederkniet.[40] Agnes bedarf jedoch des fürstlichen Schmuckes nicht. Sie ist aus sich selbst heraus domina. Diese Welt der Mutter und Tochter ist volksverbunden. Diese fürstlichen Frauen, Agnes gehört von Natur aus zu ihnen, wissen, was not tut. Für sie gilt das Grundgesetz der Gleichheit der Menschennatur,[41] während die Vaterwelt am Leitgedanken der Ungleichheit orientiert ist. Damit öffnet sich die Szenerie der demokratischen Alternative. Wäre es denn nicht möglich, mit einer Frau aus dem Volk eine im Volkswillen gegründete Wahlmonarchie aufzubauen? Doch Albrecht bleibt beim Konjunktiv, beim Irrealis.[42] Es fehlt ihm die Kraft zur Gestaltung. Er bleibt Sohn. Er vermag Vaterwelt und Mutterwelt nicht zu verbinden, weil er die Chance der Partnerschaft mit Agnes im schwärmerisch Romantischen verpuffen läßt. An dieser Stelle zeigt sich, daß die Gegenposition zum Staat der Väter an Gewichtigkeit und Gleichwertigkeit verliert. Das tragische Gleichgewicht gerät ins Wanken, weil Albrecht als Leichtgewicht erscheint.[43] Der Gestalt von Agnes verleiht Hebbel Statur, Mut und Intelligenz, Realitätssinn und Leidenschaft. Die Welt der Frauen und Mütter wird zart und kraftvoll geschildert, und in die Schilderung fließt jene Italienbegeisterung ein, die Kunst und Kultur im Zeichen humaner Heiterkeit erfaßt und aus den Grundzügen des Natürlichen entfaltet.[44] Am männlichen Partner fehlt es, und deshalb erscheint die Gegenwelt zum Vaterstaat als Blendwerk, als Phantasmagorie, als Traumspiel, in welchem die Rückkehr ins Paradies phantasiert wird.[45] Damit entfällt der tragische Konflikt. Gegenüber dem Leichtgewicht demokratischer Schwärmerei ist der Vaterstaat im Recht. Hebbel hat Partei ergriffen. Die Tragik ist Attitüde, Blendwerk, wodurch die Parteinahme verschleiert wird.

2. Im Jahre 1940 hat Wolfdietrich Rasch Hebbels deutsches Trauerspiel als epochalen Beitrag zur Entwicklung des deutschen Nationalstaates Bismarckscher Prägung gewürdigt.[46] Hebbel habe sich von den 48iger Versuchen und Versuchungen ab- und jener Realpolitik zugewandt, welche

Resultate versprach. Herzog Ernst gilt als Leitbild für diejenigen, welche Staatlichkeit und die Kraft, Opfer zu fordern, zusammen sehen. Andere[47] waren der Meinung, daß Hebbel den starken Staat der Väter, den Notstandsstaat nur als Übergangslösung zum Freistaat gewollt habe. Das mag sein. Doch sein Staat ist kein Transitorium, sondern Endzustand. Ein Staat, der auf der Verdammung der Alternative einer in der Partnerschaft von Mann und Frau beruhenden Wahlmonarchie, in der Verdammung des demokratischen Prinzips liegt, kann nicht als Mittel zum Zweck der Verwirklichung eben dieses Prinzips gedacht werden. Hebbel hat sich 1851 für die Reaktion entschieden. Das „deutsche Trauerspiel" bezeugt es. Warum eigentlich Trauerspiel? Weil der Verzicht auf die Gegenposition schmerzlich war.[48]

Helmut Kreuzers[49] sorgfältige Textanalyse zeigt, daß Agnes Bernauer die Sprache Christi spricht, wie die Häscher nach ihr greifen. Die „Passionsanalogie" steht außer Zweifel. Von einer „Erlösungsanalogie" kann jedoch keine Rede sein. Agnes ist Opfer, auf daß der Staat der Väter lebe. Sie ist ein Opfer des Gesetzes. Doch ihr Tod zeugt nicht von der Überwindung von Gesetz, Sünde und Tod. Es geht ausschließlich um ihre „Beseitigung", wie es im Tierepos Reineke Fuchs ausschließlich um die Beseitigung des Hasen als eines Wesens geht, das die Ordnung der Welt *stört*.

C. G. Jung[50] hat das Verhältnis zwischen theriomorpher und anthropomorpher Ausdrucksweise vom Gegensatzpaar bewußt-unbewußt aus bestimmt. Tiergeschichte und Menschendrama bringen auf verschiedenen Stufen des Bewußtseins vergleichbare Inhalte zum Ausdruck. Unter diesem Vorzeichen und Vorbehalt wird man den „Hasenmord" und den „Mädchenmord" in Bezug setzen und vergleichen müssen. Beide Male geht es um die Opfer – nicht um die Erlösungsperspektive. Der Fuchs macht sich kein „Gewissen", sondern ein Vergnügen, einen Freßspaß aus dem Opfer, während der herzogliche Staatsmann schmerzlich betroffen ist, den Prozeß aber gleichsam wie im Schlaf durch- und aushält und die Verantwortung letztlich Gott überläßt. Es fällt schwerer, ein Mädchen vom Leben in den Tod zu befördern als einen Hasen. Der Rechtfertigungsaufwand ist für den Fuchs entsprechend geringer als für den Herzog. Im Tierepos lichtert das Vergnügen an der Entdeckung der Fähigkeit, mit dem Lauf der Welt verständig und listig zurechtzukommen. Die Szenerie des Menschendramas dagegen wird verdüstert durch „die Einsicht in die Notwendigkeit", die Last des Vatererbes als Bußnot weiterschleppen zu müssen. Im einen wie im anderen Fall wird der Staat als Aufgabe interpretiert, die allein mit maskulinen Qualitäten erfüllt werden kann. Im Menschendrama zeigt sich immerhin die Alternative einer Partnerschaft von Mann und Frau im politischen Raum. Doch sie wird als Blendwerk, Chimäre, eitle Träumerei verdrängt und verdammt. Reineke Fuchs vollzieht die Trennung von Himmel und Erde, vom Gesetz der Welt und vom Liebesgebot Gottes. Im Menschendrama bleiben das Gesetz der Welt und der Gott des Gesetzes verbunden. Der Gott des Gesetzes und der „liebe Gott", der Gott der Liebe geraten jedoch in einen unaufhebbaren Gegensatz, vergleichbar dem Dualismus von Licht und Finsternis in der manichäistischen Theologie. Es ist beeindruckend, daß der Versuch, in der Mitte des 19. Jahrhunderts den Obrigkeitsstaat theologisch zu retten, mit der theologischen Versuchung des Manichäismus verbunden ist.[51]

Anmerkungen

1 Diese Stufenordnung ist nicht starr. Es sind Aufstiegsmöglichkeiten gegeben. Dies zeigt das Beispiel des Baders (vgl. 1. Akt, 18. Szene, *Hebbels Werke*, Leipzig, Wien 1899, 2. Band, S. 221).
Die Höheren reagieren „naturgemäß" negativ auf das Eindringen der Unteren in die oberen Ränge. Der Aufstieg erscheint als Verstoß gegen die natürliche Ordnung (vgl. 1. Akt, 15. Szene, S. 215).

2 Vgl. 1. Akt, 18. Szene, S. 221.

3 Vgl. 3. Akt, 10. Szene, S. 256 f.

4 Vgl. 2. Akt, 1. Szene, S. 223.

5 Vgl. 3. Akt, 3. Szene, S. 262. Der Herzog rechnet allerdings nicht mit dem Widerstand Albrechts.

6 Vgl. 5. Akt, 10. Szene, S. 196 f.

7 A. a. O., S. 297.

8 A. a. O., S. 298. – Selbstüberwindung, Bußbereitschaft werden von Albrecht gefordert, um den *Frieden* für Millionen zu sichern.

9 A. a. O., S. 295.

10 A. a. O., S. 297.

11 Die Rede des Herzogs, in der seinem Sohne die Lage der Menschen nach der Austreibung aus dem Paradies klar gemacht wird, ist reichlich pathetisch und nicht leicht verständlich. Wie kann man aus Sand und Staub Werte schaffen? Mit dieser paradoxen Formulierung soll die ungeheure Leistungsanforderung, die an die gefallene Menschheit gestellt wird, deutlich werden (vgl. 5. Akt, 10. Szene, S. 299).

12 Zu Recht weist Wolfdietrich Rasch auf den lutherischen Gehalt der Konzeption des Herzogs, die im 5. Akt, 9. und 10. Szene entwickelt wird, hin (vgl.

Hebbels ‚Agnes Bernauer'. Die Tragödie als politische Dichtung. In: *DVj* S. 18, 1940, S. 407 f.).

13 Vgl. 5. Akt, 10. Szene, S. 299. Gott könnte mit dem Monarchen verglichen werden, der die Verfassung souverän erläßt, die das Volk fordert und in der Folge anerkennt.

14 Das ergibt sich aus der Vorstellung von Herzog Ernst, daß Gott das Rad der Geschichte drehe, daß andererseits von den Menschen, insbesondere von den Fürsten, Rechenschaft für Lebens- und Amtsführung gefordert werde (vgl. 5. Akt, 4.–6. Szene, S. 289).

15 Vgl. 4. Akt, 1. u. 2. Szene, S. 263.

16 Der Herzog spricht denn auch von einem „Gutachten" (vgl. 4. Akt, 4. Szene, S. 266).

17 Vgl. 4. Akt, 3. Szene, S. 265, 4. Szene, S. 266.

18 Vgl. 4. Akt, 4. Szene, S. 266.

19 Agnes meint, daß ein förmliches Urteil noch gar nicht gesprochen sei, da offensichtlich ein Prozeß nicht stattfand. Doch Protest erhebt sie nicht (vgl. 5. Akt, 2. Szene, S. 284).

20 Vgl. 4. Akt, 4. Szene, S. 268 f. Preising erklärt ausdrücklich: „... und Gott selbst hat den harten Spruch bestätigt, da er den jungen Prinzen zu sich rief, der die Vollziehung allein aufhielt." (Vgl. 5. Akt, 2. Szene, S. 284)

21 5. Akt, 4.–6. Szene, S. 289.

22 4. Akt, 3. Szene, S. 264 ff. „Rechtlicher Beweis, geschöpft aus den Ordnungen des Reichs und anderen lauteren Quellen, daß die Agnes Bernauer ... vom Leben zum Tode gebracht werden dürfe!"

23 Vgl. 4. Akt, 3. Szene, S. 264. Zauberei wird auch Vater Bernauer nachgeredet (vgl. 1. Akt, 8. u. 9. Szene, S. 209). Die historische Agnes Bernauer ist wegen Zauberei verurteilt und hingerichtet worden (vgl. Einleitung des Herausgebers, S. 195).

24 Die Ausdrucksweise ist allerdings nicht ganz klar: „daß die Agnes Bernauer ... wegen verbrecherischer Verleitung ... ja, sogar, *wenn sich nichts weiteres erhärten ließe,* wegen bloßer Eingehung einer solchen Ehe ..." (4. Akt, 3. Szene, S. 265)

25 4. Akt, 4. Szene, S. 267.

26 Vgl. Birgit Famer, *Friedrich Hebbel zwischen Hegel und Freud,* 1979, S. 146; Helmut Kreuzer, *Hebbels ‚Agnes Bernauer'* (und andere Dramen der Staatsraison und des *Notstandsmordes*), in: H. Kreuzer (Hrsg.), *Hebbel in neuer Sicht,* Stuttgart 1963.

27 Entsprechungen zwischen der Staatsnotstandsargumentation und dem strafrechtlichen Notstandsbegriff sind nur bedingt anzunehmen. Eine große Rolle spielt in beiden Bereichen das Verhältnismäßigkeitsprinzip.

28 Für Agnes ist allerdings die Alternative, zu entsagen und ins Kloster zu gehen, härter als der Tod (vgl. 5. Akt, 2. Szene, S. 285).

29 Der Herzog: „Ich bin kein Tyrann und denke keiner zu werden. Aber man soll von mir auch nicht sagen: er trug das Schwert umsonst! Wer's unnütz

zieht, dem wird's aus der Hand genommen, aber wer's nicht braucht, wenn's Zeit ist, der ruft alle zehn Plagen Ägyptens auf sein Volk herab, und die treffen dann Gerechte und Ungerechte zugleich, denn unser Herrgott jätet nicht, wenn er selbst strafen muß, er mäht nur!" (4. Akt, 4. Szene, S. 267)

30 Vgl. 5. Akt, 2. Szene, S. 284.

31 Preising: „Aber es ist doch auch entsetzlich, daß sie sterben soll, nur weil sie schön und sittsam war!" (4. Akt, 4. Szene, S. 267)
Der Herzog: „Aber dahin kanst du's bringen ..., daß sie selbst sich aus dem Paradies ... wieder hinausstiehlt, die erste und letzte, die's tut, *ohne verdammt* zu sein!" (5. Akt, 10. Szene, S. 295)
Ferner: „Deine Gemahlin konnte ich nicht anerkennen, deine Witwe will ich selbst bestatten und für ewige Zeiten an ihrem Grabe einen feierlichen Totendienst stiften, damit das *reinste Opfer*, das der Notwendigkeit im Lauf aller Jahrhunderte gefallen ist, nie am Andenken der Menschen erlösche!" (5. Akt, 10. Szene, S. 299)

32 Die „Mischung" von Gerechtigkeits- und Ordnungsdenken entspricht auch der Mischung von heilig und unheilig im Konzept der Staatsordnung als Erhaltungsordnung. Dazu kommt, daß ganz unbefangen davon die Rede ist, daß Gott als *strafender* Gott die Gerechten und Ungerechten dahinmähe, wenn der Fürst nicht rechtzeitig nach dem Rechten sehe (vgl. 4. Akt, 4. Szene, S. 297).

33 5. Akt, 10. Szene, S. 298.

34 Vgl. H. Kreuzer, a. a. O., S. 284.

35 Von Herzog Ernst sagt Rasch a. a. O., S. 425: „Er ist der Mann, der das tragische Gefüge dieser Welt durchschaut hat ..."

36 „ – wenn ihr nicht mehr wißt, ob's Lust oder Schmerz ist, was euch die Seele im Wirbel herumjagt – wenn ... und ihr ..., zweifelnd ausruft: doch wohl Lust, ja wohl Lust, Wollust! und dies dunkle Wort ..." (2. Akt, 3. Szene, S. 226)
3. Akt, 9. Szene, S. 253: „All unsere Wollust mündet in Gott ..."

37 „Worauf sollte Gott die Welt gebaut haben, wenn nicht auf das Gefühl, was mich zu dir zieht und dich zu mir?" (2. Akt, 9. Szene, S. 237)

38 Wenn auch die Staatsordnung irdisch und zeitlich ist, so ist sie doch heilig und ihr Ausschließlichkeitsanspruch nicht zu bezweifeln. Sie hat das hic et nunc für sich.

39 Frauenhoven: „Ich sage euch, wenn ihr's noch nicht wißt, die Mutter ist mächtig in ihm ..." (2. Akt, 2. Szene, S. 224)

40 Albrecht: „Gut! Und morgen nach Vohburg! Agnes, das ist ein rotes Schloß an der gründen Donau – womit meine Mutter ... mich für meine erste Schlacht belohnte ... Ich schenk' es dir zum Leibgeding. Nimm den lustigen Vogelkäfig unbesehen an ... er wird dir gefallen, der Himmel schaut immer blau auf ihn herab ..." (2. Akt, 10. Szene, S. 238; 3. Akt, 2. Szene, S. 250 f.; 3. Akt, 3. Szene, S. 253)

41 Selbstbewußt sagt Agnes: „Auch mich hat Gott gemacht, auch aus mir kann

er mehr machen, wenn es sein heiliger Wille ist, auch aus euch weniger, denn alles auf Erden ist nur zur Probe, und Hoch und Niedrig müssen einmal wechseln ..." (2. Akt, 9. Szene, S. 235)
Von seiner Mutter sagt Albrecht: „Und sollte sie meine Mutter nicht auch geworden sein, wenn sie keine Prinzessin gewesen wäre? Sie war das Muster eines Weibes ..." (2. Akt, 2. Szene, S. 226; ferner 2. Akt, 3. Szene, S. 227)

42 Albrecht: „Wer weiß! Wer weiß was geschähe, wenn ich mein Volk zum Spruch aufriefe, wenn ich sagte: Seht, ich soll nicht würdig sein, euch zu beherrschen, weil mein Vater eine eurer Töchter zu sich erhoben hat, eine, die ihm am besten ins Ohr sagen konnte, was euch fehlt ..." (2. Akt, 2. Szenem, S. 226 f.)

43 Vgl. auch Elise Dosenheimer, *F. Hebbels Auffassung und sein Trauerspiel ‚Agnes Bernauer'*, Leipzig 1912.

44 Vgl. 2. Akt, 10. Szene, S. 238.

45 Herzog Ernst bezeichnet Agnes als „Blendwerk" (vgl. 5. Akt, 6. Szene, S. 290). – Das Gerede von Zauberei hält er für töricht.

46 *Hebbels ‚Agnes Bernauer'. Die Tragödie als politische Dichtung*, in: *DVJS* 18, 1940, S. 390: „Es ist das Drama des Staates nicht zufällig entstanden in einer Zeit, da es um die Neugründung des deutschen Staates ging ... Die 1851 entstandene ‚Agnes Bernauer' ... ist das Drama des werdenden Staates, der Anteil des Dichters am Werden des Reiches."

47 Z. B. Elise Dosenheimer a. a. O.

48 Rezeptionsgeschichtlich bemerkenswert ist es, daß die „Agnes Bernauer" bei der Erstaufführung in München ausgepfiffen wurde, weil der Appell Albrechts an Bauern und Bürger Empörung ausgelöst hat. Die Aufführung des Stückes ist in der Folge verboten worden. (Vgl. Einleitung des Herausgebers in *Hebbels Werke*, 2. Bd., a. a. O., S. 199)

49 A. a. O., S. 281 f.

50 C. G. Jung, *Bewußtes und Unbewußtes – zur Phänomenologie des Geistes im Märchen*, in: *Gesammelte Werke*, Bd. 9, I. Teil, Olten 1976, S. 223 f.

51 Vgl. zur Geschichte des „Manichäismus", die wie ein Schatten die Geschichte der christlichen Kirchen begleitet: Steven Runciman, *Le manichéisme médiéval*, Payot, Paris 1972; Emmanuel Le Roy Ladurie, *Montaillon. Ein Dorf vor dem Inquisitor, 1294 bis 1324*, Frankfurt a. M./Berlin/Wien 1983. Wie Goethe im Faust die Gefahr des Manichäismus vermieden hat, arbeitet Albrecht Schöne, *Götterzeichen, Liebeszauber, Satanskult. Neue Einblicke in alte Goethetexte*, München 1982, eindrucksvoll heraus (vgl. S. 142 ff.).

Zweiter Teil

Zeitgenössische Perspektiven

Regression und Regeneration

Vorüberlegungen

In drei Entwicklungszügen wurden im ersten Teil die Konturen des Bürgerstaates herausgeformt. Der erste sprengte das Sacrum imperium und schuf den modernen, auf ratio und voluntas gegründeten Machtstaat. Der zweite betraf den Eigenstand und die Würde des einzelnen Menschen und deren Absicherung in der Gerichtsverfassung einer sakralen Monarchie. Und im dritten vollzog sich die Umwandlung des Staates von oben in den auf Menschen- und Bürgerrechte gegründeten Bürgerstaat. Schiller entwirft den klassischen Grundriß, der unsere Vorstellungskraft und unseren Herstellungswillen nach wie vor bestimmt. Doch Reaktion und Restauration bleiben nicht aus: Das Regiment der Väter ersteht wieder, gegründet in der „Gewalt des Rechtes", welche Bürgerstaat und Gleichberechtigung der Geschlechter als Chimäre, Traum und den Versuch verdammt, das Paradies auf Erden zu erschleichen. So stellt sich das auf die Perspektiven von gestern eingestellte Gesamtbild dar.

Im zweiten Teil sind Perspektiven von heute an Stoffen zeitgenössischer Literatur herauszuarbeiten. Der Schillersche Grundriß bleibt Diskussionsgrundlage, allerdings wird er überschwemmt von irrationalen Angst- und Hoffnungsträumen, die als Reaktion auf die Rationalität einer industrialisierten Gesellschaft hochschießen. Zwar wird im ersten Kapitel die Absurdität des väterlichen Omnipotenzanspruches freigelegt, doch im zweiten Kapitel werden in verschiedenen Variationen Vorgänge sichtbar, in denen die *res publica*, der Staat als öffentliche Angelegenheit, zerbrökkelt und der Geheimstaat als Träger eines geheimen und totalen Krieges zwischen den Gerechten und Ungerechten, zwischen Chaos und Ordnung jene Bestimmungsgewalt erhält, die die Berufung auf Menschen- und Bürgerrechte ausschließt. Hinzu kommt, daß im dritten Kapitel die Bedrohung des bürgerlichen Rechtsstaates durch Krieg und Revolution, durch die Utopien der Herrschaft und Genossenschaft sowie durch Dystopien des harten und des sanften Terrors beschrieben wird. Im letzten Kapitel schließlich werden durch die Sinnbilder „Spiel" und „Paar" jene Kräfte gezeigt, die eine Regeneration des Bürgerstaates unter den Bedingungen unseres Jahrhunderts ermöglichen könnten. Damit wird die gegenläufige Symmetrie zwischen dem ersten und dem zweiten Teil deutlich: Die Entwicklungszüge der Progression werden im ersten Teil durch den Gegenzug der Reaktion und Restauration kontrastiert, während im zweiten Teil drei Entwicklungszüge der Regression durch den Gegenzug der Regeneration konstrastiert werden.

Erstes Kapitel

Das Urteil und die Willkür des Vaters

I. Kafkas Erzählung

„Es war an einem Sonntagvormittag im schönsten Frühjahr."[1] Der junge Kaufmann Georg Bendemann hatte in spielerischer Langsamkeit einen Brief an einen im Ausland lebenden Jugendfreund beendet. Dieser hatte sich in St. Petersburg als Geschäftsmann angesiedelt. Seine Geschäfte entwickelten sich jedoch nicht nach Wunsch, während Bendemann selbst im väterlichen Geschäft allmählich zu Einfluß und Erfolg gelangte. Um den Freund zu schonen, verschweigt er seine Erfolge und berichtet nur über bedeutungslose Vorfälle. „Er wollte nichts anderes, als die Vorstellung ungestört lassen, die sich der Freund von der Heimatstadt in der langen Zwischenzeit wohl gemacht und mit welcher er sich abgefunden hatte."[2] So will er auch verschweigen, daß er sich mit einer Tochter aus begütertem Haus verlobt hat. Bendemann erzählt seiner Braut von seinem sonderbaren Korrespondenzverhältnis. Er versucht es zu erklären. Doch Frieda Brandenfeld kann und will es nicht verstehen. „Da wird er gar nicht zu unserer Hochzeit kommen", sagt sie, „und ich habe doch schließlich das Recht, alle deine Freunde kennenzulernen." Sie ist gekränkt. „Wenn Du einen solchen Freund hast, hättest Du Dich nicht verloben sollen." Schließlich hält Bendemann es für unverfänglich, dem Freund die Wahrheit zu schreiben. „So bin ich und so hat er mich hinzunehmen."[3] Auf diese Weise kam es zu dem eingangs erwähnten Brief, in dem er den Freund informiert und zum Hochzeitsfest einlädt. Bevor er ihn absendet, will er ihn seinem alten Vater zeigen.

Der Szenenwechsel ist bestürzend. „Georg staunte darüber, wie dunkel das Zimmer des Vaters selbst an diesem sonnigen Vormittag war. Einen solchen Schatten warf also die hohe Mauer, die sich jenseits des schmalen Hofes erhob."[4] Seit Monaten war der Sohn nicht mehr in diesem Zimmer gewesen. Dazu bestand auch keine Notwendigkeit, weil er mit dem Vater ständig im Geschäft verkehrte und weil er täglich mit ihm die Mahlzeit in einem Speisehaus einnahm. Es sei unerträglich dunkel, sagt er zum Vater, der lesend beim Fenster in einer mit Andenken an die verstorbene Mutter ausgestattete Ecke gesessen hatte und ihm entgegenkam. „Sein schwerer Schlafrock öffnete sich im Gehen, die Enden umflatterten ihn, – mein

Vater ist noch immer ein Riese – sagte sich Georg."[5] Auf die Mitteilung, daß er nun auch den Freund in Petersburg von seinem Vorhaben benachrichtigt habe, reagiert der Vater höchst sonderbar. Der Sohn möge doch zugeben, daß er in Petersburg gar keinen Freund habe. „Georg", sagte der Vater und zog den zahnlosen Mund in die Breite, „hör einmal! Du bist wegen dieser Sache zu mir gekommen, um Dich mit mir zu beraten. Das ehrt Dich ohne Zweifel. Aber es ist nichts ärger als das, wenn Du mir jetzt nicht die volle Wahrheit sagst ... Georg, täusche mich nicht. Es ist eine Kleinigkeit, es ist nicht des Atems wert, also täusche mich nicht. Hast Du wirklich diesen Freund in Petersburg?" Und dann: „Georg", sagte der Vater leise, ohne Bewegung. Georg kniete sofort neben seinem Vater nieder, er sah die Pupillen in dem müden Gesicht des Vaters übergroß in den Winkeln der Augen auf sich gerichtet.

„Du hast keinen Freund in Petersburg. Du bist immer ein Spaßmacher gewesen und Du hast Dich auch mir gegenüber nicht zurückgehalten. Wie solltest Du denn gerade einen Freund dort haben! Das kann ich gar nicht glauben."[6] Georg versucht dem Gedächtnis des Vaters nachzuhelfen. Er erinnert ihn an den Besuch des Fremden und vor allem an dessen Erzählung aus der Revolution in Rußland, etwa den Bericht von der Szene mit dem Priester in Kiew, der das Kreuz in seine Handflächen eingeschnitten und der Menge gezeigt hatte. Gleichzeitig macht er sich Gedanken über den Zustand des Vaters, seine Schwäche, die vernachlässigte Unterwäsche. Er überlegt sich, wie er die Lage verbessern könnte und gelangt zu der Überzeugung, daß er den Vater nach der Heirat in den neuen gemeinsamen Haushalt aufnehmen müsse. Er bringt den Vater ins Bett. Er trägt ihn. Er sieht mit Schreck, daß der Vater mit seiner, mit Georgs Uhrkette spielt und sich daran festhält. Er legt ihn ins Bett. Der Vater zieht die Decke hoch. Der Sohn sorgt dafür, daß auch die Füße zugedeckt sind. „Bin ich gut zugedeckt?" fragte der Vater noch einmal und schien auf die Antwort besonders aufzupassen. „Sei nur ruhig, Du bist gut zugedeckt." „Nein!" rief der Vater, daß die Antwort auf die Frage stieß, warf die Decke zurück mit einer Kraft, daß sie sich einen Augenblick im Fluge ganz entfaltete, und stand aufrecht im Bett.[7] Dann bricht es über den Sohn herein: Der Vater habe ihn durchschaut, ihn und seinen Betrug an dem angeblichen Freund, den er schon längst mit Informationen versorge. Der Alte rast, verwirft die Beine, „strahlt von Einsicht", beschimpft die Verlobte als Hure, welche das Andenken der Mutter schände. Er höhnt, der Sohn habe ihn zudecken wollen, doch er sei noch immer der Stärkere. Und er schließt: „Ein unschuldiges Kind warst Du ja eigentlich; aber noch eigentlicher warst Du ein teuflischer Mensch!

Und darum wisse: Ich verurteile Dich jetzt zum Tode des Ertrinkens!" Der Sohn nimmt das Urteil an, „den Schlag, mit dem der Vater ... auf's Bett stürzte" noch im Ohr, eilt er wie gejagt die Treppe hinunter und läßt sich mit leisem Ruf: „Liebe Eltern, ich habe Euch doch immer geliebt", über die Brücke in den Fluß fallen. „In diesem Augenblick ging über die Brücke ein geradezu unendlicher Verkehr."[8]

II. Die Auslegung

1. Die Erzählung betrifft Vorgänge innerhalb einer spezifisch-bürgerlichen Gesellschaft, einer Gesellschaft von Geschäftsleuten und ihren Familien. Geschäft und Familie konstituieren die maßgeblichen gesellschaftlichen Bereiche. Vom Staat, von der politischen Ordnung ist insofern die Rede, als die ungesicherten politischen Verhältnisse in Rußland und „unglaubliche Geschichten" von der Revolution erwähnt werden. Zu den unglaublichen Geschichten gehört die von dem Geistlichen, der bei einem Tumult in Kiew das in die Handfläche geschnittene blutige Kreuz der Volksmenge von einem Balkon aus zeigte. Für eine Gesellschaft von Geschäftsleuten gehören Religion und Revolution ins Reich der Phantasie. Der empirische Gehalt des Berichtes über die ungesicherten politischen Verhältnisse wird denn auch in Frage gestellt und als Schutzbehauptung des Freundes gedeutet, der seine Unabkömmlichkeit zu rechtfertigen suche. Er, als kleiner Geschäftsmann, will unabkömmlich sein, während Tausende von Russen „ruhig in der Welt herumfahren". Die bürgerliche Gesellschaft, die Gesellschaft von Geschäftsleuten und ihren Familien setzt gesicherte politische Verhältnisse voraus. Es ist eine Gesellschaft von Privatleuten.

Familie und Geschäft bilden in der Erzählung *fast* eine Einheit. Sie weisen die gleiche Struktur auf: der Chef ist der Vater, und der Vater ist der Chef. Der Sohn rückt dem Vater in die Chefposition nach. Mit diesem Wechsel ändert sich nichts an der organisatorischen Struktur. Den Ausschlag gibt die Auffassung des Chefs. Da gibt es keine Diskussion. Daran ändert auch der Umstand nichts, daß der Vater und der Sohn ein Kooperationsverhältnis unterhalten, gegenüber dem das übrige Personal abgesetzt ist.[10] Entweder der Vater oder der Sohn ist der Chef. Die Möglichkeit kollegialer Geschäftsleitung im Rahmen eines Familienunternehmens wird nicht sichtbar, steht nicht zur Debatte. Der Übergang vom Vater zum Sohn vollzieht sich in der Erzählung informell. Der Sohn tritt mit größter Entschlossenheit auf, der Vater hält sich zurück, weil, so hat es den Anschein, seine Kräfte nachlassen, seit dem Tod der Mutter Geschäfts- und Lebenswille gemindert sind. Der Sohn verfünffacht den Umsatz, und er verdoppelt das Personal. Das Geschäft expandiert.[11] Der Fortschritt ist nicht zu übersehen, nichts weist auf die Rezession oder Regression hin. Die Gesellschaft der Geschäftsleute scheint im Zeichen von Fortschritt und Expansion, im Zeichen ihres eigenen Prinzips „stabilisiert" zu sein. Das hat zwar mit der Tüchtigkeit, der Tugend der Geschäftsleute und der Bürgersleute zu tun, ist indessen auch auf glückliche Zufälle zurückzuführen. Man kann sich bei der Maxime „dem Tüchtigen lacht das Glück" beruhigen. Man arbeitet hart. Der Sonntagvormittag dient der Entspannung, nicht der Erbauung. Der Geistliche und sein Kreuz gehören in den Bereich des „Unglaublichen".

Dic Wochentage dienen voll der Arbeit. Erst am Abend kehren sie nach Hause zurück, wo jeder sich „versorgt" und wo dann im gemeinsamen Wohnzimmer jeder seine Zeitung liest. Sie halten sich auf dem laufenden.[13] Es handelt sich um eine „defiziente" Familie. Die Mutter fehlt. Sie wird durch die Hausbedienstete, die offenbar nur gröbste Ordnungsaufgaben verrichtet, die Betten macht, kehrt – dies auch am Sonntag –, nicht aber die Küche versorgt, selbstverständlich nicht ersetzt. Der Tod der Mutter hat den Vater natürlich stärker getroffen als den Sohn, der sich jetzt auf seine Eigenkraft zu besinnen vermag und an Freiheit gewinnt.[14] Wir befinden uns in einer Kleinfamilie, in der die Herrschaft des Vaters durch die Mutter gefestigt und die Herrschaft der Eltern vom Sohn nicht empfunden wird. Der Sohn hat die lieben Eltern immer geliebt.[15] Mit der Verlobung des Sohnes – Liebe und Wohlstand bilden eine selbstverständliche Einheit – wird die Perspektive auf einen neuen Haushalt erschlossen. In dieser Perspektive gilt es als selbstverständlich, daß der Vater im alten Haushalt zurückbleibt. Die Kleinfamilie besteht eben aus den Eltern und den Kindern. Die Großeltern bilden allenfalls eine Restfamilie. Erst der Aspekt der Pflegebedürftigkeit bringt den Sohn zu dem Entschluß, den Vater in den neuen Haushalt aufzunehmen. An ein Pflegeheim wird nicht gedacht.[16]

Wenn auch vom Staat nur unter dem Gesichtswinkel der gesicherten oder ungesicherten Verhältnisse die Rede ist, so wird doch der Gegensatz zwischen Inland und Ausland, Heimat und Fremde „thematisiert". Rußland ist Ausland und Fremde. Mit Selbstverständlichkeit geht man indessen davon aus, daß das Fremdsein überwindbar, daß man sich in der Kolonie der Landsleute eingemeinden und auch unter den Inländern Kontakte gewinnen und aufbauen könne.[17] Im übrigen geht es im Inland und Ausland um Geschäfte, um die Frage des Erfolgs, der Expansion, der Steigerung der Umsätze. Von großen Reichtümern wird nicht gesprochen. Wohlstand ist das wohlanständige Ziel im In- wie im Ausland.

Die Gesellschaft der Geschäftsleute ist, was die Außenbeziehungen anbelangt, am Gleichheitssatz orientiert: Die Binnenstruktur von Geschäft und Familie ist autoritär. Dabei geht man von den Erfolgreichen aus. Diese bewohnen höchstens durch die Farbe sich unterscheidende Einfamilienhäuser in freundlicher Lage. Die Erfolglosen scheiden aus, werden ausgeschieden. Gewiß, es gibt kleine und große Geschäftsleute. Aber der Erfolglose ist kein Geschäftsmann. Es ist „ein altes Kind".[18] Er gehört dann in die graue Masse der Abhängigen oder eben zu den Gescheiterten, die versorgt werden müssen.

Damit kommen wir zum Problemfall des Freundes. Es handelt sich um einen Jugendfreund, der mit seinem Fortkommen zu Hause nicht zufrieden war und sich schon vor Jahren nach Rußland förmlich geflüchtet hatte. Er ist auch Geschäftsmann. Doch sein Geschäft in Petersburg stockt. Er arbeitet sich in der Fremde nutzlos ab. Soll man ihm raten, in die Heimat zurückzukehren? „Das bedeutete aber nichts anderes, als daß man ihm, je schonender, desto kränkender, sagte, daß seine bisherigen Versuche mißlungen seien, daß er endlich von ihnen ablassen müsse, daß nur seine Freunde etwas verstünden und daß er ein altes Kind sei, das den erfolgreichen, zu Hause gebliebenen Freunden einfach zu folgen habe."[19] Der Erfolglose, der Versager verliert eben seine Freiheit. Er gerät zwangsläufig in Abhängigkeit. Er hat einfach zu folgen, wie ein Kind zu folgen hat. Ob er in die Abhängigkeit von Freunden oder Nichtfreunden gerät, ist gleichgültig. Abhängigkeit ist Abhängigkeit, beschämend, niederdrückend, kränkend. Rücksichtnahmen, Behutsamkeit verschlimmern die Sachlage nur. Wie kommt es denn überhaupt zu solchen Sentimentalitäten? Der Erfolglose scheidet doch einfach aus. Oder andersherum: Es zeigt sich, daß er nicht dazu gehört. Das ist ein factum brutum.

Der junge, erfolgreiche Kaufmann könnte auf seine Argumentation verzichten, wenn er allein von der Gesellschaft der im Erfolg Gleichen ausginge. Er orientiert sich indessen an der Kategorie der Freundschaft. Diese ist der Zahl nach enger und der Qualität nach weiter als die Kategorie der im Erfolg Gleichen. Mit dem Ausscheiden aus dem Kreis der Erfolgreichen, der Gesellschaft der Geschäftsleute und der Bürger, ist nicht auch zwangsläufig die Freundschaft beendet. Die Freunde denken an den aus der Gleichheit Herausgefallenen, das alte Kind, das Kindergesicht mit dem Vollbart. Der ungleiche Freund ist für den Freund nicht gleichgültig, so wie er für die Gleichen gleichgültig ist.

Die Kategorie der Freundschaft ist im Verhältnis zur Kategorie der bürgerlichen Gesellschaft eine schwache Kategorie. Was im Rahmen der bürgerlichen Gesellschaft entschieden ist – die Erfolgsfrage – kann in der Kategorie der Freundschaft nicht aufgehoben, nicht wiedergutgemacht werden. Doch der junge, erfolgreiche Kaufmann läßt es dabei nicht bewenden. Er transponiert den Gleichheitssatz in die Kategorie der Freundschaft, indem er ihn aus der Realitätsrelation löst. Der gesellschaftliche Gleichheitsbegriff bezieht sich auf die Realität des Erfolges. Wer keinen Erfolg hat, gehört nicht zu den Gleichen. Was Erfolg ist und was nicht, ergibt sich in der Welt der Geschäftsleute selbstverständlich. Anstelle eines durch geschäftlichen Erfolg konstituierten Realitätssystems wird ein System der Illusionen und Fiktionen gesetzt. Man tut so, als ob die Relation von Gleichheit und Realität nach wie vor bestünde, indem man die die Ungleichheit bewirkenden realen Veränderungen einfach verdeckt, verschweigt, unterschlägt. Das geschieht in vollem Bewußtsein, in der Absicht, dem Freund die Lage leichter zu machen und ihn in der Illusion zu „bewahren", daß er nach wie vor ein Gleicher unter Gleichen sei. Mit der Illusion der Gleichheit ist eine stetige Verschärfung der realen Ungleichheit verbunden, die dadurch intensiviert wird, daß die Ungleichheit zwischen dem Wissenden und dem Unwissenden hinzukommt. Das kann nicht lange gut gehen, weil auch der die Illusion Bewirkende am fortlaufenden Entwirklichungsprozeß teilhat: Auch seine Wirklichkeit wird entwirklicht. Bemerkenswert ist, daß mit dem Freundschaftszweck keine alternative Wirklichkeit sichtbar wird. Wirklichkeit und Geschäftswirklichkeit sind eins oder gelten als eines.

Die Unvereinbarkeit von Gleichheitsverwirklichung und Gleichheitsentwirklichung wird indessen nicht vom Geschäft, sondern von der Liebe aus sichtbar gemacht. Die Verlobte wehrt sich dagegen, daß sie dem Freund gegenüber verschwiegen werden soll. Daß er nicht zur Hochzeit eingeladen werden soll, will ihr nicht in den Kopf. „... ich habe doch das Recht, alle Deine Freunde kennenzulernen ..."[20] Seine Erklärungen, er wolle den Freund nicht stören – wenn dieser an der Hochzeit teilnähme, so würde er allenfalls Neid und Unzufriedenheit empfinden –, überzeugen sie nicht. Der Freund könne auch von Dritten informiert werden. Und: „Wenn Du solche Freunde hast, Georg, hättest Du Dich überhaupt nicht verloben dürfen."[21] Auch die Verliebtheit hilft über die Kränkung nicht hinweg. Noch rasch atmend unter seinen Küssen, bringt sie vor: „Eigentlich kränkt es mich doch."[22] Schließlich gibt Georg nach, aber nicht unter Zwang. Es fällt ihm wie Schuppen von den Augen. Er hält es für „unverfänglich", dem Freund alles zu schreiben. „So bin ich und so hat er mich hinzunehmen", sagt er sich. „Ich kann nicht aus mir einen Menschen herausschneiden, der vielleicht für die Freundschaft mit ihm geeigneter wäre als ich es bin."[23] Die Wirklichkeit erweist sich stärker als Illusion und Fiktion. Doch es ist nicht die Wirklichkeit der Gesellschaft der Geschäftsleute, sondern diejenige der Mitmenschlichkeit, die Wirklichkeit konkreter Personen im Gegensatz zu vertauschbaren Figuren, die sich gleichen und von denen aus das Ungleiche, das Besondere als abnorm gelten muß.

Demgegenüber ist die Wirklichkeit der Mitmenschlichkeit vom Besonderen, Unverwechselbaren bestimmt. „So bin ich und so hat er mich hinzunehmen", das ist das Schlüsselwort der Mitmenschlichkeit, das genauso für den anderen gilt, eben für den Freund, der vom Schema nur als Versager, Verarmter, betrüblicher Einzelfall, als Kind mit Vollbart qualifiziert wird. Die Kategorie der Freundschaft wird so aus der häßlichen Abhängigkeit von der Gesellschaft der Gleichen gelöst und in ihrer Eigenständigkeit sichtbar.[24] Der Anstoß erfolgt jedoch durch den Widerstand der Frieda Brandenfeld, die sich den gesellschaftlichen Schematisierungszwang nicht gefallen läßt, die Liebe nicht einfach als Anhängsel der Wohlhabenheit erfährt und aus dem jungen, erfolgreichen Kaufmann eine Person macht. Wie die Freundschaft wird damit auch die Familie vom Anhängsel der Gesellschaft der Geschäftsleute zu einer selbständigen Größe. Die Initiative der Frau und die Art und Weise, in welcher der Mann sie aufnimmt, läßt auch erwarten, daß die Herrschaft des Mannes sich zum Partnerschaftsverhältnis wandeln wird.

2. Eine Grundbedeutung von Ratio ist das Rechnen. Das Risiko des Rechners, des raticinators besteht darin, daß er sich verrechnet. Dabei geht es nicht nur um Additions- und Subtraktionsfehler, sondern darum, daß der raticinator vor lauter Rechnen das, worum es geht, aus den Augen verliert. So hat sich der intelligente junge Kaufmann bezüglich seines Freundes verrechnet und sich in eine Welt der Illusionen und Fiktionen eingesponnen. Der Protest der Verlobten hat ihn gerettet. Er hat wieder Boden unter den Füßen. Er hat den Brief geschrieben und den Durchbruch zur Wirklichkeit geleistet. Es bleibt noch eine Mitteilung, eine Respektbezeugung gegenüber dem alten Vater. Der Lichtwechsel vom Hellen ins Dunkle ist Symbol. Wir geraten in den Bann der irrationalis, der wahnwitzigen Vaterwut, an der der Sohn zugrunde geht. Die Dramatik ist überwältigend: Wie die Riesenerscheinung des Vaters sich in Schwäche, von Verloren- und Verlassenheit in Hilflosigkeit verkleinert, bis zu einer senilen Infantilität, wie der Sohn das frisch gewonnene

Selbstbewußtsein verliert und in ein Hin und Her von Schuldbewußtsein und Wiedergutmachungswille, der nicht frei von uneingestandenen Überlegenheitsgefühlen ist, gerät, das ist das notwendige Vorspiel für den unglaublichen Auftritt, für die Ekstase des Alten, die Emanation des Schrecklichen, der Wut, des Hohns, der Allwissenheit, der unflätigen Heiterkeit und giftigen Eifersucht und des unwiderruflich bestimmten Verdammungsurteils.[25] Da ist der Sohn von vorneherein verloren, überrascht, überwältigt. Wie schwächlich sind seine Versuche zur Gegenwehr, sich als ironisch rational argumentierender Gegenspieler aufzuspielen.[26] Nein, das ist kein Spiel, das ist Übermacht, Gewalt, entfesselte Überlegenheit. Jeder Einwand des Sohnes wendet sich gegen ihn und verstärkt noch die Vehemenz des Vernichtungsvorganges. Der Sohn hat keine Chance. Der Alte hat ihn anscheinend längst durchschaut und als Betrüger erkannt. Er habe den Freund informiert und andererseits sich auch im Geschäft die Chefposition, die der Sohn sich anzueignen suchte, gesichert. „... Deine Kundschaft habe ich hier in der Tasche!"[27] Dann die konzentrierten Angriffe auf die Braut, die dumme Gans, mit der er das Andenken an die Mutter beschmutzt. Schließlich die Feststellung, daß der Sohn ein unschuldiges Kind und ein „teuflischer Mensch"[28] sei, und dann das Todesurteil. Durchgängig wird deutlich, daß entsetzliche Eifersucht den Alten bewegt, der sich eben gerade auf die Umstände konzentriert, die die Emanzipation des Sohnes gefördert haben. Sein entfesselter Machtwille kann die Existenz des Sohnes nicht akzeptieren. Begründungen, die das Urteil mit dem Schein der Gerechtigkeit ausstatten, gibt es nicht.

Überprüfen wir in einzelnen: Am Ende des „Auftrittes" steht das Todesurteil. Es ist keineswegs das Ergebnis „reiflicher" Überlegung, sorgsamer Abwägung von pro und contra, von Argumenten; eine Gelegenheit für den Angeklagten, sich zu verteidigen, besteht nicht. Es handelt sich nicht um ein Verfahren, das der Klärung der quaestio facti et iuris dient. Es handelt sich um Überrumpelung, Überfall, Überlistung und dann um die Demonstration der Macht des Erzeugers gegenüber dem Erzeugten. Das ist der „prozessuale" Aspekt. Zum „materiell-rechtlichen" Aspekt: Zunächst wirft der Vater dem Sohn den Betrug am Freund vor. Zum zweiten wirft er ihm vor, daß er ihn, den Vater, habe „zudecken" wollen, und schließlich wirft er ihm die Heirat vor. Der letztere Vorwurf ist der Hauptvorwurf. Der Betrug am Freund und die Entmachtung des Vaters erscheinen als Mittel zum Zweck, die Heirat ungestört ins Werk zu setzen. Die Heirat wird unter die Rubrik Unzucht gebracht und als widerlich gebrandmarkt. Sie hebt die Röcke; er befriedigt sich an ihr, um das

Andenken an die Mutter zu schänden. Gerade der Vorgang, in dem sich die Emanzipation des Sohnes vollzieht, wird als das Verbrechen bezeichnet, das eben diesen Sohn als teuflischen Menschen qualifiziert. Die Emanzipation ist das Verbrechen. Daß der Sohn in der Ehe ein selbständiges Wesen wird und darauf hinarbeitet, es zu werden, das konstituiert seine Schuld gegenüber dem Vater und dessen Anspruch auf Allmacht und Allwissenheit.[29]

Freilich handelt es sich nur um einen Versuch, und zwar um einen mißglückten Versuch, was der Vater mit aller, mit letzter Kraft demonstriert. Der Betrug am Freund ist mißglückt, weil der Vater intervenierte. Der Freund wurde stets desillusioniert. Auch der Versuch, den Vater zu entmachten, zuzudecken, ist mißglückt. Dem Vater sind die Kräfte der verstorbenen Mutter[30] zugewachsen; hinzu kamen die Kräfte, die der Vater aus dem Bündnis mit dem Freund, der zum Feind des Sohnes geworden ist, gewinnen konnte, und schließlich: Die Kundschaft hat er in der Tasche. Schwer verständlich ist die Wirkkraft der ersten zwei Faktoren. Wie können dem Vater die Kräfte der Verstorbenen zuwachsen? Hat er nicht geklagt, wie sehr ihn der Tod der Frau geschwächt habe? Wie das Bündnis mit dem Freund machtpolitisch funktioniert, kann man sich auch nicht so recht vorstellen. Ist der Freund/Feind doch in einer Position der Ohnmacht? Man kann die Frage dahinstellen: Offenbar geht es dem Vater um ein Auftrumpfen in dem Sinne: Alle Welt ist für mich und gegen Dich. Ein zugkräftiger Trumpf wäre die „Kundschaft in der Tasche“. Doch hat er sie wirklich in der Tasche? Sind ihm die Kräfte von Frau und Freund zugewachsen? Hat er den Freund wirklich informiert? Darauf kommt es nicht an, nur darauf, daß es „ankommt“. Es geht nicht um Beweis, sondern um Demonstration, nicht um Wahrheit, sondern um Kraft. Sinnlos auch, über das Recht zum Schuldspruch zu richten, den Überzeugungsgehalt der einzelnen Argumente, Widersprüche in der Argumentation nachzurechnen. *Es gibt nichts zu rechnen im hybriden Reich der voluntas.* Die Gegenzüge des Sohnes setzen verkehrt an: Weder wissenschaftliche Beobachtungsgenauigkeit noch logisches Kalkül noch gar Ironie bringen da etwas zuwege. Besondere Aufmerksamkeit verdient das Verhältnis zwischen dem Vater und dem Freund in Petersburg. Das wäre ein Sohn nach seinem Geschmack gewesen. Dabei hat er ihn, wie der Sohn völlig glaubhaft zu erkennen gibt, immer abgelehnt. Immerhin ist anzunehmen, daß ihm der „Versager“ lieber wäre als derjenige, der im Jubel durch die Welt geht und „das verschlossene Gesicht eines Ehrenmannes“[31] zur Schau trägt. Der Erfolgreiche ist der Gefährliche. Widersinnig ist dann allerdings wiederum, daß er mit dem „Versager“ als seinem Bundesgenossen auftrumpft. Doch es ist sinnlos, Widersinnigkeiten in einer Argumentation aufzuspüren, die einzig und allein der Demonstration der Kraft und der Überlegenheit dient.

Wie kommt es eigentlich, daß angesichts dieser Demonstration der väterlichen Überlegenheit der Sohn seinen Freund so deutlich wie noch nie in grenzenloser Verlassenheit vor ausgebrannten Regalen sieht?[32] Er sieht sich in der gleichen oder einer entsprechenden Situation. Auch er steht vor ausgebrannten Regalen, vor der Zerstörung der kalkulierten Gesellschaftsposition. Revolution und Vaterwut sind Katastrophen, Abstürze in Verderben und Tod.

3. Der Gedanke an den Gott Hiobs liegt nahe: „Hast Du einen Arm wie Gott und kannst Du mit gleicher Stimme donnern wie er?"[33] Der Vater in der Erzählung *Das Urteil* ist indessen ein Sterblicher. Der Sturz dröhnt in den Ohren des Sohnes, der sich zum Sprung ins Wasser verurteilt hat. Der Vater sammelt seine „letzten" Kräfte, um seinen Sohn, den er einst als den, der aus ihm hervorging, geliebt hat, zu vernichten. Der Gott Hiobs ist von Ewigkeit zu Ewigkeit. Analogien können nur mit großer Vorsicht gezogen werden. Die Erzählung spielt in der bürgerlichen Welt. Sie zeigt ein bürgerliches Drama, das ein böses Ende nimmt. Ein Neuanfang wie bei Hiob ist undenkbar. So wenig die Erzählung ohne weiteres *theologisch* gedeutet werden kann, kann sie ebensowenig einfach als *politisches* Gleichnis verstanden werden. Unter politisch verstehen wir im gegebenen Zusammenhang *staats*politisch. Die Erzählung hält sich streng in einem gesellschaftlich-familialen Rahmen. Der Vater kann nicht einfach dem Vater Staat gleichgesetzt werden, der Sohn nicht einfach dem Untertan.

Dem Todesurteil unterwirft sich der Sohn freiwillig. Er meidet beim „Vollzug" jegliches Aufsehen. Es handelt sich um einen Vorgang unter Privatleuten. Anstiftung zum Selbstmord oder Mord? Ius vitae necisque?

Wie ist der Vorgang im gesellschaftlich-familialen Rahmen zu deuten? Eine erste Möglichkeit: ein Fall von Altersdemenz. Der Alte leuchtet nicht vor Einsicht, sondern vor Wahnsinn. Dann ist zwar das Todesurteil, nicht aber sein Vollzug durch freiwillige Unterwerfung erklärt. Wie sollte der kluge und erfolgreiche Kaufmann, der die Altersschwäche seines Vaters erkannt hat, den Ausbruch nicht als Wahnsinnsausbruch durchschauen? Wie sollte dieser selbstbewußte, liebende, zukunftsfrohe junge Mann dem Wahnsinn des Vaters zum Opfer fallen – Wahnsinn steckt an. Mag sein. Eine zweite Möglichkeit: Die Erzählung zeigt die hinter der Gleichheit der erfolgreichen Geschäftsleute unter der Eltern- und Kindesliebe verborgene patriarchalische Herrschaftsstruktur. Dabei wäre Gegenstand der Beschreibung ein pathologischer Fall, an dem deutlich wird, wie schwierig der Herrschaftsübergang von Generation zu Generation sein kann. Eine dritte Möglichkeit: Sie schließt den psycho- und den soziopathologischen Aspekt mit ein. Die Erzählung zeigt zwei Prinzipien, mit denen der Mensch sein Dasein je zu gestalten sucht, das *rationale* wie das *voluntative* in der perversen Form des *Verrechnens* und der *Willkür*.

Im einen Fall geht es um den radikalen Realitäts-, im anderen Fall um den radikalen Richtungs- und Richtigkeitsverlust: Ohnmacht der Ratio und die Irratio der Willensmacht. Vernichtung und Tod sind das Resultat. Dabei ist die Chance des Auswegs sichtbar: Die volle Emanzipation in der Vereinigung der Geschlechter brächte Ratio und Wirklichkeit zusammen und vermöchte die Willentlichkeit zu binden. Doch gerade an dieser Stelle ereignet sich die Radikalisierung des Vaterswillens zum Destruktionswillen.

4. Kafka beschreibt die zerstörerische Ekstase des Vaters im gesellschaftlichen, familialen Rahmen. Der theologisch-politische Bezug wird nicht artikuliert. Nicht zuletzt daraus ergibt sich der erschütternde Überraschungseffekt der Erzählung. Unter der Voraussetzung dieser Feststellung ist die Entsprechung zum theologisch-politischen Vaterbild, das die abendländische Geschichte bestimmt hat, „anzusprechen“.

J. J. Bachofens[34] Bild von der Vaterwelt, dem Patriarchat im Verhältnis zum Matriarchat, steht im Kontrast zu dem Vater, der uns bei Kafka begegnet. Bachofen sieht Patriarchat und rationale Lebensgestaltung zusammen. Die patriarchalische Welt ist solar, licht, klar, fest in der Kontur, während die Mutterwelt lunar, dämmrig, schattenhaft ist, Gegensätze verschmilzt und die Konturen unbestimmt läßt. Distinktionen und Definitionen bestimmen die Vaterwelt. Rom erscheint als die Gesellschafts- und Staatsbildung, in welcher der Vater über die Mutter und die Mütter siegte. Die moderne Forschung bestätigt Bachofens Konzept insoweit, als sie die zentrale Stellung des pater familias im römischen Rechts- und Staatsdenken hervorhebt. Die paternale Souveränität in Gestalt des ius vitae necisque wird zwar nicht in Frage gestellt, wohl aber seine Einbindung in Sitte und Herkommen und die Dialektik von „Zorns- und Schamrecht“ hervorgehoben.[35]

War die Republik Stadt der Väter, so rückte die Monarchie in Gestalt des Prinzipates wie des Imperiums ins Bild des pater patriae. Jupiter galt als der Vater des Alls. Im familialen, dem politischen wie dem religiösen Bereich erscheint der Vater im Zeichen des Maßes: Er bestimmt gemessen über das Maß. Nicht nur Maßgabe, sondern auch „Gemessenheit" zeichnen ihn aus, nicht nur voluntas, sondern auch ratio. Es mag sein, daß dem germanischen Vaterverständnis der Gedanke der „Souveränität" fremd, Einbeziehung auch des Vaters in die Einheit des Sozialgebildes eigen war; das römische Vaterbild hat in der Folge die europäische Entwicklung maßgeblich bestimmt, vor allem den „modernen" Staatsbegriff geprägt. Es kann auch nicht bezweifelt werden, daß die römische Vater- und Eigentümerfigur den Anforderungen einer liberalen Wirtschaftsgesellschaft entsprach und die Übernahme des römisch-rechtlichen Systems als unproblematisch erscheinen ließ. Damit wären wir bei Kafkas bürgerlicher Gesellschaft. Doch die Einheit von ratio und voluntas wird vorausgesetzt. Das gilt für das zivile wie für das öffentliche Recht. Das gilt im ganzen auch für die christliche Theologie, wenn auch die Abgründigkeiten der göttlichen Liebe im Kontrast zu Grund und Begründungen im göttlichen Gesetz vielfach erlebt und artikuliert wurden. Die thomistische Synthese von ratio und voluntas blieb auch im staatstheologischen und staatsphilosophischen Denken nicht unbestritten. Doch der pater patriae als souveräner Fürst wurde auch von den Voluntaristen nicht einfach von rationalen und moralischen Bindungen freigesetzt, ja, seine Willenspotenz sollte ja gerade für Ordnung und Friede „nutzbar" gemacht werden.[36]

Kafkas Bild vom vor Eifersucht und Zorn rasenden Vater hat vielmehr eine Entsprechung in der Freudschen Urvatertheorie[38] sowie in jenem Gottesbild, das C. G. Jung in seiner „Antwort auf Hiob" herausarbeitet. Die Entsprechung ist in der explosiven und elementaren Energetik zu sehen, die im einen wie im anderen Fall freigelegt wird, eine Energetik, die sich zweckrationaler Verfügbarkeit entzieht und als Katastrophe vor allem da empfunden wird, wo man sich auf bürgerliche Konvention und Kulisse verläßt. Es kann nicht verkannt werden, daß mit dem Vaterbild seelische Energien verbunden sind, die im Endeffekt die physikalische Zerstörungskraft der atomaren Energien erst voll zur Ausstrahlung bringen.

Obgleich der Zusammenhang zwischen zerstörerischer Vaterimago und der Katastrophe des Nationalsozialismus vielfach beleuchtet worden ist, hat sich die Staatstheorie, zumal im deutschen Sprachraum, auf tiefenpsychologische Analysen kaum eingelassen und therapeutische Überlegungen ebensowenig zur Kenntnis genommen.[39] Die Chiffre vom Staat als Herrschaftsverband deckt die psychoenergetische Problematik zu.

Das *Urteil* von Kafka deckt sie auf. Die Sprengkräfte werden um so erschreckender sichtbar, als der Rahmen bürgerlicher Privatheit sorgfältig gewahrt wird. Gewiß, Vater- und Sohnesmord bleiben unbemerkt: der Verkehr strömt über die Brücke, als ob nichts geschehen wäre. Das Ende vollzieht sich genau in dem Moment, in dem die Emanzipation in der Verbindung der Geschlechter vollendet und der Fortgang des Geschlechtes sichergestellt scheint.[40] Das ist der Moment, in dem die mörderisch-selbstmörderische Eifersucht des Vaters explodieren muß.[41]

5. Abschließend soll das Ergebnis der Auslegung anhand einer Überlegung, die Hans Helmut Hiebel in seiner eindrucksvollen Studie *Die Zeichen des Gesetzes. Recht und Macht bei Franz Kafka*[42] zum *Urteil* entwickelt, überprüft werden. Hiebel wählt für die Erzählung die Überschrift *Macht und Begehren in der Familie.*[43] Es ist anzunehmen, daß damit die Abgrenzung gegenüber der staatlichen Sphäre betont und die Erzählung dem Bereich der Privatheit zugeordnet werden soll. So spricht Hiebel davon, daß im *Urteil* ein „ödipales Szenarium" entfaltet werde.[44] Freilich ist Hiebel überzeugt, daß die Dialektik von Recht und Macht in der Familie „ihren Ausgang" nimmt und in der Sozietät endet bzw. in der Sozietät beginnt und auf die Familie übergreift.[45] *Das Urteil* bestätigt diese These, was jedoch nicht gegen die Feststellung spricht, daß die Erzählung den öffentlichen Eklat vermeidet, der Dimension des „Politischen" distanziert gegenübersteht und sich als „Familiendrama" anbietet. Die Substanz der Überlegungen Hiebels ist in dem Satz zusammengefaßt: „Der Vater ist demnach nicht richtende Urteils-, sondern befehlende Machtinstanz."[46] Das Urteil ist nicht das Ergebnis eines Prozesses, in dem der Richter die „Vorbringen" zweier Parteien am Maßstab des Gesetzes unparteilich überprüft, es handelt sich auch nicht um den Richter in eigener Sache, der trotz seiner Befangenheit die quaestio iuris et facti ernst prüft und sine ira et studio zu beantworten sucht. Das Musterbeispiel für einen solchen Richter in eigener Sache ist der Richter von Zalamea.[47] Zwar steht er an der Grenze richterlicher Kompetenz, aber er überschreitet sie nicht. Der Vater hat diese Grenze längst hinter sich gelassen. Seine Rhetorik ist keine forensische Rhetorik, sondern die Rhetorik des Terrors. Sie walzt Gegenwehr nieder und rührt Schuldbewußtsein auf. Im Schuldbewußtsein des Betroffenen spiegelt sich die moralisch-richterliche Anmaßung des Mächtigen. Die letzte Machtentfesselung geschieht im Zeichen der Selbstgerechtigkeit. Insofern besteht Übereinstimmung. Aus dieser Perspektive ist es auch möglich, das Tyrannenbild aus dem Familienbereich in andere Bereiche zu übertragen. In ihm wird der Landvogt Gessler wie Roland Freisler, der Unrichter, sichtbar.

Differenzen zeigen sich jedoch bei der Interpretation des „ödipalen Dramas". Zwar ist der Freund Drehpunkt der Geschichte, aber er ist nicht einfach „alter ego". In ihm, dem Versager, kommt die „Sozietät" in Sicht. Mit ihm und an ihm zeigt sich das Risiko des Kalküls im Umgang mit anderen. Dieses knüpft an die Kategorie der Freundschaft und an die aristotelische Auffassung an, daß Freundschaft nur unter Gleichen möglich sei. Was Gleichheit ist, bestimmt jedoch nicht die Freundschaft, sondern die Gesellschaft der erfolgreichen Geschäftsleute. Daraus entsteht das Lügengewebe der Fiktionen. Es wird durch die Braut zerrissen, der in der Interpretation Hiebels zu wenig Bedeutung beigemessen wird. Sie bildet den zweiten Drehpunkt der Geschichte. Sie entkoppelt Freundschaft und Familie vom Zugriff der „Sozietät". Sie konstituiert die Kategorie der konkreten Partnerschaft, in die die einzelnen sich in ihrem Sosein einbringen. Sie stellt sich damit gegen den Omnipotenzanspruch des Vaters. Sie fordert ihn zum Sohnesmord und zum Selbstmord heraus. Der Sturz des patriarchalischen Regiments ist das Letzte. Doch der Zusammenhang zwischen der familialen Emanzipation und der Möglichkeit einer genossenschaftlichen Republik und damit der Wiedervereinigung von ratio und voluntas in einem Gesamtgefüge, das animus und anima verbindet, wird unübersehbar.[48] Freilich zeigt sich die Chance allein aus der Perspektion der Katastrophe.

Anmerkungen

1 Franz Kafka, *Sämtliche Erzählungen*, Frankfurt/M. 1977, S. 23.
2 A. a. O., S. 25.
3 A. a. O., S. 25.
4 A. a. O., S. 26.
5 A. a. O., S. 26.
6 A. a. O., S. 27.
7 A. a. O., S. 29.
8 A. a. O., S. 32.
9 A. a. O., S. 24.
10 A. a. O., S. 26.
11 A. a. O., S. 26.
12 A. a. O., S. 24.
13 A. a. O., S. 26.
14 A. a. O., S. 24, S. 32.

15 A. a. O., S. 32.
16 A. a. O., S. 29.
17 Der Freund erweist sich als Versager, weil es ihm nicht gelingt, in der Fremde heimisch zu werden (vgl. a. a. O., S. 23).
18 A. a. O., S. 23.
19 A. a. O., S. 23.
20 A. a. O., S. 25. Die Frage, wie ein solcher Rechtsanspruch mit Liebe vereinbar ist, ob sich dahinter nicht neue bedrohliche Herrschaftsansprüche verbergen, ist im gegebenen Zusammenhang nicht zu erörtern.
21 A. a. O., S. 25.
22 A. a. O., S. 25.
23 A. a. O., S. 25.
24 Es ist zwischen Freundschaft, Familie, Gesellschaft und Staat zu unterscheiden. Der Staat und die Staaten zeigen sich am Horizont. Näher gerückt ist die Gesellschaft der erfolgreichen Geschäftsleute, welche über die Staatsgrenze hinaus ihre Aktivitäten entfalten. Eng verbunden sind die Familie und die Gesellschaft der Geschäftsleute. Die Braut gehört zu den Wohlhabenden. Die Binnenstruktur ist in beiden Fällen autoritär-patriarchalisch. Demgegenüber ist Freundschaft auf Gleichheit angelegt. Es sei daran erinnert, daß nach Aristoteles Freundschaft *normalerweise* nur unter Gleichen möglich ist.
Damit wird sie in die Rationalität des Gleichheitsdenkens einbezogen, welche die Gegenposition zur Willkür bildet. In dieser Rationalität ist das Verhalten Bendemanns erklärbar (vgl. dazu Aristoteles, *Nikomachische Ethik*, Zürich, 1951, S. 259), wo das Problem Kafkas zur Debatte gestellt wird: „Wenn aber der eine Freund bleibt, was er war, der andere aber tugendhafter wurde und hierin den ersten weit übertraf, kann man da noch mit dem Freund umgehen oder ist das nicht mehr möglich? Wo der Abstand groß ist, ist das Problem am deutlichsten, wie bei Freundschaften aus der Knabenzeit."
25 Vgl. Kafka, a. a. O., S. 29 f.
26 A. a. O., S. 31.
27 A. a. O., S. 31.
28 A. a. O., S. 30. Das Allwissen wird in Gestalt der Ekstase demonstriert: Der Vater „strahlte vor Einsicht" (S. 30.) er schwingt den Arm „vor Begeisterung" (S. 31).
29 A. a. O., S. 31.
30 A. a. O., S. 28, S. 29.
31 A. a. O., S. 30 f.
32 A. a. O., S. 30.
33 Buch Hiob, 40. Kp. 9; 41.
34 Vgl. J. J. Bachofen, *Das Mutterrecht*, Frankfurt 1975, Vorwort von Hans-Jürgen Heinerichs, XVIII; Mutterrecht S. 47 ff.
35 Vgl. Antonie Wlosok, *Vater und Vatervorstellung*, in: Hubertus Tellenbach (Hg.) *Das Vaterbild im Abendland, Bd. I*, Stuttgart/Berlin/Köln/Mainz 1978.

36 Vgl. a. a. O., Rainer Specht, *Über die Funktion des Vaters nach Thomas von Aquino*, S. 95 ff. Gotthard Frühsorge, *Die Begründung der ‚väterlichen Gesellschaft' in der europäischen oeconomia christiana. Zur Rolle des Vaters in der ‚Hausväterliteratur' des 16. bis 18. Jh. in Deutschland*, in: Hubertus Tellenbach (Hg.), *Das Vaterbild im Abendland, Bd. I*, a. a. O., S. 110 ff.

37 Jean Bodin, *Sechs Bücher über den Staat, Buch I–III.* Übersetzt und mit Anmerkungen versehen von Bernd Wimmer. Eingeleitet und herausgegeben von P. C. Mayer-Tasch, München 1981, 1. Bd., 8. Kap.
„Der souveräne Fürst ... ist ... niemandem außer Gott Rechenschaft schuldig." (S. 207)

38 Sigmund Freud, *Studienausgabe, Bd. IX, Fragen der Gesellschaft, Ursprünge der Religion*, Frankfurt a. M. 1982, S. 114 ff. C. G. Jung, *Gesammelte Werke, 11. Bd., Zur Psychologie westlicher und östlicher Religionen*, S. 38 ff.

39 In meiner Studie über Carl Schmitt versuchte ich seinerzeit tiefenpsychologische Aspekte einzubeziehen. Eine nachhaltige Diskussion wurde dadurch allerdings nicht ausgelöst. Vgl. *Ausnahmezustand und Norm*, Stuttgart 1957.

40 Vgl. dazu Peter Schneider, *Staat im Recht – Recht im Staat, Schweiz. Zentralblatt für Staats- und Gemeindeverwaltung*, Bd. 83, Nr. 9, Zürich, Sept. 1982.

41 Zum Ganzen: Vgl. Kindlers *Psychologie des 20. Jahrhunderts. Psychologie der Kultur, Bd. 2, Imagination, Kunst und Kreativität:* Über das Verhältnis Kafkas zur Psychoanalyse, S. 366 ff. Kafka habe *Das Urteil*, dessen tiefenpsychologisches Material klar zutage liegt, seinerseits einer psychoanalytischen Deutung unterzogen. Danach habe Georg gemeint, den Vater im Freund „in sich" zu haben. Doch der Vater steige aus allem „Gemeinsamen" hervor und stelle sich als Gegensatz zu Georg auf und beziehe so den Freund, die Mutter, die Kundschaft auf sich, so daß dieser nur noch den Blick auf den Vater hat und schließlich dem Todesurteil rückhaltlos ausgeliefert ist. Leicht nachzuvollziehen ist der Gedanke, daß der Vater alles, woran der Sohn teilzuhaben glaubt, an sich zieht, so daß dem Sohn nichts bleibt als der Blick auf den Vater. Merkwürdig berührt dagegen die Fromulierung, wonach Georg den Vater im Freund in sich zu haben meinte. Freundschaft erscheint als Eigenbereich im Verhältnis zum Sohn. Freilich gelangt Georg in diesem Eigenbereich nicht über lebensfremde Kalküle hinaus bis zu dem Moment, in dem er sich verliebt. Noch merkwürdiger ist es, daß dieses entscheidende Ereignis, an dem sich die Vernichtungswut des Vaters entzündet, nur am Rande erwähnt wird. „Die Braut ... wird vom Vater leicht vertrieben."
Vgl. ferner Arthur Henkel, *Kafka und die Vaterwelt*, in: *Das Vaterbild im Abendland II, Literatur und Dichtung Europas*, S. 173 ff. Auch Henkel wird durch Kafkas Selbstinterpretation, welche die Bedeutung der Verlobung am Rand behandelt, nicht zur „Nachfrage" veranlaßt. Dabei ist Kafkas These, daß die Braut nur im Hinblick auf die Beziehung zum Freund eine Rolle spielt, vom Text her kaum haltbar. Die Braut ist es doch, welche das Verhältnis zum Freund völlig verändert und den Anstoß zum „Aufklärungsbrief" gibt. Auf-

schlußreich ist dagegen folgende Formulierung: „Kafka als sein Interpret, mit halben Andeutungen, verleitet uns zur psychoanalytischen Deutung, die ja auch offen zu Tage liegt ... Kafka auf der anderen Seite scheint die analytische Psychologie nicht nur für eine therapeutische Illusion zu halten, sondern für ein untaugliches Mittel, seine eigenen parabolischen Wachträume ... zu verstehen“ (S. 189).

42 München 1983.

43 A. a. O., S. 115 ff.

44 A. a. O., S. 119.

45 A. a. O., S. 15.

46 A. a. O., S. 118.

47 Vgl. oben: *Der Richter von Zalamea. Das heilige Recht und die Behauptung der Menschenwürde.*

48 Erich Neumann, *Ursprungsgeschichte des Bewußtseins,* 3. Aufl., München 1968, S. 346; ferner Peter Schneider, *Staat im Recht – Recht im Staat,* a. a. O.

Zweites Kapitel

Der Geheimstaat der „Geheimen" oder Gerechtigkeit im Kriminalroman

Vorbemerkung

1. Die Frage nach der Gerechtigkeit im Kriminalroman dürfte sowohl die unbefangenen Leser von Kriminalromanen als auch diejenigen stören, die nach dem „Wesen" der Gerechtigkeit forschen. Die einen, die in der Spannung des Kriminalromans Entspannung suchen, empfinden die Frage als Störung, als Unterbrechung ihrer wohlverdienten Entspannung. Den Forschern dagegen, welche sich sorgfältig auf die Jagd nach dem edlen Wild Gerechtigkeit begeben – ich erinnere an Platons[1] Formulierung –, muß es als ärgerliche Irreführung erscheinen, im Kriminal-, im Trivialroman eben dieses edle Wild aufspüren und „erjagen" zu wollen. Die einen müssen daran erinnert werden, daß Entspannung nur allzu leicht zu Manipulation führen kann. Die durch einen spannenden Krimi vermittelte Entspannung schließt keineswegs aus, daß, ohne daß wir es merken oder wollen, unsere Ansichten in bestimmte Richtungen gelenkt werden. Die anderen aber wird man davor warnen müssen, das Jagdgelände mit den „Höhen" gleichzusetzen und die „Niederungen" von vornherein auszusparen. Im übrigen: Das Studium setzte von altersher beim Trivium an. Und schließlich: Der Kriminalroman berührt zwangsläufig Fragen des Rechts und der Gerechtigkeit. Er wird von Millionen gelesen. Da darf es gerade dem Juristen nicht gleichgültig sein, welche Inhalte auf die Leser einfließen.
2. Um was es geht, möchte ich an drei Beispielen aufzeigen, an drei Autoren, die amerikanisches und englisches Denken verkörpern, Jerry Cottons Jerry Cotton, Ian Flemings James Bond und an Dashiel Hammetts Detektiv-Agenten, der nicht mehr und nicht weniger als eine Heraklestat, eine „Stadtreinigung", die Ausmistung eines Augiasstalles im Rahmen eines schlichten „Werkvertrages" und für gutes Geld vollbringt. Ihm gegenüber erscheint Jerry Cotton als Moralist und James Bond als Spieler. Alle drei leisten in ihrer Weise Beiträge im Kampf gegen das Verbrechen, und zugleich führt ihr Weg aus der Öffentlichkeit und Offenheit des Bürgerstaates in die undurchsichtigen Bereiche des Geheimstaates und seiner Aktionen.

I. Jerry Cotton: Der Moralist

1. Staat oder Räuberbande?

Aus dem reichen Romanangebot greife ich zwei Romane heraus: *Der Tiger von Manhattan*[2] und *Aktion Schwarzer Tod.*[3] In beiden Romanen geht es nicht nur darum, daß das Recht verletzt und die Voraussetzung für Sanktionen geschaffen wird, es geht vielmehr jeweils um einen Fall, durch den das Recht als Ganzes in Frage gestellt wird. Gelingt das Verbrechen im einen wie im anderen Fall, so ist es auf einen Schlag mit der Rechtsordnung als solcher zu Ende. An die Stelle des am Recht orientierten Staates tritt – augustinisch ausgedrückt – das latrocinium magnum.[4] Der Staatsverband wandelt sich zur Verbrecherbande. Rechtsmacht wird zur Unrechtsmacht. Im *Tiger von Manhatten* geht es darum, ob es einem Verbrecher und seinen Killern gelingt, die Macht im Staat zu übernehmen. Etwas komplizierter liegen die Dinge in *Aktion Schwarzer Tod:* Hier droht nicht die Machtübernahme durch Verbrecher, sondern durch Gerechtigkeitsfanatiker, durch eine Gruppe der Black-Powers. Mörder und Gerechtigkeitsfanatiker werden einander gleichgestellt. Sie gefährden in gleicher Weise die Rechtsordnung, weil für sie Gewalt nicht ultima, sondern prima ratio ist, weil die einen im maßlosen Macht-, die anderen im maßlosen Gerechtigkeitswillen aufgehen und denjenigen, der mit ihnen nicht voll übereinstimmt, vernichten müssen. Um ihres Zieles willen scheuen sie vor nichts zurück: Erpressung, Folter, Mord, Zerstörung des Gemeinwesens, Terror in allen Formen erscheinen als durch den Zweck geheiligte Mittel.

Freilich, die Ziele sind verschieden: Der Verbrecher erstrebt ein Machtreich, in dem jedermann vor seiner Willkür, seiner Wut, seiner Gier kuscht. Er will das Terrorregime. Anders die Black-Powers, die Schwarze Mamba: Für sie ist der Terror eine vorübergehende Erscheinung und verliert die Berechtigung, wenn der letzte Feind vernichtet und die Gerechten unter sich sind.[5] In ihren Auswirkungen allerdings sind Macht- und Gerechtigkeitsfanatismus kaum zu unterscheiden.

2. Die konfliktäre Gesellschaft

Wie kann es zu einer derart eschatologischen Gefahr überhaupt kommen? Maßgeblich ist die „konfliktäre“ Struktur der amerikanischen Gesellschaft. Sie ist vor allem durch den Gegensatz zwischen reich und arm und durch den Gegensatz zwischen schwarz und weiß bestimmt. Wenn die Tochter eines Superreichen erklärt: „Wir sind Menschen wie alle anderen“, so wird ihr ironisch entgegengehalten, daß ein „feiner“ Unterschied eben da eintrete, wo die Grenze von 50 Millionen überschritten sei.[6] Die Superreichen sind anders als die anderen. Die Superreichen haben mit den Supermärkten,[7] welche für die Massen vorhanden sind, höchstens von der Seite des Einkommens, des Gewinns etwas zu tun. Sie wohnen in herrlichen Palästen, welche an Königsschlösser und Patrizierpalazzi erinnern und in herrlichen Parks gelegen sind.[8] Sie leben im Licht und im Luxus; die anderen in dunkel-dumpfen Elendsquartieren oder in der grauen Eintönigkeit normierter Wohnsiedlungen. Das sind zweierlei Welten und zweierlei Menschen, zwischen denen die Verbindungen abgebrochen sind.

Verbindungen bestehen dagegen zwischen Reichtum und Verbrechen. Nicht allein wirtschaftliche Leistung, sondern auch Verbrechen schaffen Reichtum. Zudem tendieren die Verbrecher zum „sauberen“ Geld. Sie erobern solide Marktpositionen im Grundstücks- und im Lebensmittelhandel. Marktanteile ergänzen die Machtanteile an Bordellen und Spielhöllen. So kommt es denn, daß der Millionär Fremont sich mit dem Gangster Nelson, dem Tiger von Manhattan, verbindet, weil letzterer ein Grundstück besitzt, auf dem der Waffenindustrielle eine Fabrik bauen möchte.[9] Er scheut sich auch keineswegs, den Mörderboß zu einer großen Party mit Geschäftsleuten, Politikern, Künstlern und dem Jet-Set einzuladen. Die Exklusivität des glanzvollen „gesellschaftlichen“ Ereignisses betrifft nicht den ganz großen Verbrecher, wohl aber den kleinen Mann, die Armen und die ganz Armen.[10]

Radikalisiert wird Armut in Gestalt der schwarzen Leute. Der ökonomische Gegensatz wird durch den rassischen überhöht. Die Gegensätze decken sich zwar nicht einfach. Der reiche Schwarze wird nicht weiß und der arme Weiße nicht schwarz. Doch die armen Schwarzen sind die Ärmsten.[11] Sie bilden den „Humus“ des Elends. Da nützen Ausbrüche von Gewalt nichts. Die Nationalgarde knüppelt sie nieder, und der Haß brodelt weiter. Daß auch die Großkriminalität ihr „Geschäft“ im Widerstreit der Rassen findet, versteht sich.[12] So ist denn für die Mamba die Zumutbarkeitsgrenze überschritten. Spontane Erhebungen verpuffen nutzlos. Argumente werden nicht gehört. Die Chancen der „Onkel Toms“, der anpassungswilligen, gehorsamen Neger sind erschöpft. Es bedarf kühl geplanter Gewaltaktionen, um die Verhältnisse grundlegend zu verändern und zum Guten, zum Sieg der gerechten Sache zu wenden.[13] Die Mittel dazu sind vorhanden. Sie ergeben sich aus der Entwicklung der modernen Vernichtungstechnik. Der Gruppe ist eine der Pestbakterienkulturen, die in einem geheimen staatlichen Laboratorium aufgezogen werden, in die Hände gekommen, durch Verrat und durch Leichtsinn des Institutsleiters.[14] New York kann durch Einsatz von vergifteten Ratten im Nu verseucht werden. Das würde alle treffen: reich und arm, die Weißen und die Schwarzen.[15] Die Gefahr für die Riesenstadt ist so ungeheuerlich, daß mit der Erfüllung der Forderungen der Gruppe durchaus gerechnet werden kann. Entweder Untergang oder Kapitulation, so lautet die schlichte Alternative. Kapitulation aber bedeutet Machtübernahme durch die Gerechten.[16] Gleiches gilt für den Tiger von Manhatten. Ihm und seinen Killern ist es geglückt, atomare Waffen durch einen grandiosen und unerhört brutalen Coup aus einem staatlichen Arsenal zu rauben, in Stellung zu bringen und die Riesenstadt mit dem Untergang zu bedrohen. Auch hier: Untergang oder Kapitulation. Kapitulation aber bedeutet Machtübernahme durch den Verbrecher, der im Jagdkostüm[17] die Aktion leitet. Im Jägerkostüm: Hat der Verfasser die *Marmorklippen* gelesen und den schrecklichen Oberförster „zitiert" oder dringt die Erinnerung, daß der „Grüne" und der Teufel eins sind, in den Ablauf des Kriminalromans ein?

3. Polizei als „Hüter der Verfassung"

Der Tiger von Manhattan organisiert nicht nur Mord, er ist auch selbst ein Mörder.[18] In rasender Wut würgt er seine Geliebte und ersäuft sie im Swimmingpool seiner prachtvollen Villa. Ein junges Mädchen ist Zeugin. Zufällig beobachtet sie den Vorgang, während sie ein Fernglas ausprobiert. Nelson, genannt der Tiger, ist ihr aus der Zeitung bekannt. Sie erkennt ihn klar und eindeutig. Sie überwindet ihre Ängste und zeigt ihn an.[19] Das erste Mal kann ein Zeuge gegen den Verbrecher aufgeboten werden. Er wird verhaftet. Das Leben der Zeugin ist bedroht. Sie wird beim Sheriff eines idyllischen Landbezirkes versteckt. Doch die Geborgenheit ist trügerisch, der Sheriff verrät die Zeugin gegen 250 000 Dollar. Während Jerry sie zur Gerichtsverhandlung begleitet, ist sie bereits in der Hand der Killer. Vor Jerrys Augen wird sie wie ein Kaninchen abgeknallt. Sie lassen sie „sportlich" noch ein Stück laufen, bis es zum Fangschuß kommt.[20] Der Prozeß platzt. Der Mörder muß freigelassen werden. Die Justiz, ein Kernstück des amerikanischen Verfassungsstaates, ist funktionsunfähig, weil sie korrumpierbar ist. Wäre sie funktionsfähig gewesen, so hätte der große Coup verhindert werden können, an dem übrigens auch korrupte Polizeileute beteiligt waren.[21] So werden die rechtsstaatlichen Regeln, die die Voraussetzungen der Strafverhängung formulieren, zur Magna Charta des Verbrechens. Wenig hält der Autor von den demokratischen Gegenkräften, den Wählern und den Gewählten, dazu gehört der Präsident.[22] Der Verbund zwischen Wirtschaft, Kriminalität und Politik verhindert eine sinnvolle Sozialpolitik und damit eine Minderung der großen Ungleichheiten. Kunst, Wissenschaft und die Medien sind beteiligt. Auf der großen Party bilden sie den Chor um den aristokratischen Wirtschafts- und den brutalen Verbrecherboß.[23] Alles scheint auf die Katastrophe zuzusteuern. Dadurch wird die Demontage des amerikanischen Verfassungsstaates ins Bild gerückt.

Doch es kommt anders. Dafür sorgen der FBI-Mann Jerry Cotton und sein Team. Er nimmt es nicht hin, daß Recht derart mit Füßen getreten wird und ein gemeiner Mord gar als Hinrichtung, als Rechtsakt verstanden wird.[24] Er ist von gerechtem Zorn und Kampfleidenschaft erfüllt. Doch er verbindet Leidenschaft mit Kalkül. Er weiß, daß die besseren Waffen und die besser trainierte Truppe siegen werden.[25] Er kämpft im Team mit Gleichgesinnten. Sie repräsentieren alle Rassen, alle gesellschaftlichen Gruppen. Es handelt sich um junge Frauen und Männer unter der Leitung eines klugen und starken Chefs, Mr. High.[26] So verkörpern sie das gute Volk von Amerika, das der amerikanische Verfassungsstaat voraussetzt. So eng die einzelnen miteinander verbunden sind, so ist doch jeder ein Einzelkämpfer im Dienst des Gemeinwohls. So verkörpert Jerry Cotton den Sheriff alten Stils, auf den es ankommt, wenn alles und alle versagen. Man denke an *High Noon* und Gary Cooper. Er sieht aus, wie sich das Publikum einen FBI-Mann vorstellt: groß und schlank, durchtrainiert, gewissenhaft, engagiert und mutig.[27] Er teilt Schläge aus, aber er kann auch einstecken. Er ist kein „Kind von Traurigkeit". Er liebt tolle Mädchen und schnelle Wagen.[28] Er sieht aber auch die Miseren und sozialen Nöte. Er hat Herz, aber keine Geduld.[29] Er will zupacken, rasch und effektiv, wenn es sein muß, sehr hart. Aber er ist kein Fanatiker und sieht sich nicht als Übermensch.[30] Gerade im Umgang mit der erregten Bevölkerung von Harlem entwickelt er Sensibilität. Plumpe Durchgriffe der Nationalgarde bei Negerunruhen verurteilt er.[31] Die Absage an jeglichen Fanatismus erlaubt ihm das sorgfältige Abwägen nach Maßgabe des Verhältnismäßigkeitsprinzips. So versteht er seine Aufgabe nicht etwa extra legem. Er begreift Exekutive, insbesondere Polizeifunktion nicht im Sinne von *legitimer Illegalität.* Er bezeichnet sich selbst als *Spießer mit sauberen Händen*[32]. Er ist nicht Legalist, sondern *Hüter der Verfassungsmoral.* Er steht für die Konformität von Moral und Gesetz. So findet er einen Weg, das gesetzliche Verbot zu achten, Postsendungen zu vernichten und zugleich der mit bestimmten Postsendungen verbundenen Pestverseuchungsgefahr zu begegnen. Nicht verboten ist es, alle Postsendungen einem Desinfektionsverfahren zu unterziehen. Daß sich New York und seine Bevölkerung in extremer Gefahr befinden, hindert ihn nicht daran, Respekt vor dem Gesetz zu bewahren[33]: Seine „Philosophie" faßt er wie folgt zusammen:

„Ich bin noch nicht dahinter gekommen, warum es vielen Lumpen so gut geht und vielen Anständigen so miserabel. Das ist eine Frage der Ellenbogen, nicht der Moral.
Und die ausgleichende Gerechtigkeit?
Das ist eine fromme Lüge, mit der sich die vom Schicksal Getretenen trösten. Gerechtigkeit an sich gibt es nicht.
Sie ist eine Erfindung der Menschen, muß verwaltet und organisiert werden. *Durch Männer wie uns.* Wir können zwar die Elenden nicht aus ihrer Not befreien, aber wir können die skrupellosen Lumpen daran hindern, noch mehr arme Schweine noch ärmer zu machen. Das ist es ja, was mir an meinem Job so gefällt ..."[34]

Heben wir hervor:

1) Ellenbogen bzw. Rücksichtslosigkeit und nicht etwa Moral bewirken, daß es den einen gut, den anderen schlecht geht.
2) Eine autonom wirkende ausgleichende Gerechtigkeit gibt es nicht.
3) Gerechtigkeit ist eine *Erfindung* der Menschen. Sie muß verwaltet und organisiert werden. Man muß sie machen durch „Männer wie wir".
4) Das, was „Männer wie wir" machen können, ist nicht die Verbreitung des Guten, sondern die Verhinderung des Bösen, mit anderen Worten Gefahrenabwehr.

Den Ausgangspunkt bildet somit die Absage an einen optimistischen Liberalismus, an die Idee einer prästabilisierten Harmonie und das Bekenntnis zu einer Art Sozial-Darwinismus. Dem folgen die Absage an ein theozentrisches Gerechtigkeitsbild und das Bekenntnis zu einer anthropozentrischen Gerechtigkeitsvorstellung, zu der notwendig ein Durchsetzungsapparat gehört; Administration und Organisation, der Staat der homines bonae voluntatis. In diesem Durchsetzungs- oder Verwirklichungsapparat kommt der Polizei indessen nur eine Teilfunktion, eben die Gefahrenabwehr zu. Das ist die entscheidende Feststellung, durch welche die Distanznahme gegenüber den Gerechtigkeitsfanatikern an Glaubwürdigkeit gewinnt. Der „Sheriff“ beansprucht keine Gewalten- und Funktionenkonzentration; er identifiziert sich nicht mit der Staatsmacht als solcher. Aber wie soll das denn zugehen, wenn die Staatsgewalten funktionsunfähig geworden sind? Bleibt dann nicht doch alles beim Sheriff und seinen Leuten hängen? Ist die Selbstbescheidung auf Gefahrenabwehr angesichts der geschilderten Gesamtlage nicht bloß ein frommer Wunsch? Nun, immerhin kann darauf hingewiesen werden, daß durch die erfolgreiche Jagd auf den Tiger die Justiz wieder funktionsfähig wird. Der Sheriff hat die Beweislage so verbessert, daß eine Verurteilung außer Zweifel steht.[35]

Wir haben Cotton in der Stunde der Niederlage kennengelernt, verabschieden wir uns von ihm in der Stunde seines Triumphes. Da erscheint der Spießer mit den sauberen Händen inmitten der glanzvollen, aber unsauberen Partygesellschaft, die ihn scheel anschaut. Was hat ein G-Man in einer so noblen Runde zu suchen! Von der Huld der Tochter des Gastgebers geleitet, schreitet er ohne Zögern auf die Hauptpersonen, den Rüstungsindustriellen und den Killerboß, zu. Der Empfang ist nicht gerade freundlich. Der Tiger empört sich sofort aggressiv über die Hetz- und Verleumdungskampagne, die gegen ihn entfaltet worden sei. Er ist ganz Ehrenmann und entrüstete Unschuld.[36] Doch da legt der Spießer mit den sauberen Händen vor dem fassungslosen Publikum los: Die atomare Machtposition ist zerstört, Beweise für begangene Morde liegen vor. Dem Tiger bleibt nur noch die Flucht in die Gewaltsamkeit. Sie mißlingt kläglich. Der Sieg des Rechts, des Helden über den Bösen ist vollkommen.[37] Der Böse kommt um. Doch der Held ist müde, verständlich, wenn man bedenkt, was er hinter sich hat, daß er eine Katastrophe größten Ausmaßes, den Sieg des Diabels, des fürchterlichen „Oberförsters“ verhindert hat. Doch da richten ihn die leuchtenden Augen der schönsten Frau der Ostküste,[38] der bezaubernden Caroline, der Millionärstochter, der Gastgeberin im Schmucke ihrer Moonlight-Diamanten, die ihr zu allem der Held zurückgebracht hat – im Wert von 1,5 Millionen, waren sie von ruchlosen Verbrechern geraubt worden[39] –, da richten ihn die strahlenden Augen der hohen Frau wieder auf. Huldvoll flötet sie ihm zu, er habe jetzt einen Drink nötig. Der Held nickt: „Ein Drink würde mir guttun.“[40] Das ist das Ende, aber auch das Ende „des Aufbruchs zu neuen Ufern“. In der bewundernd liebenden Zuwendung zur Schönheit der „hohen Frau“ und der dankbaren Annahme eines Drinks liegt ja auch die Versöhnung mit der korrupten Gesellschaft.

Anmerkungen

1 Platon, *Der Staat*, Zürich, 1950, S. 230.
2 Jerry Cotton, *Der Tiger von Manhattan*, Bergisch-Gladbach 1975.
3 Jerry Cotton, *Aktion Schwarzer Tod*, Bergisch-Gladbach 1975.
4 Aurelius Augustinus, *Vom Gottesstaat*, Zürich, 1955, Bd. I, S. 213.
5 Jerry Cotton, *Aktion Schwarzer Tod*, a. a. O., S. 107.
Die Vision, welche die Bewegung der schwarzen Mamba fasziniert, weist auf den „totalen Sieg" hin. Alle Verbesserungen der Verhältnisse werden abgelehnt. (S. 104) Freilich scheint sich das große Ziel bisweilen in große Aktionen aufzulösen: „Am Ende winkten Aktionen um ihrer selbst willen." (S. 105)
6 Jerry Cotton, *Der Tiger von Manhattan*, a. a. O., S. 48.
7 A. a. O., S. 69.
8 A. a. O., S. 165: „Der Fremont-Sitz schien ein riesiger Park zu sein, umfriedet. Ein Tor, wie es europäischen Schlössern gebührt, war geöffnet. Kandelaber links und rechts illuminierten die Auffahrt. Die Villa schätze ich auf 40 Zimmer. Es gab einen Vorplatz, gesäumt von Marmorstatuen. ‚Und Millionen hausen in Löchern und hoffen auf eine Zweizimmer-Sozialwohnung', meinte Phil. ‚Diese Millionen haben eben keine Munitionsfabriken', sagte ich."
9 A. a. O., S. 50.
10 Versammelt ist die „exclusive Gesellschaft" (S. 165).
11 Das Gangsterliebchen Babs Tender scheut nicht vor einem „Nigger", sondern vor einem „armen Nigger" zurück (vgl. *Aktion Schwarzer Tod*, S. 55), der genausoviel wie andere kann, das Entsprechende aber nicht bekommt, weil er eben die „falsche" Farbe hat (vgl. S. 121).
12 Man vergleiche etwa die Rolle des Gangsters Louis Cartagena in *Aktion Schwarzer Tod*, S. 147.
13 A. a. O., S. 104; S. 134.
14 A. a. O., S. 145.
15 „Die Pest kennt keine Unterschiede. Auch Farbige würden sterben. Die Pest ist ein wahrer Gleichmacher" (a. a. O., S. 133).
16 Die Chefin der Schwarzen Mamba hofft mit der Pestdrohung, die Gegenseite sturmreif zu schießen (S. 133).
17 Vgl. *Der Tiger von Manhattan*, a. a. O., S. 85.
18 Das Portrait des Mörders: „Es war ein Gesicht, das man niemals vergißt: schmal, mit knotigen Muskeln als Unterbau, pockennarbig. Wasserhelle, engstehende Augen und ein schiefer Mund über kantigem Kinn. Fast ohne Übergang saß der Schädel auf den bulligen Schultern." (S. 6)
19 A. a. O., S. 7.
20 A. a. O., S. 22.
21 A. a. O., S. 82 f., S. 94, S. 114.
22 Bezeichnend die verächtliche Bemerkung: „denn Nelson versammelte skrupellosen Abschaum um sich wie ein Präsidentschaftskandidat seine Wähler." (S. 10)

23 A. a. O., S. 51.
24 „‚Himmel!‘ sagte ich. ‚So kann man das Recht doch nicht mit Füßen treten!‘“ (S. 28)
Jerry Cotton stellt fest: „Sie haben sie hingerichtet.“ (S. 23) Damit bringt er das Selbstverständnis des Killers zum Ausdruck.
25 Vgl. *Aktion Schwarzer Tod*, a. a. O., S. 125: „Die bessere Ausbildung siegt.“
26 Er ist alles andere als ein Kraftmeier. Er verkehrt mit seinen Untergebenen kollegial. Manchmal wirkt er etwas weltfremd, wenn er trotz allem mit positiven Motiven rechnet (S. 83 f.).
27 Vgl. *Mister Milos Todesparty*, Bergisch-Gladbach 1973, S. 18.
28 Ein Blick auf die hinreißend schöne Carolin Fremont zeigt ihm, daß das Leben doch schön ist. Zugleich allerdings macht ihn die schöne Frau blind dafür, daß sie einer korrupten Gesellschaftsschicht angehört (vgl. *Der Tiger von Manhattan*, a. a. O., S. 175).
29 „Ich hasse Jobs, deren Erfolg von Geduld abhängt.“ (a. a. O., S. 155) Zu seinem Temperament gehört auch, daß er nach vorne flüchtet. (S. 128)
30 Vgl. *Aktion Schwarzer Tod*, a. a. O., S. 125
31 A. a. O., S. 161 f., S. 169.
32 A. a. O., S. 51.
33 A. a. O., S. 171 f.
34 A. a. O., S. 133.
35 A. a. O., S. 170 ff.
36 A. a. O., S. 169 f.
37 A. a. O., S. 169 f.
38 A. a. O., S. 15. „Blaue Augen, leuchtend wie ein Feld von Kornblumen“ (a. a. O.); „ihr Lächeln erhellte die Braddock Ave. bis zur nächsten Kreuzung“ (a. a. O., S. 165).
39 Vgl. a. a. O.
40 A. a. O., S. 175.

II. James Bond: Der Spieler

1. Sheriff und Commander

Jerry Cotton verkörpert im Dschungel bzw. in der Wüste der modernen Großstadt die Tugend des Sheriffs der Pionierzeit. Er ist Moralist und ein harter Kämpfer, und hierin gleicht er James Bond. Auch der ist aufs äußerste gefordert und fordert sich selbst aufs äußerste. Die Atmosphäre, in der er agiert, ist die Atmosphäre des Casino Royale,[1] des Londoner Herrenclubs,[2] des Orientexpresses,[3] der internationalen Welt der Grand Hotels. Jerry Cotton ist hemdsärmelig, James Bond ausgesucht elegant, nicht auffällig, sondern dezent: Maßarbeit. Er berichtet lächelnd von dem unendlich verächtlichen Blick, den sein erster Maßschneider auf seinen letzten Nicht-Maßanzug geworfen habe.[4] Jerry Cotton dampft vor Eifer und innerer Hitze. James Bond ist kühl, lässig und beherrscht. Jerry Cotton ißt und trinkt. James Bond speist und kostet edle Getränke. Seine Mahlzeiten sind exquisit zusammengestellt. Wein und Speise passen zusammen wie Anzug und Krawatte, Hemd und Schuhe. Den russischen Agenten erkennt er daran, daß er zu Seezunge Rotwein trinkt.[5] Er ist ein souveräner Spieler. Bezeichnend, daß er den Feind am Spieltisch schlägt.[6] Er ist zudem ein raffinierter Falschspieler, entdeckt jedes Falschspiel, sichert „les règles du jeu" und gewinnt Punkte im großen Spiel.[7]

Er ist ein Allround-Sportsmann und der beste Schütze des Secret Service.[8] Er hat ein Flair für Waffentechnik, überhaupt für technische Raffinessen und Spielereien.[9] Wie Cotton liebt er schnelle Wagen[10] und schöne Mädchen. Er liebt sie als Spielzeug und als Gespielinnen. Gewiß, das Auto ist auch Instrument, doch ein Instrument mit Seele, mit Individualität, soweit es sich um einen europäischen Wagen handelt. Amerikanische Wagen sind bloße Maschinen. Die Geliebte ist gelegentlich Mitarbeiterin. Kein Zweifel: Er ist der Herr. Manchmal wirkt er auf ein Mädchenherz wie der Erlöser[11] aus Not und Pein. Herr und Held: doch sehr liebevoll, sehr zärtlich. Ein ritterlicher Held und Herr! Der Zug ins Sadistische ist ihm fremd, zuwider, unverständlich, verabscheuungswürdig. Wer sein „Weib" als Sklavin mit der Peitsche behandelt, ist für „Sir Galahad" ein Feind, Anlaß zur Intervention.[12] Nur einmal führt Liebelei zur Liebe und zur Heirat. Der Feind ermordet jedoch die Frau. Über die Amtsverpflichtung hinaus treibt Bond nun Haß und Schmerz zur unerbittlichen Jagd nach dem Mörder,[13] die Maske des Playboys ist durchstoßen.

Er ist nicht ehrgeizig. Es genügt ihm die dürftige Anerkennung des Chefs. Den ihm angetragenen Adel weist er zurück. Er fühlt sich als

Nachfahre schlichter schottischer Bauern. Es soll beim langweilig-bäuerlichen Namen bleiben. Er bevorzugt die Anonymität. Er will keine gesellschaftliche Rolle spielen. Unerträglich ist ihm der Gedanke an Repräsentationspflichten, daran, Eröffnungsreden halten zu müssen.[14] Seine Mutter war Welschschweizerin. Da sein schottischer Vater Auslandsvertreter der Vickers Waffenfabriken war, wurde er zunächst ausschließlich im Ausland erzogen, wodurch er fließend Französisch und Deutsch lernte. Mit 11 Jahren verlor er die Eltern. Sie verunglückten bei einer Bergtour.[15] Er hat somit keinen Familienanhang. Freunde hat er jedoch. So etwa den amerikanischen Kollegen Felix Leiter, den französischen Kollegen René Mathis, den türkischen Kollegen Darko Kerim, und dann auch seinen Schwiegervater, der so etwas wie ein Edelgangster ist. Er pflegt überdies das kollegiale Verhältnis und kann als „umgänglich" gelten.[16]

Er wohnt kultiviert.[17] Ist James Bond belesen? Ein Bücherfan ist er nicht. Er liest Zeitungen.[18] Philosophie interessiert ihn nicht. Kunst? Nun, nur soweit sie zu den Annehmlichkeiten des Lebens gehört. Immerhin ist er in der Lage, sich rasch in historische Werke einzuarbeiten und etwa die Rolle eines Archivars zu spielen.[19] Dabei handelt es sich um angewandte Wissenschaft im Zweckzusammenhang seines Berufes. Selbstverständlich verfügt er über erhebliches technisches Wissen und eben über all jene Wissensgebiete, die zur Ausbildung eines Geheimdienstlers gehören.[20] Runden wir das Portrait mit dem Bild seiner äußeren Erscheinung ab: Er ist über 1.80 groß, sein Gesicht ist dunkel und scharf geschnitten. Durch die sonnengebräunte Haut der rechten Wange zieht sich leuchtendweiß eine anderthalb Zentimeter lange Narbe. Die ruhigen graublauen Augen unter den geraden, ziemlich schwarzen Brauen liegen weit auseinander. Das Haar ist schwarz, links gescheitelt und nachlässig gebürstet, so daß eine dicke schwarze Strähne über die rechte Augenbraue fällt. Die ziemlich lange, gerade Nase endet über einer kurzen Oberlippe. Der Mund ist groß und fein gezeichnet, doch er wirkt grausam. Die Kinnpartie ist fest und gerade. Im Ganzen, so wird behauptet, sehe er aus wie ein Pirat.[21]

2. Commander und Corsar

Dienstbereiche

Wie Jerry Cotton lebt James Bond in einer *konfliktären* Gesellschaft, in der konfliktären Gesellschaft der Staaten und Staatenblöcke sowie nichtstaatlicher, aber politisch relevanter Machtgebilde. Im Gegensatz zu Cotton ist für ihn sein Heimatstaat intakt. Er denkt nicht an Demontage der Institutionen des britischen Reiches. Er setzt dieselben voraus. Er lebt in ihnen und für sie. Er ist Commander im Dienste Ihrer Majestät. Er ist in die Hierarchie einer Behörde, Secret Service, eingegliedert. Er bearbeitet Akten. Er hat eine Sekretärin, eine sehr hübsche Dame übrigens. Er diktiert Berichte,[22] und er hat einen Chef, der in jeder Lebensäußerung englische Tradition verkörpert. Bevor der Chef die Leitung des Geheimdienstes übernahm, war er Admiral: Der „alte Seebär" haßt das Übertriebene in all seinen Erscheinungen. Die Diskretion eines noblen Clubs spiegelt die seine.[23] Er ißt und trinkt mäßig. Er fährt einen Rolls. Er ist distanziert und scheint in seinen Anforderungen hart. In Wirklichkeit ist er mitfühlend und seinen Leuten ein wohlgesonnener, besorgter Chef. Er kann brummen und brodeln, doch meist nur bei peripheren Angelegenheiten.[24] Wenn es darauf ankommt, ist er kühl, überlegen, sachlich. Gelegentlich weckt er Ungeduld, Ärger, ja den Zorn seiner Untergegbenen. Die Motive seiner Anordnungen bleiben eben oft verschleiert. Er faßt Autorität nicht als eine Funktion von Aufklärung auf. Disziplin und Gehorsam besitzen einen gewissen Selbstwert. Prinzipienreiterei ist ihm andererseits fremd. Er verkörpert weniger ein demokratisch als ein aristokratisch verfaßtes Gemeinwesen, eben das Gemeinwesen, dessen Institutionen James Bond respektiert und repräsentiert, selbst wenn er gelegentlich den Dienst quittieren möchte. Dies geschieht dann, wenn er längere Zeit im Büro- und Routinedienst festgehalten wird und nicht zum Einsatz kommt, zum Einsatz als Spion, als Agent mit Tötungslizenz.[25]

Damit wird die zweite, die abenteuerliche Seite dieses in die Verwaltungshierarchie eingeordneten Beamten und Offiziers sichtbar. Abenteuer steht gegen die in Commander Bond verkörperte britische Normalität und Respektabilität. Abenteuer meint offene Horizonte, Abwechslung, Überraschung und vor allem Gefahr für Leib und Leben. So entsteht übrigens für den Leser ein Maximum an Identifikationsmöglichkeit: Wer wollte sich ausschließlich mit einem respektablen Beamten identifizieren? Da wäre kaum „Lustgewinn" zu erwarten. Aber auch die Identifikation mit dem aventurier hinterließe einen schlechten Nachgeschmack. James Bond vereint beides: Der aventurier ist zugleich der respektable Beamte. Die Dimension der Abenteuerlichkeit liegt jenseits der Normalität. Aus der Sicht der Normalität erscheint Abenteuerlichkeit als Dimension unberechenbarer Ausnahmen. Aus der Sicht von Commander Bond handelt es sich um seinen *eigentlichen* Dienstbereich. Der Dienst hört nicht auf, wo das „abenteuerliche Herz" zu schlagen beginnt. Im Gegenteil: Der Routine-Verwaltungsdienst bedeutet für Bond Leerlauf und tödliche Langeweile. Die Dimension der Abenteuerlichkeit ergibt und *erklärt sich aus der konfliktären Struktur der Staatengesellschaft*, daraus, daß das Interesse Ihrer Majestät, das Interesse des englischen Staates da, wo es durch gegenläufige Interessen bedroht wird, bewahrt und durchgesetzt werden muß. Die Härte des jeweiligen Konflikts und der jeweiligen Bedrohung zwingt zum Einsatz von außergewöhnlichen Mitteln. Die normalen Mittel der Diplomatie reichen nicht aus, um die Feinde Englands unter Kontrolle zu halten, ihren Angriffen zu begegnen. Man braucht eben Spione, um die bösen Absichten des Feindes rechtzeitig zu durchschauen, und Agenten, um bösartige Übergriffe rechtzeitig abzuwehren. Wird die Situation durch Feindschaft, durch gegenseitigen Vernichtungswillen bestimmt, herrscht Krieg. Dieser stellt sich dar als ein Krieg „gegen das Verbrechen", ob er nun zwischen Polizei und Gangstern oder Agenten und Spionen ausgetragen wird. Es werden Schlachten von dafür ausgebildeten Heeren geschlagen. „Das eine kämpft auf der Seite des Gesetzes für das, was sein eigenes Land für richtig hält, das andere für den Feind, der alles verleugnet, was uns teuer und lieb." Die Angehörigen dieser Heere sind kaltblütige, erbarmungslose Mörder. Sie sind von den anderen Menschen so verschieden wie die Habichte von den Tauben. „Sie sind einfach anders ..., eine andere Art Mensch."[26]

Dieser Krieg ist offensichtlich kein Krieg im militärischen und völkerrechtlichen Sinne. Er wird von Polizisten und Gangstern, Agenten und Spionen, ja von eiskalten Mördern geführt. Er findet überall statt: am Spieltisch, im Salon eines Grand-Hotels, im Orientexpreß, auf einer Yacht, im Motel, in Großstädten und Dörfern, aber auch in militärischen Einrichtungen, auf allen Kontinenten, Inseln und Gebirgen. Zum Einsatz kommen alle Mittel, von der Spielkarte bis zur internationalen Rakete, vom Gift zur Beretta, vom Pfeil zur Hypnose, Entführung, Erpressung, Betrug, Diebstahl, Raub, grausamste seelische und physische Folterung: ja, es gibt keine Grenzen, kein Kriegsrecht, das den Einsatz von Vernichtungsmitteln begrenzt und ein Minimum an Menschenwürde und Menschenrecht sichert. Die gnadenlose Grausamkeit dieses Krieges wird dadurch hervorgehoben, daß er vielfach hinter elegant-mondänen Kulissen stattfindet und in seinem Zentrum ein *Gent* mit tadellosen Manieren agiert. Für Abenteuer aller Art ist in diesem „Krieg im Dunkeln" unter Ausschluß der Öffentlichkeit Raum genug. Doch der Abenteurer mit dem Piratenprofil ist ein diszipliniert trainierter Killer, ein anderer Mensch, ein Habicht, ein Profi, der nicht nur töten darf, sondern auch töten will und kann, freilich nur im Sinne der ultima ratio.

Vor diesem Hintergrund aus stellt sich die internationale politische Landschaft wie folgt dar:

Auf der einen Seite haben wir es mit Staaten zu tun, die durch das, was uns „teuer und lieb" ist, bis zu einem gewissen Grad wenigstens, verbunden sind. Zwischen ihnen herrschen nicht Feindschaft und Krieg, wohl aber Interessengegensätze und Verschiedenheit. So wird zwischen Amerika und Europa unterschieden und die Sonderrolle Englands gebührend betont. Die eigenartige Lage der Türkei[27] wird registriert, Japans kulturelle Besonderheiten[28] finden Beachtung, karibische Exotik[29] erfährt Wertschätzung. Das Wort „was uns teuer und lieb ist" wird einem *Amerikaner*[30] und nicht einem Engländer in den Mund gelegt; wenn man allerdings den Gehalt der Formel erfassen will, trifft sie wohl eher auf den Engländer James Bond zu. Dabei wird man sich weniger auf eine explizite Philosophie als auf seine Lebenshaltung, seinen Lebensstil berufen. Die Formel verweist auf das Gentleman-Ideal und die damit verbundenen Traditionen, auf die Monarchie, eine rechtschaffene Verwaltung und ein honorables Parlament und vor allem auf unabhängige Gerichte, überdies auf die Höflichkeit im Umgang mit anderen und die Absage an unfaire Methoden im politischen wie im Gesellschaftsleben. Zu dem, „was uns teuer und lieb" ist, gehört das entschiedene Verdikt über List und Gewalt, Erpressung und Folter; umgekehrt aber ein moderater Patriotismus und selbstverständlich als oberste Werte Frieden und Freiheit. Abgesehen von den britischen Spezifika läßt sich der Inhalt dieser Formel ohne weiteres als ein internationaler Minimalstandard verstehen, an dem die Staaten teilhaben, welche sich etwa im Natopakt zusammengeschlossen haben, der eben der Verteidigung der in der „teuer und lieb"-Formel zusammengefaßten Wertvorstellungen dient.

Auf der anderen Seite steht die *Sowjet-Union* und ihr Anhang. Sie wird als kleinbürgerlicher Funktionärsstaat geschildert, dessen Ideologie längst zur Selbstverständlichkeit und Alltagsroutine geworden ist. Natürlich prägt die Ideologie, so z. B. die Grundhaltung einer jungen Korporalin im Geheimdienst, aber letztlich erschöpft sie sich in Gehorsamsbereitschaft und dem Wunsch nach positiven Beurteilungen.[31] Hohen Funktionären – auch sie unterstehen harter Disziplin – geht es um Erfolge und die Erhaltung von Privilegien. Weltrevolution als Mission? Nein! „Wie halte ich mich in der Funktionärshierarchie?" Das ist hier die Frage. „Indem ich im Rahmen meiner Funktion Erfolge vorweise"[32], lautet die Antwort. Das gilt auch für die Geheimdienste. Dabei kann auch so etwas wie Freude an der Perfektion zum Ausdruck kommen. Für den Schachmeister Oberst Kronsteen ist ein Auftrag des Präsidiums eine Schachaufgabe und die eigenen Leute wie die Gegner Schachfiguren.[33] Aus der politischen Notwendigkeit, nach verschiedenen Niederlagen dem englischen Geheimdienst einen Schlag zu versetzen, macht der Schachmeister ein komplexes, kompliziertes Kalkül. Sein Axiom[34] lautet – es stammt von Fouché –: Ein Feind ist erst vernichtet, wenn auch sein Ruf vernichtet ist. Der Schlag gegen den englischen Geheimdienst soll gegen eine Person gerichtet werden, die ihn personifiziert: gegen James Bond. Er soll umgelegt und in einen Skandal verwickelt werden, der die gesamte Institution auf Dauer diskreditiert. Machiavellistische Tricks ohne weltanschauliches Pathos. Der Mörder wird ausgesucht: Er stellt das Gegenstück zu James Bond dar. Er ist Major und oberster Exekutivbeauftragter von SMERSH (= Smert schponiam – Tod den Spionen), einer riesigen (ca. 40 000 Mitglieder) Liquidationsorganisation.[35] Zwar ergeben sich aus der Herkunft zunächst einige Analogien: Der Major ist als Waise aufgewachsen. Seine Eltern stammen aus verschiedenen Nationen. Die Mutter war Irin und der Vater Deutscher. Doch welch ein sozialer und kultureller Gegensatz: Der Vater war ein deutscher Gewichtheber, die Mutter irische Kellnerin. Verheiratet waren sie nicht. Der Major ist zwar ein hervorragender Boxer, aber ein listiger und letztendlich ungebildeter Dummkopf, der – und das ist entscheidend – von geisteskranker Mordlust getrieben wird und schon als Junge Tiere und dann auch Menschen umgebracht hat, ohne daß er gefaßt werden konnte. In der Sowjet-Union konnte es der Triebmörder zum Majorsrang und zur Datscha auf der Krim bringen.[36] Er und seine Chefin, die Leiterin der Abteilung für Plandurchführung und Exekutionen, Oberst Rosa Klebb, eine „gräßliche" Frau, krötenhaft gedrungen, mit plattem, viereckigem Gesicht und zuckersüßem Lächeln, verkörpern die Aggressivität des Regimes. Die Erscheinung dieser gräßlichen Frau erinnert übrigens an die schrecklichen Pariser Tricoteusen, welche strickend um die Guillotine herumsaßen.[37] Die einzige Reminiszenz an revolutionäre Tradition. Als häßlich-plump, kulturlos wird das Funktionärsvolk durchgängig geschildert. Eine Ausnahme: die wunderschöne Korporalin Romanowa, die als Lockvogel auf den für Frauen anfälligen Bond angesetzt wird und ihm prompt zum Opfer fällt. Die Aggressivität des Regimes wird aber auch dadurch verdeutlicht, daß der Roman eine Aggression, die Ruf- und Mordaktion gegen Bond, zum Gegenstand hat. England ist in der Defensive. Sein Commander mit Tötungslizenz wehrt sich seines Lebens. Dennoch bleiben auch Gegenzüge sichtbar. So die Eigenmacht der staatlichen Administration, der Funktionärsbürokratie. Die Sowjet-Union ist ein Staat und nicht eine Bande verrückter Mörder. Sie setzt den verrückten Mörder als Instrument ein. Unter den Generälen der Geheimdienste gibt es aber auch solche, die des Mordens überdrüssig geworden sind. Einer von ihnen erinnert sich zu gern an seinen Englandaufenthalt.[38] Das Bild der Sowjet-Union ist mit snobistischer Süffisanz entworfen. Es handelt sich um einen Kleinbürgerstaat, ohne Glanz und Eleganz, schäbig, häßlich, aber voller Energie, die von der Funktionärsbürokratie in Schach gehalten wird, von der jedoch stets heimtückische Angriffe zu erwarten sind. Ein Machtkoloß, gewiß, aber am Zügel bürokratischer Rationalität und Schwerfälligkeit, ein Staat unter Staaten, Leviathan unter Leviathanen.

Nicht Moskau, diesem Stück administrierter und insofern „beruhigter"[39] Herrschaft, scheint die Hauptsorge Bonds und seinesgleichen zu gelten, sondern einzelnen Großverbrechern wie The Big,[40] Dr. No[41] und vor allem Blofeld.[42] Diese fürchterlichen Figuren setzen mörderischen Wahnsinn nicht etwa kalkuliert als Mittel zum Zweck ein, sie sind Figurationen des mörderischen Machtwahns selbst. Die Absage an alles, „was uns teuer und lieb" ist, erscheint bei ihnen in unheimlicher Übersteigerung. Mr. Big, ein riesiger Neger, verfügt über die Techniken der Zivilisation, zugleich über diejenige des Woodoo Geheimkultes. Er ist dessen Chef mit dem Titel „Fürst Samedi". Sein Portrait: „Das Gesicht hatte kaum Falten oder Fältchen; über der Nase standen jedoch zwei tiefe Furchen, entstanden durch angestrengtes Nachdenken. Darüber wölbte sich die Stirn leicht vor, um dann in den spiegelglatten, völlig kahlen Schädel überzugehen. Merkwürdigerweise hatte dieser Kopf nichts Unproportioniertes. Er saß auf einem breiten kurzen Hals über den Schultern eines Riesen. Big maß 195 cm, wog 140 kg. Der Gesamteindruck war furchterregend. Big stand in einem gespenstischen Mißverhältnis zu seiner Umwelt."[43] Daraus erklärt Bond sein phantastisches Machtstreben. Bigs Leute sind ihm hörig, Zombies, die jegliches Selbstbewußtsein preisgegeben haben. Eine Pirateninsel bei Jamaica ist das Territorium seiner unumschränkten Herrschermacht.[44] Doch sie erstreckt sich weit darüber hinaus in die amerikanische Unterwelt und durch Manipulationen mit einem Piratenschatz bis tief in die politischen Kreise.[45] Er selbst bezeichnet sich als der erste Neger, der es zum Verbrecher im Weltformat gebracht hat.[46] Seine besondere Note ist die spaßige Grausamkeit. Er ist ein Mörder mit Humor.[47]

Auch Dr. No ist Inselbesitzer und auf seinem Privat-Territorium unumschränkter Herrscher, und wie Mr. Big schützt er die Integrität seines Gebietes mit ausgeklügelten Methoden, die insbesondere unter den Eingeborenen Angst und Schrecken erzeugen. „Dr. No war wenigstens einen Kopf größer als Bond, aber seine aufrechte, unbewegliche Haltung ließ ihn noch größer erscheinen. Auch sein Kopf war länglich und die Haut von dunklem, fast durchsichtigem Gelb ... Selbst die eingefallenen Wangen unterhalb der hervorstehenden Backenknochen waren glatt wie Elfenbein. Seine Augenbrauen waren dünn, schwarz und so stark nach oben geschwungen, daß sie wie aufgemalt wirkten. Darunter lagen schräge, pechschwarze Augen ... Die feine Nase endete dicht über dem breiten, zusammengepreßten Mund, der trotz des fast ständigen Lächelns nur Grausamkeit und Machtwillen ausdrückte. Das Kinn war eingezogen."[48] No hatte keine Hände. Er mußte sich mit einer Art Stahlzangen behelfen. Er bezeichnete sich als Besessenen: „... die Macht ist meine Besessenheit, Besessenheit ist so unbezahlbar wie Genie."[49] Dem Einwand, daß er nicht wirkliche Macht besitze, sondern von Machtwahn beherrscht sei, hält er entgegen: „Wer in der Welt hat die Macht über Leben und Tod seines Volkes? Niemand – nur ich!"[50] Er sei wirklich ein Souverän dank seiner insularen Abgeschlossenheit und der Tatsache, daß er niemandem Rechenschaft schulde. No ist der Sohn eines deutschen Missionars und einer Chinesin; ohne Liebe aufgewachsen. Aus Protest gegen den Vater schließt er sich in Shanghai einer Verbrecherbande an, den Tongs. Er wird Schatzmeister der Tongs in Amerika. Er unterschlägt das Bandenvermögen. Er wird zur Rechenschaft gezogen. Er verrät das Versteck des Geldes trotz Folterung nicht. Man schlägt ihm die Hände ab. Er überlebt. Er studiert Medizin, um herauszufinden, wozu der menschliche Körper fähig sei. Menschenexperimente gehören zu seinen „wissenschaftlichen Interessen".[51] Seine Insel baut er zum wertvollsten technischen Zentrum der Welt aus, von dem aus ferngelenkte Raketen aus ihrer Bahn gebracht werden können. Er spielt mit den Russen und Chinesen. Für ihn ist die Weltpolitik das große Spiel um die Macht: seine Macht.[52]

Der dritte in der Galerie der Machtbessenen ist Blofeld. Er tritt in verschiedenen Rollen auf. Seine zweite Rolle ist die des Comte de Bleuville,[53] die er nicht nur annimmt, um sich zu verstecken, sondern um seinen Wunsch nach Respektabilität, oder, weniger respektvoll ausgedrückt, seinen „Adelsfimmel" zu befriedigen. Und dieser Fimmel gibt Bond in der Verkleidung als Mitarbeiter des Amtes für Heraldik die Möglichkeit, in das Arcanum des gemeinsten und gefährlichsten Verbrechers der Welt einzudringen. Es ist übrigens die einzige Verkleidung, in der Bond als Agent je auftritt. Und wie es Verkleidungen so an sich haben: sie enthüllen etwas vom Wesen des Verkleideten, in unserem Fall den britischen Traditionalismus Bonds.

Der „Graf“ hat auf dem Piz Gloria im Engadin, oberhalb von Pontresina, ein Laboratorium eingerichtet, das durch einen Millionärsclub getarnt ist, in dem er den bakteriologischen Krieg gegen England vorbereitet mit dem Ziel, die Landwirtschaft und schließlich die Gesamtwirtschaft des Landes zu zerstören. Bond verhindert den Coup im letzten Moment, so wie er auch im letzten Moment einen Coup Blofelds mit atomaren Waffen verhindert hatte.[54] Die letzte Rolle seines Lebens spielt Blofeld in Japan als Dr. Martel,[55] als Herr eines mächtigen, finsteren Samuraischlosses am Meer, das von einem wahren Teufelsgarten umgeben ist und auf vulkanischem Grund ruht. Es handelt sich um ein Zentrum für Selbstmörder. Blofeld, der sich als Genie an der Grenze des Irrsinns und in der Tradition der Samurai versteht, hat die Rolle eines Fürsten des Sterbens und des Todes übernommen.[56] Die Erzählung gewinnt den bizarren Charakter antiker Sagen, in denen der Held gegen Drachen, Riesen, grausame Monstren auftritt, oder mittelalterlicher Ritterromane, deren Helden ebenfalls schrecklichen aventures ausgesetzt sind. Wenn auch der Zug zum Mythos oder zum Mythen-Surrogat nicht zu verkennen ist, so soll doch die Ebene der Gegenwartsgeschichte nicht verlassen werden. In Verbindung mit den erwähnten Schreckensfiguren, diesen entfesselten Machtunmenschen, steht der Nationalsozialismus. So Sir Hugo Drax, der falsch spielende Großindustrielle, der England mit der Superrakete Mondblitz bedroht: Er gehörte der SS an und arbeitet mit einem ehemaligen SS-Henker zusammen.[57] Zur Charakterisierung dieses Reiches, seiner Überlebenden und Geistesverwandten gehört dreierlei: Einmal der mörderische Macht- und Größenwahn, der jede Gewalttat rechtfertigt, zum anderen die Beherrschung der modernen Wissenschaften und Techniken und schließlich die Fähigkeit, Menschen anhand ihres Unbewußten zu manipulieren. Totale Unterwerfung ist das Ergebnis der Manipulation. Die Herrscherfigur auf der einen und die Untertanen auf der anderen Seite bilden das Grundmuster. Im Gegensatz zur sowjetischen Nivellierung und kleinbürgerlichen Antiästhetik legen die Herrscher und Tyrannenfiguren, die dem Nazismus zuzuordnen sind, Wert auf theatralische Inszenierungen: „Blofeld, im blitzenden Kettenpanzer und phantastisch gezackten und geschwungenem Helm, dessen Visier geschlossen war, sah wie eine Figur aus einer Wagneroper oder – wegen des orientalischen Stils seiner Rüstung – aus einem japanischen Kabuki-Spiel aus.“[58]

„Was uns teuer und lieb"

Die politische Weltlandschaft wird, wie wir sahen, durch den Krieg zwischen den Gerechten und ihren Feinden bestimmt. Gewiß, James Bond ist kein Theoretiker, sondern ein Mann der Aktion, der Tat. Gerade deshalb aber steht für ihn außer Zweifel, daß die politische Welt nicht einfach eine Welt der Tatsachen ist, eine Welt, die durch die Macht des Faktischen und die Faktizität der Macht geprägt wird. Es ist vielmehr eine Welt, in der es um Gerechtigkeit, um das geht, was uns „teuer und lieb" ist. Dafür kämpft der Geheimagent mit Tötungslizenz James Bond unter Einsatz seines Lebens. Er folgt damit seiner Beamtenpflicht, darüber hinaus seiner Verpflichtung als Verantwortungssubjekt, als honnête homme, als einer von denen, die guten Willens sind. Versuche, das, was uns „teuer und lieb" ist, als „allgemeines Gesetz", eben als Forderung der Gerechtigkeit auszuweisen, in objektivierender Argumentation zur Evidenz zu bringen, werden selbstverständlich nicht unternommen und vorgetragen. Der Rekurs auf das Wir-Subjekt genügt. Der Einwand, daß es sich um bloßen Subjektivismus, um bloß subjektive Wertungen handelt, die keine Allgemeinverbindlichkeit beanspruchen, wird nicht diskutiert. Was uns „teuer und lieb" ist, kann zumindest insoweit Allgemeinverbindlichkeit beanspruchen, als es gegenüber allen Angriffen verteidigt werden soll. Bond gehört nicht zur „Propagandaabteilung", er gehört zur „Abwehr". Missionarischen Eifer lehnt er ab, wenn er auch zweifellos seine Sache mit der Sache der Gerechtigkeit gleichsetzt.

Danach ist auch die Völkerrechtsordnung durch den Gerechtigkeitsgedanken bestimmt. Auch in ihr soll das, was „uns teuer und lieb" ist, zur Geltung gelangen. Dazu gehört das vorab an die Staaten gerichtete Friedensgebot. Daraus ergibt sich die grundlegende Spannung zwischen öffentlichem Frieden und dem unheimlichen heimlichen Krieg. Sie wächst mit dem Grad der Feindschaft, und sie kulminiert, wenn es sich um den nichtstaatlichen Feind handelt. Im Kontinuum dieses „gerechten" Krieges gibt der Gegensatz zwischen Angriff und Verteidigung wenig her. Das Völkerrecht ignoriert ihn weitgehend. Es duldet gewisse Maßnahmen, die im Zusammenhang mit Spionage stehen. Es duldet aber auch die strafrechtliche Verfolgung gewisser Maßnahmen nach Maßgabe des nationalen Strafrechtes. So können Agentenmorde und das, was dazu gehört, geschehen, ohne daß sie in die Sicht des völkerrechtlichen Deliktsrechtes gelangen. Die Toleranzgrenzen sind schwer zu bestimmen. Sind sie überschritten, wenn die Sowjet-Union ein Killerkommando in Frankreich einsetzt, um sich in den Besitz von Nato-Geheimnissen zu bringen?[59]

Daß James Bond auch klare Völkerrechtsverletzungen in Kauf nimmt, kann am Beispiel der Liquidation des Berglabors von Blofeld auf dem Piz Gloria im Engadin und am Beispiel der Liquidation des Nazi-Mörders von Hammerstein in den USA dargelegt werden. In beiden Fällen handelt es sich um den Kampf gegen nichtstaatliche Feinde, die aber eine Gefahr für England und die Allgemeinheit darstellen. Bond hat entdeckt, daß Blofeld in dem besagten Berglabor einen Bakterienkrieg gegen England inszenieren will.[60] Die Konspiration mit Moskau ist evident, die Gefahr eminent. Wer trifft die Entscheidung? „Schließlich drehte sich M. um ... Also gut, 007, machen Sie es so! Ich kann es dem Premierminister nicht unterbreiten, er würde es ablehnen. Aber, um Himmels Willen, schaffen Sie es! Mir wäre es egal, wenn man mich rausschmeißen würde, aber die Regierung darf unter keinen Umständen in internationale Verwicklungen geraten."[61] Die Entscheidung trifft somit der Chef des Secret Service. Er ist auch bereit, die Verantwortung, d. h. den möglichen Rausschmiß auf sich zu nehmen. Er weiß somit, daß die Aktion rechtswidrig ist, aber sie ist notwendig, und deshalb muß sie dem Premier gegenüber verheimlicht werden. Dieser könnte sie nicht verantworten, weil das Rücktritt und Sturz im Falle des Mißerfolges nach sich ziehen würde. Man stelle sich einmal vor, wie folgender Vorgang rechtlich zu beurteilen wäre: Ein britisches Militärflugzeug fliegt ein hochspezialisiertes Kommando in die neutrale Schweiz, liquidiert die Mannschaft Blofelds, sprengt das Labor und verschwindet wieder. Schweizerischer Widerstand wird gebrochen. Neutralitätsbruch, Verletzung des Friedensgebotes, Gefährdung der Weltsicherheit müßte sich England vorhalten lassen; gar nicht zu reden von den politischen Konsequenzen. So ist es denn nur selbstverständlich, daß eine Geheimaktion als Mittel zur Gefahrenabwehr geplant und durchgeführt wird. Eben all diese Konsequenzen könnte ein Premier nicht verantworten, sondern nur der Chef des Secret Service. Denn die Geheimaktion ist rechtlich nicht anders zu beurteilen als die offene. Aber eben: „Was ich nicht weiß, macht mich nicht heiß. Man könnte allerdings einwenden, daß die Geheimaktion Bonds, zu der der „Alte" das Plazet gibt, von einer offenen Aggression wesensverschieden ist: Da erscheint kein Militärflugzeug, kein militärisches Kommando: Das eingesetzte Flugzeug gehört der Union Corse. Die Exekutoren sind keine Soldaten, sondern Berufsverbrecher, Angehörige eben dieser Union Corse. Nun also: Keine Staatsaktion, sondern eine Privataktion, kein militärischer, sondern ein Gangstercoup. Wie zu Zeiten von Sir Francis Drake verwandelt sich das Staatsschiff mit dem Aufziehen der schwarzen Korsarenflagge in ein Privatschiff. Und was unter dieser Flagge geschieht, hat England nicht zu verantworten. Genau diese Tradition wird angesprochen durch Bonds absurdes Bündnis mit dem korsischen Korsaren, der von sich sagt, daß er die Schwerreichen bestehle, Gesetze breche und, wenn notwendig, töte.

„Aber dieser Blofeld ist zu gemein, zu widerlich. Du willst, daß ihm die Union den Krieg erklärt, ihn vernichtet, weil das auf gesetzlichem Wege nicht möglich ist."[62] So Draco, der Chef, zu Bond, seinem künftigen Schwiegersohn. Allerdings ist es fraglich, ob die Korsarenflagge die Tatsache, daß es sich um eine Staatsaktion handelt, hinreichend verdeckt hätte. Immerhin ist der Commander dabei, und ob es ihm gelungen wäre, seine Identität gegenüber den Schweizer Behörden zu verleugnen und zu vertuschen, ist keineswegs sicher. Das Risiko internationaler Verwicklungen und des Vorwurfs eines groben Verstoßes gegen Neutralitätsrecht und Friedenssicherungspflicht wäre auch unter der Korsarenflagge nicht ausgeschlossen. So kommt alles darauf an, daß die Aktion geheim bleibt und gar nicht erst unter völkerrechtlichen Gesichtspunkten erörtert wird. Um ihre Rechtfertigung sind Bond und sein Chef keineswegs verlegen: Es handelt sich um einen Fall des übergesetzlichen Notstandes, und zwar im Hinblick auf Völkerrecht und Staatsrecht. Tangiert wird internationales Gemeinwohlinteresse insofern, als Blofeld eine allgemeine Gefahr darstellt.[63]

Das zweite Beispiel: Es geht um den Mord an dem Ehepaar Havelock, das von einer Gruppe Politgangster unter dem Kommando des Altnazi von Hammerstein – ehemaliger Gestapomann in Jamaica – begangen wurde. Hammerstein hatte die Spionageabwehr Battistas geleitet und gewaltige Summen erpreßt: „Eine Lebensstellung – bis zu Castros Auftreten."[64] Dann hatte er sich nach Vermont abgesetzt. Die Voraussetzungen für eine Auslieferung sind nach Auffassung des Generalstaatsanwalts nicht gegeben.[65] Der Chef des Geheimdienstes steht vor der Frage, ob die Sache weiterverfolgt werden soll oder nicht. Er will nicht selbst entscheiden, da er mit dem ermordeten Ehepaar befreundet war. „Nun wußte Bond Bescheid. M. wollte an seiner Statt jemand anderen entscheiden lassen, weil hier ein persönlich-privates Element hineinspielte. Bisher hatte er den Fall bearbeitet, aber nun war die Sache bis zu jenem Punkt gediehen, an dem man diese Leute zur Rechenschaft ziehen mußte. Doch war es Gerechtigkeit – oder Rache? Kein Richter übernahm einen Mordfall, dessen Opfer er persönlich gekannt hatte."[66] Bond entscheidet, daß der englische Strafanspruch weiterverfolgt und daß „die Leute zur Rechenschaft" gezogen werden sollen. Ob es sich um Rache oder Gerechtigkeit handelt, weiß er nicht. Wenn es sich um Rache handelt, so auf alle Fälle um Rache für die Allgemeinheit. Das ist seine Ansicht. Rache oder Gerechtigkeit? Zur Rache gehört die persönliche Implikation, das persönliche „Interesse". Der Rächer meint seine Sache, seine Genugtuung, die mit Vergeltung verbunden ist. Gerade deshalb enthält sich M. Die Amtsaufgabe schließt Rache aus. Der Amtsinhaber darf nicht „beteiligt", einer „Partei" verpflichtet sein. Bond hat Verständnis für diese Einstellung. Die Havelocks sind ihm *gleichgültig.*[67] Gleichgültig ist es ihm aber auch, ob man die Sache, um die es geht, als Rache oder als Gerechtigkeit bezeichnet. Für ihn ist es entscheidend, daß die Sache der *Allgemeinheit*[68] auf dem Spiel steht. Wenn das sichergestellt ist, dann kann auch das höchstpersönliche Rachebedürfnis nicht schaden. So verfolgt er denn auch leidenschaftlich Blofeld, den Mörder seiner eigenen Frau, als einen Feind des Menschengeschlechts. Auch im Falle Hammerstein, an dem er nicht persönlich interessiert ist, gibt den Ausschlag für die Fortsetzung der Verfolgung das Allgemeininteresse. Weil es sich um ein Allgemeininteresse handelt, ist die Rechtsverfolgung notwendig. Das ist die Grundlage der Entscheidung. Diese bedeutet de facto auch die Verurteilung, und zwar die Verurteilung zum Tode. Es ist keineswegs beabsichtigt, Hammerstein zu entführen und der englischen Justiz zuzuführen, so wie das bei Eichmann in Israel der Fall war.[69] James Bond ist Richter und nicht nur Träger administrativer Gewalt: Er ist Richter und Henker in einem. Ihm obliegt die Exekution des eigenen Urteils, und zwar dort, wo der Täter sich aufhält, in Amerika, im Ausland, in fremdem Hoheitsgebiet. Freilich kommt noch einmal das Prinzip der Gewaltenteilung zur Geltung. Der „Richter" Bond ermächtigt nicht auch den Henker Bond. Dies geschieht durch den Administrator M.[70] Das ändert nichts daran, daß wir es mit einer innerstaatlich bedenklichen und einer völkerrechtswidrigen Aktion zu tun haben. Sie muß sein. Das Allgemeininteresse fordert es. Im einzelnen wird wie folgt argumentiert: Die Gesamtaktion ist eine solche des Faustrechts[71], das dort einsetzt, wo Justizgewalt aussetzt, wo die ordentlichen Rechtsmittel versagen, wo im Faustkampf die Entscheidung gesucht wird und gesucht werden muß.

Merkwürdigerweise wird auch die Mordaktion, der die Havelocks zum Opfer fielen, dem Faustrecht zugeordnet.[72] Das heißt nichts anderes, als daß sie außerhalb des Rechts steht und keinen Rechtstitel für sich in Anspruch nehmen kann. Ins Faustrecht verwiesen heißt: *aus dem Recht gewiesen.* Hammerstein kann sich in keiner formellen Rechtsposition *„versichern"*. Da versagt auch das Asylrecht. Er kann sich der „Faust" „rechtlich" nicht entziehen. Natürlich kann er sich verbergen, verkleiden, tarnen, fliehen ... Es ist denkbar, daß er entkommt, oder gar, daß er im „Faustkampf“ gewinnt. Doch nirgends ist er in „Rechtssicherheit“.

So ist Faustrecht aus der Sicht des Staates ein im staatlichen Strafanspruch gegründetes Staatsnotrecht auf Strafverfolgung, das da Platz greift, wo die formellen Rechtsbehelfe versagen, insbesondere das Auslieferungsrecht.[73] In ihm „triumphiert“ materielles über formelles Recht, Staatsrecht über Völkerrecht. Der Bruch des Völkerrechts, der darin zu sehen ist, daß ein Hinrichtungsakt auf fremdem Staatsgebiet stattfindet, kann auch nicht mit der Kategorie des „riskanten“ Handelns[74] gerechtfertigt werden: Es ist eben ein Bruch des Völkerrechts im Sinne des Rechts der souveränen Staaten, der nicht ignoriert werden darf. Die strafrechtliche Reaktion des betroffenen Staates wäre eine Selbstverständlichkeit. Eine völkerrechtliche Rechtfertigung wie im Falle des riskanten Handelns ist völlig überflüssig. James Bonds Hinrichtungsakt müßte nach amerikanischem Recht als Mord bezeichnet werden, und dies unabhängig davon, ob die Völkerrechtsverletzung nachweisbar ist oder nicht.

Die Möglichkeit, daß Bond als Privattäter agiert, ist nicht ausgeschlossen. Ausgeschlossen dagegen ist es, den Akt aus der Sicht des Völkerrechts als „zulässig“ zu bezeichnen. Andererseits aber kann sich Bond vor sich selbst als Commander im Dienste Ihrer Majestät und damit im Sinne des nationalen Rechtes als jemand fühlen, der *im Recht* ist. Hinzu kommt, daß der nationale Strafanspruch durch das sogenannte Weltrechtsprinzip überhöht wird. Es geht somit nicht nur um Völkerrecht und den Gegensatz zwischen Völkerstrafrecht und Souveränitätsrecht, sondern auch um das Verhältnis zwischen Weltrechtsprinzip und Territorialitätsprinzip.

Die Eigentümlichkeit des Beispiels ergibt sich im Vergleich mit dem *Fall Eichmann*.[75] Beide Male wird der Primat des materiellen Strafrechts behauptet: Es muß gestraft werden. Die in Frage stehenden Untaten dürfen nicht hingenommen werden, es sei denn, man stellt die Rechtsordnung im Ganzen in Frage. Eben darin besteht das Interesse der Allgemeinheit. In beiden Fällen wäre ein internationaler Strafgerichtshof erforderlich, der für bestimmte Taten, wo auch immer sie begangen worden sind, für Völkermord und andere Verbrechen gegen die Menschheit zuständig und mit den notwendigen Durchsetzungsmitteln ausgestattet wäre. Es gibt ihn nicht, diesen internationalen Strafgerichtshof, aber es gibt die Verbrechen und Verbrecher. Im Falle Eichmann war das Tatbild faßbar, bei Bond handelt es sich eher um Feind- als um Tatbilder. Was Blofeld bzw. Hammerstein gegen die Menschheit konkret getan haben, bleibt verschwommen. Dies ist ein erster Unterschied zum Fall Eichmann. Darüber hinaus wurde Eichmann mit dem Mittel der völkerrechtswidrigen Entführung einem ordentlichen Verfahren zugeführt, das überdies unter der Kontrolle der Weltöffentlichkeit durchgeführt wurde. Hammerstein wird im geheimen verurteilt und exekutiert bzw. „liquidiert". Liegt nicht ein Widerspruch zwischen diesem Geheimverfahren und dem Anspruch, daß es im Interesse der Allgemeinheit durchgeführt werde? Fordert dies Allgemeininteresse nicht auch Weltöffentlichkeit, so wie der Eichmannprozeß Weltöffentlichkeit fand? Man darf dabei nicht vergessen, daß die Öffentlichkeit nicht nur eine Kontrollfunktion, sondern auch eine Demonstrationsfunktion ausübt. „Vor aller Welt" wird etwa im Falle Eichmann demonstriert, daß die Vernichtung der Juden nicht nur eine weltgeschichtliche Katastrophe, sondern zu bestrafendes Unrecht darstellt, vorausgesetzt, man will die Möglichkeit des Zusammenlebens im Respekt vor der Menschenwürde und Gerechtigkeit nicht gefährden. James Bond und die Seinen haben wenig Verständnis für die Doppelfunktion der Öffentlichkeit. Ihrem Wesen und ihrem Staatsverständnis nach bevorzugen sie Diskretion. Auch sie räumen dem materiellen Strafrecht gegenüber den Hindernissen des formellen Rechts auf Kosten des Völkerrechts, zumindest in Fällen des Allgemeininteresses, Vorrang ein. Diskretion besitzt nach ihrer Meinung ebenfalls eine wichtige Funktion zum Schutze des objektiven Rechts sowie der subjektiven Rechte, und sie bewahrt vor dem Risiko des Machtmißbrauchs: Im Sinne strikter Geheimhaltungsnotwendigkeit sorgt sie dafür, daß die Sache nicht „rauskommt"; sie zwingt zu Zurückhaltung und Beschränkung auf das Unumgängliche.

James Bonds Völkerrechtskonzeption steht letztlich im Banne einer Figur, die auch in der klassischen Völkerrechtskonzeption eines Emer de Vattel auftaucht. In seinem berühmten, in viele Sprachen übersetzten Werk *Das Völkerrecht oder Grundsätze des Naturrechts, angewandt auf das Verhalten und die Angelegenheiten der Staaten und Staatsoberhäupter*[76] heißt es in der Überschrift des § 233 lapidar und apodiktisch: „Verfehlungen, die die Sicherheit des Menschengeschlechtes berühren, bleiben nicht straflos." Wer solche Verfehlungen begeht, ist ein Feind des Menschengeschlechts. Er kann überall, wo er gefaßt wird, abgeurteilt werden. Wenn ein Staat, in dessen Gebiet solche gegen die Menschheit gerichteten Verbrechen begangen wurden, die Auslieferung des Verbrechers verlangt, so muß dieser Staat dem Auslieferungsbegehren entsprechen: denn es ist erforderlich, den Schuldigen „den Prozeß in aller Form zu machen" und sie einer exemplarischen Strafe zuzuführen. Das Ziel der Auslieferung ist das öffentliche, förmliche Verfahren. Dieses Ziel strebte Israel im Falle

Eichmanns an. In der Arkanwelt eines James Bond jedoch geht es um diskrete Liquidation.

3. Commander und Spieler

Wie kann man den Commander mit Tötungslizenz, der seinen Dienst in der durch die konfliktäre Struktur der Staatengesellschaft konstituierten Dimension der Abenteuerlichkeit ausübt, als Spieler bezeichnen? Gewiß, er spielt am Spieltisch: als Spieler vom Dienst. Aber ist der Spieler vom Dienst ein echter Spieler? Genauso kann man fragen, ob er ein echter Abenteurer sei. So setzen wir Abenteuer und Spiel einander gleich? Abenteuer als Aufbruch ins Ungewisse. Das Ungewisse ist zugleich ein constituens des Spiels. Ungewiß ist je der Ausgang. Darin liegt das Faszinosum. Ungewiß ist aber auch der Verlauf; ungewiß im Sinne der Unberechenbarkeit. Dennoch sprechen wir von guten und schlechten Spielern. Schlechte Spieler können sich aufs Unberechenbare nicht einlassen. Überraschungen erschrecken sie. Auf alle Fälle glauben sie, gewinnen zu müssen, weil sie gewinnen wollen. Ja, gerade mit dem fixen Blick aufs Gewinnziel verpassen sie die Chance unterwegs. Dem guten Spieler geht es ums Spiel und nicht um den Gewinn. Das Spiel ums Leben ist das Leben, ob man's verliert oder nicht, ist gleichgültig.

Der Moralist und der Spieler sind auf keinen gemeinsamen Nenner zu bringen, ebensowenig der „Roboter“ und der Spieler. Der Moralist ist der Überzeugung, daß ohne ihn das Gute nicht verwirklicht werden kann. Er ist insofern von seiner Unersetzlichkeit überzeugt. Der Roboter, etwa der Smersh Major, wickelt ein ihm auferlegtes Programm ab. Es ist das Programm, das in seinem Verhalten „abrollt“. Der Spieler ist vom Druck der Vorstellung, „es kommt einzig auf mich an“, frei. Er ist davon frei, weil er sich auf eine objektiv in der Tradition verankerte Rechts- und Staatsordnung verläßt, die ihn überdies ermächtigt, seine Kräfte in der Zwischenwelt der Abenteuerlichkeit selbstvergessen und spielerisch einzusetzen. Es ist bezeichnend, daß die härteste Niederlage des Spielers sich dahingehend auswirkt, daß er vom Feind zum Roboter manipuliert, umgedreht und gegen den eigenen Chef eingesetzt wird. Damit sind eben all jene Elemente, welche in der Freiheit des Spielers zusammengefaßt sind, eliminiert. Er wird zur eigenen Gegenfigur.[77]

Freilich, wenn man an seine quasi richterliche und seine unrichterlich-hinrichterliche Funktion denkt, so mag es noch einmal bedenklich erscheinen, Bond als „Spieler“ zu deklarieren. Ist er, wenn auch nicht Moralist, so doch Diener von Recht und Staat, Vollstrecker des Rechts, wo mit außerordentlichen Mitteln operiert werden muß? Der Spieler ist nicht als amoralisches oder rechtsblindes Wesen zu begreifen. Auch Jerry Cotton spielt mit schnellen Autos, aber das Zentrum seiner Aktionen ist nicht der Spieltrieb, sondern der moralische Impetus, während bei Bond die volle Entfaltung der Kräfte durch den Spieltrieb in Verbindung mit der Überzeugung erfolgt, daß das Recht im Spiel der weltgeschichtlichen Kräfte sich durchsetzen werde, ob er zum Zuge komme oder nicht. Vor diesem ernsten Überzeugungshintergrund gewinnt sein Spiel als Spiel die Kontur und unterscheidet es vom Spiel und den Spielen der Machtbesessenen. Doch er gehört zu den naiven Spielern: Die Idee, daß der Kampf ums Recht in der Kategorie des Spieles zu fassen sei, ist ihm fremd.[78]

Anmerkungen

1 Jan Fleming, *Drei berühmte James-Bond-Thriller. Diamantenfieber, Casino Royale, Leben und sterben lassen*, Frankfurt/M./Berlin/Wien 1983.

2 Jan Fleming, *Mondblitz*, Bern/München 1979, S. 24 ff.

3 Vgl. Jan Fleming, *Liebesgrüße aus Moskau*, Bern/München 1979.

4 Vgl. Jan Fleming, *James Bond jagt Dr. No*, Bern/München 1979, S. 21.

5 Vgl. die Verfilmung von *Liebesgrüße aus Moskau*.

6 Vgl. Jan Fleming, *Casino Royale*, in: Drei berühmte James-Bond-Thriller, a. a. O., S. 87.

7 Jan Fleming, *Mondblitz*, a. a. O., S. 32.

8 A. a. O., S. 6.

9 Jan Fleming, *Goldfinger*, Bern/München 1978.

10 A. a. O., S. 153 f.; *Duell mit doppeltem Einsatz*, in: *Tod im Rückspiegel*, Bern/München 1985, S. 65.

11 *Der Spion, der mich liebte*, Bern/München 1978, S. 111.

12 *Die Hildebrand-Rarität*, in: *Tod im Rückspiegel*, a. a. O., S. 88 ff.

13 *Im Dienste Ihrer Majestät*, Bern/München 1984.

14 *James Bond und der goldene Colt*, Bern/München 1979, S. 140 ff.

15 *Du lebst nur zweimal*, Bern/München 1984, S. 145 ff.

16 *James Bond und der goldene Colt*, a. a. O.; *Liebesgrüße aus Moskau*, a. a. O.; *Im Dienste Ihrer Majestät*, a. a. O.

17 *Liebesgrüße aus Moskau*, a. a. O., S. 54 ff.

18 *James Bond und der goldene Colt*, a. a. O., S. 33. Demgegenüber vgl. *Liebesgrüße aus Moskau*, a. a. O., S. 55.

19 *Im Dienste Ihrer Majestät*, a. a. O.

20 Mit 17 Jahren verließ er die Schule und trat unter falscher Altersangabe in eine

Abteilung des Verteidigungsministeriums ein. Den Krieg beendete er im Rang eines Commanders.

21 *Liebesgrüße aus Moskau,* a. a. O., S. 33; *Mondblitz,* a. a. O., S. 23.

22 A. a. O., S. 59 f.; *Mondblitz,* a. a. O., S. 9 f.

23 Mondblitz, a. a. O., S. 26.

24 *James Bond jagt Dr. No,* a. a. O., S. 14 f.; *Im Dienste Ihrer Majestät,* a. a. O., S. 37.

25 *Liebesgrüße aus Moskau,* a. a. O., S. 57 f.; *Im Dienste Ihrer Majestät,* a. a. O., S. 9 ff.

26 *Der Spion, der mich liebte,* a. a. O., S. 124.

27 *Liebesgrüße aus Moskau,* a. a. O.

28 *Du lebst nur zweimal,* a. a. O.

29 *James Bond und der goldene Colt,* a. a. O.

30 *Der Spion, der mich liebte,* a. a. O., S. 123.

31 *Liebesgrüße aus Moskau,* a. a. O.

32 A. a. O.

33 A. a. O., S. 39 f.; 41.

34 A. a. O., S. 43.

35 A. a. O., S. 11.

36 A. a. O., S. 14 ff.

37 A. a. O., S. 42.

38 A. a. O., S. 34 f.

39 Richard Thoma, *Grundriß der Allgemeinen Staatslehre,* Bonn 1948, S. 59 ff.

40 *Leben und sterben lassen,* a. a. O.

41 *James Bond jagt Dr. No,* a. a. O.

42 *Im Dienste Ihrer Majestät,* a. a. O.

43 *Leben und sterben lassen,* a. a. O., S. 50.

44 A. a. O., S. 156 ff.

45 A. a. O., S. 14 ff.

46 A. a. O., S. 162.

47 A. a. O., S. 112.

48 *James Bond jagt Dr. No,* a. a. O., S. 115.

49 A. a. O., S. 119.

50 A. a. O.

51 A. a. O., S. 122 f.

52 A. a. O., S. 119; 122.

53 *Im Dienste Ihrer Majestät.*

54 Vgl. Jan Fleming, *Feuerball,* Bern/München 1984.

55 *Du lebst nur zweimal,* a. a. O., S. 48 ff.

56 A. a. O., S. 132.

57 Vgl. *Mondblitz,* a. a. O., S. 139 ff. Wenn auch die Figuren, in denen Fleming die Tyrannis verkörpert, verschieden charakterisiert sind – der Wüterich, der grobe Killer, der Ideologe, der fürchterliche Spaßmacher, so dominiert doch immer der Zug ins Psychopathische. So sagt Bond zu Sir Hugo Drax: „Ein

wirklich interessanter klinischer Fall galoppierender Paranoia. Größenwahn, Verfolgungswahn und Haßkomplexe. Eine interessante Mischung ...“ (S. 145) Hinzu kommen als Ursache „Organminderwertigkeiten“, vorstehende Zähne, Übergröße. Blofeld sieht Genie und Irrsinn zusammen und diskriminiert jede Mittelmäßigkeit. *(Du lebst nur zweimal,* a. a. O., S. 139)

58 A. a. O., S. 120.

59 Vgl. *Tod im Rückspiegel,* a. a. O., S. 7 ff.

60 Vgl. *Im Dienste Ihrer Majestät,* a. a. O.

61 A. a. O.

62 A. a. O.

63 A. a. O.

64 *Für Sie persönlich,* in: *Riskante Geschäfte,* Bern/München 1976, S. 17 f.

65 A. a. O., S. 18 f.

66 A. a. O., S. 19.

67 A. a. O.

68 „War das Rache, so war es die Rache der Allgemeinheit.“ (A. a. O., S. 19)

69 Vgl. Robert Servatius, *Adolf Eichmann,* Bad Kreuznach 1961; Pierre A. Papadatos, *Le procès Eichmann,* Genève 1964. Eichmann wurde entführt unter Verletzung des Völkerrechts. Doch stellt diese Völkerrechtswidrigkeit nach herrschender Lehre kein Prozeßhindernis dar. Hinzu kommt, daß Argentinien nachträglich auf Rechtsansprüche verzichtet hat. (Vgl. Papadatos, a. a. O., S. 57) Der Sicherheitsrat hat am 23. Juni einen Beschluß gefaßt, auf dessen Grundlage die beiden Staaten ihre Differenzen regelten. Am 3. August wurde ein gemeinsames Communiqué veröffentlicht und die Angelegenheit als erledigt bezeichnet. Der Beschluß des Sicherheitsrates ist bemerkenswert: Einerseits wird der Vorgang der Entführung als Völkerrechtsverletzung bezeichnet, der eine Atmosphäre der Unsicherheit schafft und mit der Friedenssicherungsaufgabe unvereinbar ist. Andererseits wird die allgemeine, universale Verurteilung der nazistischen Judenverfolgung betont und hervorgehoben, daß Eichmann sich vor einem Gericht verantworten müsse. (S. 62, Anm. 53)

70 *Für Sie persönlich,* a. a. O., S. 19 f.: „Gedankenvoll sah M. vor sich hin. Dann griff er langsam in die oberste Schreibtischlade, entnahm ihr einen dünnen, unbeschrifteten Ordner, kramte weiter, brachte einen Gummistempel nebst rotem Stempelkissen zum Vorschein, öffnete das Kissen, drückte den Stempel darauf und preßte ihn dann sorgfältig auf die rechte obere Ecke der grauen Mappe. Danach verstaute er Stempel und Stempelkissen wieder in der Lade, schloß sie, drehte die Mappe herum und schob sie Bond wortlos zu. Die roten Grotesklettern, noch druckfeucht, lauteten: Für Sie persönlich.“

71 A. a. O.

72 A. a. O.

73 A. a. O., S. 18 f.

74 Vgl. Walter Schäzel, *Die riskante Kriegshandlung,* in: *Festschrift für Richard Thoma,* Tübingen 1950, S. 173 ff.

75 Vgl. oben, Anm. 68.

76 Londres, Leide, 1758.

77 Vgl. *James Bond und der goldene Colt*, a. a. O., S. 16 ff.

78 Vgl. zum Ganzen: Umberto Eco, *Die erzählerischen Strukturen im Werk Jan Flemings*, in: *Apokalyptiker und Integrierte. Zur kritischen Kritik der Massenkultur*, Frankfurt/M. 1984, S. 273 ff. In drei Punkten weichen Ecos Interpretationsergebnisse von meinen ab: Der Gegensatz zwischen dem Westen und der Sowjetunion ist insofern nicht einfach manichäistisch, als der Sowjetunion der Charakter eines aggressiven, aber doch einigermaßen kalkulierbaren Funktionärs- und Machtstaates zugeschrieben wird. Der teuflische Feind wird mit den unberechenbaren machtbessenen Einzelnen wie No und Blofeld identifiziert. Diese Figuren stehen in ideologischem Zusammenhang mit dem Nazismus und der Hybris des 1000jährigen Reiches. Zum andern vermag ich die Auffassung nicht zu teilen, daß Flemings Chauvinismus mit einer Abneigung gegen die Völker des Mittelmeerraumes gekoppelt sei. Die Kurzgeschichte *Riskante Geschäfte* und auch der Roman *Im Dienste Ihrer Majestät*, in dem die tiefe Sympathie zwischen Bond und dem Korsen Draco geschildert wird, sprechen eine andere Sprache. Der Ansatz zu autoritärem Denken zeigt sich da, wo der Traum von britischer Überlegenheit die Einsicht in die Notwendigkeit völkerrechtlicher Bindung auflöst und der Rechtsstaat in den Geheimstaat verwandelt wird. Diese Momente werden bei Eco unzureichend berücksichtigt. Sie reichen nicht aus, um Fleming dem Faschismus zuzuordnen. Die Rationalität des Traditionalismus ist zu ausgeprägt. Schließlich: Zwar ist die Kombination von intelligenter Argumentation und primitiver Schematisierung, die Fleming inszeniert, ein Element des Publikumserfolges, mitentscheidend ist meines Erachtens aber die Tatsache, daß der Leser sich mit dem Commander und dem Korsaren identifizieren kann.

III. Agent im Augiastall

1. Der Antiheld

Helden sind Menschen, die für andere Menschen, für das Gemeinwohl ihr Leben auf's Spiel setzen. Wir stellen sie uns als kraftvolle und schöne Menschen vor, die den unerbittlichen Kampf gegen den häßlichen, widerlichen Feind, der aus der Finsternis kommt, durchhalten und das, was uns teuer und lieb ist, retten. Bond und Cotton sind strahlende Helden, jeder auf seine Art. Cotton entsteigt dem amerikanischen Traum vom wilden Anfang, als Recht und Ordnung allein vom einzelnen abhingen. Ins Bild von Bond spielen Erinnerungen an den ritterlichen Helden von König Artus' Tafelrunde. Freilich, eines hat er mit dem irrenden und fahrenden Ritter, von dessen aventures Chrésien de Troyes[1] berichtet, nicht gemein: Seine Abenteuer im Dienste Ihrer Majestät besteht er nicht, um an ihnen zu wachsen, um ein letztes Ziel zu erreichen. Nein, der ritterliche Bond, dem es unmöglich ist, einer schönen Gegenagentin den Todesschuß[2] zu versetzen, ist kein Parzival. Und er, der Dritte, mit dem wir uns befassen, ist kein Held. Er ist das Gegenteil von einem Helden. Er ist keineswegs ein Feigling, aber es fehlt ihm die „Wohlgestalt". Er ist eher fett, kurz und kurzatmig.[3] Aber das ist nicht entscheidend. Er ist ein Antiheld. Er lehnt die Kategorie der Heldenhaftigkeit aus seinem Wesen heraus ab. Er ist ein unscheinbarer Mann, der seinen Geschäften nachgeht, der seine Arbeitskraft gegen Honorar verkauft. Er ist Angestellter einer großen Detektei, der Kontinental.[4] Er hat seinen Job. Das genügt. Einen Namen hat er nicht, bzw. er verschweigt ihn. Er erzählt uns die Story von Postville in Ich-Form. Aber er stellt sich mit seinem Namen nicht vor. Wenn er in der Erzählung danach gefragt wird, antwortet er nicht, oder er wirft einige beliebige, erfundene Namen hin. Auf seinen wirklichen Namen kommt es nicht an[5] – Name ist Schall und Rauch –, wohl aber auf sein Ich. Er ist ein namenloses, ein anonymes Ich. Dazu ist er keineswegs ein blasses, wesenloses Wesen, das sich brauchen, benutzen, ausbeuten läßt. Er ist eigenwillig, selbsttätig, zielstrebig, energisch, scharfsinnig, gelegentlich zynisch und durchtrieben. Er durchschaut Freund und Feind. Seine „Namenlosigkeit" entzieht ihn der öffentlichen Ansprechbarkeit und garantiert einen äußersten Grad an Privatheit. Er hat keine Mission, keinen öffentlichen Auftrag; er ist der private Angestellte eines privaten Unternehmens, das detektivische Aufgaben aller Art übernimmt und dabei zu seinem Gewinn zu kommen sucht.

2. Ein Auftrag in Postville

Im Rahmen seines Jobs kommt er nach Postville. Er soll sich gegen 10 Uhr abends im Hause des Chefredakteurs einfinden.[6] Er wird von der Frau des Auftraggebers empfangen. Diese wird abgerufen. Er wartet. Nach etwa einer Stunde kommt die Frau wieder. Sie ist erregt. An ihrem linken Schuh ist ein Fleck, der nach Blut ausschaut. Mit der Rückkehr des Mannes sei nicht mehr zu rechnen.[7] Er spaziert durch die Stadt und erfährt, daß sein Auftraggeber soeben auf offener Straße erschossen worden sei. In einem Gespräch mit einem Gewerkschafter wird ihm die Lage der Stadt wie folgt geschildert:

„Vierzig Jahre lang hatte dem alten Elihu Willsson – dem Vater des

Mannes, der heute abend ums Leben gekommen war – ganz Postville gehört, mit Herz und Seele, Haut und Haar. Er war Generaldirektor und Inhaber der Aktienmehrheit der Bergbaugesellschaft Postville, dito der Ersten Nationalbank, Besitzer des Morning Herald und des Evening Herald, der einzigen Zeitungen der Stadt, und zumindest Teilhaber an fast allen irgendwo bedeutsamen Unternehmen. Neben diesen Besitztümern gehörten ihm ein Senator in Washington, ein paar Abgeordnete des Repräsentantenhauses, der Gouverneur des Staates, der Oberbürgermeister und der größte Teil des Landesparlamentes. Elihu Willsson war Postville, ja, er war fast der ganze Staat."[8] Während des Krieges verbesserte die Gewerkschaft die Stellung der Minenbelegschaft. 1921 holte Elihu zum Gegenschlag aus. „Das Geschäft ging mies. Dem alten Elihu war es gleich, ob er eine Weile zumachte oder nicht. Er zerriß die Vereinbarungen, die er mit seinen Leuten getroffen hatte, und fing an, sie wieder in dieselbe Position zurückzudrängen, in der sie sich vor dem Krieg befunden hatten."[9] Es kam schließlich zum Streik. „Der Streik dauerte 8 Monate. Beide Seiten bluteten schwer dabei. Die Genossen mußten ihr Blut selber hergeben. Der alte Elihu heuerte sich dafür Ganoven, Streikbrecher, Leute der Nationalgarde und sogar einzelne Einheiten der regulären Armee an. Als der letzte Schädel eingeschlagen, die letzte Rippe geknackt war, war die Gewerkschaftsbewegung in Postville ein abgebranntes Feuerwerk."[10] Es kommt noch ein Aber: „... der alte Elihu kannte sich nicht genug in der italienischen Geschichte aus. Er gewann den Streik – aber er verlor seine Macht über die Stadt und den Staat. Um mit den Kumpels fertig zu werden, hatte er seinen bezahlten Ganoven die Zügel schießen lassen müssen."[11] Jetzt brachte er sie nicht mehr los. Sie hatten zuviel gegen ihn in der Hand. Sie nahmen sich die Stadt als Siegesbeute. Aus Postville wird Pestville, eine häßliche Verbrecherstadt mit ca. 40 000 Einwohnern. Der Stärkste ist Pit, der Finne: Schnaps. Dann kommt Lou Yard: Vertrieb und Wucher, er ist „dicke Tunke" mit dem Polizeichef Noonan. Dazu gesellt sich der Glücksspieler Max Thaler. „Diese drei – und Noonan dazu – helfen Elihu schon so ungefähr, die Stadt zu regieren, helfen ihm mehr, als ihm lieb ist."[12] Das ist eine klassische politökonomische Analyse. Doch warum interessiert sich eigentlich dieser namenlose Privatmann dafür, der angeblich nur seinen Job im Dienste seiner Agentur verfolgt? Vielleicht kümmert ihn die Rolle, die sein verblichener Auftraggeber in dieser reizenden Stadt gespielt hat? Er erhält auch Auskunft und Aufklärung: Der Ermordete, der Sohn des „Zaren von Postville", der Zeitungschef, selbstverständlich vom Papa in die Chefposition gebracht, dieser Sohn, der hauptsächlich in Europa gelebt hat, ist von Europa verdorben, war Idealist, ein „Scheißliberaler", und wollte die Verhältnisse ändern.[13] Wurde er wohl deshalb ermordet? War es ein politischer Mord? Stand vielleicht sogar der Vater dahinter, dem das Tun des „ungeratenen" Sohnes zuviel wurde? Alles möglich. Doch was geht das diesen namenlosen Agenten an? Sein Auftraggeber ist tot; der Auftrag – um was es gegangen wäre, ist unbekannt – ist verloren. Eigentlich dürfte ihn nur noch der Spesensatz und dann die Abreise interessieren, der schleunige Abgang von der scheußlichen Bühne Pestville.

Woher also stammt dieses Interesse an den Hintergründen? Geht es um Neugierde an sich, um eine Schnüffelsucht, die durch das Berufsinteresse nicht mehr gedeckt ist? Oder aber erschnuppert der Schnüffler neue, weitergehende Verdienstmöglichkeiten? Das ist denkbar. Auf alle Fälle versucht er, mit dem alten Elihu ins Geschäft zu kommen. Er teilt ihm mit, daß die Schwiegertochter verdächtigt werden müsse, ihren eigenen Mann umgebracht zu haben. Er wird von dem alten „Knurrhahn", der Sekretär nennt ihn eine „vitale Persönlichkeit", der sich den Verdacht übrigens begeistert zu eigen macht, rausgeschmissen und dann wieder gerufen.[14]

„Der alte Elihu war im Bett wie zuvor, aber jetzt lag ein schwarzer automatischer Revolver auf der Decke neben einer seiner rötlichen Hände. Kaum erschien ich, da hob er den Kopf aus dem Kissen, setzte sich auf und bellte mich an: „Ist Ihr Schneid so groß wie Ihre Schnauze?" Sein Gesicht war von ungesundem Dunkelrot. Der Schleier war von seinen Augen gewichen. Sie waren wild und wütend. Ich ließ seine Frage warten, während ich die Leiche auf dem Fußboden zwischen Tür und Bett beobachtete."[15] Sein aggressives Getue ist auf Furcht zurückzuführen. Er war überfallen worden. Er hatte geschossen und in Notwehr getötet. Die „Kumpanen" standen wohl dahinter. Er fühlt sich bedroht, ja, er hat „Heidenangst" und spricht deshalb „vernünftig": „Ich brauche einen Mann, der mir diesen Schweinekoben, dieses Pestville aufräumt, der die Wanzen ausräuchert, kleine und große. Das ist ein Stück Arbeit für einen Mann. Sind Sie ein Mann?" „Was hat es für einen Zweck, darüber ins Schwärmen zu kommen?" knurrte ich. „Wenn Sie eine einigermaßen ehrliche Arbeit zu tun haben, die in meine Branche fällt, und einen anständigen Preis bezahlen wollen, nehme ich's vielleicht gerne an. Aber lauter Narretei über Wanzen und Schweinegehege ausräuchern läßt mich kalt."[16]

Damit wird zweierlei deutlich: Es geht um ein Geschäft, um dessen Preis und die branchenübliche Arbeitsleistung: gerade deshalb wird Pathetik, irrationale Überzogenheit oder Narretei strikt abgelehnt. Das Geschäftsmäßige vollzieht sich auf der Ebene des Humanen. Diese wird verlassen, wenn Menschen „entmenscht" und zu Wanzen oder Schweinen degradiert oder „umfunktioniert" werden. Der Alte korrigiert sich denn auch: „Also gut. Ich will Postville von seinen Gaunern und Schiebern gesäubert haben."[17] So kommt es Schritt um Schritt zum Konsens. Das Ziel: Aufräumen, Säubern, Reinigen der Stadt; die Mittel: freie Hand, „die Sache so anfassen, wie ich es für richtig halte"; Preis: 10 000 Dollar Vorschuß; – und ganz entscheidend: „Diese Leute, die Sie in die Reinigung schicken wollen, waren gestern Ihre Freunde. Mir ist das gleich. Aber ich spiele nicht für Sie Politik. Ich lasse mich nicht anstellen, um Ihnen zu helfen, sie in die Reihe zurückzubringen, wenn die Arbeit dann abgeblasen wird. Wenn Sie die Arbeit getan haben wollen, müssen Sie so viel Geld ausspucken, daß es für eine komplette Arbeit reicht. Wenn etwas übrigbleibt, wird es Ihnen erstattet. Aber Sie kriegen eine komplette Arbeit oder nichts. So muß es schon sein. Entweder – oder!"[18] Dazu noch eines: Der Scheck und die Vollmacht sind nicht etwa an den namenlosen Angestellten, sondern an die Kontinental-Detektiv-Agentur, Zweigbüro San Francisco, auszustellen. Die Agentur soll ermächtigt werden, die 10 000 Dollar „für die Untersuchung von Verbrechen und politischer Korruption in Postville nach ihrem Belieben auszugeben."[19]

Das Ganze ist überaus merkwürdig: Zunächst die bedingungslose Alles-oder-nichts –, Entweder-oder-Haltung. Ein solider Handwerker liefert das Werkstück so, wie es sein muß, oder er läßt sich auf die Sache gar nicht ein. Eine halbe Sache wäre mit der Berufsehre nicht vereinbar. Im gegebenen Fall handelt es sich um ein höchst eigenartiges Werkstück, um die „Stadtreinigung", oder vielleicht sachlicher ausgedrückt – der namenlose Agent spricht indessen selbst von Stadtreinigung und gerät so unwillkürlich in die Nähe der Metaphern, die er verurteilt – die Säuberung der Stadt von den üblen Elementen, von Rechtsbrechern und Bösewichten, von solchen allerdings, die Macht besitzen, politische Macht. Gerade um Politik als die Kunst des Möglichen, des Kompromisses aber darf es nicht gehen. Werktreue, Werkgerechtigkeit verlangt bedingungslose „Säuberung", „Reinigung". Da muß der letzte Ganove gehen, selbst wenn es bequemer wäre, sich mit ihm zu einigen. Erweist sich damit für den namenlosen Agenten Werkgerechtigkeit nicht einfach als Gerechtigkeit? Steht dieser sonderbare Geschäftsmann nicht im Dienst, unter dem „Zwang" des kategorischen Imperativs, das Gerechte ins Werk zu setzen und Ungerechtigkeit auszurotten? Für Geld allerdings; für 10 000 Dollar, was eher mit Geschäftsmoral als mit dem kategorischen Imperativ zu tun hat.[20] Aber es ist gerade für das „namenlose" Ich bezeichnend, daß es an den zwei sich widerstreitenden Forderungen intransingent festhält: Geld *und* Gerechtigkeit. Säuberung, Reinigung *und* der gerechte Preis, der gerechte Lohn. Ja, er dächte nicht daran, die Stadt zu reinigen, wenn er nicht zu den 10 000 Dollar Vorschuß und zu einer soliden Schlußabrechnung käme. Für ihn paßt eben nahtlos zusammen, was uns als Widerspruch erscheinen mag. Aber wir sind mit dem Widersprüchlichen noch nicht am Ende: Herr „Saubermann" gibt seiner Agentur vor, daß es sich um eine *Untersuchung* handelt.[21] In Wirklichkeit geht es um eine Aufgabe, die keineswegs branchenüblich ist, obgleich er sich so gern auf's Branchenübliche beruft. Es geht nicht um „Schnüffelei", sondern um Maßnahmen, Aktionen – so müssen wir es zumindest verstehen –, um eine Tat, eine „herkulische" Tat, um Praxis, um die Stadtreinigung. Das Buch schließt mit der Bemerkung, daß es schwierig gewesen sei, den Schlußbericht auf's Branchenübliche zu frisieren. Der „Alte" habe zwar alles durchschaut, den frisierten Bericht jedoch geschluckt.[22]

3. Stadtreinigung

Wie recht der anonyme Agent bei der Begründung des Rechtsverhältnisses hatte, als er jede Rücktrittsmöglichkeit ausgeschlossen haben wollte, zeigt sich schon bald. Es ist ihm gelungen, den Mörder des idealistischen Chefredakteurs zu erkennen und der „Gerechtigkeit" zuzuführen.[23] Eine vorzügliche branchenübliche Arbeit! Der alte Elihu ist zufrieden. Er meint, die 10 000 Dollar seien wohl verdient. Für die Aufklärung des Mordes reiche der seinerzeit bezogene Vorschuß, den ihm der Verstorbene überwiesen habe. Dann solle er die 10 000 als Prämie kassieren. Annahme von Prämien sei unzulässig. Die 10 000 seien für die „Reinigung". Der Alte will „zurück". Doch der Anonymus bleibt eisern: „Ich liefere Ihnen nichts weiter als eine anständige Stadtreinigung. Das haben Sie bestellt und das werden Sie kriegen. Sie wissen jetzt, daß Ihr Sohn von dem jungen Alburey ermordet worden ist und nicht von Ihren Kumpanen. Und die wissen jetzt, daß Thaler Ihnen nicht geholfen hat, sie anzuschmieren. Nachdem jetzt Ihr Sohn tot ist, sind Sie in der Lage gewesen, ihnen zu versprechen, daß die Zeitungen keinen Dreck weiter aufwirbeln werden. Alles ist wieder schön und friedlich."[24] Das Problem ist indessen keineswegs gelöst und der Konflikt weder ausgeräumt noch bereinigt. Die Säuberungsaktion unter dem Titel „Untersuchung" läuft weiter, zumal den Namenlosen namenloser Grimm darüber erfüllt, daß ihn der Polizeipräsident als unangenehmen Störer hatte beseitigen lassen wollen.

„Ihr fetter Polizeichef hat mich gestern abend um die Ecke bringen wollen. So was hab ich nicht gern."[25] Zum sachlichen Motiv kommt so ein persönliches, welches nicht nur Wut, sondern auch Spaß vermittelt.

Schon ganz zu Beginn seiner Ermittlungen hat der Agent eine wichtige Entdeckung gemacht, eine entscheidende sogar. Er entdeckte, daß im Zentrum des komplizierten Netzes von Beziehungen eine Frau sitzt: Dinah Brand.[26] Der jugendliche Mörder des Zeitungsmannes, dieser selbst und all die Bosse und ehemaligen Bosse, die das Leben von Pestville bestimmen, haben mit ihr zu tun. „Sie scheint ja jeden irgendwann einmal am Bändel gehabt zu haben! Jeden, den sie wollte! Er sagte es ganz ernsthaft."[27] Das klingt fast apokalyptisch: „... die Könige auf Erden haben mit ihr Hurerei getrieben und die Kaufleute auf Erden sind reich geworden von ihrer großen Wollust" (Off. 18,3). Auf alle Fälle versteht sie ihr Handwerk ausgezeichnet und ist überdies auf Geld wild. „Sie ist absolut kommerziell eingestellt, so unverblümt geldgierig, daß schon nichts unangenehmes mehr daran ist."[28] Hinzu kommt, daß sie die Männer leicht dazu bringt, „ihr ihre Lebensgeschichte zu erzählen und alle ihre Sorgen und Hoffnungen."[29] Sie ist groß, 1,75; 4 cm größer als der Agent, kräftig und träge. Sie räkelt sich und ist schlampig gekleidet, frisiert und geschminkt. Der Fleck auf dem Kleid und die Laufmasche gehören zum Kostüm. Sie kann sich aber auch großartig herausputzen: „Sie hatte sich ihr Haar endlich schneiden und ondulieren lassen und sah in dem großen grauen Pelzmantel nach einem Haufen Geld aus."[30] Sie greift auch gern zur Flasche: Vor allem Gin, gelegentlich mit Opium.[31] Beim Geld geht es ihr ums Prinzip: „Wenn ein Mädel etwas hat, was jemandem etwas wert ist, ist sie eine Pfeife, wenn sie nicht kassiert."[32] Der Agent grinst bei dieser Feststellung. Das versteht er. Auch er hat in Gelddingen, wie wir wissen, Prinzipien. Sie ist bereit, an den 10 000 Dollar zu partizipieren und an der „Stadtreinigung" mitzuwirken. Daß dabei Freundschaften draufgehen, ist ihr gleichgültig. Auf die Frage, wie er sich diese „Nestsäuberung" vorstelle, antwortet der Agent: „Ungefähr hab ich's mir jetzt so vorgestellt, daß ich soviel wie möglich Schweinereien aufstöbere, die für die anderen belastend sein können ... Vielleicht gebe ich ein Inserat auf: ‚Suche Verbrechen – neu oder gebraucht.' Wenn sie so viel auf dem Kerbholz haben, wie ich vermute, dürfte es mir wohl nicht allzugroße Schwierigkeiten machen, ein oder zwei Geschichten zu finden, mit denen ich sie am Kragen kriegen kann."[33] In einem solchen Programm dürfte „die Dame im Mittelpunkt" durchaus nützlich sein. Dazu gehörte auch ein Experiment mit Gerüchten rund um einen Boxkampf, „um zu sehen, was passieren würde".[34] „Aha, so macht ihr das, ihr wissenschaftlichen

Detektive! Mein Gott, so rundlich und nicht mehr ganz jung und ausgepicht und dickschädelig wie Sie sind, haben Sie doch die merkwürdigsten Methoden, die ich je erlebt habe."[35] Aber sie geht darauf ein. Sie liefert die Informationen, mit denen er herumspielt; mit dem Geld ist er zurückhaltend. Schließlich ist er zahlungsbereit. Ihr kommt es nicht mehr zugute. Sie wird ermordet: und zwar als 17. Opfer in dem Hexenkessel, den der wissenschaftlich vorgehende Detektiv inszeniert hat. Er selbst wird verdächtigt.[36] Doch er gewinnt auch die letzte Runde, da er schwachsinnige Liebesbriefe, die der alte Elihu an Dinah Brand gerichtet hatte, an sich zu bringen vermochte. Auch den „Zaren von Pestville" hatte die geldgierige Stadthure in der Hand.[37] Mußte sie deshalb ihr Leben lassen? Die „bösen Buben", die Willsson die Stadt abgenommen haben, sind tot: „Yard ist Dienstag früh abgekratzt, Noonan am selben Abend, Whisper Mittwoch früh und der Finne erst vor einem Weilchen."[38] Das Werk der Stadtreinigung ist gelungen. Der Zar ist wieder der Zar, Eigentümer der Stadt. Der Agent weigert sich, des Zaren Polizeipräsident[39] zu werden. Er reist ab und verfaßt für den Alten der Detektei den „getürkten" Schlußbericht über die Untersuchung der Korruption in Postville.

Was ist eigentlich erreicht worden? Eine saubere, aber keine reine Stadt. Die Ganoven haben sich gegenseitig umgebracht. Niemand aber wird behaupten können, daß mit der Restauration von Elihus Herrschaftsmacht Postville unters Banner der Gerechtigkeit zurückgekehrt sei. Dieses flatterte auch vor dem großen Streik, vor dem Einzug der Ganoven nicht über dem Städtchen. Die „Ursprungslage" entspricht Lassalles[40] Frage nach dem Wesen einer Verfassung. Es handelt sich um eine Machtlage. Der Herr der Mine, der Bank, der wichtigen Wirtschaftsunternehmen, der Herr der Zeitungen ist der Herr der Stadt, ja, des Staates. Wer die Wirtschaft hat, hat die Polis. Freilich sind wirtschaftliche Macht und politische Organisation nicht einfach identisch. Der alte Elihu hat einen Bürgermeister, einen Polizeipräsidenten, seine Abgeordneten, seinen Gouverneur; aber er ist nicht selbst Bürgermeister, Polizeipräsident usw. Wenn es heißt „Elihu Willsson war Postville ...", dann ist das mit dem ‚L'état, c'est moi' nicht zu verwechseln. „Er war Postville" bedeutet: In Postville geht nichts ohne ihn. Aber seine Macht ist potestas indirecta. Sie wird in der Sphäre der formierten Öffentlichkeit durch die von ihm gelenkte Presse vermittelt. Sein wirtschaftliches Imperium nimmt den Trägern der politischen Gewalten die Eigenständigkeit; aber er braucht sie als Kulisse, damit er selbst unscheinbar bleiben kann. So zeichnen sich drei Widersprüche ab:

1) Politische Gewalt reduziert sich auf ökonomische Macht; sie dient dieser jedoch als Kulisse.

2) Politische Gewalt ist demokratisch, liberal verfaßt; die ökonomische Macht ist autoritär, patriarchalisch, monokratisch.

3) Die wirtschaftliche Macht ist so verfaßt, daß ihr Ursprung und ihre Rechtfertigung aufgehoben werden: der Wirtschaftsliberalismus.

Das ganze „Regiment" gründet schließlich in der patrias potestas, durch welche ein Minimum an äußerer Ordnung gesichert wird. Zwei Versuche, dieses Regiment zu verändern, scheitern kläglich: Der Versuch der Gewerkschaft, ein Minimum an Wirtschaftsdemokratie zu erreichen, und derjenige des „liberalen Schufts", Donald Willssons, des Sohnes und Chefredakteurs, die amerikanischen Verfassungsideale in die Wirklichkeit umzusetzen. Mit der Rede, daß die Stadtreinigung zugleich den Sieg der Gerechtigkeit bedeute, ist somit nicht viel Staat zu machen. Aus der Sicht des Sohnes etwa mußte auch das „bereinigte Vaterregiment" als ungerecht erscheinen. Dieses war übrigens labil, weil der Vater trotz aller verbalen Kraftmeiereien ein Zittergreis war. Die nächste Krise war bereits „vorprogrammiert". Dennoch: die Säuberungsaktion hat etwas ganz Entscheidendes bewirkt. Die Gefahr der Herrschaft des „Weibes", die Gefahr, daß nicht der Vater, sondern das „Weib" die Stadt ist. Noch einmal ein Zitat aus der Apokalypse: „Und das Weib, das du gesehen hast, ist die große Stadt, die das Reich hat über die Könige auf Erden."

Dinah Brand, die Schlampe, die geldgierige und gutmütige Stadthure, sie hat alle und auch den „Vater" in ihren Fängen. Verliebtheit und die Begierde, ihr Sehnsüchte, Hoffnungen und Sorgen anzuvertrauen, bringen den Mann zur Kapitulation und dazu, im „Sumpf" unterzugehen. Sumpf ist die Verbindung von Sexualität und Geldgier. Diese Verbindung kompromittiert letztlich auch die Autorität des Patriarchen und das patriarchalische Regiment im Ganzen. Unordnung, Schlamperei, Aufweichung jeglicher Disziplin und Sittlichkeit, Begehrlichkeit und Begierden, all das steht gegen die Willensstärke und -härte des Patriarchen. Mehr als dies hat er nicht zu bieten; wohl aber zeigt er sich anfällig gegenüber seinem Gegenprinzip, einer archaischen, ordnungslosen, alles umschlingenden Matriarchalität. Ja, das „Mädel" ist eben nicht nur ein Mädel, sondern die Figuration der Vor-Vater-Welt, Vorstufe des kulturstiftenden, den Ackerbau begründenden Matriarchates.[41] Auch der „wissenschaftliche Detektiv" ist gegenüber dieser Urmacht und ihren betäubenden und betörenden Kräften anfällig. Aus dem Drogenrausch, in den sie ihn bei der letzten Begegnung versetzt hat, erwacht, weiß er zunächst nicht, ob er nicht doch ihr Mörder war. Doch weder er noch der Patriarch haben ihren Tod zu verantworten. Sie ging unter im Strudel des Bandenkrieges, im Sumpf der Intrigen und bösen Verdächtigungen, im Sumpf des Alkoholismus, der Spielleidenschaft und betrügerischen Erpressungen, der Gier und der Begierden.[42]

Ohne den listigen, wissenschaftlichen Detektiv und Agenten, der bis zum Schluß gegenüber dem Leser die Tarnkappe der Namenlosigkeit aufbehält, hätte das väterliche Regiment nicht restauriert werden können. Der alte Elihu wäre schnaubend im Sumpf untergegangen und mit ihm die Stadt. Diese Gefahr hat der Angestellte der Detektei erkannt und bekämpft. Im Grunde genommen gehört er auf die Seite des brutalen Alten wie Reineke Fuchs zum Löwen, wenngleich beide sich gegenseitig stets hemmen und gegeneinander wirken, wie es sich in der dialektischen Verbindung zweier Grundkräfte nun einmal gehört. Es geht um eine spezifische Verbindung von ratio und voluntas. Die ratio erscheint in Gestalt der List, der Intelligenz, der Fähigkeit des Verstandes, Ursache und Wirkung zu durchschauen und sich daran zu orientieren. Sie erscheint dagegen nicht in Gestalt eines ethischen Prinzips, das von der voluntas Verwirklichung fordert. Sie erscheint als Licht, das der voluntas ihren eigenen Weg zur Selbstverwirklichung aufzeigt. Insofern ist der Vergleich mit dem Kräftepaar Fuchs und Löwe zutreffend. Andererseits dürfen die massiven Gegensätze nicht unterschätzt werden: Der Löwe ist König, der Fuchs Kanzler. Sie stehen in öffentlichen Funktionen, sie sind Amtsträger. Sie verwalten ihre Ämter keineswegs so, wie diese es erwarten lassen, im Sinne der Gerechtigkeit, sondern im Sinne von List und Macht. Aber sie verwalten öffentliche Ämter. Demgegenüber sind der wissenschaftlich vorgehende Detektiv und sein Auftraggeber eine Firma oder Geschäfts- bzw. Privatleute. Die Macht, um die es geht, ist Wirtschaftsmacht, eine durch die Steuerungsmöglichkeiten des Marktes nicht mehr zu kontrollierende Konzentration auf der Ebene des Kapitals. Der Versuch, Arbeit und Kapital zusammenzuschließen, scheitert. Desgleichen scheitert der Versuch, diese hochkonzentrierte Wirtschaftsmacht über eine unabhängige, kritische Presse ins Demokratie- und freiheitliche Verfassungsgefüge einzubeziehen. So bleibt nur eins, die Substanz dieser Macht in der Vaterwelt festzumachen und sie gegen die vagen, unbestimmten Ansprüche und Kräfte der weiblichen Seele, die, soweit sie nicht in Ehehaft und Unterjochung immunisiert sind, nur als unzüchtig hurenhaft begriffen werden kann, abzusichern. Diesen Prozeß inszeniert der Detektiv in voller Anonymität, in vollendeter Privatheit, als verstandeskräftiges Geschäft-Ich und Akrobat zwischen Denken und Handeln, als Intrigant, Anstifter, Diabolos. Nach Abschluß des Geschäftes verschwindet er nicht ohne resignierten Hinweis auf die Fragwürdigkeit seines Werkes.[43]

Anmerkungen

1 Vgl. Reto Bezzola, *Liebe und Abenteuer im höfischen Roman*, Hamburg 1961.
2 Vgl. *Duell mit doppeltem Einsatz*, in: *Tod im Rückspiegel*, a. a. O., S. 84.
3 Vgl. Dashiell Hammett, *Bluternte*, Frankfurt/M., 1960.
4 A. a. O., S. 15.
5 A. a. O., S. 9.
6 A. a. O., S. 6 ff.
7 A. a. O., S. 8.
8 A. a. O., S. 8.
9 A. a. O., S. 8.
10 A. a. O., S. 11.
11 A. a. O., S. 12.
12 A. a. O., S. 12.
13 A. a. O., S. 12.
14 A. a. O., S. 16 ff.
15 A. a. O., S. 39 f.
16 A. a. O., S. 40.
17 A. a. O., S. 40.
18 A. a. O., S. 42.
19 A. a. O., S. 42.
20 Der kategorische Imperativ fordert die Befolgung des Gesetzes um des Gesetzes willen und schließt alle Formen des „do ut des" aus.
21 A. a. O., S. 42.
22 Gewiß, geschluckt hat er den Bericht, doch seinen Agenten hat er gehörig „zusammengestaucht", a. a. O., S. 197.
23 A. a. O., S. 59. Der Anfangsverdacht, daß die Frau des Ermordeten die Tat begangen habe, hat sich nicht bestätigt. Es handelt sich um ein Eifersuchtsdelikt. Der Täter war durch seine Leidenschaft für die „Stadthure" Dinah Brand motiviert (a. a. O., S. 56 ff.).
24 A. a. O., S. 60.
25 A. a. O., S. 60.
26 Ihr Portrait: „Sie hatte einen breitschultrigen, vollbusigen Körper mit gerundeten Hüften und starke muskulöse Beine. Die Hand, die sie mir reichte, war weich, kräftig und warm. Ihr Gesicht war das Gesicht eines fünfundzwanzig-

jährigen Mädchens, das schon Anzeichen des Verblühens zeigte. Kleine Linien kränzten die Ecken ihres großen, reifen Mundes. Schwächere Linien begannen um ihren dichtbewimperten Augen Netze zu ziehen. Es waren große Augen, blau und ein wenig blutunterlaufen" (a. a. O., S. 31).

27 A. a. O., S. 29.

28 A. a. O., S. 27.

29 A. a. O., S. 27.

30 A. a. O., S. 69.

31 Charakteristisch ist folgende Passage: „Sie legte das linke Bein über das rechte und blickte zu Boden. Ihre Augen richteten sich auf die Laufmasche an ihrem Strumpf ... Jetzt gucken Sie sich mal die blöden Dinger an! Jeden Tag Laufmaschen, Laufmaschen, Laufmaschen!" (S. 32) Ferner: „Sie sind blau und ich bin blau, daß ich Ihnen alles erzähle ..., sehen Sie, so ein Mädel bin ich!" (a. a. O., S. 35)

32 A. a. O., S. 34.

33 A. a. O., S. 78.

34 A. a. O., S. 79.

35 A. a. O., S. 79.

36 A. a. O., S. 171 ff.

37 A. a. O., S. 167, S. 173, S. 182.

38 A. a. O., S. 184.

39 A. a. O., S. 186.

40 Vgl. Hans Peter Bleuel, *Ferdinand Lassalle oder der Kampf wider die verdammte Bedürfnislosigkeit*, Frankfurt/M. 1982, S. 289 ff.; Ferdinand Lassalle, *Reden und Schriften*, München 1970.

41 Johann Jakob Bachofen, *Zum chronischen Hetärismus*, in: *Das Mutterrecht*, Frankfurt/M. 1975, S. 29 ff.

42 Vgl. *Bluternte*, a. a. O., S. 196 ff.

43 A. a. O., S. 197.

IV. Epilog und Exkurs über Balzac

1. Kognition und Aktion

Ernst Bloch[1] hat die weite Verbreitung des Kriminalromans in Verbindung mit der Modernisierung des Strafprozeßrechts gebracht. Dadurch sei das eminente Interesse am Schuldbeweis entstanden, und daraus nähre sich die Popularität der „Sherlock Holmes, der Maigrets und Poirots". Das erpreßte, erfolterte Geständnis genügt nicht mehr. Man muß „wissen", um den Verbrecher zu stellen. „Detektive" vermitteln dieses Wissen, oder aber sie decken auf, daß der Verdächtigte zu Unrecht verdächtigt wird. Der Prozeß des Beweisens und Gegenbeweisens erweckt Spannung, die wiederum Entspannung bewirkt. Es geht in der Regel um Leben und Tod des Opfers und des Täters. Der falsche Verdacht steigert die Spannung. Spurensicherung, geduldige Beobachtung, exakte Schlußfolgerungen und heute der Computer, Empirie bis hin zum psychologischen Experiment. Der „wissenschaftliche Detektiv" von Hammett – er hat viele Vorgänger[2] – experimentiert mit Gerüchten und zieht seine Schlüsse aus den Reaktionen der Umwelt. Aber gerade dieser sonderbare Privatdetektiv überschreitet die Grenze zwischen erkennen und handeln, zwischen intellektueller und praktischer Funktion. Er handelt, bewirkt, verändert. Gewiß, auch der „Schnüffler" bewirkt und verändert. Er bringt Unsicherheit, Unruhe und zerstört Selbstverständlichkeiten. Die Öffentlichkeit reagiert deshalb ärgerlich, ja, wütend. Der Ausdruck Schnüffler sagt viel. Schnüffelei ist etwas Widerwärtiges. Sie verletzt die Privatsphäre und öffentliche Geheimbereiche. Hinterhältigkeit und Heimtücke gehören dazu. Der Betroffene kann sich nicht wehren, weil die Eingriffe verdeckt vorgenommen werden, bis zum Augenblick der offenen Konfrontation, der Vorhaltung von ermitteltem Material. Insofern implizieren Untersuchungen, Ermittlungen „Eingriffe", Maßnahmen bis zur Verhängung von *Untersuchungs*haft. Es geht nicht nur um die Erforschung von Sachzusammenhängen, von Dingen, die unters Mikroskop geschoben werden, sondern um menschliches Verhalten, um Verstellung, Tarnung, Maskierung, um das Interesse an Verheimlichung und Täuschung. Wahrheitssuche trifft auf Widerstände und geschieht nicht einfach in der Sphäre des reinen Denkens. Der Übergang von der Theorie zur Praxis ist in diesem Zusammenhang nicht leicht zu fassen. Immerhin überschreitet der „wissenschaftliche Detektiv" die Grenzen des landesüblichen Ermittlungsbereiches, ja, auch des Polizeibereiches bei weitem. Der Agent wird zum acteur. Es geht ihm längst nicht nur um Wahrheitsfindung, sondern um die „Erledigung" des Feindes. Freilich gehört zum Kriminalroman die Aktion: Verfolgungsjagden z. B. bewirken zwar spezifische Spannungseffekte, sie sind jedoch ins Spannungsgefüge einbezogen, welches durch Nichtwissen und Wissenmüssen bestimmt ist. Insofern ist es richtig, wenn Ernst Bloch auf das beunruhigende Grundmuster der Ödipus-Frage[3] hinweist: Wer ist es, der die Pest über die Stadt gebracht hat? Da werden Kundschafter und der Seher ausgesandt. Sie kommen zurück, und ihre Botschaften enthüllen Schicht um Schicht die Wahrheit, bis diese letztlich den Fragenden selbst trifft. Im Leser wirkt die Unruhe, ob er es nicht selber sei, unbewußt und damit spannungssteigernd mit. Wie groß ist dann die Erleichterung und Befriedigung, daß es eben doch der biedere Bankier war. Es besteht indessen kaum ein Zweifel, daß bei den drei Autoren, die wir behandelt haben, dieses, nennen wir es das kognitive Interesse, durch das Interesse an der Aktion verdrängt wird. Selbst der „wissenschaftliche Detektiv" will eher wirken als erkennen. Bei Jerry Cotton und James Bond dominiert eindeutig die Aktion. Wir fragen fasziniert, ob der Held diesmal davonkommt und ob es ihm gelingt, den Bösewicht zur Strecke zu bringen. Nicht das Suchen nach der Wahrheit und die Ermittlung der Beweise, sondern der Schlagabtausch bewegt uns. Wir erleben sportliche Höchstleistungen, Mutsprünge, verwegene Skiabfahrten, Jagden, Schießereien, Folter, Exekutionen, Rettung in letzter Sekunde – und das pausenlos. Im kognitiven, im Aufklärungs-Kriminalroman wird der Prozeß vorbereitet, der Sachverhalt prozeßreif gemacht; im Aktions-Kriminalroman dagegen kommt es vielfach zum kurzen Prozeß. Agent Bond vollstreckt Urteile, die von keinem Gericht gesprochen wurden. Er vollzieht geheime Justizakte.

2. Öffentlich oder geheim

Damit kommen wir zu einer zweiten Hauptfrage, welche durch die drei Autoren und ihre Helden bzw. Antihelden aufgeworfen werden. Betrifft die erste das Verhältnis zwischen Kognition und Aktion, so betrifft die zweite das Verhältnis zwischen Geheimsphäre und Öffentlichkeit.

Die These: „Alles Recht ist öffentlich."[4] hat mit dem Gegensatz zwischen öffentlichem und privatem Recht nichts zu tun. Sie besagt, daß Rechtsregeln, die geheim erlassen und geheim angewendet werden, in unserem Verständnis den Anforderungen an Rechtsregeln nicht entsprechen. Ein geheimes Strafrecht, was die Tatbestands- wie die Rechtsfolgeseite anbelangt, ist für uns eine contradictio in adjecto. Das ergibt sich aus dem Demokratie- wie auch aus dem Rechtsstaatsprinzip und gilt ebenso für das Völkerrecht. Gerade beim Völkerrecht wird die Problematik, die mit dieser schlichten These verbunden ist, offenkundig. Es handelt sich jedoch um eine allgemeine Problematik. Detektiv heißt nach Kluge Geheimpolizist; zugleich verweist das Wort auf die Funktion des Aufdeckens. Ein Detektiv, auch ein privater, der seine Recherchen stets offen anstellt, ist nach unserem Verständnis[5] ebenso wie die geheime Strafrechtsnorm eine contradictio in adjecto. Gerade, wenn er im „Dienst der Öffentlichkeit" tätig wird, muß er auch verdeckt und heimlich handeln können. Das gilt in besonderem Maß da, wo die öffentliche Sache, die res publica im Zusammenhang mit gleichartigen Gebilden gesehen wird, wo es sich um das Verhältnis zwischen Staaten handelt. Je intensiver die Spannung, die Interessengegensätze sich darstellen, desto bedeutsamer werden die Funktionen der Geheimdienste. Im Krieg zeigen sich die eigentlichen Aufgaben der Geheimdienste. Wird der Krieg als geheimes Grundverhältnis aufgefaßt und Verbrechensbekämpfung wiederum als Form der Kriegsführung begriffen, so kann es nicht ausbleiben, daß das Öffentlichkeitsprinzip seine Substanz ans Geheimhaltungsprinzip abtritt und das Wesen des Staates im vorrechtsstaatlichen und vorrechtsdemokratischen Sinn als *Arkanstaat* interpretiert wird. Da entfaltet die Anziehungskraft des Geheimen, das der Spion ganz im Geheimen erschließen soll, ihre volle Wirkung. Ja, ist es nicht so, daß Geheimjustiz eigentliche Justiz ist, daß öffentliche Justiz nur *Scheinjustiz* ist? Aus dieser Perspektive werden die geheimen Staats- und Justizakte auf fremdem Territorium geradezu zur Selbstverständlichkeit. Ja, gegen das öffentliche Judizieren, Legiferieren und Administrieren wird die Abstraktheit, Schwerfälligkeit und Unbeholfenheit eingewendet. Durchgreifende, fallgerechte Rechtsentscheidung geschieht im geheimen. Damit sind wir bei der Gegenthese zur These: „alles Recht ist öffentliches Recht“ angelangt. Dieser Gegenthese wollen wir im Exkurs über „la dernière incarnation de Vautrin“ (Vautrins letzte Rolle) im Werke Honoré de Balzacs nachgehen.

3. La dernière incarnation de Vautrin (Vautrins letzte Rolle)

Légalité und Nécessité

Vautrin spielt in der an eigenartigen Figuren und Charakteren nicht armen *Comédie humaine* von Balzac eine besondere Rolle.[6] Einmal rettet er – er heißt in Wirklichkeit Jacques Collin – Leben und Ehre eines jungen Freundes, indem er dessen Schuld auf sich nimmt und sich zur Zwangsarbeit verurteilen läßt.[7] Man würde allerdings sein Wesen und Verhalten falsch interpretieren, wenn man als Schlüssel die schuldlose Verurteilung wählte. Vautrin hat mehrere Morde begangen. Er ist somit ein Krimineller.[8] Im „Bagno“, unter den Sträflingen, gelangt er zu hohem Ansehen. Nach seiner Flucht wird er Schatzmeister der mächtigen Untergrundorganisation der Sträflinge.[9] Schließlich aber wird er Chef der geheimen Staatspolizei, der Sûreté. Zu deren Rolle führt Chapuzot, ein hoher Beamter in der Pariser Polizei, aus: „La police. La Police. Mais mon cher Maître, le maréchal, le conseil des ministres ignorent ce que c'est la police. Il n'y a que la police qui se connaisse elle-même."[10] Er muß es wissen, denn er ist vierzig Jahre dabei. Die Polizei, dieses „unbekannte Wesen", ist, gerade weil sie unbekannt ist, Staat im Staat. Freilich steht diese Feststellung im Zusammenhang mit der Klage des alten Polizeibeamten darüber, daß die Kompetenzen der Polizei mehr und mehr beschnitten worden seien. „Nous sommes ammoindris, désarmés!" Dann gibt er seine Furcht vor der Presse zu erkennen. Also auf der einen Seite: Nur die Polizei kennt die Polizei. Sie ist eine geheime Macht, ein Staat im Staat; und auf der anderen Seite: Die Polizei hat die Presse zu fürchten, sie steht also unter der Kontrolle der Öffentlichkeit. Und dennoch: Der ehrwürdige Marschall, Fürst von Wissembourg, seines Zeichens Minister, kennt die Polizei nicht; sie allein kennt sich. Wie lassen sich diese Aussagen auf einen Nenner bringen? Das Gespräch dreht sich um die Frage, ob die Polizei auch bei familiären Schwierigkeiten eingreifen dürfe, in einem Fall etwa, in dem durch die Manipulation einer sitten- und gewissenlosen „Weibsperson" eine hochangesehene Familie ruiniert wird. Dabei geht es keineswegs um kriminelles Verhalten, sondern um eine „monstruosité morale".[11] Aufgabe der Polizei ist es, präventiv im Dienste des salut public tätig zu werden, alles zu tun, um etwa die Person des Königs zu schützen; aber monstruosités morales darf sie nicht verhindern, insbesondere darf sie nicht in den geheiligten Bereich der Familie eingreifen.

„Mais la famille c'est sacrée ... je rendrais les murs d'une maison transparents; mais aller mettre nos griffes dans les ménages, dans les intérêts privés! ... jamais, tant que je siègerai dans ce cabinet, car j'ai peur ... – De quoi? – De la presse, monsieur le député du centre gauche!"[12] Die Presse wacht eben gerade darüber, daß die Polizei ausschließlich öffentlichen, nie aber privaten Interessen dient und sich strikt aus privaten, insbesondere familiären Angelegenheiten heraushält. Das müßte eigentlich ein Abgeordneter wissen, meint der Polizeibeamte.[13] Daran hält sich übrigens auch der Innenminister in voller Übereinstimmung mit der Presse. Die hohen Herren haben im konkreten Fall dem Chef der Sûreté ausdrücklich verboten, einzugreifen.[14] Früher war das anders. Da konnten monstruosités morales durch die Polizei in Kürze und auf einfachste Weise erstickt werden. Die Polizei habe den Familien in der Zeit von 1799 bis 1815, also in der napoleonischen Ära, immense Dienste geleistet.[15] Aber die Presse und die konstitutionelle Regierung haben eben die Existenzbedingungen total verändert. Noch der Amtsvorgänger des jetzigen Sûreté-Chefs „faisait la police pour le compte des particuliers".[16] Aber eben damit sei eine große soziale Gefahr verbunden gewesen; denn mit den ihm zur Verfügung stehenden Mitteln wäre Bibi-Lupin – ebenfalls eine Größe innerhalb der Unterwelt des Verbrechens wie Vautrin[17] – eine „sous-fatalité"[18] geworden. Der Chef der Division Chapuzot – vierzig Dienstjahre – äußert sich eindeutig zweideutig. Einerseits stellt er sich entschieden auf den Boden der neuen, durch Presse und konstitutionelle Regierung bestimmten Verfassung. Er hebt die soziale Gefahr hervor, die entstünde, wenn die Sûreté auch in familiären und privaten Angelegenheiten intervenieren könnte. Andererseits aber bedauert er die Kompetenzverringerung der Polizei mit dramatischen Worten – man hat uns entwaffnet – und preist die mit der früheren Kompetenz verbundenen Vorteile für „les familles". Am Schluß bleibt der Satz stehen, daß die konstitutionelle Regierung keine Ahnung vom „Wesen" der Polizei habe. Was heißt das anderes als daß die Polizei, Konstitutionalismus hin oder her, allein darüber befindet, was sie will und muß? Sie ist im Zeichen des Konstitutionalismus ihrem Wesen nach geheim, und wenn auch der Magistrat „le secret de la persécution nécessaire"[19] für illegal hält, so ist es doch der Ausdruck der nécessité. Légalité und nécessité treten in Gegensatz. Nécessité wird nicht etwa in die Kategorie der vitalen Notwendigkeit eingeordnet. Geht es doch gerade um die Bekämpfung der monstruosités morales in der Sphäre der „Privatheit". Aber der chef de division gibt sich streng legal: Sollte dem Gesprächspartner, eben jenem Abgeordneten, er ist Advokat und Träger verschiedener amtlicher Funktionen – Amt und Mandat gelten als kompatibel[20] –, bezüglich einer Familienangelegenheit seitens der Sûreté irgendwelche Signale zugegangen sein, so steht dies in schroffem Widerspruch zu allerhöchster Weisung. Die Behörden haben damit nichts zu tun. Mit ihrer Hilfe ist bei Familienangelegenheiten nicht zu rechnen.

Signale sind bereits erfolgt. Zwar erscheint der „Chef" nicht oder nur ganz am Rande. Dazu ist die Angelegenheit zu delikat. Die Abgesandte des „Chefs" ist ein fürchterliches Weib, das unter dem Namen Marquise de Sainte Estève auftritt. Der Advokat bezeichnet sie als „horrible inconnue, evoquée des antres de l'espionnage, comme du troisième dessous de l'Opéra se dresse un monstre au coup de baguette d'une fée dans un ballet".[21] Also: erschreckend und theatralisch in einem, wirklich und unwirklich zugleich. Der Anwalt empfindet sie als Schwester des Teufels. Sie ist alt, etwa 75 Jahre, und ist die Tante und Lehrmeisterin des Chefs. „Quoique rechement mise, elle épouvantait par les signes de méchanceté froide que présentait sa plate figure horriblement ridée, blanche et musculeuse. Marat, en femme et à cet age, eut été, comme la Sainte Estève, une image vivante de la terreur."[22] Sie erklärt, daß die Behörden der Meinung seien, in dieser Angelegenheit sollte die Polizei in keiner Weise in Erscheinung treten. Aber: „On a donné carte blanche à mon neveu."[23] Er und sie, die Tante – sie erinnert etwas an die russische Obristin in „Liebesgrüße aus Moskau", die ebenfalls als image de la terreur ausstaffiert ist[24] – haben nach dem Studium des Sachverhalts beschlossen, daß die Dame, welche die Familie zu ruinieren droht, getötet werden müsse. Der ehrbare Anwalt ist entsetzt. Mit einem Mord wolle er nichts zu tun haben. Er werde auch nichts damit zu tun haben, versichert die Sainte Estève. Bald werde er die Angelegenheit wie einen Traum, eine Zufälligkeit oder einen Naturvorgang empfinden. Ehrbarkeit und Hypokrisie seien immer zusammen, meint sie spöttisch. Einerseits sehe der Anwalt ein, daß es nur ein Mittel gebe, um den Ruin der Familie, vor allem den Tod seiner Mutter, zu verhindern. Andererseits wolle er sich die Hände nicht schmutzig machen. Doch eben dies brauche er gar nicht zu befürchten. Auch die Kostenfrage werde über Mittelsleute völlig diskret erledigt.[25] Dem ehrbaren Anwalt, dem Abgeordneten und Amtsträger bleibt keine Wahl. So nimmt denn die sous-fatalité ihren Lauf. Der Mord wird auf eine raffinierte Weise so organisiert, daß ein ahnungsloser Dritter ihn verübt.[26] Regisseur und Akteur sind zwei Personen: der Akteur Werkzeug des Regisseurs. Die bedrohte Familie wird gerettet, die schlimme Frau geht an einer pestähnlichen, grauenhaften Krankheit zugrunde. Recht und Gerechtigkeit siegen.

Vielerlei fügt sich zu einem Bild, dessen Grundzug Zweideutigkeit ist. Auf der einen Seite zeigt sich die in einer konstitutionellen Monarchie verfaßte bürgerliche Gesellschaft: Advokaten, Parlamentarier, Beamte, Minister, Spekulanten, Bankiers, Presseleute, Künstler, Halbwelt, Dienstleute und am Rande ein paar brave Arbeiter. Überwältigender Luxus, soldatische Askese und Armut liegen dicht beieinander. Legalität und Moralität dieser Gesellschaft ruhen weitgehend auf napoleonischer Tradition und soldatischer Tugend. Die alten Marschälle, der Fürst von Wissembourg und der alte, populäre Hulot[27] bilden das moralische Fundament. Knorrigkeit, Jähzorn, Adlerblick und geballte Faust, Kommandoton, Güte und Unbestechlichkeit zeichnen die biederen alten Herren aus. Doch sie können die Zeit nicht aufhalten. Der Bruder des Marschalls, der Baron Hulot, der Ministerialdirektor, ist ein haltloser Erotomane, in Schulden und Affären hilflos verstrickt und von jenem luderigen, schönen Frauenzimmer, jener Madame Marneffe[28] in die eigene und in die Katastrophe seiner Familie getrieben.[29] Hinter der Marneffe schiebt sich das wüste Volk von Ehrgeizigen, Erpressern, Schiebern und Schwindlern auf die Bühne. Was haben die alten Soldaten gegen diese Flut aufzubieten? Der alte Marschall, Graf Hulot von „Forzheim", kratzt die 200 000 Frs. zusammen, um wenigstens den Schaden, den der Staat durch die Defraudation des Bruders erlitten hat, zu ersetzen.[30] Doch für die verlorene Ehre gibt es keinen Ersatz. Der alte Soldat stirbt.[31] Neben den alten Soldaten verkörpern edle Damen das „Positive": In erster Linie die unentwegt für den haltlosen Gatten eintretende Madame Hulot.[31] Aber die ehemalige, inzwischen durch ein nervöses Zittern entstellte Schönheit gehört bereits auf die Seite der Opfer. Ihr und nicht ihrem Gatten gilt das Vermögensopfer ihres Schwagers, des alten Marschalls.[32] Es gelingt auch, sie aufzufangen. Sie wird schließlich Inspektorin eines von edelmütigen Damen geleiteten Hilfswerks, dessen Ziel darin besteht, jungen Leuten, die in wilder Ehe leben, weil sie die Heiratsurkunde nicht bezahlen können, die Mittel dafür zu spenden.[37]

Weder die Tugend der alten Soldaten noch diejenige der edlen Damen reicht aus, um die schmutzige Flut abzuwehren, die in enger Verbindung mit dem Ausbruch der Spekulation und der modernen Finanzwirtschaft steht, wie sie mit dämonischer Brillanz von den Du Tillets und Nucingens[35] gemeistert wird. Ist der Vertreter der nächsten Generation, der junge Hulot, der Abgeordnete, Amtsträger und Advokat – man darf nicht vergessen, daß für Balzac das 19. Jahrhundert le siècle des avocats[36] ist –, den Gefahren dieses Jahrhunderts, das er repräsentiert, gewachsen? Es fehlt ihm nicht an der Gesinnung. Der Fürst von Wissembourg anerkennt seine Untadeligkeit und seine moralische Standfestigkeit. Der Anwalt und der Marschall bilden somit eine Traditionskette.[37] Er verfügt auch über seriöse Fachkenntnisse, die ihm nicht nur flüchtigen Ruhm, sondern die Anerkennung des Barreau verleihen.[38] Er ist ein zuverlässiger Rechner und Ehemann. Aber gerade er steht dem Zerfall seiner Familie hilflos gegenüber. Gerade er ist auf die Hilfe aus der „Unterwelt" angewiesen. Trotz moralischer Bedenken muß er sie zum Kampf gegen les monstruosités morales akzeptieren. Die Verfassungsorgane versagen, die rechtlich organisierte Rechtsgemeinschaft versagt, die Öffentlichkeit, die res publica im weitesten Sinne des Wortes versagt sich und versagt, von der Kirche wird schon gar keine Hilfe erwartet. Es bleibt der geheimnisvolle, geheimnisumwitterte Chef der Geheimpolizei der Sûreté, Jacques Collin, genannt Trompe la mort, Vautrin, der Mann der „persécution nécessaire", der Mann der nécessité. Ein Vergleich mit Jerry Cotton drängt sich auf. Er ist ein lichter Held, Vautrin und seine furcherregende Tante sind finstere Unterweltsfiguren. Jerry Cotton ist die Lichtgestalt, vor der die Verbrecher zurückweichen. Vautrin dagegen zeigt, daß Recht und Unrecht, Tugend und Verbrechen zwielichtig verbunden sind. Die saubere Trennung von Licht und Finsternis erweist sich als menschenunmöglich. Jerry Cotton erscheint als ein naiver Träumer.

Wie Cotton kämpft Vautrin für die Verwirklichung einer gerechten Ordnung. Diese stellt sich als Staats- und Familienordnung dar. Aber gerade diese Verbindung will das liberale, das konstitutionelle Denken nicht wahrhaben. Die Familie steht für privat, der Staat für öffentlich. Und dennoch: Die Zerstörung der Familienordnung zieht die Zerstörung der Staatsordnung nach sich. Erfolgt die Zerstörung der Familienordnung im Rahmen der Legalität, so ist die illegale geheime Staatsintervention, diejenige des Chefs der Sûreté, unerläßlich. Das wußte man früher, Napoleon wußte es noch. Der konstitutionelle Staat dagegen darf es nicht wissen. Er darf seine Geheimpolizei nicht kennen und ist doch auf sie angewiesen. Handelt die Geheimpolizei im „verbotenen“ Gelände, so handelt sie riskant. Wird sie entdeckt, so verfällt sie der Sanktion.

Damit werden erregende Zusammenhänge sichtbar: Der konstitutionelle Staat versucht, seine Zuständigkeit zu begrenzen. Die Privatsphäre, die Balzac mit der Familiensphäre gleichsetzt, ist für ihn tabu oder eben sacré. Der Ausdruck sacré verweist einmal auf ein Interventionsverbot. Profane Polizeigewalt darf den Sakralbereich der Familie nicht betreten. Andererseits: Wenn die Familienordnung sacré ist, ergibt sich damit im Falle ihrer Gefährdung nicht ein Interventions*gebot*? Balzac vertritt die Einheit der Wertordnung und deshalb die Allzuständigkeit des Staates, deshalb befürwortet er entsprechende Interventionsgebote. Man wird zugeben müssen, daß solche Interventionsgebote „wertlogisch“ begründet sind. Zugleich aber hält Balzac an der Zuständigkeitsbegrenzung des Konstitutionalismus fest. Daraus folgt, daß das Interventionsgebot nur geheim und im offenen Widerspruch zu dem in der Legalität begründeten Interventionsverbot realisiert werden kann. Als Vollzugsorgan kommt nur die Polizei in Frage; alle anderen stehen im Zeichen des Interventionsverbotes. Um diese Notwendigkeit wußte Napoleon – wie gesagt – noch; deshalb wußte er auch, was seine Polizei tat; er hielt sie unter Kontrolle. Der konstitutionelle Staat *darf* es nicht wissen. Dennoch wirkt die Notwendigkeit, la nécessité morale. Was bleibt dem konstitutionellen Staat? Er kapituliert und entwickelt sich zu einem *geheimen Polizeistaat*, in dem *terreur et vertue* eine schreckliche Verbindung eingehen und sich unkontrollierbar als sous-fatalité auswirken.[39]

Das Geheimnis Vautrins und die geheimnisvolle Verbindung von *crime et justice*, vertue et terreur in seiner Person finden ihre Deutung in Balzacs *Geschichtstheologie*.

Sie ist im Abschiedsbrief, den Lucien de Rubempré an den Abbé Carlos Herrera – die zweitletzte Rolle Vautrins – gerichtet hat, knapp umrissen. Bevor wir auf den Inhalt des Briefes eingehen, möchte ich noch auf das Verhältnis zwischen dem falschen Priester und jungen, engel-schönen, aber schwachen Poeten de Rubempré eingehen. Es hängt mit dem Inhalt des Briefes zusammen.

Der Verbrecher und falsche Priester rettet Rubempré vor dem Selbstmord. Er sieht in ihm die äußere Gestalt seiner eigenen Seele, die eben nicht die Seele eines Verbrechers ist. Er verliebt sich in Rubempré. Er versucht *durch* Rubempré, das „Idealwesen", dem die Willenskraft und so auch die gesellschaftliche Erfolgschance fehlt, die Integration in die glanzvolle Welt zu erzwingen. Ihm, dem Verbrecher, fehlen zur Integration in diese Welt die äußeren, Rubempré die inneren Voraussetzungen. Durch das politische Bündnis der beiden, dessen Hintergrund Rubempré allerdings nicht durchschaut, sollte der Erfolg gesichert werden.[40]

Das implizierte Schema ist bemerkenswert:

1) Zur *glanzvoll großen Welt* zu gehören, ist ein Wert, weil diese Welt Werte inkarniert, insbesondere den Wert der „Justice".

2) Die glanzvoll große Welt wird konstituiert durch die *großen Familien*. Es handelt sich um die alten und die neureichen Familien. In ihnen gelangen Gesellschaft und Staat zur Einheit.

3) Wenn das politische Bündnis zwischen Rubempré und dem falschen Priester zum Erfolg käme, so wäre die Einheit von Gesellschaft, Staat und „Justice" durch das „Verbrechen" unterwandert worden; der Glanz der großen Welt würde zum falschen Glanz. Rubempré ist das Symbol des falschen Glanzes. Daß es mit der Echtheit des Glanzes ohnehin nicht weit her ist, wird daran deutlich, daß hinter der glänzenden Fassade der von seinen Töchtern ausgebeutete armselige père Goriot, man hat ihn mit Lear verglichen, als „Kraftspender" und Goldesel steht.

4) Das „Experiment" scheitert. Crime und Justice trennen sich wiederum in zwei Lager, zwei Armeen. Finstere Unterwelt und glanzvolle große Welt sind wieder geschieden.

Damit wäre das konventionelle Schema bestätigt. Doch die Geschichte bleibt nicht stehen. „Trompe la mort“ tritt über. Ein General wechselt die Front.[41] Er bringt sein Know-how mit. Er verstärkt die Schlagkraft der Gerechten. So einfach ist das. Nein, so einfach nicht. Die Gerechten sind auf ihn angewiesen, nicht nur auf seine Erfahrung, sein Wissen und Können, sondern auch darauf, daß er mithilft, die Spuren zu tilgen, die sein kühnes Experiment mit Rubempré hinterlassen hat, durch die die großen Familien eben doch diskreditiert wurden.

Es gibt Briefe großer Damen an den kleinen, schönen, schwachen Poeten, die im Besitze des falschen Priesters, des Verbrechers sind und den Glanz der großen Welt und der Gerechtigkeit schwer beeinträchtigen könnten.[42] Scheitert das Projekt der heimlichen Infiltration, der Unterwanderung oder Hintergehung, so gelingt die heimliche Komplizenschaft zwischen Crime und Justice. Vautrin wird kein Doppelagent. Er kämpft gegen das Verbrechen und für die Justice, gegen Prostitution und Diebstahl, worin sich nach Balzac das Wesen des Verbrechens zeigt. Dementsprechend wird das Wesen der Gerechtigkeit in der Familien- und Eigentumsordnung sichtbar, die durch die Staatsordnung gesichert wird.

Aber sein Übergang geschieht nicht im Zeichen von Strafe und Sühne, sondern im Zeichen der *Justiz-Raison*. Im Zeichen der Justiz-Raison erfolgen auch seine geheimen Interventionen zugunsten der Familien- und Eigentumsordnung, die im Hinblick auf Verfassung und Gesetz als Verbrechen qualifiziert werden müssen. Warum das so ist, ergibt sich eben aus dem Inhalt des Abschiedsbriefes von Lucien an den falschen Priester.[43] Darin heißt es im wesentlichen: Menschheitsgeschichte verläuft nach Gottes Plan. Nach Gottes Plan sind die Nachfahren Adams und Evas Kainiten oder Abeliten. Die Kainiten, so formuliert Rubempré, bilden die „Opposition“. Zu ihnen gehören die Verbrecher, die Wilden, die die Familien- und Eigentumsordnung zerstören wollen. Zu ihnen gehören jedoch auch die Kulturhelden, Staatengründer und Religionsstifter: Moses, Mohammed, Karl der Große, Richelieu, Friedrich der Große, Napoleon. Zu ihnen aber gehören auch solche, die zwischen Verbrechen und Kultur zu vermitteln scheinen. Sie werden durch Figuren wie Fouché und Vautrin repräsentiert. Die wilden Zerstörer und die Gründer, diejenigen, die die Ordnungen schaffen, und diejenigen, welche sie verneinen, sie auflösen, gehören zum gleichen, zum Geschlecht Kains. Sie sind von der „Poesie des Bösen“[44] umgeben. Sie sind von gewaltigen, ja, von dämonischen Kräften erfüllt. Auch Vautrins Kräfte, seine Liebe, sein Haß, seine Trauer, sein Wille erreichen die Dimension des Übermenschlichen. Doch mit ihren gigantischen Energien und in ständigem Widerstreit mit diesen treiben sie die Geschichte voran, widerwillig im Dienste des göttlichen Heilsplans. Man spürt den mächtigen Atem der augustinischen Dialektik, welche die gegenläufigen Tendenzen aneinanderkettet und Staat und Gerechtigkeit aus dem Ursprung der Kainstat entstehen läßt und in der Sündenfall und Erlösung die Fixpunkte bilden.[45] In dieser Dialektik kommt Vautrin die Rolle der Zwischenkraft zu, die im Geheimen die Urgewalten der Zerstörung für die Ordnungsgestaltung nutzt und deren Bedeutung um so größer wird, als eine freiheitliche Konstitution die Ordnungskraft des Staates mindert und dem Chaos die Zügel läßt. Die Rolle des Geschlechtes von Abel wird im Abschiedsbrief des schönen und schwachen Poeten, der an der titanischen Mächtigkeit des falschen Priesters zerbricht, kaum deutlich. Aus dem Bild der Kainiten kann man jedoch das Gegenbild ablesen. Das Abelsgeschlecht umfaßt die Schwachen, die Mitläufer, die Gesetzestreuen und schließlich die Heiligen und ist in all diesen Figurationen in die Weltgeschichte verflochten. Es verweist auf die „Civitas Dei", aber es konstituiert sie nicht.[46]

Balzac und die anderen

Versuchen wir abschließend die Konzepte der drei Kriminalromanautoren mit dem „kainitischen" von Balzac zu vergleichen.

1) Alle drei Konzepte sind anthropozentrisch, weltlich und untheologisch. Gerechtigkeit, Recht, Moral, Staat und Staatengesellschaft sind Sache der Menschen.

2) Zumindest für Jerry Cotton und James Bond gilt das konventionelle Schema, wonach Recht und Unrecht, Gerechtigkeit und Ungerechtigkeit wie Licht und Finsternis klar voneinander geschieden sind. Daß sich für Jerry Cotton der freiheitlich-demokratische Verfassungsstaat in einer Krise befindet, ändert daran nichts. Die „Verfassungsmoral" wird durch den Sheriff und das FBI garantiert. Für James Bond ist die Verfassungslage unproblematisch: Er reitet, fährt, klettert, schwimmt, schießt, spielt für Ihre Majestät die Königin, die Menschheit und alles, was uns teuer und lieb ist. Cotton und Bond sind „strahlende" Helden.

Für den grämlichen, namenlosen Privatschnüffler geht es ums Geschäft und die Wiederherstellung brutaler, auf Wirtschaftsmacht und patrias potestas gegründeter Ordnung und um die Säuberung der Stadt vom Chaos des Gangstertums und vor allem vom „Hetärismus". Es geht um das geringere Übel, nicht um das „höchste Gut". Das Ziel wird überdies bewußt mit Mitteln erreicht, die im „Lichte des Rechts" keinen Bestand haben. Dieses Schema ist wesentlich komplizierter als das konventionelle. Es deckt sich aber auch nicht mit dem Balzacschen. Zwar zeigt sich eine Verschränkung von Recht und Unrecht in der Person des Agenten, der jedoch mit der tragisch-heroischen Figur Vautrins kaum eine Verwandtschaft aufweist. Beide agieren zwar „hinter den Kulissen“ und nicht ohne Hinterhältigkeit. Der theatralisch-düstere Held mit metaphysischem Hintergrund und der grämliche und intrigante Unheld und „wissenschaftliche Detektiv“ sind jedoch Repräsentanten verschiedener Welten. Sie verfolgen auch verschiedene Ziele, das bescheidene der Ordnung der eine, das weniger bescheidene einer allerdings nicht ungebrochenen Gerechtigkeit der andere.

3) Alle drei Konzepte betonen die hohe Bedeutung der Geheimsphäre der „Geheimdienste“, des FBI, des CIA, des Secret Service, der geheimen Sicherheitspolizei und privater und diskreter Agenturen.

Eine Relativierung, die bis zur Aushöhlung der *öffentlichen* Ordnung gehen kann, ist das Ergebnis. Im Konzept Hammets ist die freiheitlich-demokratische Ordnung die Kulisse, welche die Wirklichkeit der wirtschaftlich-patriarchalisch begründeten Ordnungsmacht verhüllt. Bei Cotton ist die verfassungswidrige Verfassungswirklichkeit durch den Bund zwischen Reichtum und Verbrechen bestimmt. Dagegen steht der Sheriff, der allerdings vor der dämlichen Konventionalität seiner Herzensdame in die Knie geht und angesichts der Schönheit wenigstens im Augenblick die gesellschaftlichen Verhältnisse hinnimmt. In Balzacs Konzept ist der liberale Rechtsstaat ohne Rückgriff auf geheime Polizei- und Richtgewalt nicht in der Lage, die Familien- und Eigentumsordnung vor monstruosités morales zu bewahren. Dieser Rückgriff steht jedoch in vollem Widerspruch zum öffentlichen Recht. Allein in Bonds Weltbild decken sich öffentliche Ordnung und geheime Aktionen, um das, was uns teuer und lieb ist, zu bewahren und durchzusetzen.

4) In allen Konzepten geht Aktion vor Kognition. Nicht Ödipus, sondern Herakles und Kain sind die mythischen Archetypen.

5) In keinem Konzept kommen Recht und Gerechtigkeit Entmächtigungsfunktionen zu. Es gilt der Satz Pascals: „Parce qu'on n'a pas pu fortifier la justice, on a justifié la force.“ In keinem Fall verläßt man sich auf die Effizienz der öffentlichen Einrichtungen, in allen dagegen auf diejenige unkontrollierbarer Mächte. Das gilt auch für das geschichtstheologische Konzept Balzacs, dessen fragwürdige Theatralik einem bewußt wird, wenn man erfährt, daß der unheimliche Polizeigewaltige und Gerechtigkeitsvollstrecker nach 15-jähriger Amtstätigkeit die Pantoffeln angezogen habe und in den Ruhestand getreten sei.[47]

Anmerkungen

1 Vgl. *Philosophische Ansichten des Detektivromans*, in: *Literarische Aufsätze*, Frankfurt/M. 1965, S. 242 ff.

2 Als Vater der wissenschaftlichen Detektive kann man E. A. Poe bezeichnen. Vgl. Bloch, a. a. O., S. 245 f. Vgl. auch Jürgen Thorwald, *Report der Toten, Das Jahrhundert der Detektive*, Zürich 1964, 1965, 1968.

3 Vgl. Bloch, a. a. O., S. 255 ff.

4 Kant faßt unter den Begriff des öffentlichen Rechtes alle Gesetze, welche der Bekanntgabe bedürfen. Damit erfaßt er die Rechtsordnung im Ganzen (vgl. Kant, *Moralische Schriften*, *Die Metaphysik der Sitten*, Leipzig MD CCCCXXII, S. 432).

5 Vgl. zum Verhältnis zwischen Unrecht und Geheimhaltung Herbert Jäger, *Verbrechen unter totalitärer Herrschaft*, Olten und Freiburg im Breisgau 1967, S. 227 ff.

6 Ich zitiere im folgenden *Œuvres illustrées de H. de Balzac, La comédie humaine*, ed. Calmann Lévy, Paris MDCCXCI.
„Vautrin" erscheint im *Père Goriot*, in *Les illusions perdues*, VII, 3, in *Splendeurs et misère des courtisanes*, IX, 2, und in der *Cousine Bette*, X, 3. Überdies trägt eines der wenigen Theaterstücke Balzacs seinen Namen, XVIII. *La dernière incarnation de Vautrin* bildet den 4. Teil der *Splendeurs et misères des courtisanes*. Konsequenzen, die sich aus der „dernière incarnation" ergeben, werden in der *Cousine Bette* beschrieben. Unser Exkurs greift deshalb vor allem auf die letztgenannten Romane zurück. Eine nicht unbedeutende Rolle spielt Vautrin auch in *Le Deputé d'Arcis*, XIII, 1, S. 15. Aus einer dämonischen wird in diesem Roman eine mehr oder weniger komische Rolle.

7 Vgl. *Père Goriot*, a. a. O., S. 141.

8 Vgl. *Splendeurs et misères des courtisanes*, a. a. O., S. 384.

9 Diese ist streng hierarchisch gegliedert. Da gibt es die Masse der kleinen Leute und die Herzöge und großen Herren: „... l'aristocratie est la criminalité" (a. a. O., S. 389): Im übrigen werden die Einrichtungen des Staates imitiert: Es gibt Regierungs- und Gerichtsgewalt (a. a. O., S. 389). Hinzu kommt eine spezifische Sprache: „disons-le ... il n'est pas de langue plus énergique, plus colorée que celle de ce monde souterrain ..." (a. a. O., S. 400)
Diese Unterwelt ist eine im Verhältnis zur „Welt" symmetrisch strukturierte Gegenwelt. Die Herzöge und Pairs dieser Gegenwelt bilden die Société des Dix-Mille, eine Armee von hochbegabten Frauen und Männern, „en révolte contre la société" (a. a. O., S. 403). Jacques Collin ist nicht nur Schatzmeister dieser Gesellschaft, sondern auch der Großverbrecher, der eigentliche „héros du bagne" (a. a. O., S. 404).

10 Vgl. Balzac, *Cousine Bette*, a. a. O., S. 342.

11 A. a. O., S. 343.

12 A. a. O., S. 343.

13 A. a. O., S. 343.

14 A. a. O., S. 342.
15 A. a. O., S. 342.
16 A. a. O., S. 343.
17 Bibi-Lupin als Chef de la sûreté war an der Festsetzung Vautrins (vgl. Balzac, a. a. O., IV, *Le Père Goriot*, S. 470) und Carlos Herreras maßgebend beteiligt. Jacques Collin wird der Nachfolger seines Feindes, demgegenüber er ein gebildeter Mann ist, was für seine Amtseignung spricht. (A. a. O., S. 496)
18 Vgl. Balzac, *Cousine Bette*, a. a. O., S. 343.
19 A. a. O., S. 343.
20 A. a. O., S. 347 f.
21 A. a. O., S. 339.
22 A. a. O., S. 339.
23 A. a. O., S. 339.
24 Vgl. Jan Fleming, *Liebesgrüße aus Moskau*, a. a. O., S. 32.
25 Vgl. Balzac, *Cousine Bette*, a. a. O., S. 341, 380.
26 A. a. O., S. 366 ff.
27 A. a. O., S. 295, 305.
28 Diese Mme. Marneffe ist die Geliebte Hulots und dessen Schwiegersohns. Sie beutete Männer aus, wie man Steinbrüche ausbeutet. (A. a. O., S. 276)
Sie ist im Begriff, den Schwiegervater des jungen Hulot zu heiraten und so ins Zentrum der Familie einzudringen.
29 Balzac bezeichnet ihn als „père prodigue" (a. a. O., S. 2).
30 A. a. O., S. 297 f., 305.
31 A. a. O., S. 305.
32 A. a. O., S. 282.
33 A. a. O., S. 303.
34 A. a. O., S. 389 f.
35 A. a. O., VIII, 1, *Histoire de la grandeur et de la décadence de César Birotteau*. Von grundlegender Bedeutung sind die Ausführungen über die Spekulation, die als „commerce abstrait" bezeichnet wird und eine Dimension betrifft, in der der Bankier Nucingen sich als „Napoléon des finances" bewegt, zu der aber der biedere Birotteau keinen Zugang hat (a. a. O., S. 523 f.). Der Spekulation, dieser modernen Kabalistik, gehört die Zukunft.
36 Vgl. dazu Peter Schneider, *Balzac und das Jahrhundert der Advocaten*, NJW, 1984, 19, S. 1057 ff.
37 Vgl. Balzac, *Cousine Bette*, a. a. O., S. 318, sowie S. 345, wo Victoirs tadellose Haltung als Familienvorstand beschrieben wird.
38 A. a. O., S. 320.
39 Damit werden Widersprüche aufgedeckt, die dem Konstitutionalismus inhärent sind und die Balzacs Forderungen nach einer radikalen Restauration verständlich machen. Restauration heißt letztlich Wiederherstellung der integralen Staatsautorität, weil Liberalismus und Demokratie die absolute Ordnung der Werte zerstören.
40 Vgl. Balzac, *Splendeurs et misère des courtisanes*, a. a. O., S. 76.

41 Herrera alias Jacques Collin verhandelt mit den Vertretern des Staates und der „Familien“ äußerst höflich und bescheiden, aber als Gleichberechtigter (a. a. O., S. 491 f.).

42 Die Bedeutung der erforderlichen Transaktion wird durch folgende Sätze geklärt: „Le roi ne veut pas ... voir la pairie et les grandes familles tympanisées, salies ... Ce n'est plus un vil procès criminel, c'est une affaire d'Etat ...“ (A. a. O., S. 475)

43 A. a. O., S. 390 f.

44 A. a. O., S. 391.

45 Vgl. zu Augustins Dialektik die großangelegte Interpretation von Dolf Sternberger, in *Drei Wurzeln der Politik*, Schriften II, 1, S. 309 ff.

46 Insofern ist die Civitas Dei Vision jenseitiger Wirklichkeit, Vorausschau, nicht aber irdische Realisation. Aufschlußreich ist die große Vision in: *Jésus Christ en Flandre*, a. a. O., XV, S. 243 f.

47 Vgl. Balzac, *Splendeurs et misères des Courtisanes*, a. a. O., S. 506: „Après avoir excercé ses fonctions pendant environ quinze ans, Jacques Collin s'est retiré vers 1845.“

Drittes Kapitel

Flucht nach Utopia

Vorüberlegungen

1) Utopien sind mit der Grenzvorstellung des reinen Glücks und des reinen Unglücks, was auch immer darunter verstanden werden mag, verbunden. Reines Glück: kein Schatten, kein Hauch, keinerlei Beimischung von Unglück; eben auch nicht im Hinblick auf ein Ende. Reines Glück ist endloses, unvergängliches Glück, ewige Seligkeit: Erfüllung. Darauf spannt sich das Sehnen und Hoffen aller Menschen, aller Orte, aller Zeiten.[1] Umgekehrt gelten unsere Furcht und unsere Ängste einer Ewigkeit der Qualen und Schmerzen. In der christlichen Überlieferung stehen die Wörter Paradies, Himmel und Hölle für die Grenzvorstellung des reinen Glücks und des reinen Unglücks.

2) Um Grenzvorstellungen handelt es sich nicht zuletzt deshalb, weil sie die Grenze zwischen Diesseits und Jenseits betreffen. In der christlichen Tradition werden Himmel und Hölle dem Jenseits[2] zugeordnet. Danach ist das Diesseits weder Himmel noch Hölle. Es weist höllische wie himmlische Aspekte auf: „Augenblicke" des Entzückens und des Entsetzens, des Grauens und der Freude. Das eine ereignet sich neben dem anderen: Liebe und Haß, Hunger und Opulenz, und nacheinander: Aufstieg und Abstieg, Veränderlichkeit, Zeitlichkeit bestimmen den Lauf „dieser Welt". Im Auf und Ab, im Hin und Her erscheint Geschichtlichkeit. Die Grenzvorstellung des reinen Glücks und des reinen Unglücks verweist auf die Grenze von Geschichte und Geschichtlichkeit. Jenseits der Grenze hört alles auf, was Geschichte ausmacht. Man ist am Ziel. Die Endlichkeit hat ihr Ende erreicht. Jubel oder Schmerzgeschrei, selige Ruhe oder erstarrtes Schweigen; Erfüllung oder endlose Leere oder vernichtendes Nichts.

3) Es ist Zweierlei, ob das Diesseits als Vorlauf auf das Jenseits oder als endgültig erfahren wird. Im zweiten Fall wird die Problematik der Utopie akut.[3] Das Stichwort lautet: Paradies auf Erden. Vertröstungen auf ein wie auch immer geartetes Jenseits überzeugen nicht mehr. Die Probe auf's Exempel gilt es hier und jetzt zu leisten. Appelle an Geduld und Leidenskraft versagen. Birgt nicht die Erde die Stoffe, aus denen die Gärten des Glücks geschaffen werden können? Und ist nicht der mündige

Mensch der „Schmied seines Glücks"? Man muß nur wollen: Und schon verwandelt sich das „irdische Jammertal" in einen Garten Eden. Freilich ist es mit Träumen und Schwärmen nicht getan. Der Menschheitstraum vom Fliegen muß durch rigide Arbeit in Flugkunst und Flugtechnik umgesetzt werden. Goldland muß entdeckt und in ungeheuren Anstrengungen erschlossen und erobert werden. Die Macht der Gewohnheit muß gebrochen werden. Phantasterei genügt nicht: Geschick, List und Gewalt im Risiko des Lebens sind gefordert. Wir wollen die Geschichte der Auf- und Ausbrüche des abendländischen Geistes nicht nachzeichnen. Die ihnen zugrunde liegende Bewegkraft ist der „Geist der Utopie",[4] die Fähigkeit, sich das, was es nicht gibt, auszudenken, es zu projezieren und zu antizipieren, um es dann allmählich in Programme, Pläne und Modelle umzusetzen und es schließlich zu verwirklichen.

4) Der Gedanke des Aufbruchs und das große Ziel der Civitas Dei bewegen das Werk Augustins. Die Vorstellung einer in sich in ewiger Wiederkehr kreisenden Welt ist für ihn Inbegriff des Heidentums.[5] In der Neuzeit verwandelt sich die Civitas Dei in die Civitas terrena, das himmlische ins irdische Paradies. Aber es bleibt bei der Aufbruchsenergie und beim Glauben an die Perfektibilität. Das, was war und ist, reicht nicht aus. Utopia ist besser. Freilich bleibt es auch beim Appell an Geduld und Leidensfähigkeit und bei Vertröstungen auf ein besseres Morgen, beim noch nicht, beim *jetzt* noch nicht, bei der Vorschau auf eschatologische Kämpfe als Voraussetzung für Sieg und Befreiung. Doch das „große Ziel" wird in den Grenzen des zeiträumlichen, des diesseitigen Lebens imaginiert. „Sie muß kommen, die heilige Zeit des ewigen Friedens" (Novalis); es muß kommen, das Reich der unendlichen Freiheit, der unteilbaren Gerechtigkeit und der Herrschaft der Besten. Darin liegt der Sinn aller Anstrengung und aller Kämpfe, der Sinn von Schmerz und Furcht; und in der Hoffnung wird dieser Sinn vorweg erfahren und so die Kraft zum Durchhalten erschlossen.

5) Damit zeigt sich die Bedeutung der Auseinandersetzung um Mittel und Zweck, die Notwendigkeit, den richtigen Weg und die entsprechenden Mittel festzulegen. Im Rahmen dieser Auseinandersetzung werden die Bedeutungen des Utopiebegriffs faßbarer. Im Rahmen dieser Auseinandersetzung gelten Utopie und Utopismus vielfach als Ausdruck für Phantasterei. So setzt Engels wissenschaftlichen Sozialismus gegen die Phantasterei des Utopismus.[6] Wissenschaftlichkeit wird damit zum Ausweis, durch den Programme und Manifeste automatisch vom Utopieverdacht freigesetzt werden.

Aus dieser Sicht wird der Begriff Utopie prinzipiell „abgeschrieben".

Denkbar aber ist auch eine Gegensatzposition, von der aus zwischen „guten" und „schlechten" Utopien unterschieden werden kann. Der allgemeine Sprachgebrauch ist auf diese Unterscheidung abgestimmt. Demnach ist ein Utopist, wer ein Ziel anstrebt, ohne mit ausreichenden Mitteln ausgestattet zu sein. Dazu zählt der Mann, der mit Halbschuhen einen Viertausender zu erklettern sucht. Kein Utopist ist dagegen derjenige, der sich umsichtig um einen gehbaren Weg und ausreichende Ausrüstung kümmert. Er ist kein Phantast: Er rechnet mit den Risiken und weiß die Chancen zu nutzen. Auf der anderen Seite läßt er sich nur auf erreichbare Ziele ein. Demgegenüber greift der Utopist nach dem „Unmöglichen". Freilich zeigen sich in dieser Hinsicht weite Spielräume. Ja, zur „guten" Utopie gehört es, daß nicht einfach das „Nächstliegende", sondern eben etwas Unmögliches, Außergewöhnliches, mit einem Wort „Neuland" anvisiert wird und daß die Mittelfrage von der Vision aus – und nicht umgekehrt – analysiert und erörtert wird.[7] Als Phantast, als Spinner, als Traumtänzer kann somit nur derjenige diskreditiert werden, der die Frage nach den Mitteln nicht ernst nimmt. Utopie in Verbindung mit der Erfindung und Entdeckung von Neuland ist ein Charakteristikum der Neuzeit.[8] Musterbeispiel hierfür ist die „Urutopie" von Thomas Morus. Mit im Spiel ist der Humanisten-Spaß, die Welt einmal verkehrt herum zu betrachten, und das Interesse, Mängel der tradierten Ordnung zu verbessern.[9]

Damit kommen normative Gesichtspunkte bei der Unterscheidung zwischen „guten" und „schlechten" Utopien zur Geltung. Grundlegend ist allerdings der Gegensatz zwischen erreichbaren und unerreichbaren Zielen: Die Überwindung der Sterblichkeit, die absolute Befreiung von Krankheit und jeglicher Not, dem Zwang zur Arbeit, vollkommene soziale Harmonie gehören – vorsichtig formuliert – wohl zu den letzteren.[10]

6) In diesen Zusammenhang gehört Karl Mannheims Unterscheidung zwischen *Ideologie* und *Utopie*.[11] Danach bewahren und rechtfertigen Ideologien die bestehenden Verhältnisse, während Utopien deren Veränderung *generell* postulieren. Ideologien und Utopien sind mit einem partiellen Verhältnisblödsinn gekoppelt, der seine Wurzeln in unbewußter Parteilichkeit und dem entsprechenden Machtstreben besitzt. In dieser Diktion wird der emotionale Überschwang einseitiger Vergangenheits- und einseitiger Zukunftsorientierung diskriminiert und eine dialektische Verbindung beider Strebungen postuliert. Mannheims Ausdrucksweise, die die Zeit-/Richtungskomponenten klarlegt, vermochte sich nicht einzubürgern, so daß auch von retrospektiven Utopien gesprochen wird.

Hervorzuheben ist, daß für Mannheim auch der wissenschaftliche Sozialismus in die Zone des „Utopieverdachts" einbezogen ist. Andererseits aber bringt Mannheim die positive Bedeutung der Utopie im Sinne der Alternativität einerseits und der Sinnstiftung andererseits zu wenig zur Geltung.

7) Mit dem Titel „Flucht nach Utopia" wird das negative Utopiebild in den Vordergrund gerückt. Der Ausdruck Flucht verweist auf Regellosigkeit, auf Überstürzung. Im Gegensatz zur Flucht steht der besonnene Rückzug. Ein solcher kann auch zur Flucht „ausarten". Der Fliehende gibt auf. Er ist von Angst und Panik erfaßt und rennt um sein Leben: kopflos. Und so rennt er in sein Unglück. Das ist die eine Seite des Phänomens: Man denkt an eine Feuersbrunst, an Krieg. Die andere Seite: Da läßt einer alles liegen und stehen, Familie, Beruf usw., und bricht auf zur Fahrt ins Ungewisse, nach Atlantis, ins Land der unbegrenzten Möglichkeiten. Auch er flieht, aber er flieht vor der Alltäglichkeit, dem Trott, dem Immer-wieder-Gleichen. Da scheint der wahre Geist der Utopie zu wirken. Doch das Moment der Überstürzung, der Erregung, des Kurzschlusses ist auch in seinem Verhalten bestimmend. Hinzu kommt das Faszinosum des ganz Anderen. Wie verlockend ist für Reineke Fuchs das Land Schwaben, dort, wo Milch und Honig fließen, das Land des Friedens. Das kluge Weibchen bringt ihn zur Raison, hilft ihm, seine Chancen und Risiken „realistisch" abzuwägen.
Im einen wie im anderen Fall wird also Überschwang sichtbar, der im Schreckensbild oder im Hoffnungsbild seinen Ausdruck findet. Die Chancen der konkreten Utopie bleiben in dieser Sicht weitgehend unberücksichtigt.

Anmerkungen

1 Pascal, a. a. O., S. 88: „Alle Menschen wollen glücklich sein; das gilt ohne Ausnahme, welche verschiedenen Mittel sie auch anwenden. Alle streben nach diesem Ziel."

2 Vgl. Aaron J. Gurjewitsch, *Das Weltbild des mittelalterlichen Menschen*, München 1986, S. 98 ff.

3 Martin Buber, *Pfade in Utopia*, Heidelberg 1950, S. 23, spricht von der Kraft der depossedierten Eschatologie. Vgl. Werner Hoffmann, *Das irdische Paradies, Motive und Ideen des 19. Jahrhunderts*, 2. neubebilderte Ausgabe, München 1974.

4 Ernst Bloch, *Geist der Utopie*, Berlin, 1923, S. 5: „In uns allein brennt noch dieses Licht, und der phantastische Zug zu ihm beginnt, der Zug zur Deutung des Wachtraumes, zur Handhabung des utopisch prinzipiellen Begriffs. Diesen zu finden, das Rechte zu finden, um dessentwillen es sich ziemt zu leben, organisiert zu sein, Zeit zu haben, dazu gehen wir, hauen wir die metaphysisch konstitutiven Wege, zu tun was nicht ist, bauen ins Blaue hinein, bauen uns ins Blaue hinein und suchen dort das Wahre, Wirkliche, wo das bloß Tatsächliche verschwindet – incipit vita nova."

5 Vgl. Gurjewitsch, a. a. O., S. 98 ff.

6 Friedrich Engels, *Die Entwicklung des Sozialismus von der Utopie zur Wissenschaft*; Karl Marx und Friedrich Engels, *Ausgewählte Schriften in zwei Bänden*, Bd. II, Berlin 1953, S. 107 ff.

7 Um diese Zweck-Mittelrelation kreisen Ernst Blochs Überlegungen und Gedanken zur „Konkreten Utopie". Vgl. *Das Prinzip Hoffnung*, drei Bände, Frankfurt/M., 1959, S. 224 ff.

8 Wenn das christliche Mittelalter an Stelle des antiken Kreisdenkens ein lineares und finales Geschichtsbild setzt, so öffnet sich die Neuzeit für neue Welten und neue Ziele, welche die Finalität des mittelalterlichen Weltbildes sprengt. Das utopische Denken repräsentiert insofern das neuzeitliche Denken. (Vgl. Gurjewitsch, a. a. O., S. 128)

9 Vgl. Norbert Elias, *Thomas Morus' Staatskritik*, in: Wilhelm Vosskamp (Hrsg.), *Utopieforschung*, Frankfurt/M. 1985, S. 101 ff.

10 Auch Ernst Bloch unterscheidet in der Sache zwischen guten und schlechten Utopien und damit zwischen „guter" und „schlechter" Hoffnung: „Das kann Einspruch gegen schlechte Utopien ergeben, das heißt gegen abstrakt ausschweifende Utopien, schlecht vermittelte, jedoch gerade die konkrete Utopie hat in der *Prozeßwirklichkeit* ein Korrespondierendes: das des vermittelten Novum." (*Das Prinzip der Hoffnung*, Frankfurt/M. 1967, S. 226) Ins Programm guter Utopien nimmt Bloch das Postulat der Lebensverlängerung, nicht aber dasjenige des ewigen Lebens auf (vgl. a. a. O.), Kampf um die Gesundheit, die ärztlichen Utopien (S. 526 ff.).

11 Karl Mannheim, *Ideologie und Utopie*, 3. Aufl., Frankfurt/M. 1952.

Utopien der Hoffnung

Zwei Werke sehr unterschiedlicher Art möchte ich unter dem Titel Utopien der Hoffnung vorstellen. Es mag verwundern, daß die scheinbar unvergleichbaren Werke Anna Seghers und Ernst Jüngers in einem Abschnitt, unter einem Titel erörtert werden. Dieser Anschein löst sich indessen, wenn man der Frage nach dem rechtlich-politischen Gehalt nachgeht. Zumindest eine Relation wird denkbar: der Kontrast. Die Wörter *Herrschaft* und *Genossenschaft* deuten ihn an. Im Werk Jüngers zeigt sich noch einmal das Faszinosum der Herrschaftsgebärde, während sich aus Anna Seghers Volksbefreiungskonzept das bewegende, freundliche Bild herrschaftsfreier Genossenschaftlichkeit herausformt. Beide Werke sind durch die Vision, die Utopie des Weltfriedens überhöht. Beide Werke werfen die Frage nach dem Wie, nach dem Weg aus einer konfliktären Gegenwart in eine friedliche Zukunft auf. In diesem Zusammenhang stellt sich das Utopieproblem. Hat nicht die Herrschaftsgebärde ihre Glaubwürdigkeit durch den Bezug zur Gebärde des Kriegsherrn und der alten Vätergewalt völlig eingebüßt? Auf der anderen Seite aber ist die kritische Frage nach dem Übergang vom militanten Befreiungsstaat zur friedlichen Genossenschaftlichkeit unvermeidbar. Unvermeidbar aber ist auch die Grundfrage nach den Möglichkeiten der Freiheitssicherung und der Notwendigkeit, das Verhältnis zwischen Recht und Macht als Spannungsverhältnis zu fassen und auszuhalten und den Kurzschluß der Identifikation zu vermeiden. Gerade diese Grundfrage kann an beiden Werken exemplarisch erörtert werden.

I. Ernst Jünger: Utopie und Herrschaft

Unser Ziel ist *Heliopolis*, die hochragende Sonnenmetropole. Unser Ausgangspunkt ist der *Krieg* als Ausbruch der elementaren Kräfte von Leben und Tod wider die Künstlichkeit des bourgeoisen, ökonomischen Kalküls und der ästhetischen Dekoration. Der Weg führt auf die *Marmorklippe*, von wo der Niedergang einer Hochkultur und das Heraufkommen des Niedrigen und Gemeinen aus Sumpf und Wald beobachtet werden. Der Wald birgt nicht nur die Urkräfte der Zerstörung, sondern auch die der Gestaltung. Dem Aufstieg zu den Marmorklippen folgt notwendig der *Waldgang*, hinab zu den Müttern. Damit sind die Voraussetzungen für die Einsicht in Struktur und Wesen der Sonnenstadt geleistet, die den Ausblick auf die Zukunft unserer Welt in einem Bild von *Weltfriede* und *Weltstaat* ermöglicht.

1. Krieg

„Wir sind zu verästelt; der Saft steigt nicht mehr in die Spitzen. Nur wenn ein unmittelbarer Impetus uns wie Blitz durchbrennt, werden wir wieder einfach und erfüllt. Das gilt für den Einzelnen wie für seine Summe, das Volk. Im Tanze auf schmaler Klinge zwischen Sein und Nichtsein offenbart sich der wahre Mensch; da schmilzt seine Zersplitterung wiederum zusammen in wenige Urtriebe von gewaltiger Stärke. Alle Vielheit der Formen vereinfacht sich zu einem Sinn: dem Kampf. Der Körper des Volkes legt seine gesamte Kraft in einen Ausdruck: das Heer. Das fließt hier vorbei, der Wille zum Leben, der Wille zum Kampf und zur Macht, und sei es um den Preis des Lebens selbst. Vor diesem nächtlichen und unaufhörlichen Vorbeifluten zum Kampf werden alle Werte nichtig, alle Begriffe hohl, man empfindet die Äußerung eines Elementaren, Gewaltigen, das immer war und immer sein wird, auch wenn es längst keine Menschen und keine Kriege mehr gibt.“[1]

„Wir sind zu verästelt ...“ Wir: jeder von uns, jeder einzelne. Das Übermaß an Verästelung zeigt sich schon in der Vereinzelung, darin, daß jeder einzelne zu verästelt ist. Verästelt: Das Einzelne verdeckt das Ganze; die Vielzahl der Äste und Ästchen den Baum; das Kleine das Große, das Besondere das Allgemeine, das Individuelle das Universale. Das gilt soziologisch: Anstelle großer Einheiten tritt die Vielheit der Individuen, Egoismen, Wünsche, Interessen. Es fehlt am Zusammenhalt, am Saft, der das Viele durchströmt und vereint.

Anstelle des Instinkts der zergliedernde Verstand; anstelle der Tat das Geschmäh, das zerredende Gespräch; anstelle der Vision, der Schau die Analyse ... In einem: die bürgerliche Gesellschaft mit ihren Willensbildungsmechanismen, Wertungen, Kompromissen, Fiktionen, lebensfernen Lebenslügen... Demgegenüber die Einheit des Lebens im Bilde des Baumes, im Bilde des Stromes, im Bilde des Vielheit-einschmelzenden Blitzes, die Einheit in der Unmittelbarkeit des Gefühls, des Sinnes, der Tat, des Volkes, des Heeres, des Kampfes. Damit ersteht die eingeschmolzene Vielheit in Gestalt der Zweiheit von Heer und Gegenheer, Freund und Feind, von entweder-oder, Du oder ich, Leben oder Sterben, Sieg oder Niederlage. Ja, entstehen die Lebenseinheiten nicht erst mit dem Blitzschlag der Feindschaft und des Krieges? „Im Tanze auf schmaler Klinge zwischen Sein und Nichtsein offenbart sich der wahre Mensch ...“[2]

Der wahre Mensch ist somit der Kämpfer, der Krieger, der Soldat ..., sein Vater aber der „Krieg“. Angst, Haß, Grauen und Mut sind Grundaffekte, Lebens- und Machtwille, Kampf und Geschlechtstrieb Urtriebe, die sich im Krieg zum Ausdruck bringen. Der Krieg selbst aber ist Ausdruck eines „Gewaltigen“[3], das sie umgreift und überdauert und vor dem alle Wertungen ihren Wert verlieren. Von diesem Ort aus erscheinen die jeweiligen Wertungen, die die Kriegsparteien einbringen, wesenlos: Daß der Gegner im Unrecht, daß man selbst im Recht ist, spielt eben keine Rolle, wenn man das Gewaltige erfährt. Im Krieg vollzieht sich kein Gottesgericht, in dem jedem das Seine, Sieg oder Niederlage, Recht oder Unrecht zugeteilt wird. Es handelt sich auch nicht um eine ultima ratio-Konfliktlösung für den Fall, daß die Gerichtsbarkeit ausfällt. Die Gegensätze zwischen gerechter und ungerechter „Sache“ werden relativiert. Kriege sind Schicksals- oder Seinsfügungen, durch die neue Ordnungen entstehen.[4]

Der wahrhafte Mensch, der auf der schmalen Klinge zwischen Sein und Nichtsein tanzt, wird indessen mit der Bestie, mit dem Tiermenschen, dem Wilden gleichgesetzt. Der bürgerliche Mensch verhüllt seinen tierischen Ursprung. „Im Kampf, im Kriege, der alle Übereinkunft vom Menschen reißt ..., steigt das Tier als geheimnisvolles Ungeheuer vom Grunde der Seele ... Da schießt es hoch, verzehrende Flamme, ein unwiderstehlicher Taumel, der die Massen berauscht, eine Gottheit über den Heeren thronend.“[5] „Mit ihm entringt sich ein Schrei, im Flusse des Kultes längst vergessen, ein Schrei aus Erkennen, Grauen und Blutdurst. Auch aus Blutdurst. Das ist neben dem Grauen das zweite, was den Kämpfer mit Sturzflut roter Wellen überbrandet: Der Rausch, der Durst nach Blut, wenn der Vernichtung zuckendes Gewölk über den Feldern des Zornes lastet.“[6]

Das ist im technisierten, im mechanisierten Krieg nicht anders als in früheren Kriegen, die mit primitiven Mitteln ausgetragen wurden. Zwischen Keule und Handgranate ist kein Unterschied: beide sind Vernichtungsmittel in der Hand des blutdürstigen, vom Tierhaften erfüllten und bewegten Menschen.

Träger des Krieges sind Völker, Nationen. „Da hetzet in kämpfenden Rudeln die auserlesene Mannschaft von Nationen, furchtlose Stürmer durch den Dämmer, dressiert, auf Pfiff und kurzen Ruf sich in den Tod zu stürzen. Begegneten sich zwei Trupps von solchen Kämpfern in den schmalen Gängen der flammenden Wüste, so prallte Verkörperung des rücksichtslosesten Willens zweier Völker zusammen. Das war der Höhepunkt des Krieges, ein Höhepunkt, der alles Grausige, was zuvor die Nerven zerrissen, übergipfelte. Eine lähmende Sekunde der Stille, in der sich die Augen trafen, ging voran. Dann trieb ein Schrei hoch, steil, wild, blutrot, der sich in die Gehöre brannte, glühender, unvergeßlicher Stempel. Dieser Schrei riß Schleier von dunklen, ungeahnten Welten des Gefühls, war jedem, der ihn hörte, Zwang vorwärtszuschnellen, um zu töten oder getötet zu werden."[7] Die Kämpfenden sind keine Einzelwesen, sie sind Verkörperungen ihrer Nationen, ihrer Völker, Verkörperungen von Kollektivwesen, von Kollektivwillen. Ja, in diesem „rücksichtslosesten Willen" scheint das Wesen des Kollektivs seinen Ausdruck zu finden. Das Verhältnis zwischen mehreren Kollektiven, die als Völker oder Nationen – auch der Begriff Staat kommt vor – bezeichnet werden, wäre durch einen „tierischen" Vernichtungswillen charakterisiert. Freilich werden Völker und Nationen auch als kulturelle Einheiten gedeutet. „Betrachten wir eine Kultur oder ihren lebendigen Träger, das Volk (jedes Volk hat seine eigene Kultur, auf deren scharf umgrenztem Boden seine Möglichkeiten einzig gedeihen können ...) als ständig wachsende Kugel, so ist der Wille, der unbedingte und rücksichtslose Wille zu wahren und zu mehren, das heißt der Wille zum Kampf, magnetisches Zentrum, durch das ihre Struktur gefestigt und immer neue Teile herangerissen werden. Verliert dieses Zentrum seine Kraft, muß sie in Atome zerrieseln."[8]

Kultur und „Natur", Kultur und Krieg werden so in ein notwendiges Ergänzungsverhältnis gedacht. Der Krieg gilt nicht einfach als der Vater der Kultur. „Wohl werden alle Freiheit, alle Größe und alle Kultur in der Idee, im Stillen geboren, doch nur durch Krieg erhalten, verbreitet oder verloren."[9] Der Krieg verhält sich danach zur Kultur wie die Idealkraft zur Realkraft. Die Folge: Ohne Gewalt und Vernichtung keine Kultur. Man darf jedoch nicht übersehen, daß Ideal- und Realkraft sich nicht nur ergänzen, sondern daß sie sich auch gefährden, ja, zerstören. In letzter Konsequenz bewirkt Kultur jene Verästelung, Differenzierung, welche das Willenszentrum selbst angreift. Umgekehrt das Beispiel von den zwei Soldaten und dem Porzellan, „... zierliche kleine Sachen aus Meißen, Limoges und Kopenhagen" in einem Schaufenster: „Junge, hier müßte mal so'n 38er Volltreffer reinhauen, so richtig hoch von oben ...
In diesem Augenblick erkannte ich mit visionärer Klarheit: Diese Menschen werden den Krieg niemals überwinden, denn er ist größer als sie."[10]
Damit gelangen wir zu einem Grundwiderspruch: Einerseits gelten Kampf und Krieg, äußerste Entzweiung, Vernichtung, Tötung, Blut-

rausch als Elementarereignisse, in denen sich das Gewaltige ereignet, Sieg und Niederlage aber als Zufälligkeiten erscheinen. Andererseits ist der Krieg ein Vorgang, in dem es um etwas und nicht nur um den Krieg selbst geht, sondern um den Sieg der höheren über die niedrigere Kultur, der besseren über die schlechtere Idee, des kultivierten über das barbarische Volk ... Mag dann auch wieder eingewendet werden, daß sich die Völker immer schon Barbarei vorgehalten hätten und so eben Wertungen auf subjektive Vorstellungen zurückzuführen seien. Es bleibt dabei: „Es ist die heiligste Pflicht der höchsten Kultur, die stärksten Bataillone zu haben."[11] Diese beiden Muster, der Krieg als Selbstzweck und der Krieg als Mittel im Dienste des Kulturzwecks, bleiben im Widerstreit.

Eine weitere Möglichkeit ist indessen genauer zu prüfen: Es siegt nicht das Höhere über das Niedere oder umgekehrt. Aus dem Krieg geht vielmehr etwas Neues hervor: z. B. eine umfassendere Einheit, ein neuer Mensch.[12] Worauf das hinausläuft, kann noch nicht gesagt werden. Geschichte ist ein Werk von Geschlechtern und Jahrtausenden: „... eine große Gebärde, auf das unklare Ziel eines gelobten Landes gerichtet."[13] Der Turmbau von unermeßlicher Höhe, dessen Quader unendlich langsam der Gottheit entgegenwachsen, wird erwähnt. Der Rückfall in die Tierheit aus Verkrustung und Erstarrung treibt letztlich in ungeheurem Stoß empor, näher zur Gottheit, auf eine neue Stufe. Doch die Umrisse bleiben unbestimmt. Später wird die Gestalt des Arbeiters genannt, in die der frühere Individualismus wie sein Gegenpart, der Kollektivismus, eingehen wird.[14] Der Arbeiter ist die neue Gestalt des Menschen, die im Krieg wie im Brennofen ausgeschmolzen, wie im Eisenhammer ausgehämmert wurde, in der das *Typische* in Mimik und Gestik, der Kleidung, der Produktion, Kunst und Wissenschaft, Staat und Gesellschaft zur Dominanz gelangt. Kaserne und Fabrik, Arbeitsplan und Heeresorganisation bestimmen das Maß. Der Arbeiterstaat, der gegen den Unstaat der Bourgeois steht, ist ein Kriegsstaat, Kriegsprodukt und auf Krieg programmiert. – Aus der Ebene der Arbeitswelt erfolgt der Aufstieg auf die Marmorklippen.

2. Auf den Marmorklippen

Im *Kampf als inneres Erlebnis* berichtet ein Kämpfer und nicht ein Betrachter, die *Marmorklippen* trennen Beobachter, Betrachter und Berichter und ihre Gegenstände. Die Marmorklippen bilden die hochgelegene Beobachtungsstation; auf ihnen befindet sich die Klause, in der besinnlich-betuliche Betrachtungen angestellt werden. Das Geschehen, die vita activa, findet im „Unterland", in den Weiden und Wäldern, den Sümpfen, auf Seen und Flüssen, in den Städten, Burgen, Dörfern, Weilern bis hinauf in die Weinberge und Weindörfer, die an die Marmorklippen angrenzen, statt. Die Landschaft wird überglänzt durch die fernen Gletscher von Alta Plana. Leicht zu erreichen ist von der „Forschungs"- bzw. Beobachtungsstation das geistliche Zentrum, das Marienkloster.[15] Traumhaft verbinden sich Elemente der mediterranen mit Elementen nordischer Landschaft zu einer Utopie, so wie sich Elemente antiker, mittelalterlicher und neuzeitlicher Geschichte zur U-chronie verschmelzen.

Die Bewohner der Rautenklause beobachten einen sozialen Zerfallsprozeß und den unwiderstehlichen Aufstieg des Oberförsters aus den Niederungen der Gewalt. Die Kämpfe, die sich offen oder verdeckt abspielen, gelten nicht als Elementarereignisse, als Vorgänge, in denen der wahrhafte Mensch als Krieger und Kämpfer in Erscheinung tritt. Das Niedrige und Gewaltsame wird vielmehr diskriminiert. Sein Wesen tritt in der Schande der Schinderhütte[16] (in welcher der Fürst als Repräsentant des Hohen und Edlen hingemordet wurde) ins Bewußtsein der Beobachter. Es fallen auch nicht Völker übereinander her, die sich gegenseitig Barbarei vorhalten. Ebenso fehlten das Getöse der Materialschlachten und Grabenkriege. Da kommt allenfalls Kavallerie zum Einsatz oder rote und gelbe Hundemeuten; Hirten kämpfen mit Knüppeln und Morgensternen gegen Jäger. Auf Mord gezüchtete Hundebestien – Chiffon rouge ist der Lieblingshund des Oberförsters[17] – bestimmen das Treffen. Im Hintergrund wirkt der Oberförster, jovial und fürchterlich zugleich, Herr über unermeßlichen Reichtum, über Gesinde und Gesindel, Meister der Verführungskunst und Grausamkeit; Potator und Potentat, prunk- und herrschsüchtig, uralt, ein Fürst und Souverän der Unterwelt, der die Oberwelt zu erobern im Begriffe ist.[18]

Die Beobachter und der Berichter beobachten und berichten nicht wertneutral. Die Entdeckung der Schinderhütte und der Opfer erfüllt sie mit Abscheu und Schrecken. Doch die Einsicht gerinnt nicht sofort zur Tat. Wohl beraten sie mit dem Priester über das, was zu tun sei, besonnen und umsichtig. Aber wie gesagt, sie tun nichts, es bleibt bei einer gewissen Betulichkeit. Man hilft in kleinen Dingen. So unterstützt Bruder Otho einen alten Großhirten in einem Rechtsstreit mit juristischem Rat und gewinnt so die Anhänglichkeit des Alten. Sie wird mit der Anhänglichkeit eines alten Hundes verglichen.[19] Man hat Anhänger und Freunde, Zechkumpane und Klienten. Man nimmt an den Festen der Weinbauern und an den Fastnachtsmaskeraden teil. Der Berichterstatter verschmäht auch die Gunst schöner Frauen nicht. Die alte Schaffnerin zieht einen Enkel auf, der aus der Verbindung des Berichterstatters mit einer ihrer Töchter hervorgegangen ist.[20] Man hat Beziehungen zu den Mauretaniern, einem Militärorden, in dem man seinerzeit Dienst geleistet hat, in dessen Casino man auch in die Nähe des Oberförsters gekommen war.[21] Man ist dabei und doch darüber, man ist drinnen und draußen zugleich. Man verfügt über Informationen und vermag die Kräfte richtig einzuschätzen. Doch man greift nicht ein. Man verläßt sich nicht auf Gewalt, sondern auf geistige Widerstandskräfte.[22]

Es ist nicht leicht, die Konturen des Sozialgebildes zu fassen, in dem sich der Aufmarsch der Gewalt und die Zersetzung vollziehen. Gibt es ein Zentrum? Ein Rom? Wie verhalten sich Stadt und Land zueinander? Kleinstädte zu Großstädten? Industrie zu Agrarwirtschaft? Es ist die Rede von Magistraturen, von Jurisdiktion und Juristen, von Hirten, Jägern, Bauern, Soldaten. Wo sind die Arbeiter? Befinden wir uns in einer vor- oder nachindustriellen Welt? Automobile werden so getarnt, daß die Mechanik einer Art Organik Platz zu machen scheint.[23]

Zur ersten Frage: Ein Regierungszentrum gibt es nicht, wohl aber Ämter, Magistraturen und das Forum, den Ort oder die Orte der Rechtssprechung. Es ist die Rede von Kommissaren, die Funktionen im Weideland ausüben, und von Grundherren, die eben in diesem Bereich Gerichtsbarkeit innehaben. Ein zentrales Organ wird erwähnt: Die Ständeversammlung. Aber sie wird nicht einberufen.[24]

Zur zweiten Frage: Die Städte haben keinen Vorrang. Bürgern und Bauern kommen die ihnen gebührenden Rechte zu. Der dritte Stand bzw. der erste, der Adel, hat sich auf seine Burgen zurückgezogen. Er nimmt seine Wehrpflicht als Wehrstand nicht wahr. Im Vakuum entfalten der Condottiere und seine Truppe und der Orden der Technokraten und der Mauretanier ihre Politik.[25] Entscheidend als Träger der Kontinuität ist indessen das „Volk" der Wein- und Ackerbauern. Regierungen kommen und gehen. Das „Volk" bleibt seit der Zeit des Carolus[26] als *Kultur*träger. Wein und Brot sind Kultursymbole, deren Bezug zur Geisteswelt in den „Dichterklausen und Denkerhütten"[27] offensichtlich ist. Im Volk ist auch das Recht verwurzelt, das in erster Linie als Gewohnheitsrecht gefaßt ist.[28]

Zur dritten Frage: Der Arbeiter als Träger der industriellen Produktion erscheint nicht; wie eben die industrielle Produktion nicht sichtbar wird. Es gibt sie. Doch sie ist organisch getarnt. Wir haben es mit dem Phänotypus einer antik-mittelalterlichen Kulturlandschaft zu tun, die mit Renaissance- und Neuzeitelementen durchsetzt ist – dem Land der Marina. Jüngers Beschreibungen erinnern an Moritz von Schwind, Schnorr von Carolsfeld, Schinkel und seine Kulturlandschaften.[29] Zur Marina „gehört" die *campagna*, das Weideland, das Gebiet der Hirten, die in Sippenbünden organisiert sind. Da gilt das primitive Recht der Blutrache und Vergeltung, aber auch das Gastrecht und die Gastfreundschaft. Die Mariner üben über die campagna Hoheitsrechte aus, überdies gehört ihnen der Grund, der verpachtet ist.[30] Dann kommt das Sumpf- und Waldgebiet, das Herrschaftsgebiet des Oberförsters, das durch keine Staatsgrenze abgetrennt ist.[31] Die topographische Einordnung der iberischen Provinzen, in denen der Capitano den Aufstand niedergeschlagen hat, fällt schwer.[32] Abgegrenzt ist dagegen Alta Plana. Ein klares Staatsgefüge wird allerdings nicht sichtbar gemacht. In Alta Plana leben freie, aber barbarische Völkerstämme.[33]

Der Niedergang beginnt mit dem Krieg gegen Alta Plana und der erlittenen Niederlage. Die Brüder waren als Purpurreiter beteiligt; in Erfüllung einer „Lehenspflicht", welche die Frage nach Recht und Unrecht des Krieges ausschließt. Die Sympathie gehört den Siegern. Sie haben zu Recht gesiegt. Der Angriffskrieg war offenbar Unrecht und entsprang der Selbstüberschätzung. Die Brüder hängen die Waffen in die Rüstkammer. Sie werden ehrenvoll aus dem Dienst entlassen. Es ist Ordens- nicht Staatsdienst. Ihrem Wesen widerspricht das technokratische Machtdenken, das zu Machtträumen und zur Utopie, die am Herr-Knechtverhältnis orientiert ist, entartet. Sie kehren zu den Blumen und zur Kontemplation zurück.[34] Sie beobachten die Zersetzung und den Siegeszug des Oberförsters, der auf die Zerstörung der Kulturlandschaft, auf Verwaldung und Versumpfung abzielt. Im letzten Moment gelingt der Rückzug nach Alta Plana, dank der *magischen Kraft der Altmutter* und des Sohnes, die über die Schlangen gebieten. Diese beißen die Hunde des Oberförsters, die gegen die Marmorklippe anstürmen.[35]

Notieren wir die Veränderungen im Verhältnis zum *Kampf als inneres Erlebnis*:

1) Der Kampf als Explosion tierhafter Urkräfte verliert die Dominanz.
2) Die Einheit von Sinn, Tat, Kampf zerspringt in die Zweiheit von vita activa und vita contemplativa.
3) Das Tierhafte verliert seine Rechtfertigung im Verhältnis zu den Werten der Kultur. Der alte Oberförster und seine Eberwappen stehen für Kulturzerstörung und Untat, im Gegensatz zu Tat und Besinnung, zu Sitte und Gesetz.
4) Den Besonnenen bleibt die Flucht ins Vaterhaus von Alta Plana, wäh-

rend das Kulturland dem Oberförster, seinen Jägern, seinem Gesinde und Gesindel zum Opfer fällt.

3. Der Waldgang

U-topik und U-chronik verbergen die Aktualität der Marmorklippen. Im Waldgang wird sie „herausgestellt". „Jetzt und Hier"[38] lautet das Motto. Der Bericht setzt nicht bei Kampf und Kämpfern, sondern bei einer Analyse von Wahlen ein. Der Berichterstatter – das Ich ist entfallen – unterscheidet zwischen echten und unechten Wahlen.[39] Wahlen in Diktaturen und plebiszitären Demokratien sind unecht. Bei echten Wahlen geht es darum, daß aus den in Unabhängigkeit, im Schutze des Wahlgeheimnisses abgegebenen Stimmen die Mehrheit ermittelt wird. Bei unechten Wahlen geht es um die Zuverlässigkeit. Eigentlich sind 100 %ige Ergebnisse gefordert. Wer gegen Freiheit oder Gerechtigkeit votiert, schließt sich aus. 100 %ige Ergebnisse wären unglaubwürdig und unzweckmäßig. Das Regime erhält seine Berechtigung im Verhältnis zu einer negativ eingestellten Minderheit von etwa 2 %. „Sie spielen ... die Rolle, die Mehrheit anschaulich und überwältigend zu machen."[40] Jünger wendet sich demjenigen zu, der in der plebiszitären Demokratie das „Nein" wagt. „Es mag auch an dieser Stimme oder vielmehr am Träger dieser Stimme liegen, daß der uns stets bedrohende Termitenzustand nicht verwirklicht wird."[41] Doch, so meint Jünger, das Nein, der Widerstand käme wirksamer zur Geltung, wenn er nicht nur auf dem Wahlzettel ausgebracht würde. Denkbar wären Zeichen auf öffentlichen Wänden. In diesen Zusammenhang gehört das Zeichen W wie Widerstand, Wolf, Waldgang.[42]

In den Marmorklippen gilt der Wald als Ort des Bösen. Sein Herr, der Oberförster, ist in einem gewissen Sinne der Böse. In ihm erscheint die Verwesungskraft des Chaos. Den Kontrast bildet der Weinbau, die Kultur. Im Waldgang wird der Wald zum Zeichen für die Urkräfte, welche den Einzelnen zum Widerstand herausfordern gegen Diktatur und Gewalt, die in den Zonen der Zivilisation zur Herrschaft gelangen.[43] Im Waldgang wird der Wald als Ort beschrieben, wo die Mütter wohnen, denen schöpferische Urkraft zu eigen ist, im Gegensatz zu den Vätern, von denen lediglich konservierende Kräfte ausgehen.[44] Das Verhältnis zwischen Müttern und Vätern ist nicht klar gezeichnet. Fest steht allein, daß es sich um Kraftquellen handelt, die von der ratio her nicht faßbar sind, die tiefer liegen und sich nur dem Waldgänger erschließen, d. h. demjenigen, der sich aus dem Gefüge der Institutionen und Funktionen herauslöst. Wie sich das Waldbild vom Negativen zum Positiven umpolte, ist nicht leicht verständlich. Gewiß, man kann von der Ambivalenz mythischer Bilder, Figuren und Gestalten ausgehen. Wie die Mütter und Väter verschlingende, zerstörende und bewahrende Kräfte indizieren, so auch das Waldbild. Der Wald ist heimlich und unheimlich; er birgt Tod und Leben. Er ist auch der Ort, wo man das Fürchten lernt, doch schließlich die Sicherheit gewinnt, um Widerstand leisten zu können. So entschieden Jünger den Waldgang als Prozeß der Ablösung und Abwendung von den institutionellen und funktionellen Mechanismen der technisierten Welt beschreibt, so entschieden bestreitet er eine Antinomie zwischen irrationalem Anarchismus und den Zwängen der modernen Lebensverhältnisse und der in ihnen angelegten Diktaturen, zwischen „Wald" und „Schiff". Man kann auf hoher See nicht aussteigen, aber man kann aus dem Wald jene Kräfte schöpfen, die auf dem Schiff Freiheit und Notwendigkeit zu verbinden vermögen. Das Schiff, auf dem der Weinstock wächst, ist das Symbol der Symbiose.[45] Wenn auch Jüngers Versuch, Freiheit und Notwendigkeit zu verbinden und die Freiheit aus einer tieferen Schicht als derjenigen der „Freiheitsgarantie"[46] zu begründen, Anerkennung verdient, so sind doch folgende Bemerkungen unerläßlich:

1) Der Ausdruck „Waldgang" indiziert die Abwendung von der Welt des „kollektiven Bewußtseins" und die Zuwendung zur Welt des kollektiven Unbewußten, zu den „Archetypen". Die Gefahr der Identifikation mit Inhalten des Unbewußten bleibt unbewußt.[47]

2) So ist es denn auch verständlich, daß vom Waldgang der Kämpfer und nicht der selbstbewußte Bürger zurückkehrt. Der Kämpfer ist der Mann der Gegengewalt, eben des Widerstandes. Er bewährt sich in der äußersten, nicht in der Normallage. Ja, von ihm aus ist die Normalität bürgerlicher Bewährung, Zivilcourage kaum denkbar. So kommt es denn auch zu grotesken Überzeichnungen. Dazu zählt das Bild des Vaters, der, von seinen Söhnen begleitet, mit der Axt in der Hand unter der Tür erscheint, um die Unverletzbarkeit der Wohnung zu verteidigen. Dessen Bild verdeckt Normallagen der Bewährung.[48] Zwar scheint es „noch"[49] echte Wahlen zu geben, in denen Ja und Nein konkurrieren; der Zug zu den Notwendigkeiten überzieht die Kontraste zwischen den politischen Systemen. „Waldgänge" sind nicht nur überall möglich, sondern auch überall notwendig. Der Waldgänger wird zur ubiquitären Figur des Einzelkämpfers, wie der unbekannte Soldat und der Arbeiter ubiquitäre Figuren sind.

4. Heliopolis

Oben und unten, Höhe und Tiefe bezeichnen Raumlagen. Diese wiederum symbolisieren Dimensionen der menschlichen Existenz und Qualität. Das Hohe und das Tiefe „weisen" auf Erscheinungsformen des Wertvollen hin. Demgegenüber ist das Niedrige das Minderwertige. Die Hochgeborenen und die Niedriggeborenen drücken den Wertgegensatz soziologisch aus. Der Gegensatz zwischen Oberfläche und Tiefe meint allenfalls Wertdifferenzen. Dabei werden auch kognitive Momente sichtbar. Man mag an den Ausdruck Vertiefungsvorlesung denken. Die Didaktik dringt von der Oberfläche in die Tiefe. Andererseits arbeitet man sich zur Wahrheit empor. Götter wohnen in der Tiefe wie in der Höhe. Schätze sind in der Tiefe verborgen. Doch das Licht strahlt vom Himmel herab. Damit wird der Zusammenhang zwischen der Phänomenologie des Lichtes und der Raumstruktur wie deren Symbolik sichtbar; Tiefe und Dunkel – Höhe und Licht gehören zusammen, und gerade in diesem Zusammenhang zeigen sich Ambivalenzen. Dunkelheit kann als wertvoll und als minderwertig empfunden werden. Genau das gleiche gilt vom Licht: es blendet und schmerzt. Es erleuchtet und spendet Lebenskraft. Dunkelheit ängstigt oder birgt und behütet. So ergeben sich ganze Bildkomplexe, in denen menschliche Daseinsweisen, Risiken und Chancen zusammengefaßt werden: schlafen und wachen, denken und träumen, Mutter- und Vaterwelt können in die an Raum und Licht orientierte Bildsprache einbezogen werden.

Die Struktur von Heliopolis

Dem Golf von Heliopolis sind zwei Inseln vorgelagert – Castelmarino und Vinho del Mar. Von Castelmarino heißt es: „Selbst jetzt, im hellen Sonnenlicht, erweckte das Meerschloß den Eindruck des üblen Ortes, des Sitzes der Gewalt."[50] Demgegenüber gilt Vinho del Mar als bunter Weinberggrund, der von Villen in römischem Landhausstil gesäumt ist. „Man hörte Gesänge von den Tafeln, die vor den Winzerhütten aufgeschlagen waren."[51] Dann taucht die Stadt Heliopolis auf: „Sie gleißte über dem blauen Meer im Mittagslicht ..."[51] Sie wird gekrönt durch den Dom, der in neuklassischem Stil wieder aufgebaut wurde. Zur Oberstadt gehören der Palast des Prokonsuls sowie das Zentralamt des Landvogts. Sie bilden zwei Pole. Die Seite des Prokonsuls ist klar nach dem platonischen Muster gebildet. Unter den Quartieren der Vornehmen und der Armee, der Akademie, der Gärten, Gartenhäuser und Paläste befindet sich das Hafenviertel, in dem Händler, Handwerker und Arbeiter sowie die Parsen leben.[53] Die Seite des Landvogts ist ebenfalls nach dem Kontrast zwischen oben und unten organisiert. Der Landvogt ist Mauretanier, Technokrat und Demagoge. Ihm geht es um die Organisation der Herr-Knecht-Realisationen, die restlose Mobilisierung im Sinne der Instrumentalisierung der „Massen".[54]

Wir stellen somit eine Polarität in der Horizontale sowie Polaritäten in der Vertikale fest. Die Polaritäten in der Vertikale sind verschieden: Dialektisch und antinomisch. Dementsprechend ist die Polarität in der Horizontale antinomisch. Wir haben es mit einem Bürgerkrieg zu tun.

Es steht humane gegen inhumane, gerechte gegen ungerechte Herrschaft, die alte Stadt gegen die neue. Die ungerechte Herrschaft ist von den alten Volksparteien, die gerechte Herrschaft vom alten Adel aus zu begreifen. Der Landvogt ist ein Demagoge, der Prokonsul ein Edelmann. „Lucius hörte eine tiefe, melodische Stimme antworten. Sie war zugleich eindringlich und umflort, gleichsam in Wachs geschnitten und moduliert durch eine Unzahl von vertraulichen Verhandlungen. Doch sie war auch mächtig ... Es war die Stimme, die jeder kannte, die Stimme, die in den Arenen die Massen beschworen und gebändigt hatte und dann begeistert zum Orkan ... Und selbst im lässigen Gespräch war zu fühlen: Ihr Träger kannte ihre Macht. Wie anders dagegen klang die Stimme des Prokonsuls – ein wenig müde, liebenswürdig, nicht ohne Ironie. Er liebte das Schweigen, die Nuance, die knappe Andeutung. Die Leidenschaften, die Erregung, der Geist der Massen, ja selbst Begeisterung waren ihm verhaßt. Er war der Meinung, daß gutes Blut sich eher durch Witterung versteht als durch das Wort. Beim Vortrag im Staatsrat wollte er Fakten und Argumente hören, kaum Meinungen. Dann traf er in wenigen Sätzen die Entscheidung, nach der zu handeln war. Als Feldherr gab er die Befehle flüssig, die Klarheit und Reihenfolge seiner Dispositionen waren berühmt. In solchen Lagen war seine Sprache kühl und glänzend wie eine gute Klinge, die nur selten gezogen wird, doch unfehlbar trifft."[55]

Damit sind auch die strukturellen Gegensätze angezeigt: Der Prokonsul ist der Mann der Traditionen und Institutionen, welche die Werte von Eigenart und Eigentum und damit von Freiheit und Würde bewahren.[56] Das gesellschaftliche Leben verläuft in Bahnen ständischer Gliederung. Jeder weiß, was ihm zukommt: Das Volk der Bauern und Bürger auf der einen Seite, die Edeltrefflichen[57] auf der anderen. Zu den Edeltrefflichen gehören Offiziere, Beamte, Dichter, Denker und Geistliche: Die Regenten. Dem reizenden Mädchen aus dem Volk, in Haus und Garten geschickt, kommt Mario – ein junger Bursche gleichen Herkommens – zu.

Die Liebelei mit einem Edeltrefflichen ist denkbar, eine Dauerverbindung fände nicht die Genehmigung der Vorgesetzten. Gefordert ist standesgemäße Gattenwahl.[58] Den Hintergrund der Edeltrefflichen bildet das Burgenland. Da begegnen wir wiederum Bildern aus dem Album der Nazarener. Doch das Burgenland vergegenwärtigt nicht das Ganze. Im Burgenland ist eine Art Kräftespeicher zu sehen, ohne den das Ganze nicht auskommt. Aus diesem Speicher wird ein wichtiger Teil des Personalbedarfs der Stadt befriedigt, z. B. an Offizieren und ihren Burschen sowie treusorgenden Schaffnerinnen.[59] Doch die Bedarfslagen der Polis sind differenzierter. Es kommen die Bedürfnisse von Industrie, Handel und Finanzen hinzu, wobei von einer Prägkraft der Wirtschaft nicht gesprochen werden kann. Sie ist integriert. Das gilt gerade von der Technik, die als Strahlungstechnik über gewaltige konstruktive und destruktive Potentiale verfügt.[60]

In der Natur der Sache liegende Spannungen kennzeichnen das Verhältnis zwischen „Wissenschaft" und dem Heer: Wissenschaftsfreiheit auf der einen, Befehl und Gehorsam auf der anderen Seite. Die Gegensätze sind freilich dadurch gemindert, daß Wissenschaft und Humanität, Heer und Recht zusammen gesehen werden. Im einen Fall steht die Selbst-, im anderen Fall die Fremdverantwortung im Vordergrund. Weder die militärische Gewalt noch die Erkenntniskraft werden bindungslos gedacht.[61] Es kann jedoch nicht Sache des einzelnen Offiziers sein, die Richtigkeit und Rechtlichkeit der großen Zielsetzung in Frage zu stellen. Zwar wird der Ehrenvorbehalt erwähnt, seine praktische Bedeutung wird jedoch stark herabgesetzt. „In guten Zeiten weiß sowohl der Vorgesetzte als auch der Untergebene sehr wohl, was ehrenrührig ist, und daher kommt es höchst selten zum Verstoß. Dann ist der Gehorsam sichtbar, die Freiheit unsichtbar, doch immer mitwirkend."[62] Im übrigen ist das ganze „Regiment" des Prokonsuls so angelegt, daß über das Verhältnis von Recht und Unrecht kein Zweifel aufkommen kann.[63]

Für das Verhältnis von Recht und Politik im weitesten Sinne des Wortes sind folgende Erwägungen charakteristisch: Soll der Prokonsul die Partei eines auf die Regierungsgewalt in Asturien abzielenden Fürsten ergreifen? Unter rein machtpolitischen Aspekten wäre dies vielleicht zu empfehlen; unter Gesichtspunkten der Legalität und Legitimität auf keinen Fall. Der Umsturzversuch des Staatschefs Don Pedro führte nicht über die „Diktatur", über eine stabile Position im Hin und Her der Mächte hinaus.[64] Das Recht wurzelt einerseits in der Tradition, die freilich nicht ungebrochen erscheint, zum anderen in den Maßnahmen des Herrschers, des Prokonsuls. Es geht nicht aus Volksabstimmungen oder parlamentarischen Beratungen hervor. Wohl gehen die Resultate von Beratungen, von Expertisen mit ein. Die Verantwortung für die Entscheidung trägt aber der Prokonsul, auch wenn er andere an seiner Souveränität mitwirken läßt.[65] Selbstverständlich sind Delegationen, Zuständigkeitszuweisungen erforderlich. Die Zentralgewalt ist indessen nicht teilbar. Es ist auch nicht von einer richterlichen Gewalt die Rede, die gegen den Inhaber der „Souveränität" zur Geltung gebracht werden könnte. Diese ist im Recht, hat Recht, wirkt Recht. Durch das Recht geschützt ist nicht nur das Volk der Inländer, sondern auch der an sich rechtlose Fremde, der Parse. Die Parsen sind Vertriebene. Sie haben die leidvolle Rolle übernommen, die den Juden vor ihrer Ansiedlung zufiel. Im Regiment des Prokonsuls finden sie Schutz.[66]

Ist das Regiment des Prokonsuls auf Traditionen und Institutionen, auf Vernunft, Noblesse und Gerechtigkeit gegründet, so lebt das Regime des Landvogtes von Leidenschaften, Erregungen des Demos und Demagogien. Demos und Demagoge bedingen sich. Demos und Volk werden gegeneinander gesetzt: Demos ist die atomisierte Masse, Volk die wohlgegliederte Einheit. Demos ist letztlich ein Produkt von 1789, der demokratischen und der industriellen Revolution, der bürgerlichen Scheinherrschaft. Im Demos kommt der Bodensatz der Unterwelt hoch, das Niedrige aus Sumpf und Wald, aus Anmaßung und Neid, Gemeinheit und Angst, Haß und Wut, zugleich aber auch maternitäre Kräfte in der Auseinandersetzung mit dem Patriziat. Demos konstituiert sich angesichts des demagogischen Diktators, der schmeichelt, reizt, ängstigt und verheißt und so in die Dimension der Emotionalität führt. Doch es braucht Reizobjekte, den Feind, den Sündenbock. Dazu taugen die Parsen. An ihnen kann sich die Mord- und Zerstörungslust der Massen austoben.[67] Doch das ist nur die eine Seite. Hinzu kommt die Verfügungsgewalt über die Technik und die Wissenschaft. Es handelt sich nicht um die autonom gebundene Wissenschaft, sondern um Scientismus, um die kalte Rationalität der Analyse, der Zergliederung, die auch vor dem Menschen nicht haltmacht. Das Institut für Parsenfragen[68] ist Symbol für diese Art von Wissenschaft, die ein schreckliches Instrument der Macht ist. Was Jünger plebiszitäre Demokratie nennt, ist Terror, nicht zuletzt vermittelt durch Bürokratie und Wissenschaft.

Wir können hier abbrechen. Die Bilder sind bekannt. Nur eines bleibt nachzuholen: Identifikationen mit dem Nazismus und dem Stalinismus sind nicht abwegig. Die Bilder haften jedoch nicht an historisch spezifischen Erscheinungen. Sie weisen auf Grundkräfte hin, die in unterschiedlichen Bildungen und Bewegungen sichtbar werden. Sie sind nicht auf

Synthese angelegt. Es handelt sich um eine Antinomie; die Antinomie zwischen Tyrannis und Gerechtigkeitsstaat, die aber in ein und derselben Polis ihre Wirkung entfaltet. Doch die Politik zielt nicht auf Vernichtung, sondern auf Gleichgewicht, nicht auf Feindvernichtung, sondern auf Koexistenz. „Prokonsul und Landvogt hielten ... eine Politik des Gleichgewichts inne, wie sie in solchen Lagen stets wiederkehrt. Sie wußten beide, daß der große Schlag nur einmal fallen konnte und, wenn er fiele, den Untergang bedeutete. Das Spiel war einmal taktisch, insofern etwa in diesem Falle der Landvogt die Massen in Bewegung setzen wollte, während es dem Prokonsul an den großen Banken ... und anderer Sicherung der Oberstadt gelegen war. Doch war es über das konkret Politische hinaus symbolisch: Die Mächte zogen voreinander auf."[69]

In diesem Spannungsfeld denkt und handelt der Held Lucius de Geer, der junge Kommandant im Stab des Prokonsuls, die Verkörperung der „Edeltrefflichkeit". Wir lernen ihn auf dem Blauen Aviso, dem Schiff kennen, das ihn von den Hesperiden nach Heliopolis zurückbringt. Er ist bei der Morgentoilette. Sein Bursche Costas ist ihm beim Ankleiden behilflich. Er reicht ihm zunächst die Wäsche, „die aus hellgrüner Seide gewoben war. Die Uniform war etwas dunkler, matt heidegrün und an den Rändern mit schmaler Goldverschnürung abgesetzt. Es war die Tracht der Jäger zu Pferde ... Bei dieser Truppe dienten seit alten Zeiten die Söhne aus dem Burgenland."[70] Nachdem Costas mit einem Tuche auch den letzten Hauch von Knöpfen und Sporen gerieben hat, tritt er zurück und prüft aufmerksam sein Werk. „Es ist makellos". Makellos ist auch das Verhältnis zwischen „Herr und Knecht". „Lucius liebte diesen Eifer in kleinen Dingen, die angespannte Beschäftigung am zugewiesenen Amt. Sie galt ihm als eines der unbewußten Zeichen, in denen die Ordnung sich bestätigt ... So ruhte sein Blick wohlwollend auf Costas, der ihm durch eine stumme Verbeugung anzeigte, daß am Anzug nichts auszusetzen war."[71]

Der dergestalt „herausgeputzte" Offizier mischt sich unter die bunt kostümierte Schiffsgesellschaft. „Der Schmuck der bunten, mit Tressen bordierten und mit Orden besternten Uniformen, in den Staatsröcken mit den Zeichen und Bändern der großen Bünde, in den bequemen Reise- und Jagdkostümen repräsentierte sie sich als Gremium von höchster Macht."[72] Der Kapitän des Blauen Aviso, eines mit allen technischen Raffinessen ausgestatteten und mit goldenen Beschlägen geschmückten Schiffes, trägt einen blauen Frack mit goldenen Knöpfen und einen Zylinder. Er wirkt wie eine Puppe auf einem Puppenschiff. Ja, man könnte meinen, daß Lucius de Geer eine Starrolle in einem Puppentheater spielt, das im

Stile von Louis Philipe romatisch-bürgerlich inszeniert ist. Zu erinnern ist an die romatisch-klassizistische Gestalt der Kulturlandschaft in den *Marmorklippen.* Handelt es sich um postmoderne Dekoration oder nicht mehr, ist der noble Obrigkeitsstaat, den de Geer repräsentiert, heute eben nur als biedermeierliche Veranstaltung, die Edeltrefflichkeit nur in romantischer Kostümierung denkbar? Wie dem auch sei: Lucius, der Chevalier, der edle Ritter, verkörpert eine streng hierarchische, elitäre und ständische Gesellschafts- und Staatsordnung im Sinne der Restauration. Doch dieser Edeltreffliche verletzt die „Regel". Er verliebt sich in eine Parsin, ein anmutig-schönes und geistvolles Mädchen. Der Verstoß gegen die Traditionen des Burgenlandes ist offensichtlich. Der Edeltreffliche und eine rechtlose Parsin sind eine contradictio in adjecto.[73] Er „engagiert" sich indessen energisch, indem er die Geliebte aus der entwürdigenden Haft, in welche sie die Leute des Landvogts gebracht haben, befreit. Dabei bedient er sich legaler Mittel.[74] Mit illegalen Mitteln kämpft er um die Befreiung des Onkels der jungen Frau. Er organisiert ohne Ermächtigung eine militärische Aktion.[75]

Bemerkenswert ist zweierlei: einmal, daß der „Exzeß", daß der Gesetzesbruch für eine Frau ohne Stand geschieht, und zum anderen die Reaktion der Autoritäten. Die Frau ohne Stand bringt die personale Bedeutung der Beziehung unmittelbar zum Ausdruck. Institution und Person werden gegeneinander gestellt. Die Möglichkeit, daß es sich um eine apersonale, ausschließlich geschlechtsbezogene Beziehung handelt, wird dadurch ausgeschlossen, daß Lucius sich mit der schönen Parsin auf Dauer verbunden fühlt. In der sehr maskulinen Welt, die Jünger entwirft, ist dies ein besonders bemerkenswerter Zug.[76]

Die erste Reaktion der Autoritäten: verständlicherweise hart; eben die Reaktion des Chefs auf die Unbotmäßigkeit eines Untergebenen.[77] Innerhalb der Hierarchie ändert sich das Bild: Schon der Chef der Chefs, der Prokonsul, behandelt den Fall mit verstehendem Wohlwollen.[78] Die letzte Entscheidung trifft der Regent selbst, eine Figur, die – wie man so sagt – über den Dingen schwebt. Der Regent ist kein überirdisches Wesen, er ist kein Gott im Himmel. Sein Daseinsraum ist Weltraum. Er ist auch keine Denkfigur. Er ist wirkender Geist und politische Potenz. Er hat sich allerdings aus den unmittelbaren Auseinandersetzungen nach der letzten Feuerschlacht zurückgezogen. Doch er verfügt über die großen Waffen und hält so die Kämpfe in Grenzen.[79] Er ist der Garant der Erhaltung. Der Prokonsul ist sein Statthalter. Er bildet die Spitze der Hierarchie. Er ist souverän. Er beruft den Kommandanten Lucius de Geer in seinen Stab. Darin liegt die Anerkennung und Rehabilitierung durch den Souverän, zugleich eine geschickte Lösung des Konflikts, indem dieser aus der Konfliktebene herausgelöst wird. Ja, der Kommandant und seine parsische Frau werden im Regentenschiff, dessen Kommandant einen blauen Asbestanzug mit goldenen Litzen trägt, aus der Konfliktzone herausbefördert.[80]

Der Vergleich mit der „Lösung" in den Marmorklippen drängt sich auf: Dort ziehen sich die Brüder aus der Konfliktzone nach Alta Plana zurück. Alta Plana ist das hochgelegene Reich der Väter, das Vaterland, Heimstätte und Zufluchtstätte für die Brüder in einer Zeit, in der der Oberförster zur Herrschaft gelangt. Eine Gleichsetzung mit dem Burgenland verbietet sich. Das Reich der Väter, das Vaterland, reicht in der Zeit weiter zurück. Es ist Herkunftsland. Von dort sind die Menschen herabgestiegen. Ihre kritische Verfassung ergibt sich daraus, daß sie einen Krieg gegen das Herkunftsland ausgelöst haben. Die Brüder waren am Kampf beteiligt, obgleich sie das Unrecht dieses Krieges empfanden. Über die Front hinweg bildete sich indessen Freundschaft und Gastfreundschaft. So steht ihnen in der Bedrohung Alta Plana offen. Wie Alta Plana Herkunftsbereich, so ist der kosmische Bereich des Regenten Zukunftsbereich. Beide Bereiche sind schemenhaft gezeichnet. Immerhin wird der Kontrast zwischen Herkunft und Zukunft sichtbar: Der Regent verweist auf künftige Integrationsmöglichkeiten, die das herkünftige Vater- wie auch das Mutterland umfassen. Daß in Alta Plana das Brüderpaar, im Regentschaftsbereich das Ehepaar Zuflucht findet, verweist auf Stufen der Integration. Freilich: im einen wie im anderen Fall bleibt die konkrete Konfliktlage unberührt. Im ersten Fall triumphiert der Oberförster mit seiner Meute über Hirten, Weinbauern, Bürger und Edelleute und die Widerstandsversuche der Mauretanier. Im zweiten Fall bleibt es beim labilen Gleichgewicht zwischen Nobel- und Popularmacht, Edeltrefflichkeit und demagogischer Verwerflichkeit.

5. Friede und Weltstaat

Auch für Jünger ist pausenloser Kampf undenkbar. Aber man kann der Frage nicht entgehen, ob der Kampf als Selbstzweck oder als Mittel zum Zweck verstanden wird. Soweit Recht gegen Unrecht steht, wäre der Kampf Mittel zum Zweck des Rechtssiegers, der Rechtsverwirklichung. Doch Jünger beschreibt ja auch den Sieg des Unrechts. Der Kampf als solcher scheint sinnvoll, bzw. soll sinnvoll gemacht werden. Aus dem erlittenen Schmerz gilt es „Kapital zu schlagen". Schmerz wird immer auf beiden Seiten erfahren. So kann der Kämpfer, ob er im Recht oder im Unrecht ist, zu einer Frieden stiftenden Tat fähig sein. Dieser Gedanke taucht schon im Kampf als inneres Erlebnis auf; die Soldaten, die Krieger von beiden Seiten, sollen den *Frieden* gestalten.

Im Kampf als inneres Erlebnis heißt es:

„Wer so zu des Kampfes Wurzeln gräbt und echtes Kämpfertum verehrt, verehre es überall, auch beim Gegner. Daher sollte Versöhnung nach dem Kampf zuerst die Männer der Front umschließen... Wir waren die Tagelöhner einer besseren Zeit, wir haben das erstarrte Gefäß einer Welt zerschlagen, auf daß der Geist wieder flüssig werde. Wir haben das neue Gesicht der Erde gemeisselt, mögen es auch noch wenige erkennen. Wo waren ihre neuen Werte ... hätten wir nicht die Fundamente gelegt? Sie wären an ihrem eigenen Fett erstickt, hätte unser Blut ihnen nicht die Gehirne entzündet."[81]

Damit ist die Thematik noch einmal scharf umrissen: Kampf, Krieg, physische Gewaltanwendung zerstören erstarrte Formen, und setzen so die Möglichkeit der Neugestaltung frei, wobei als Träger der Neugestaltung gerade die Krieger beider Parteien mitzudenken sind. Frieden bedeutet nicht einfach ein Erschlaffen der kämpferischen Energie, ist nicht einfach Negation des Krieges, sondern eben Neugestaltung. Diesem Schema steht das Schema vom Kampf zwischen Recht und Unrecht gegenüber: Das Hohe und Edle muß über das Niedrige, die bessere Idee über die schlechtere siegen. Doch auch mit dem zweiten Schema wird vielfach die Vorstellung verbunden, daß in der kriegerischen, der gewaltsamen Auseinandersetzung die Möglichkeit des Neuen geahnt wird. „Das war das große Bild, in dem sich der Zerfall der Einheit spiegelte. Merkwürdig war, daß er zusammenfiel mit ungeheurer Steigerung und Ausweitung der Macht. In diesem Sinn wollte es Lucius zuweilen scheinen, daß sich Zukünftiges in ihm verbarg."[82]

Im Bild vom Kampf und Kämpfer steckt somit bereits ein Bild vom Frieden. Zumindest dies ist abschließend festzuhalten: Man macht es sich zu einfach, wenn man Jünger als „Bellizisten" interpretiert. Die Frage allerdings, ob der Wert des Krieges nicht doch schrecklich überschätzt wird, bleibt bestehen. Die Schrift über den Frieden und diejenige über den Weltstaat tragen den Charakter des Aufrufs, des politischen Manifestes einerseits, und der theoretischen Bestimmung andererseits. Sie knüpfen an historische Erfahrungstatbestände an. Die Kraft der Bilder tritt gegenüber der Erörterung und Erwägung in den Hintergrund. Wir notieren den Hauptunkt:

Der Friede

1) Die Friedenschrift, dieser Aufruf an die Jugend, gliedert sich in zwei Abschnitte: *Saat* und *Frucht* lauten die Titel.[83]
Der zweite Weltkrieg gilt als Menschheitswerk, welchem der Friede als Menschheitswerk zu entsprechen hat. Der Krieg ist als Saat, der Friede als Frucht aufzufassen. Damit wird auf biologische Notwendigkeiten angespielt. Doch es bleibt bei der Anspielung. Gemeint ist das Werk und eine Analogie zu Saat und Frucht. Gemeint ist der Sinnzusammenhang. Saat ohne Frucht ist sinnlos. Leiden und Leistung des Krieges sind sinnlos ohne die Frucht des Friedens. Das knüpft an die Phrase an: Es ist doch nicht möglich, daß dieses Übermaß an Grauen, an Opfer und Heldentum, an Schmerz und Zerstörung ohne Sinn ist.

2) So wird der Krieg als ein umfassender Vorgang begriffen, der die Parteien, die Feinde mit einbezieht. Zwar entfällt die Vorstellung, daß es sich um einen Vorgang handelt, der zu den Urgründen der „Natur" zurückführt, der die Befreiung aus kultureller Verkrustung und Erstarrung bewirkt. Doch es bleibt bei der Vorstellung, daß es sich um einen notwendigen Vorgang handelt. Der erste und der zweite Weltkrieg sind durch Notwendigkeit verkettet. Versailles ist eine Vorkriegs- und nicht eine Friedensstation. Die Verfilzung von Recht und Unrecht konnte nur durch den Feuerstoß aufgerissen werden. Damit wird jegliche Verantwortung und der Gedanke, daß der Krieg als solcher ein Verbrechen ist, ausgeschaltet. Um so bemerkenswerter ist es, daß Jünger die Möglichkeit einer Zäsur im Jahre 1940 annimmt und diese mit der verpaßten Gelegenheit, zu diesem Zeitpunkt ein neues Europa zu schaffen, zusammensieht.[84]

3) Die „Einsicht in die Notwendigkeit" verstellt jedoch nicht den Blick auf die Verbrechen und die Schrecklichkeit des geschehenen Unrechts. Die Schinderhütte wird keineswegs aus höherer Notwendigkeit gerechtfertigt. Der Gang in den Gasofen wird nicht als Schicksalstragödie stilisiert. Strafe und Sühne, Markierung des Unrechts wird gefordert. Ein gerechter Friede ohne die Wiederherstellung des Rechts gilt als ausgeschlossen. Die Abwehr gilt der Rache und dem Haß und der Vorstellung, daß der „Kläger als Richter" wirken könne. Richterliche Unabhängigkeit ist Voraussetzung dafür, daß Gerechtigkeit geschehen kann. Diese Voraussetzung scheint in Siegergerichtsbarkeit nicht gesichert, durch die auch das Unrecht in den eigenen Reihen verdeckt wird. Vermerkt sei auch die Warnung vor Justizperfektionismus.[85]

4) Wenn auch Sieg und Gerechtigkeit nicht identifiziert werden, so

wird doch an der Unterscheidung zwischen Siegern und Besiegten nicht gerüttelt. Ein Verständigungsfriede wird ausgeschlossen. Ein Ermattungsfriede ebenfalls. Desgleichen wird der Gewaltfriede ausgeschlossen. D. h.: Der Besiegte muß am Frieden beteiligt werden. Es muß sich um einen universalen Vertragsfrieden handeln.[86]

5) Das kann nur gelingen, wenn der erlittene Schmerz in sinnstiftende Friedenskraft transsubstantiiert wird. Das ist nicht als Appell an Völker und Staaten, sondern in erster Linie an die einzelnen Menschen zu verstehen.[87] An ihnen liegt es, daß aus der Saat die Frucht wird. Der Vorgang der Verwandlung und Wandlung überschreitet die Dimension von ratio und voluntas; er vollzieht sich in der Tiefe, die nur theologisch zugänglich ist. Deshalb kann es nicht genügen, daß das Friedensvertragswerk rationalen Charakter hat, es muß sich um heilige Verträge handeln. Zur Friedenskonferenz gehört die Friedenssynode.[88]

6) Aus dem gleichen Grund hat der Aufbau der inneren Ordnung zu geschehen. Es geht nicht um die Beliebensfreiheit, sondern um die Einbindung von Freiheit ins Bekenntnis.[89] Erziehung ist auf Bekenntnis auszurichten, Bekenntnis von Wert und Wahrheit. An dieser Stelle setzt Intoleranz ein, insbesondere gegenüber dem nihilistischen Scientismus und Technizismus.[90] Dabei geht es nicht um Absage an das Prinzip des Pluralismus, wohl aber werden Absolutismen auf niederer Ebene, wie Rassismus, ausgeschlossen.[91]

7) Die Konturen der äußeren Friedensordnung bleiben offen: Ein Element ist die Einigung Europas zu einem Vaterland, das eine Vielheit von Mutterländern umgreift und als Gewicht im Verhältnis zu den Weltstaaten in Betracht kommt.[92]

Der Weltstaat

Jüngers Friedenskonzept enthält keine differenzierte Ordnungsvorstellung. Deutlich wird nur, daß er an eine globale Ordnung denkt und an eine solche, die nicht an den Nationalstaaten orientiert ist. Seine Überlegungen orientieren sich an einem globalen Gleichgewicht von Groß- und Weltstaaten.[93] Welches sind die Überlegungen, die ihn schließlich zur Konzeption des Weltstaates führen?

1) Nur zwei Staaten sind Weltstaaten, d. h. absolut souveräne Staaten, die über den Einsatz von beliebigen Machtmitteln frei entscheiden können: Rußland und Amerika. Dazu kommen Großstaaten, Mittel- und Kleinstaaten, denen eine abgestufte Souveränität zukommt.[94]

2) Staaten organisieren Kräfte zu Potenzen, zu Machtgebilden. Kräfte

sind organischer Natur, sie gehören zu gewachsenen Ordnungen, Völkern, Nationen, Gesellschaften, Familien, Ständen, Kirchen. In der organisierten Welt der Staaten werden die Kräfte zu Mächten. Mächte sind Herrschaftsgebilde, Staaten Herrschaftsverbände. Zwischen Staaten und Organismen besteht Spannung: Staat und Eingriff, Staat und Planung werden zusammen gesehen.[95]

3) Die Lebensverhältnisse in den Weltstaaten werden sich immer ähnlicher. Zu dem in Gang befindlichen, sich beschleunigenden Nivellierungsprozeß gehört die Einebnung der ständischen Gegensätze zwischen Mann und Frau, die allerdings die Tiefendimension der Veränderungsprozesse im Bereich der Materie nicht erreicht.[96]

4) Angesichts des Angleichungsprozesses im Ganzen wird es möglich, die Teile zusammenzufügen. So erfolgt eine Monopolisierung der Zerstörungspotenzen. Damit verbindet sich die Möglichkeit einer Kontrolle ungeahnten Ausmaßes. Der Weltstaat sichert den Frieden viel besser als eine internationale Organisation.[97]

Friede als Utopie

1) Weltfriede ist ein Postulat, ein Postulat der Vernunft und zugleich der Selbsterhaltung der Spezies. Jünger befürchtet zwar eher eine metaphysische als eine physische Gefährdung der Spezies. Doch kann er die volle Entfesselung der Vernichtungspotenzen in einem neuen Weltkrieg nicht mehr in ein optimistisches Schema einbringen. Krieg im Globalbereich wird zu gefährlich und kann 1960 nicht mehr als Befreiung von Verkrustung und Erstarrung qualifiziert werden.[98] So kommt es zur Aufgabe der Friedensgestaltung und der Friedenssicherung. Primär geht es Jünger um die Friedensgestaltung im Zeichen der Gerechtigkeit.[99]

2) Die Konzentration der Machtmittel im Weltstaat ist immer wieder als das geeignete Mittel zur Friedenssicherung gepriesen worden. Hierzu stellten sich zwei Fragen: Wie erreicht man hic et nunc den Weltstaat? Und zweitens: Wie verhindert man die Perversion des Weltstaates? Die Antwort Jüngers, die zwei Weltmächte hätten sich so angeglichen, daß sie wie zwei Halbkugeln aneinandergefügt werden können, ist unzureichend. Sie erinnert an die phantastische Figur des Regenten, der in kosmischen Räumen residiert und das Monopol der großen Waffen besitzt.[100] Die zweite Frage wird überhaupt nicht gestellt. Der Gedanke der Risikominderung läßt den Gedanken der Risikomehrung außer acht. Der Risikozuwachs betrifft aber gerade die Werte, die Jünger mit dem Prinzip der Gerechtigkeit verbindet. Wie kann in einem globalen Herrschaftsver-

band die Verantwortung der Einzelnen zum Tragen kommen? Wie kann die Synthese von Schiff und Wald gelingen, wenn der Menschheit nur *ein* Staatsschiff zur Verfügung steht? Selbst wenn man in der ganzen Welt Waldgänge vollzieht, so kann es nicht zur Symbiose mit der Weltstaatsapparatur kommen, zu Einsprengungen von Freiheit in die Notwendigkeit.

3) Wir haben den Ausdruck Utopie mit den Grenzvorstellungen von Himmel und Hölle verbunden. Danach ist ein Utopist, wer in Zeit und Raum Zustand und Bewegung eines schattenlosen Glücks erhofft oder von Furcht vor dem Furchtbaren, von ewiger Qual in psychischer und physischer Hinsicht besessen ist. Der ewige Friede gehört in den Rahmen utopischer Erwartungen und Hoffnungen. Es geht jedoch nicht an, den Weltfrieden und damit aus gegenwärtiger Perspektive das Überleben der Spezies als unerreichbar, als utopisch zu bezeichnen. Utopisch erscheint der Friedensgedanke erst in Verbindung mit der Vorstellung des schattenlosen Glücks, mit der Vorstellung endgültiger Konfliktbereinigung und Gefahrenbeseitigung. Unter diesem Aspekt fehlt dem Friedensmanifest Jüngers der utopische Charakter im Sinne einer „schlechten" Utopie.

Der Ausdruck Utopie kann indessen, wie wir sahen, auch sinnvoll verwendet werden, nämlich da, wo es sich um ein erreichbares Ziel handelt, das in einem konkreten Entwurf nur deshalb als unerreichbar erscheint, weil die aufgezeigten Wege nicht zu diesem Ziel führen können. Da gilt es einzusetzen, wenn von Jüngers Friedensutopie die Rede ist. Zur Utopie wird das Friedensmanifest in Verbindung mit der Welt-Staats-Konzeption. Oder anders ausgedrückt: Das Utopische am Friedensmanifest wird in dieser Verbindung besonders deutlich. Vernachlässigt man diese Verbindung, so bleibt es bei der „Weglosigkeit". Gewiß, ohne Appell und Erinnerung an innere Bewegkräfte kann nichts auf den Weg gebracht werden. Daß es in den Menschen jenseits und diesseits der Frontverläufe des 2. Weltkrieges die Sehnsucht, ja, den Willen, aus dem Schrecklichen etwas Sinnvolles entstehen zu lassen, gab, wird man kaum bestreiten können. Aber wird damit aus dem 2. Weltkrieg und dem damit verbundenen Unglück und Unrecht etwas Sinnvolles? Genau an dieser Stelle ist die kritische Nachfrage erforderlich. Für Jünger gilt für das Verhältnis von Krieg und Frieden der Zusammenhang von Saat und Frucht. Das Bild vom Krieg als Saat und die anderen Bilder vom Krieg als Kelter und Backstube sind verräterisch. Das steht im Zusammenhang mit dem Topos vom Krieg als Vater aller Dinge.

Da wird der Ansatz zum „Sinn" und Sinnvollen verfehlt und deshalb auch die eigentlichen Quellen des Friedenswerkes, außerdem kommt es über einige Allgemeinheiten hinaus zu keinen spezifisch-politischen Erörterungen. Das Konzept vom Vaterland Europa in Verbindung mit den europäischen Mutterländern, der Gedanke der Theologisierung oder Retheologisierung der politischen und pädagogischen Ordnungen erinnert in manchem an Novalis und gehört in den Zusammenhang der großen und unbestimmten Gebärden, die auf das „gelobte Land" verweisen. Vom „Hier und Jetzt" ist wenig zu spüren.

4) Das gilt für das Ganze, auch für den Waldgang, der unter dem Motto des „Hier und Jetzt" steht. Der Waldgänger ist nicht der selbstverantwortliche und selbstbewußte Bürger, der den Bürgerstaat im regionalen und überregionalen Bereich trägt. Das ist der Kämpfer in der äußersten Situation, im Ausnahmezustand.

Jünger fehlt das Sensorium und die Sensibilität für die Normallagen und ihre Trivialität.

In unheilvoller Dramatik wird der noble Entwurf eines gerechten Obrigkeitsstaates gegen das dämonisch-demagogische Treiben von unten ausgespielt, der Problematik der Gestaltung des Bürgerstaates dagegen weicht er aus.

5) Und ein letztes: Jüngers Utopie ist nicht nur zu allgemein, es handelt sich um retrospektive Utopik. Sie weist zurück ins verlorene Reich der Väter, das durch die Dialektik von Herr und Knecht bestimmt ist. Wo sie sich revolutionär gibt, handelt es sich um eine konservative Revolution. In Heliopolis aber entfaltet sich die Traumwelt deutscher Romantik.

Anmerkungen

1 Ernst Jünger, *Der Kampf als inneres Erlebnis,* Berlin 1922, S. 116.
2 A. a. O., S. 116.
3 Vgl.: „Vor diesem nächtlichen und unaufhörlichen Vorbeifluten zum Kampf wurden alle Werte nichtig ..." (A. a. O., S. 116)
4 Der Kampf wird als etwas Heiliges gewertet, „ein Gottesurteil über zwei Ideen" (a. a. O., S. 47).
5 A. a. O., S. 7.
6 A. a. O., S. 9.
7 A. a. O., S. 29.
8 A. a. O., S. 37 f.
9 A. a. O., S. 36.

10 A. a. O., S. 39 f.
11 A. a. O., S. 37.
12 „Wenn ich beobachte, wie sie geräuschlos Gassen in das Drahtverhau schneiden, Sturmstufen graben, Leuchtuhren vergleichen, nach den Sternen die Nordrichtung bestimmen, erstrahlt mir die Erkenntnis: Das ist der neue Mensch. Die Sturmpioniere, die Auslese Mitteleuropas ...
Denn dieser Krieg ist nicht, wie viele meinen, Ende, sondern Auftakt der Gewalt. Er ist die Hammerschmide, die die Welt in neue Grenzen und neue Gemeinschaften zerschlägt. Er ist das glühende Abendrot einer versinkenden Zeit ..." (A. a. O., S. 74 f.)
Überdies wird dieser Krieg in seiner Bedeutung gewaltiger noch als die Französische Revolution gedeutet (a. a. O., S. 92).
Kein Zweifel: Der erträumte neue Mensch hat die visionäre Gestalt des Mannes als Krieger, als Baumeister, als Heros. „Der Mannesmut ist doch das Köstlichste. Das ist der Kernsatz, der auch für die Zukunft gilt. (A. a. O., S. 47)
13 A. a. O., S. 6.
14 Die Gestalt des Arbeiters ist genau wie diejenige des Kriegers und Kämpfers aus *antibürgerlichem Pathos* konzipiert (vgl. Ernst Jünger, *Der Arbeiter, Herrschaft und Gestalt*, Stuttgart 1982, z. B. S. 48 ff.) Eingehender behandle ich den *Arbeiter* unten im Exkurs über die Wahlverwandtschaft zwischen Ernst Jünger und Carl Schmitt.
15 Vgl. Ernst Jünger, Auf den Marmorklippen, in: Schriften, Eine Auswahl, Stuttgart, Zürich, Salzburg 1982, S. 28 ff.; S. 42.
16 A. a. O., S. 63.
17 A. o. O., S. 83 ff.; S. 86: „In diesem Lachen erklang die fürchterliche Jovialität des Menschenjägers." Der Alte gehörte noch zu den großen Herren, die hoch frohlockten, wenn man ihnen trotzte. „Der Schrecken war sein Element."
18 A. a. O., S. 27: „Wie im Gebirge ein dichter Nebel die Wetter kündet, ging dem Oberförster eine Wolke von Furcht voraus."
S. 37: „Gerade hierin lag ein musterhafter Zug des Oberförsters; er gab die Furcht in kleinen Dosen ein, die er allmählich steigerte und deren Ziel die Lähmung des Widerstandes war. Der Oberförster glich einem bösen Arzt, der zunächst das Leiden fördert, um sodann dem Kranken die Schnitte zuzufügen, die er im Sinne hat."
Vgl. S. 39: „Ihm, der den Pflug, das Korn, die Rebe und die gezähmten Tiere haßte und dem die lichte Siedlung und das offene Menschenwesen zuwider waren ... ihm ging das Herz erst auf, wenn auf den Trümmern der Städte Moos und Efeu grünten und wenn in den geborstenen Kreuzgewölben der Dome die Fledermaus im Mondschein flatterte."
Vgl. S. 42: „Wenn er in seinem Stadthaus ... empfing, umgab ihn eine Fülle von Dienerschaft – von grünlivrierten Jägern, von Lakaien in rotem Frack und schwarzem Eskarpins, von Hausbeamten und Vertrauten aller Art. Man spürte bei solchen Festen ein wenig von der Gemütlichkeit, wie sie der Alte in

seinen Wäldern holte; die weite Halle war warm und strahlend – nicht wie von Sonnenlicht, doch wie von Flammen und vom Golde, das in Höhlen glänzt."

19 A. a. O., S. 45.

20 A. a. O., S. 20.

21 A. a. O., S. 23: „Ich hatte oft Gelegenheit, ihn nah zu sehen, und mich berührt ein Hauch von alter Macht, der ihn von seinen Wäldern her umwitterte... So lag auch in den Augen des Oberförsters, besonders wenn er lachte, der Schimmer einer fürchterlichen Jovialität. Sie waren, wie bei alten Trinkern, von einem roten Hauche überflammt, doch lag in ihnen zugleich ein Ausdruck von List und unerschütterlicher Kraft – ja zuweilen von Souveränität. Damals war seine Nähe uns angenehm – wir lebten im Übermute und an den Tafeln der Mächtigen der Welt."

22 A. a. O., S. 51 f.: „Als die Vernichtung stärker an die Marmorklippen brandete, lebten Erinnerungen an unsere Mauretanierzeiten in uns auf, und wir erwogen den Ausweg der Gewalt ... Wenn wir indessen im Herbarium oder in der Bibliothek die Lage gründlich besprachen, entschlossen wir uns immer fester, allein durch reine Geistesmacht zu widerstehen."

23 A. a. O., S. 67: „Dann hörte ich, wie vor der Rautenklausenpforte ein Wagen hielt. Obgleich wir Gäste nicht erwarteten, eilte ich doch ... zum Tor hinab und sah dort einen starken Wagen stehen, der leise summte wie ein Insekt, das fast unhörbar schwirrt."

24 A. a. O., S. 33.

25 A. a. O., S. 69: „Doch hatte ich geglaubt, daß eines Tages aus den Schlössern und Burgen sich Bewaffnete erheben würden als ritterliche Führer im Freiheitskampf."
Zum politischen Spiel des Söldnerführers Budenhorn (a. a. O., S. 37 f.). Die Eigenart der Mauretanier wird besonders differenziert durch das Portrait von Braquemart, der dem gefährlichen Typus des konkreten Träumers zugeordnet ist, vermittelt. Grundlegend ist für ihn die Konzeption von den zwei Rassen: den Herren und den Knechten. „Wie alle Schwärmer von Macht und Übermacht verlegte er seine wilden Träume in die Reiche der Utopie" (S. 68). Der Archäologe scheint insbesondere der retrospektiven Utopie zu huldigen. Er ist indessen ein analytischer Kopf, der sich auf subtilste Lageanalysen versteht. An ihm werden Züge des späteren Nihilismus sichtbar (S. 70). Seine Theorien sind Destillate, denen die Lebenskraft fehlt. Deshalb ist er dem Oberförster unterlegen.

26 A. a. O., S. 26.

27 A. a. O., S. 35.

28 Die Marina ist ein Land von „alter Rechtsgeschichte". Dazu gehört die Orientierung und das Festhalten am „richterlichen Weg" (a. a. O., S. 33). Satzungen gehören mit ins Bild (S. 33). Das gewohnte und herkömmliche Recht ist indessen angesichts der Tendenzen zur Anarchie in einer Schwächeposition.

29 Ein Beispiel: „An solchen Feiertagen mußte man auf die Marina blicken, um

zu ahnen, was Leben heißt. Am frühen Morgen drang die Fülle der Geräusche hier herauf. Wir hörten die Glocken in den Städten und die Böller, die den bekränzten Schiffen in den Häfen Salut entboten, dann wieder die Gesänge frommer Scharen, die zu den Wunderbildern wallten, und den Ton der Flöten vor einem Hochzeitszug. Wir hörten das Lärmen der Dohlen und die Wetterfahnen, den Hahnenschrei, den Kuckuksruf, den Klang des Hornes, wie sie die Jägerburschen blasen, wenn es zur Reiherbeize aus dem Burgtor geht ... Wenn wir vom hohen Sitze auf die Stätten schauten, wie sie der Mensch zum Schutz, zur Lust, zur Nahrung und Verehrung sich errichtet, dann schmolzen die Zeiten vor unserem Auge innig ineinander ein." (A. a. O., S. 28 f.)

30 Inkarnation dieses Bereiches ist der alte Belovar, der im Kampf gegen den Oberförster fällt (a. a. O., S. 45 f.; S. 90).

31 Das Reich des Oberförsters gilt auch als „Vagantenheimat", wo Magier und Hexer, Lotterliteraten, die sich in Zottelfellen verkleiden und „Uriges" beschwören, Zuflucht finden (a. a. O., S. 33; S. 41) Zum „Personal" des großen „Boss" gehören die Jäger und Förster; aber auch schöne Frauen, die als Lockvögel ausschwärmen.

32 A. a. O., S. 24.

33 Es ist von den „freien Völkern von Alta Plana" die Rede (a. a. O., S. 18 f.). Sie werden als Barbarenvölker charakterisiert (S. 30).

34 Zum Krieg gegen Alta Plana: zunächst ist jene Rechtsverpflichtung, die keine Ausnahme gelten läßt, hervorzuheben. Die Brüder *mußten* den ungerechten Krieg gegen Alta Plana mitmachen. S. 43: „... in diesem Stande lag es uns ob zu schlagen, nicht aber nachzugrübeln, wo Recht und Unrecht war." (A. a. O., S. 43) Es handelt sich um eine *äußere* Verpflichtung, welche die Sympathie mit dem Gegner nicht ausschließt. Dennoch: Die Mauretanier, die den Krieg ausgelöst haben, werden nicht nur getadelt. „... denn tief war Recht mit Unrecht nur vermischt ... Die Menschenordnung gleicht dem Kosmos darin, daß sie von Zeit zu Zeiten, um sich von neuem zu gebären, ins Feuer tauchen muß" (S. 43 f.).

35 A. a. O., S. 94 f.: „Ich spürte, wie unter dem Fuß der Marmorklippen die Klüfte bebten ... blitzend schossen die Lanzenottern aus ihren Schrunden vor ... Am höchsten war die Greifin aufgerichtet; sie wiegte sich mit lichtem Schilde vor Chiffon Rouge, dann schien die Greifin es (das Untier) ganz leicht am Ohr zu streifen, und vom Todeskampf geschüttelt, die Zunge sich zerbeißend, wälzte der Bluthund sich im Lilienflor." „Ich sah den Knaben mit Lampusa, die ihn stolz und zärtlich führte ..."

36 Vgl. Ernst Jünger, *Der Arbeiter, Herrschaft und Gestalt*, 1. Teil, *Das Zeitalter des dritten Standes als ein Zeitalter der Scheinherrschaft*, a. a. O.

37 Vgl. *Exkurs zur Wahlverwandtschaft mit Carl Schmitt.*

38 Vgl. Ernst Jünger, *Der Waldgang*, Frankfurt/M. 1952.

39 A. a. O., S. 10 f.

40 A. a. O., S. 19.

41 A. a. O., S. 22.

42 A. a. O., S. 25.

43 Der Einzelne ist der, der durch den „großen Prozeß vereinzelt" worden ist (a. a. O., S. 41). Der große Prozeß ist der Prozeß der Zivilisation, der Technisierung, der Apparatisierung, der Automatisierung. Der „vereinzelte" Einzelne ist heimatlos; seine Lage scheint aussichtslos. „Dann hat er zu entscheiden, ob er die Partie verloren geben oder sie aus innerster und eigener Kraft fortsetzen will. In diesem Falle entschließt er sich zum Waldgang." (S. 40) Zum Waldgang gehört nicht der Wille, sondern die Imagination; und zur Imagination gehört der Gesang (S. 53). Der Wald: mythische, zeitlose Wirklichkeit, in der sich der Mensch auf seine „Götterkraft" vereint (S. 54). Übrigens: Die Waldgänger bilden eine kleine Elite (S. 142).

44 Besinnung äußert sich in Zeitkritik und Erinnerung. „Diese Erinnerung kann sich auf die Väter richten und ihre dem Ursprung näheren Ordnungen. Sie wird dann auf konservative Wiederherstellung abzielen. Bei großen Gefahren wird das Rettende tiefer gesucht werden, und zwar bei den Müttern, und in dieser Berührung wird Urkraft befreit. Ihr können die reinen Zeitmächte nicht standhalten." (A. a. O., S. 55)

45 „Was die historische Welt angeht, in der wir uns befinden, so gleicht sie einem schnell sich bewegenden Gefährt, das Komfort zeigt. Bald ist es Titanik und bald Leviathan." Demgegenüber steht der Wald für Hafen, Heimat, Friede, Sicherheit. „Seefahrt und Wald ... Dem Mythos ist der Gegensatz vertrauter – so ließ der von tyrrenischen Schiffern entführte Dionysos Weinreben und Efeu die Ruder umstreichen und zu Masten emporwuchern." (A. a. O., S. 54, besonders S. 60 f.)

46 A. a. O., S. 105 ff.

47 Aufschlußreich ist die Formulierung, die den Bereich des Waldes betrifft: „In dieser Rolle ist nicht nur Gemeinsamkeit; hier ist Identität." (A. a. O., S. 121) Vgl. dazu C. G. Jung, *Über die Archetypen des Kollektiven Unbewußten*, in: *Gesammelte Werke*, Bd. 9/I, Olten 1976, S. 50: „Die Hauptgefahr besteht in einem Unterliegen unter den faszinierenden Einfluß der Archetypen."

48 Das Bild ist deshalb bedenklich, weil es auf die eigentlichen Kräfte zu verweisen sucht, die hinter den Grundrechten und Freiheitsgarantien wirken. Gewiß: Freiheitsgarantien ohne Freiheitswille sind leere Formeln und Floskeln. Aber Freiheitswille und Kampfwille, Bereitschaft zur Gewaltanwendung sind nicht identisch. An dieser Stelle wird deutlich, was es auf sich hat, wenn Jünger erklärt, daß die Freiheitsbegriffe von 1789 hinfällig geworden seien. Sie sind nicht radikal. „Wo unter ungeheurer Bedrohung das nackte ‚Sein oder Nichtsein' aufbricht, erhebt sich die Freiheit aus dem Rechtsraum in eine andere, heiligere Schicht, in welcher Väter, Söhne und Brüder sich einigen." (A. a. O., S. 116) Waldgang zielt auf Waffengang, und dabei haben die Mütter, Töchter und Schwestern offensichtlich nichts zu suchen.

49 „In Ländern also, in denen man noch echte Wahlen kennt ..." (A. a. O., S. 19) Das verweist auf ein nicht mehr. In diesen Zusammenhang gehört die Rede von der Angleichung der Systeme im Rahmen des Weltbürgerkrieges (S. 62).

50 A. a. O., S. 49.
51 A. a. O., S. 57.
52 A. a. O., S. 59.
53 A. a. O., S. 60, S. 65.
54 A. a. O., S. 54, S. 175 ff.
55 A. a. O., S. 268 f.
56 Es ist die Rede von einer „historischen Ordnung", die im Gegensatz zu Atomisierung und Nivellierung steht. Freiheit des Menschen, seines Geistes und seines Eigentums stehen unter dem Schutz des Staates, dessen Auftrag und Rechtfertigung in dieser Schutzfunktion besteht (a. a. O., S. 176). Doch erscheinen Traditionen nicht ungebrochen: Die angestrebte historische Ordnung ruht auf den Trümmern der alten Aristokratie. Es sind „neue Eliten" erforderlich.
57 Die Burg und die Hochstadt sind noch „bei den Edeltrefflichen".
58 Vgl. das Mädchen- und Frauenbild a. a. O., S. 69; ferner S. 173, S. 185 ff. Das reizende Mädchen, Melitta, ist mit Lucius de Geer, dem Edeltrefflichen und Standesherrn, kurzfristig verbunden. Der Bursche Mario erhält jedoch dann von de Geer, seinem Herrn, die Heiratserlaubnis (S. 284). Diese Ehe ist standesgemäß.
59 „Lucius setzte sich ihm gegenüber und berichtete. Er kannte den Stammsitz des Generals wie alle Häuser im Burgenland ... Die alten Mauern standen noch, doch wurden sie immer brüchiger ... Die Tradition verzehrte sie." (A. a. O., S. 81) Die edlen Burgenländer isolieren sich auf ihren Landsitzen, pflegen die alten Lebensordnungen und distanzieren sich von der Politik in der Weltstadt. Die Haushälterin Emilia und Costas, der Bursche Lucius, kommen aus dem Burgenland. Sie stehen in persönlichen Diensten und Lehensabhängigkeit (S. 86). Ferner der Bericht von Lucius' (vgl. auch Budus Peri S. 354).
60 A. a. O., S. 220.
61 Die Freiheit der Forschung wird im Bereich des Prokonsuls respektiert, während sie im Bereich des Landvogtes ein Mittel zum Zweck ist (a. a. O., S. 54). Im Ganzen allerdings wird von einem Verlust der Wissenschaft „an Rang und Aristokratie" gesprochen und davon, daß die Geistesfreiheit auch dem Treiben der Zerstörer als Mäntelchen gedient habe (a. a. O.). Was Wissenschaft im Bereich des Landvogtes umfaßt, zeigt etwa „Die Abteilung für Fremdvölker". „Man fühlte sich an einem der Orte, an denen die Wissenschaft ganz unverhüllt gefährlich wurde – zum Mittel der Polizei." (S. 276)
Wissen ist nicht nur Macht, es ist hier Mord. Zu erwähnen ist auch die Bedeutung, die der Statistik als Herrschaftsinstrument zugemessen wird (S. 202). Auf dieses Instrument stützen sich die Mauretanier.
62 A. a. O., S. 232 f. Durch die Technisierung wird das Grundverhältnis zwischen Freiheit, Ehre und Gehorsam in Frage gestellt. Im übrigen gilt im Heer der Vorrang des Gehorsams, in der Forschung der Vorrang der Freiheit (S. 235).

63 Zur Spannung zwischen Freiheit und Gehorsam kommt diejenige zwischen „Recht und Sicherheit". Der Prokonsul hält sich an die Maxime: „Ein guter Fürst wird nicht das für Recht halten, was das Sicherste ist, sondern das für das Sicherste, was Recht ist" (a. a. O., S. 233). Und dann: „Es ist ihm das angelegen, daß innerhalb seines Regimentes über Recht und Unrecht kein Zweifel walten kann." (A. a. O.) Pflicht der Obrigkeit ist es denn auch, „die Dinge so zu führen, daß der Soldat guten Gewissens kämpfen kann", wobei ihr eine Schiedsrichterrolle gerade da zufällt, „wo Vernunft und Recht versagen". Das aber ist nicht der Fall, in dem der Sinn für das Gerechte versagt, der in der Glaubenswelt wurzelt. Deshalb sind die Theologen an der Ausbildung der Offiziere, an der Bildung einer neuen Ritterschaft zu beteiligen.
Ein Wort zum Fahneneid: Es handelt sich um den sakramentalen Akt, durch den der Offizier der „Freiheit entsagt, die den Privatmann ziert". Der Ausnahmefall des York von Wartenburg wird einkalkuliert. Danach kann sich die Erziehung nicht richten (S. 235). Wir haben folgende Rangordnung vor uns: 1) Die Obrigkeit hat alles zu tun, damit der Soldat guten Gewissens kämpfen kann. 2) Im Fall des Kampfes treten „Recht und Vernunft" außer Kraft, nicht aber die das Gewissen fordernde Gerechtigkeit, welche die Vermutung rechtfertigt, daß die Sache der Obrigkeit die gerechte Sache ist. 3) In absoluten Ausnahmefällen entfällt die Gehorsamspflicht, die durch den Fahneneid sakralisiert ist.

64 Don Pedro ist ein Feind der Feinde des Prokonsuls. Das reicht zur Freundschaft noch nicht aus. Das Machtkalkül ist durch die Gerechtigkeitserwägung, den Gedanken aufs Ganze hin überhöht worden (a. a. O., S. 90 u. 177).

65 So ist die Rede vom „alten Gesetzesgrund", der durch die Machenschaften des Landvogtes erschüttert wird (a. a. O., S. 66). Die Edeltrefflichen gründen in der „alten Libertät". Der Prokonsul ist „Vorbild". Er verbildlicht die zur Herrschaft berufenen Tugenden. In ihnen ist das aristokratische und das demokratische Prinzip intakt (S. 177). Der Aristokrat, die Elite, erscheint aus dieser Sicht als Treuhänder des Volkes, als Hüter und Wahrer der Tugenden, die nicht mehr im Volk, sondern im einzelnen wirken. So erscheint auch der Gedanke der „Volksvertretung", der mit der Konstruktion eines elitären Senats gekoppelt ist, in sonderbarer „Verquerung". Entscheidend ist es, daß ein Modus gefunden wurde, um das Eindringen von Demagogen zu verhindern. Die Vorstellungen, welche die „historische Ordnung" im Gegensatz zum Insektenstaat des Landvogts betreffen, kreisen um den gerechten Herrscher, den neuen Vespasian und die neuen Eliten, die am Leistungsprinzip ausgewiesen sind, um Hierarchie und nicht um Demokratie. Der Fürst erscheint als der „hohe Spender", der die Eliten an seiner Souveränität partizipieren läßt (S. 234).

66 Die Parsen treten in den Handwerken – „besonders in den feineren" – hervor (a. a. O., S. 65) und sind im großen Geschäft dominant. Doch sie spielen auch in den Wissenschaften eine hervorragende Rolle, vor allem in den Philologien. Ihre Schattenseite ist die „Verweichlichung". Sie sind schutzbedürftig,

freilich auch deshalb, weil sie die geborenen Objekte des Pöbelneides und Hasses sind (S. 91). Schutz für die Schwachen und Unterdrückten als elementare Staatsaufgabe.

67 Der Landvogt stützt sich auf die Trümmer und Hypothesen der alten Volksparteien und plant die Herrschaft der absoluten Bürokratie, „den intelligenten Insektenstaat“ (a. a. O., S. 176 f.). Er gehört zu den „reinen Machthabern“, die „den Massen das neue fürchterliche Joch“ (S. 271) schmieden. Die Möglichkeit dazu verschaffen die orkanische Begeisterung der Massen und dann die Technik (S. 272). Zur Technik gehört auch die Technik der Massenführung. Nicht nur Begeisterung, sondern auch Haß gilt es auszulösen. Geborene Haßobjekte sind die Parsen. „Spontanaktionen (gegen die Parsen) gehörten zum Elementarteil seiner Politik“ (S. 262; ferner S. 273).

68 A. a. O., S. 275 ff. Vgl. die zu erwartende Reaktion des Burgenlandes (S. 416).

69 A. a. O., S. 71.

70 A. a. O., S. 12.

71 A. a. O., S. 12 f.

72 A. a. O., S. 46.

73 A. a. O., S. 75 f. Ihr Name lautet Budus Peri. Sie hat bei Feinkorn promoviert, dessen Steckenpferd „die Geburt des souveränen Individiuums ist“.

74 A. a. O., S. 280 f.

75 Vgl. *Das Unternehmen auf Castelmarina*, (a. a. O., S. 366 ff.).

76 A. a. O., S. 413.

77 A. a. O., S. 404 ff.

78 A. a. O., S. 415.

79 A. a. O., S. 59; S. 90; S. 182: „Der Aufbruch des Regenten in die kosmischen Residenzen ... setzte grobe Daten, welche das Interregnum einleiteten.“
S. 171: „Es war (das Treffen bei den Syrten) dem Wendepunkt, an dem sich der Regent zum Exodus entschlossen hatte, unmittelbar vorausgegangen, nachdem sein schreckliches Wort: ‚Auch euch zu züchtigen ist sinnlos‘, gefallen war.“ S. 201: „Seit die Regentschaft die planetarische Ordnung geschaffen hatte..“
S. 220: Die Lage „ist insofern günstig, als der Regent das Monopol der Macht hat.“
S. 233: „Die schweren Mittel wurden dann den Staaten entzogen und vom Regenten zum Regal erklärt.“

80 Vgl. das Portrait von Phares, dem Kommandanten (a. a. O., S. 423 f.). Phares erklärt Lucius das Wesen und Verhalten des Regenten. Die Macht des Regenten sei ins „Unvorstellbare“ gewachsen; nichts stünde ihm im Wege, die Ordnung, die er für rechtens halte, zu verwirklichen. Das vertrüge sich jedoch nicht mit seiner Idee von Freiheit. Es käme auf die „Entscheidung“ an, gleichviel, ob sie in einem einzelnen oder ob sie in Millionen getroffen werde. „Es ist uns wertvoller, die Irrationale zu bestimmen als die größte Zahl“ (S. 426) Die Irrationale: Der unauflösbare Rest an Unzufriedenheit mit den jeweiligen

politischen Zuständen; eben das, was es im Bienenstaat nicht gibt (S. 427). Es kommt in den großen Einzelnen, den tragischen Helden ins Bewußtsein und bringt das Leiden der namenlosen Menge zum Ausdruck. Diese Konzeption steht in vollem Gegensatz zur Technokratie der Mauretanier, welche auf Berechenbarkeit abstellt (S. 428). Der Regent baut gerade auf die Gescheiterten, die schmerzlich ihr Ungenügen erfahren. Sie bilden „seine Elite" (429 f.), „den Adel, der nicht auf Blut gegründet ist" (S. 431).
Vor diesem Hintergrund fragt Phares, der fürstliche Mensch, Lucius, den Konservativen, der beim Versuch, revolutionäre Mittel anzuwenden, gescheitert ist, nach seiner Bereitschaft, in den Dienst des Regenten zu treten. Diese liegt vor, unter der Voraussetzung freilich, daß die Gemeinschaft mit Budus Peri nicht in Frage gestellt wird. Dies ist nicht der Fall.
„Die Zeichen ertönten zum zweiten Male ... Sie standen nun allein. Phares ergriff sie an der Hand ... Obwohl sie vorbereitet waren, empfanden sie einen feinen Schmerz wie die Berührung einer Flamme, die vorüberstreicht. Doch Phares lächelte ihnen zu. Dann setzten sie die goldenen Masken auf." (S. 440)

81 Vgl. Ernst Jünger, *Der Kampf als inneres Erlebnis,* a. a. O., S. 47.

82 Vgl. Ernst Jünger, *Heliopolis,* Tübingen 1949.

83 Vgl. Ernst Jünger, *Schriften,* Eine Auswahl, a. a. O., S. 287 ff.

84 A. a. O., S. 316.

85 A. a. O., S. 318 f.

86 A. a. O., S. 309 ff.; S. 333.

87 A. a. O., S. 327 f.

88 A. a. O., S. 324 ff.; S. 331.

89 A. a. O., S. 329 f.
Die Lehre von der Freiheit der Deutschen als einer gebundenen Freiheit, welche Jünger im Arbeiter aggressiv gegen das liberalbürgerliche, das westliche Freiheitsverständnis formuliert hat, taucht im Retheologisierungspostulat wieder auf. Freilich bleibt Theologie als Wissenschaft der Wissenschaften, welcher der Staat Vorrang einzuräumen hat, im Dienst des Allgemeinen. Die Berufung auf Pascal macht nur deutlich, wie groß die Entfernung zwischen dem Christen und seiner schrecklichen Betroffenheit und der Beschwörungsästhetik Jüngers ist.

90 A. a. O., S. 328.

91 Dem Prinzip wird man zustimmen. Die Frage nach dem Wie bleibt offen.

92 A. a. O., S. 323 f.

93 A. a. O., S. 314, wo es heißt: „Europa muß Partner der großen Imperien werden."

94 A. a. O., S. 342 f.

95 A. a. O., S. 354 ff.; S. 363.

96 A. a. O., S. 344, S. 346 f.
Von höherem Interesse sind Jüngers Anmerkungen zum künftigen Verhältnis der Geschlechter. Daß er die Geschlechter als Stände bezeichnet, ist bemer-

kenswert. Ständeordnungen sind hierarchisch. Zugleich stehen Stände als übergreifende Einheiten im Gegensatz zum Individuum. Zwar ist die Rede von Nivellierung der ständischen Unterschiede zwischen den Geschlechtern. Von Individuation, von Partnerschaft ist nicht die Rede; wohl aber vom großen Mutterbild, das heute neu konzipiert wird (a. a. O., S. 358). Den Vorgängen in der Ständewelt der Geschlechter wird indessen gegenüber „materiellen Mächten" sekundäre Bedeutung beigemessen. Die Arbeitswelt scheint wirklicher als die Welt von Mann und Frau, in der emanzipatorische Innenarbeit geleistet werden muß.

97 A. a. O., S. 370.

98 Zwar wird „dieser Krieg" als das erste allgemeine Werk der Menschheit „gefeiert", dem als zweites der Friede folgen muß (a. a. O., S. 297 ff., S. 309). Dennoch: Das Bild, in dem der Krieg immer aufs neue als „Vater aller Dinge" erscheint, ist verschwunden.

99 A. a. O., S. 332.

100 Vgl. Ernst Jünger, *Heliopolis,* a. a. O., S. 233.

II. Exkurs über Ernst Jünger und Carl Schmitt

1) Auf die „Verwandtschaft" zwischen Ernst Jünger und Carl Schmitt ist wiederholt aufmerksam gemacht worden. Christian Graf von Krockow hat sie am Begriff „Entscheidung" festgemacht.[1] Karl Heinz Bohrer weist in seinem Buch über die *Ästhetik des Schreckens,* in dem er das Verhältnis zwischen pessimistischer Romantik und dem Frühwerk Jüngers analysiert, auf den Zusammenhang zwischen Schmitts Lehre vom Ausnahmezustand und der Kategorie der „Plötzlichkeit" bei Jünger hin.[2] Bei Krockow lesen wir: „Die Übereinstimmung der Auffassung Carl Schmitts mit der Ernst Jüngers ist unverkennbar. In der ausschließlichen Orientierung an der Kampfsituation des Freund-Feind-Verhältnisses, vor allem in der Abschneidung dieses Verhältnisses von jeder inhaltlichen Erfüllung und normativen Bestimmung kommt Schmitt Jünger vollkommen gleich."[3] Auch bei Bohrer werden Entsprechungen zwischen Schmitt und Jünger im Bezugsfeld des Dezisionismus herausgearbeitet. Sowohl Krockow[4] als auch Bohrer[5] sehen bei Jünger und bei Schmitt gleichermaßen die Möglichkeit, daß Entscheidungspathos in Entscheidungsflucht umschlägt. Das wird damit erklärt, daß in beiden Fällen der Entscheidungsbegriff inhalt-

los sei. Wer sich nicht für eine Sache, sondern für die Entscheidung entscheidet, geht eben der Sachentscheidung aus dem Weg. Wie wir gesehen haben, ist sowohl für die *Marmorklippen* wie für *Heliopolis* der Rückzug aus der jeweiligen Konfliktzone charakteristisch. Krockow bezieht sich ausdrücklich auf diese beiden Beispiele.[6]

Fraglich scheint mir jedoch, ob in diesem Punkt eine Gleichstellung mit Carl Schmitt zulässig ist. Die Lage ist bei Schmitt komplizierter. Wohl verknüpft er mit dem Dezisionsbegriff das Spiel der Möglichkeiten. „Alles Recht ist Situationsrecht", lesen wir in der *Politischen Theologie*. Die Assoziation zu dem, was Schmitt den romantischen Occasionalismus nennt, drängt sich auf: ein Denken also, das aus der jeweiligen Occasio, der jeweiligen Gelegenheit seine Richtung gewinnt.[7] In der *Politischen Theologie* ist die Rede davon, daß Rechtsordnung nur in einer „normalen Situation" denkbar sei und daß das Wesen des souveränen Staates sich in der Entscheidung darüber zeige, ob „dieser Zustand wirklich herrscht"[8]. Der Staat ist primär Ordnungsstaat. An ihm liegt es, die Situation als Ganzes zu schaffen und zu garantieren. Das zu leisten, ist der *Rechts*staat nicht in der Lage. Das macht seinen Unwert im Verhältnis zum Wert des Staates aus. Da legt sich Schmitt fest. Da zeigt sich auch, daß sein Dezisionismus nicht wertfrei, sondern wertgebunden, und sein relativistisches Spiel mit den Möglichkeiten oberflächlich ist[9].

2) Die „Wahlverwandtschaft" zwischen Ernst Jünger und Carl Schmitt zeigt sich vor allem in der negativen Einstellung zur Weimarer Republik. So zeichnet sich die monumentale Gestalt des Arbeiters vor dem Hintergrund der Republik ab, die als Erscheinungsform von „Scheinherrschaft"[10] qualifiziert wird. Carl Schmitt meint das gleiche, wenn er in seiner Verfassungslehre den Rechtsstaat als Negation der politischen Formprinzipien, d. h. des Obrigkeitsstaates (Repräsentation) wie des Volksstaates (Identität) bezeichnet[11]. Negation der politischen Formprinzipien bedeutet Negation der politischen Einheit, der Staatsordnung als der Herrschaftsordnung, die entweder von unten oder von oben konzipiert wird. Der Rechtsstaat als bürgerlicher Rechtsstaat wird denn auch im Bild des im Netz der Kompetenzen gefesselten Leviathans eingefangen, der im Ausnahmezustand entfesselt wird.[12] Ein rechtsstaatlich konzipiertes Strafrecht gilt als Magna Charta für den Verbrecher.[13] Staatlichkeit und unbegrenzte Macht werden in eins gebracht und vom Ausnahmezustand, vom Krieg und Bürgerkrieg, bzw. vom identitären, demokratischen Wir-Bewußtsein aus sichtbar gemacht. Hinzu kommt, daß Schmitt die „geistesgeschichtliche Lage" von der Wirkkraft kollektiver Mythen aus interpretiert, welche die mit dem bürgerlichen Rechtsstaat

verknüpften Prinzipien der „relativen Rationalität" als überholt erscheinen lassen.[14] Begriffe wie totale Mobilmachung, das Bild des Arbeiters als Krieger, die Forderung, Verhandeln durch Handeln, Gesellschaft durch Staat zu ersetzen und den Sumpf der Pressefreiheit auszutrocknen, charakterisieren die Position Jüngers zur „Scheinherrschaft" von Weimar.[15] Verständnis für das „System" ist in keinem einzigen Punkt zu erwarten: Zu tief ist der Graben zwischen dem Bürger, der durch die Angst vor Gewalt geprägt ist und letztlich wie ein Weib Gegensätze zu integrieren versucht, und dem heldischen Mann in Gestalt des Arbeiters und Kriegers, der sich stellt.[16]

3) Krockow meint bei Schmitt eine grundlegende Wandlung vom Dezisionismus zum konkreten Ordnungsdenken, vom dezisionistischen Funktionalismus zu einem Denken feststellen zu können,[17] dem substantielle Ordnung das Maß gibt. Eine entsprechende Wendung zum „Wesenswillen" wird bei Jünger registriert. *Der Arbeiter* und die *Marmorklippen* signalisieren die Wandlung, und in *Heliopolis* enthüllt sich das schöne Bild der schönen Ordnung, in der das platonische Grundmuster des Obrigkeitsstaates sichtbar wird. Dieser von den Edeltrefflichen regierte und verwaltete Obrigkeitsstaat steht im Gegensatz zu den Kräften von unten, die, wie wir sahen, durch den Oberförster symbolisiert werden.[18] Es handelt sich um niedrige, um gemeine, brutale Kräfte, wie sie in Masseninstinkt und Demagogie zum Ausdruck kommen, denen aber auch die moderne Technik zur Verfügung steht. Zwischen dem Obrigkeitsstaat und dem System von unten herrscht im Sinne der Schmittschen Formel Feindschaft. Waffenstillstände, Arrangements sind denkbar; eine gewisse Bewunderung für die Urmächtigkeit, die der Alte im grünen Rock ausstrahlt, ist nicht zu verkennen.[19]

Die Wesensdifferenz zwischen beiden Systemen ist jedoch ein für allemal festgestellt und unüberholbar. An dieser Stelle wird der Gegensatz zu Schmitt deutlich. Für diesen handelt es sich um historische und um situationsbedingte Differenzen, nicht um qualitative, nicht um Wesensdifferenzen. Zwar ließe sich die Jüngersche Konzeption unter den Begriff Repräsentation im Sinne der Schmittschen Terminologie bringen. Das politische Formprinzip der Repräsentation betrifft den Obrigkeitsstaat. Freilich liegt das Gewicht auf dem Prinzip der Effektivität, während Jüngers nobler Obrigkeitsstaat Werte verwirklicht und als gerechter Staat verstanden werden muß, demgegenüber der Staat von unten mit dem Makel der Schinderhütte gezeichnet ist. Für Schmitt handelt es sich dabei um Varianten des Identitätsprinzips, das wertfrei dem Repräsentationsprinzip gegenübergestellt wird. Das Identitätsprinzip ist in der Abfolge der politischen Systeme das spätere, dessen geschichtliche Geltung mit der Französischen Revolution in Verbindung steht.[20]

Trennlinien gegenüber dem Nationalsozialismus werden aus dieser Sicht nicht deutlich. Als Ausdruck konkreter Ordnung erscheint gerade das Verhältnis zwischen Führer, Volk und Bewegung.[21] Nach dem Zusammenbruch taucht erst die These von der Verworrenheit der nationalsozialistischen Ideologie auf.[22] Wenn man auch die Zwielichtigkeit zwischen Anpassung und Überzeugung berücksichtigt, so spricht doch nichts für einen Bruch im Werk. Das Bekenntnis zum Führer, der das Recht schützt, und zum Antisemitismus ist zu eindeutig und vorbehaltlos.[23]

Vom Identitätsprinzip aus gesehen ist der bruchlose Übergang zum elitären Identitarismus, wie er etwa in *Mein Kampf* verkündet wird, denkbar. Überdies spricht auch die dem Werk immanente „Psychologik" dagegen, daß die nationalsozialistische Werkphase die Kapitulation der Ohnmächtigen vor den Mächtigen illustriere. Staatstheorien, die das Verschweigen der Einzelnen voraussetzen, sind der Wirkung von Bewegungen, die im „kollektiven Unbewußten" ihren Ursprung haben, wehrlos ausgesetzt.[24]

4) In Carl Schmitts Konzept fehlen die *Marmorklippen* und die damit verbundenen Rückzugsmöglichkeiten. Die Denkbilder des konkreten Ordnungsdenkens sind Etiketten, die Stabilität vortäuschen, wo Bewegungsrausch wirkt.[25] Freilich darf nicht übersehen werden, daß die Marmorklippen eben den Rückzug ermöglichen; und nicht mehr. Für die genossenschaftlich, liberal-demokratische Antithese zum nationalsozialistischen Totalitarismus war Jünger genauso blind wie Carl Schmitt. Das gilt auch für die Nachkriegsphase. Das zeigt das Bild, das Jünger vom Waldgänger entwirft.[26] Die Figur des Waldgängers trägt anarchische Züge, wie die des Arbeiters oder des Kriegers. In diese Reihe gehört die Figur des Dandy.[27] Er ist mit dem Bürger, der seine eigenen Interessen wahrnimmt und dennoch im Rahmen seines aktiven und passiven Wahlrechts das öffentliche Interesse berücksichtigt oder gar seine Verwirklichung anstrebt, vor Gewalt dagegen zurückschreckt, nicht zu verwechseln. Der „Anarch" hat keine Angst vor Gewalt. Er schießt und sprengt, wenn es sein muß. Ob und wann entscheidet er in eigener Verantwortung. Er ist auf sich selbst gestellt, wie der Soldat auf verlorenem Posten. Im noblen Obrigkeitsstaat ist er allerdings überflüssig. Notwendig ist er in demokratisch-technokratischen Systemen. Seine Existenz verhindert dessen Selbstverabsolutierung.[28] Eine entsprechende Figur sucht man im Werk von Carl Schmitt vergeblich. Auch der Partisan[29] ist kein Anar-

chist. Er handelt zwar weitgehend auf eigene Faust, immer aber im Rahmen politischer Gruppierungen, die den Krieg von heute bestimmen. Der Anarchist und der Begriff des Staates als politische Einheit schließen sich aus. Andererseits aber bringt die Kombination von Anarchismus und Mechanik staatlicher Gebilde, die mit Schlachtschiffen verglichen werden, keine rechtsstaatliche Demokratie hervor.[30]

5) Das Interesse der Jurisprudenz an der Literatur ist vom ästhetischen Interesse zu unterscheiden. Alfred Anderschs Bewunderung für die Rationalität des Satzbaus von Ernst Jünger hängt mit der Feststellung zusammen, daß die Faschisten von der dumpfen Ahnung erfüllt sind, dieser Ernst Jünger sei kein Mann des sacrificium intellectus.[31] Das läuft darauf hinaus, den guten Stil, den rationalen Satzbau als Zeichen, als Beweis für Antifaschismus bzw. für politische Unanfechtbarkeit auszugeben. Abgesehen davon, daß Jünger seinen guten Stil nicht immer durchgehalten hat:[32] Das stilistisch-ästhetische Urteil, das zu überprüfen nicht in der Kompetenz der Juristen steht, schließt eine Überprüfung der Sachaussage unter juridisch-moralischen Aspekten nicht aus. Dabei darf allerdings nicht übersehen werden, daß das juristische Urteil von ästhetischen Momenten beeinflußt werden kann. Das gilt vor allem bei der Interpretation von Literatur, deren Rezeption mit Genuß, Vergnügen, Faszination verbunden ist, bei der der Lustgewinn den Erkenntnisgewinn mindern könnte. Hinzu kommt, daß politische Konzepte durch die literarische Form eine gewisse Überhöhung erfahren, die ihre Wirkung steigert, wie eben überhaupt Herrschafts- und Herrschaftsgegenpositionen durch Kunst und Künste verherrlicht werden können.[33] In diesen Zusammenhang gehört das, was man etwa als *Machtästhetizismus* bezeichnet. Ein solcher kann mit Autoritarismus und Revolutionarismus verbunden sein. In beiden Fällen ist das Ästheticum ein „Aphrodisiakum", durch welches ethisch-politische Hemmungen ausgeschaltet werden. Freilich kann Ästhetizismus auch „Handlungshemmung" bewirken.[34] Die Sorge um den „Wirklichkeitsverlust" gehört in diesen Zusammenhang.

Karl Heinz Bohrer behandelt Jüngers Frühschriften unter dem Titel *Die Ästhetik des Schreckens.* Carl Schmitt bezieht er in seine Untersuchungen mit ein. Der Jurist wird somit nach seinem Anteil an der Ästhetik des Schreckens befragt. Bezugspunkt bildet der Begriff der Ausnahme, welcher der Regel entgegengesetzt und als Angelpunkt des Rechts- und Staatsverständnisses hervorgehoben wird. Der Begriff der Ausnahme wird mit der Kategorie der Plötzlichkeit zusammengesehen, die ihrerseits den Zugang zum Phänomen des Schreckens erschließt.[35] Fragen wir zunächst genauer nach Bohrers Untersuchungsgegenstand. Es handelt sich um Ästhetik, nicht um Politik, Moral oder Recht. Dem Bereich des Ästhetischen kommt Eigenständigkeit zu.[36] Damit wird es möglich, die ästhetische Leistung abzugrenzen und als solche zu beurteilen. Aussagen zu Recht und Politik können somit zunächst, was ihren „Wert" ausmacht, von der ästhetischen Leistung getrennt werden. Ein negatives Urteil über die ethisch relevanten Aussageinhalte schlägt nicht auf die Bewertung der ästhetischen Beurteilung durch.[37] Letztere ist von der „Epochalität" eines Werkes abhängig. Jüngers Frühwerk wird diese „Epochalität" zugesprochen.[38] Der Nachweis verläuft über die Parallelität. Diese betrifft den Schrecken, der seinerseits als epochale Grunderfahrung gilt, die parallel von vielen Autoren ästhetisch aufgearbeitet wird.[39] Soweit, so gut: Es ist für eine freiheitlich verfaßte Gesellschaft von grundlegender Bedeutung, daß der Bereich des Ästhetischen nicht einfach politisch-ethisch vereinnahmt wird, und daß andererseits das politisch-ethische Urteil nicht einfach ästhetisiert werden kann.[40] Bohrers Argumentation wirft indessen, was den letzten Punkt betrifft, einige Fragen auf. Vor allem kann eine These nicht übergangen werden, die am Beispiel Jüngers und auch am Beispiel Carl Schmitts ihre Brisanz entfaltet. Man kann sie wie folgt fassen: Die ästhetische Leistung bewirkt Entpolitisierung der politischen Aussage: Jüngers *Arbeiter* erweist sich als unpolitisches Konzept, dessen „Substanz" der direkten politischen Beurteilung entgehen muß.[41]

Da zeigt sich der Ansatz zu einem für die Geschichte der Wissenschaften typischen Zuständigkeitsstreit zwischen den Wissenschaften der Ethik, des Rechts, der Moral und der Politik und den Literaturwissenschaften, die den Bereich des Ästhetischen für sich beanspruchen.[42] Dieser Anspruch ist legitim. Das wurde bereits zum Ausdruck gebracht. Doch wie weit reicht er? Wird mit der Feststellung, daß ein Autor Moral, Recht und Politik in einen Ästhetisierungsprozeß einbezieht, auch die Zuständigkeit der entsprechenden Wissenschaften ausgeschlossen? Das kann schon deshalb nicht sein, weil das ästhetisierte Staatsbild oder das ästhetisierte Revolutionsbild sowohl motiviert als auch Publikumswirksamkeit entfaltet. Diese Wirksamkeit ist mit dem Vorgang der *Schönung* verbunden. So ist bei Jünger nicht einfach vom Schrecklichen, vom Grauenhaften, von Angst und Entsetzen die Rede, sondern vom schönen Schrecken, von der Lust am Grauenhaften, von Angstlust.[43] So wird der Schrecken des Krieges geschönt, genauso wie die Grausamkeiten der Machtausübung und die Gestalt des Arbeiters, während zugleich die Scheinherrschaft der Bürger als häßlich dargestellt wird.[44] So formen sich die schönen Masken der Krieger und Herrscher, der Dandys, Anarchisten und Verbrecher. Schönung bestimmt das Bild vom Obrigkeitsstaat, der sich in der schönen Architektur eines Schinkel antikisch und gothisch zugleich darbietet und mit Ludwigs II. schönen Schlössern, in denen Herrschaft in Schönheit verglüht, zusammengesehen werden kann.

Zu Recht führt Bohrer in diesem Zusammenhang den Begriff der Utopie ein[45]. Doch Utopien des Schreckens wie Utopien der Hoffnung bewirken politische Reaktionen. Ihre Rezeptionsgeschichte bewegt sich in der Dimension politischer Willensbildung. Ihre Nähe und Distanz zu den konkreten politischen Systemen zu bestimmen, ist somit eine gemeinsame Aufgabe – nicht der Literaturwissenschaften, sondern der Sozialwissenschaften im weitesten Sinne.[46] Dabei ist selbstverständlich der Schönungsvorgang nicht nur auf die Phänomenologie des Machtästhetizismus zu fixieren.

Er zeigt sich auch, wenn es sich um freiheitlich-demokratische Entwürfe handelt. Man denke etwa an jene Aura von Erhabenheit, Erleuchtung und Reinheit, die Schillers Wilhelm Tell umgibt, die von Schiller selbst jedoch, wie ich zu zeigen versucht habe, durchbrochen wird.[47]

Diese Überlegungen werden bestätigt, wenn wir Carl Schmitts Konzeption mit einbeziehen. Kein Zweifel, daß seine Verabsolutierung des Ausnahmezustandes mit der Ästhetik des Schreckens in Verbindung gebracht werden kann. Zutreffend charakterisiert Bohrer die ästhetischen Valeurs seiner Sprache und die darin zur Geltung kommende Attitüde der Verächtlichkeit gegenüber bürgerlicher Konvention, Vernunft und Normalität.[48] Gerade da wird sichtbar, wie der Schönungsvorgang zum Element der Rechtfertigungsargumentation wird, mit dem Resultat der Verkürzung des argumentativen Prozesses. Niemand wird bestreiten können, daß dadurch das Werk selbst Gegenstand der juristisch-politischen Beurteilung bleibt. Es verwandelt sich nicht in einen literaturwissenschaftlichen Gegenstand. Keineswegs aber ist die Teilzuständigkeit der Literaturwissenschaft in Gestalt der ästhetischen Rezeptionsforschung ausgeschlossen. Sie ist vielmehr gefordert. Sie ist in der Lage, wie Bohrer besonders auch am Beispiel Jüngers zeigt, die mit der ästhetischen Leistung verbundene Wahrnehmungssensibilisierung zu registrieren, durch welche die mit der Wirklichkeit des Faschismus gegebenen Erlebnisdimensionen herausgehoben und erfahrbar werden, zugleich aber gelingt es, den Punkt sichtbar zu machen, an dem bei Jünger die Ästhetik des Schreckens ins moralische Verdikt umschlägt: Vor der Schinderhütte versiegt die Lust am Grauen und wandelt sich manieristisches Desinvoltura-Gehabe in, wenn auch leicht unterkühlte, Anteilnahme am Opfer.[49] Es bleibt allerdings dabei, daß der Rückzug nach Alta Plana als Beispiel des ästhetischen Eskapismus gewertet werden muß. Zu Recht erklärt

Bohrer, daß es nicht etwa Sache der Literaturwissenschaft sein könne, ein Werk von der moralisch-politischen Verantwortung zu entbinden.[50] Die Gefahrengrenze bleibt allerdings sichtbar, wenn die politisch-moralische Relevanz des Arbeiters gegenüber seiner ästhetischen Relevanz völlig abgewertet wird. Festzustellen bleibt noch, daß die Relevanz von Heliopolis vor allem eine politisch-moralische ist, insofern das schöne Bild vom Obrigkeitsstaat die Realien einer demokratischen Republik verdeckt und die Wahrnehmungssensibilität für diese Realien reduziert.

Carl Schmitts Dezisionismus ist mit ästhetischer Valenz erfüllt, die in der Kategorie des Schrecklichen und Plötzlichen sichtbar wird. Die Ausnahme wird zur Regel und gilt als Ernstfall, als Punkt, an dem das Wesen des Staates sichtbar wird. Die Kriegsgefahr und die Gefahr des Bürgerkrieges werden dramatisiert, zugleich auch die staatliche Gewalt. Diese garantiert die Ordnung, die gegenüber allen Ansprüchen der Freiheit den Vorrang beansprucht. Diese Konzeption war gegen „Weimar" gerichtet und stimmt mit Jüngers Konzeption vom Arbeiter überein. Sie ist wie jene vom antibürgerlichen Affekt besetzt. Mag Jüngers Konzept als ästhetische Leistung qualifiziert werden, unter politischen Aspekten zählt sie zu jenen Kräften, welche die Chancen von Weimar zerstört haben.

Den Schritt zum Nationalsozialismus hat Jünger nicht vollzogen, wohl aber Schmitt, der im nachhinein jene Haltung des kontemplativen Eskapismus für sich beanspruchte[51], die Jünger während des 1000jährigen Reiches einnahm. Die Lehre von der identitären Demokratie und der Glaube, daß die Zeit dem Irrationalismus gehöre, machte ihm den Weg frei.

Anmerkungen

1 Christian Graf von Krockow, *Die Entscheidung. Eine Untersuchung über Ernst Jünger, Carl Schmitt, Martin Heidegger*, Stuttgart 1958.

2 Karl Heinz Bohrer, *Die Ästhetik des Schreckens. Die pessimistische Romantik und Ernst Jüngers Frühwerk*, München/Wien 1978, S. 342.

3 Vgl. Krockow, a. a. O., S. 55.

4 A. a. O., S. 91 f.

5 Vgl. Bohrer, a. a. O., S. 288 ff.

6 Vgl. Krockow, a. a. O., S. 113.

7 A. a. O., S. 83 ff.

8 *Politische Theologie.* Vier Kapitel zur Lehre von der Souveränität, München und Leipzig 1922, S. 11.

9 In meiner Schmitt-Studie, *Ausnahmezustand und Norm,* Stuttgart 1957, S. 287 f., formulierte ich es so: „Die entscheidende Schwierigkeit, Carl Schmitts Werk zu deuten, ist darin zu sehen, ... daß die einfache Grundform immer wieder durch relativistische Wendungen verwischt wird ..."

10 Ernst Jünger, *Der Arbeiter, Herrschaft und Gestalt,* Stuttgart 1982, S. 13.

11 Vgl. Carl Schmitt, *Verfassungslehre,* München und Leipzig 1928, S. 204 ff. (vgl. dazu auch *Ausnahmezustand und Norm,* a. a. O., S. 74 ff.).

12 A. a. O., S. 110 f.

13 Vgl. Carl Schmitt in *Positionen und Begriffe: Der Führer schützt das Recht,* Hamburg 1940, S. 200.

14 Vgl. *Die geistesgeschichtliche Lage des Parlamentarismus,* München und Leipzig 1923, S. 65: „Die Theorie vom Mythos ist der stärkste Ausdruck dafür, daß der relative Rationalismus des parlamentarischen Denkens seine Evidenz verloren hat."

15 Vgl. Ernst Jünger, *Der Arbeiter,* a. a. O., S. 27; S. 40; S. 155; S. 274.

16 A. a. O., S. 24.

17 Vgl. Krockow, a. a. O., S. 94 ff.

18 Krockow sieht bei Jünger die Wende bereits mit dem *Arbeiter* vollzogen (a. a. O., S. 106 ff.).

19 Ernst Jünger, *Auf den Marmorklippen,* a. a. O., S. 23 f.

20 Vgl. Carl Schmitt, *Verfassungslehre,* a. a. O.

21 Vgl. *Staat, Bewegung, Volk. Die Dreigliederung der politischen Einheit,* Hamburg 1933.

22 Vgl. Carl Schmitt, *Ex captivitate salus. Erfahrungen der Zeit 1945/47,* Köln 1950, S. 19. In dieser Schrift, in der sich Schmitt als christlichen Epimetheus bezeichnet, beschreibt er den Rückzug aus dem Bereich der Dezision in den der Kontemplation, welche die angemessene Position des Juristen im Totalitarismus sei. Die Verweise auf Ernst Jünger sind zahlreich (a. a. O., S. 21 f.).

23 Vgl. Carl Schmitt, *Positionen und Begriffe,* a. a. O. Was den Antisemitismus anbelangt, so sei lediglich auf die abenteuerliche und abscheuliche Mär vom zerstörerischen Werk der Juden in Gestalt des Liberalismus verwiesen, wie sie im *Leviathan* erzählt wird (vgl. *Der Leviathan in der Staatslehre des Thomas Hobbes,* Hamburg 1938). Erstaunlich, daß der Aspekt des Antisemitismus in den Schriften, die für die Aktualität Schmitts werben, ausgeklammert wird (vgl. etwa Ulrich K. Preuss, *Politische Verantwortung und Bürgerloyalität,* Frankfurt/M. 1984).

24 Vgl. dazu C. G. Jung, *Wotan,* in: *Gesammelte Werke,* Bd. 10, Olten 1974, S. 203 ff.

25 Vgl. *Ausnahmezustand und Norm,* a. a. O., S. 266 ff.

26 Vgl. Ernst Jünger, *Der Waldgang,* Frankfurt/M. 1951.

27 Der Dandy taucht auch in Jüngers letztem Buch *Eine gefährliche Begegnung* auf. Ducasse wird als solcher beschrieben, als ein Mann mit hoher Bildung

und einer etwas überspannten Art, dessen Leben von Langeweile und Zynismus bestimmt wird. Er war ein Dandy, der für den Demos den Hanswurst machte. Er gehört zu den Gescheiterten. Anderer Art ist der Graf von Kargané, von dem es heißt, daß über seinem Jagdschloß das Motto stehen sollte: „Einer, dem alles erlaubt ist, braucht keine Vorbilder." (A. a. O., S. 167)
Er stammt aus vorstaatlicher Zeit. Er tötet aus eigenem Recht und unterwirft sich keiner Justiz. Von ihm aus wird die Relation zwischen Dandyismus und Verbrechen sichtbar. Die Verwandtschaft mit Figuren wie Gilles de Rais, die die Romantiker beschäftigt haben, ist nicht zu verkennen (vgl. Philipp Reliquet, *Ritter, Tod und Teufel, Gilles de Rais oder die Magie des Bösen*, München und Zürich 1984). Balzacs mädchenhaft schöner und stahlharter Marquis de Marsay, der für sich das Recht zu töten in Anspruch nimmt, gehört dazu. Dazu gehört aber auch der Bereich der Halb- und Unterwelt (vgl. Werner Hofmann, *Das irdische Paradies, Motive und Ideen des 19. Jahrhunderts*, München, 1974, S. 163, zu Robert Macaire).
Zum Verhältnis zwischen Dandyismus, Grausamkeit, Heiterkeit und Desinvoltura Karl Heinz Bohrer, *Die Ästhetik des Schreckens, Die pessimistische Romantik und Ernst Jüngers Frühwerk*, München/Wien 1978, S. 423 ff.

28 An dieser Stelle greift das Bild der Symbiose von Schiff und Wald, mit der sich auch Carl Schmitt auseinandersetzte (vgl. Bohrer, a. a. O., S. 154).

29 Vgl. *Theorie des Partisanen, Zwischenbemerkung zum Begriff des Politischen*, Berlin 1963, S. 77. „Irgendwie ist der Partisan als irregulärer Kämpfer immer auf die Hilfe eines Mächtigen angewiesen."

30 Jüngers Synthese von Schiff und Wald bleibt im utopischen Entwurf stekken.

31 Vgl. *Ein neuer Scheiterhaufen für alte Ketzer. Kritiken und Rezensionen*, Zürich 1979, S. 84 f. (vgl. dazu aber auch Peter Wapnewskis Stilkritik im Essay *Ernst Jünger. Der Sprachdenker, der Stilist und das Maß*, in: *Zumutungen, Essays zur Literatur des 20. Jahrhunderts*, München 1982, S. 200 ff.).

32 Vgl. Karl Heinz Bohrer, *Die Ästhetik des Schreckens*, a. a. O.

33 Peter Schneider, *Über das Verhältnis zwischen Recht und Macht*, in: *Recht und Macht, Gedanken zum modernen Verfassungsstaat*, Mainz 1970, S. 17 ff.

34 Vgl. Karl Heinz Bohrer, *Die Ästhetik des Schreckens*, a. a. O.

35 A. a. O., S. 307, 332, 342.

36 A. a. O., S. 13 ff.

37 A. a. O., S. 16.

38 So wird die Erfahrung der „Plötzlichkeit" als „Epochenahnung" ausgegeben (a. a. O., S. 306). Die zentralen Kategorien der plötzlichen Wahrnehmungsangst werden nicht nur als diagnostisches Zeichen, sondern „im Kontext einer epochal begründeten Prognose" verstanden (S. 473). Der Folterturm gilt als Metapher des Terrors, der das signifikante Merkmal der „Epoche" (S. 245) war. Im Schlußsatz des bemerkenswerten Buches wird Jünger als „historischer Autor" in Gegensatz zum „willkürlich privaten" Autor gestellt (S. 93).

39 Das Buch Bohrers ist auf Autorenvergleich angelegt, der die Struktur der epochalen Erfahrung und den Stellenwert der ästhetischen Einzelleistung sichtbar macht.

40 Das zeigt die Auseinandersetzung um Anna Seghers' Ehrung durch die Universität Mainz anläßlich ihrer 500-Jahrfeier im Jahr 1977 exemplarisch. Vgl. *Das Jubiläumsjahr, Reden, Berichte, Bilder*, Mainz 1977, S. 112 ff.

41 Ich behaupte nicht, daß Bohrer diese These vertritt. Doch die Lektüre seines Buches legt sie nahe und macht ihre Erörterung notwendig. Der Satz: „Den ‚Arbeiter' nur als politische Theorie zu behandeln, gewährt hingegen nicht mehr als den Einblick in die Phantasmagorie eines politischen Dilettanten ..., ohne daß dabei seine spezifische Leistung erkennbar würde", weist eine gewisse Beziehungsnähe zu unserer These auf, indem sie die Irrelevanz der politischen Aussage von der Bedeutung der ästhetischen Leistung abhebt. Damit rückt Jüngers Selbstverständnis als Seismograph ins Blickfeld, von dem sich Bohrer allerdings deutlich distanziert (a. a. O., S. 17).

42 Vgl. Hans Robert Jauß, *Ästhetische Erfahrung und literarische Hermeneutik* I, München 1977, S. 161 ff.

43 Vgl. Karl Heinz Bohrer, *Die Ästhetik des Schreckens*, a. a. O., S. 64 ff.; S. 423 ff.

44 Der Haß gegen den Bürger verbindet sich mit der Empfindung, daß seine „Welt" häßlich ist. Die Aisthesis schlägt ins politisch-moralische Verdikt um.

45 A. a. O., S. 470 ff.

46 Ich stimme Bohrer zu, daß die Feststellung und Würdigung, „die kognitive Leistung der Wahrnehmungs-Ästhetik" (a. a. O., S. 436) Sache der Literaturwissenschaft ist. Die Frage der moralisch-politischen Einordnung und Beurteilung bleibt indessen Sache der Sozialwissenschaften, zu denen auch die normativ orientierten Wissenschaften wie Ethik und Jurisprudenz gezählt werden können.

47 S. oben, Teil I, Kap. 3: Wilhelm Tell, der Bürgerstaat.

48 A. a. O., S. 293.
Ich habe in *Ausnahmezustand und Norm* eine Stilstudie eingefügt; a. a. O., S. 20 ff.; S. 211.

49 A. a. O., S. 440 ff.

50 A. a. O., S. 17: „Dies zu sehen, ist notwendig, und reicht, um Jüngers politische Verantwortlichkeit in falschem Sinn zu entlasten."

51 Vgl. Carl Schmitt, *Ex captivitate salus*, a. a. O.

III. Anna Seghers: Utopie und Genossenschaft

Erwin Rotermund hat unter dem Titel *Soziales Engagement und Dichtung der Unmittelbarkeit*[1] in Anna Seghers' Früh- und Exilwerk die Bedeutung der spontanen und passionierten Einzelkämpfer, „die sich in den gesellschaftlichen Auseinandersetzungen primär selbst realisieren", sorgsam herausgearbeitet. John Hull im *Aufstand der Fischer* sei ihr Prototyp. „Er erscheint als leidenschaftliche, von einem elementaren Freiheitsdrang, aber auch von massiven Ängsten bewegte Abenteurernatur", die kein politisches Programm verfolg. Spontaneismus und Impulsivität werde vielfach auch auf die „kollektiven Aktionen der Unterdrückten übertragen", so daß sich der passionierte, aktionistische Einzelkämpfer auch als *Repräsentant* oder *Exponent* kollektiver revolutionärer Dynamik darstelle.[2] Dieser Befund soll nicht in Frage gestellt, sondern ergänzt werden. Die Sklavenbefreiung, wie sie in den karibischen Erzählungen als Urbild der Revolution beschrieben wird, ist auf Spontaneität, Unmittelbarkeit oder gar Aktionismus nicht zu reduzieren. In diesen Beschreibungen kommen Züge der Formstrenge zur Geltung, die in moralisch-juristischen Kategorien, nicht aber in solchen der Emotionalität faßbar sind. Wir versuchen sie zunächst im Gegensatzpaar Amt und Gewissen anschaulich zu machen. Doch sie bestimmen auch den Duktus des Erzählwerkes, soweit es das Widerstandsrecht, die Wiedergutmachungs- und die Wiederaufbauproblematik betrifft.

1. Amt und Gewissen

Die Erzählung *Das Licht über dem Galgen* betrifft den gescheiterten Versuch, die Negersklaven von Jamaika zu befreien, das englische Kolonialregime zu beseitigen und auf der Insel die Trikolore aufzupflanzen.[3] Zwei Männer, Debuisson und Sasportas, sind von der französischen Regierung formell beauftragt und mit den notwendigen Vollmachten und Papieren ausgestattet, um die Befreiung zu inszenieren. Ein dritter namens Galloudec – ebenfalls förmlich beauftragt – unterstützt sie.[4] Debuisson ist Arzt, Sohn eines Franzosen und einer Jamaika-Engländerin.[5] Er ist in Jamaika aufgewachsen und zum englischen Militärarzt ausgebildet worden. Während des Kampfes der Engländer um Guadeloupe hat er sich jedoch mit der Nation seines Vaters und ihrer Revolution identifiziert.[6] Seinen Aufenthalt in Frankreich tarnt er als Kriegsgefangenschaft und seine Heimkehr nach Jamaika, wo sein Großvater mütterlicherseits als Arzt und vor allem als Rumfabrikant „berühmt“ ist, als Folge eines Gefangenenaustausches.[7] So kann er sich völlig unverdächtig seiner subversiven Mission widmen. Jean Sasportas, jüdisch-spanischer Herkunft, im revolutionären Frankreich geschult – ein Medizinstudium hat er nach wenigen Semestern abgebrochen –, begleitet den älteren Freund als Arztgehilfe. Der dritte im Bunde, Galloudec, hat sich als Diener getarnt.[8]

Die Mission erweist sich als schwierig. Die Machtergreifung Bonapartes, läßt Debuisson zweifeln, ob der „Auftrag“ überhaupt aufrecht erhalten wird.[9] Sein Zögern wird überdies durch den „süßen Charme der Herkunft“ verstärkt.[10] Demgegenüber versuchen Sasportas und Galloudec, denen das Verhalten Debuissons verdächtig vorkommt, das angefangene Unternehmen, das angesichts der sich allmählich ausbreitenden Unruhe unter den Negersklaven keineswegs als hoffnungslos einzuschätzen ist, weiterzutreiben und zum Erfolg zu bringen. Doch sie scheitern an der Gesamtlage und mancherlei unglücklichen Zufällen.[11] Debuisson und Sasportas werden verhaftet. Debuisson rettet sein Leben durch ein Geständnis; Galloudec gelingt die Flucht. Sasportas wird gehenkt.[12] Am Tage der Hinrichtung ist es Galloudec, der sich noch auf der Insel aufhält, zumute, als ob ein Licht über dem Galgen zu ihm herüberscheine.[13] Ihm gelingt es, eine Botschaft vom Ende seines Freundes und Mitkämpfers durch einen anderen Freund, den er kurz vor seinem Tod in Kuba wiedertrifft, nach Paris zu übermitteln.[14]

Am Anfang steht der von einem Amt des revolutionären französischen Staates erteilte Auftrag. Er bildet die Rechtsgrundlage für die subversive Aktion, und zwar formal und inhaltlich: Formal wird die Aktion in den Willen des Volkes eingebunden, von dem alle Staatsgewalt ausgeht. Inhaltlich handelt es sich um die Einbindung in die revolutionäre Gesamtaktion der Befreiung. Unter dem formellen wie dem inhaltlichen Aspekt erscheint das Recht, aus dem heraus die Agenten die Aktion leisten, dem Recht der englischen Kolonialherren gegenüber als das stärkere. Nein: denn es handelt sich nicht um das Recht des Stärkeren, sondern um das stärkere Recht. Revolutionsrecht bricht Obrigkeitsrecht.[15] Am Ende steht die Rechenschaftspflicht. So weit gespannt das Ermessen im Aktionsfeld der Subversivität sein mag, es bleibt an den Auftrag und den Auftraggeber gebunden. Der Amtsauftrag konstituiert Fremdverantwortlichkeit. Dies kommt in der Rechenschaftspflicht zum Ausdruck. Diese wiederum erscheint in Gestalt der Berichtspflicht. Die Erfüllung der Berichtspflicht ist eine Voraussetzung für das Kontrollrecht des Auftraggebers. Kontrolle ohne Information ist ein Widerspruch in sich selbst. Nur unter dieser Voraussetzung kann die Auftragsinstanz Korrektur und Sanktion ins Werk setzen, durch welche die Aktion an ihren „Ursprung“ gebunden bleibt.

Das Ermessen, in dessen Rahmen eine subversive Aktion läuft, ist „naturgemäß“ weit gespannt. Der Informationsfluß ist vielfach unterbrochen. Um so größere Bedeutung kommt dann dem Endbericht zu. Das gilt auch für den Fall des Mißerfolges – natürlich nur dann, wenn ein Agent überlebt. Im *Licht über dem Galgen* heißt es: „Sie waren sich einig – Galloudec und Sasportas – den Negern beizustehen; das sei ihre Pflicht. Wenn dabei einem von ihnen etwas zustoße, möge der andere *daheim* berichten, sein Freund hätte, so weit es möglich gewesen sei, seinen Auftrag erfüllt.“[16] Die Formel „Auftrag erfüllt“ heißt, daß auch im Falle des Mißerfolges pflichtgemäß gehandelt worden ist. Galloudec überlebt Sasportas. Er entkommt nach Kuba. Er erkrankt an Gelbfieber. Seine ganze Lebensenergie konzentriert er auf den Endbericht und darauf, daß derselbe „daheim“ ankommt. Auf dem Sterbebett beschwört er seinen Freund Malbec „bald flehend, bald streng“, den Bericht heimzubringen. „So schwach er war, er geriet in Zorn, wenn ihn Malbec zum Schweigen bringen und auf dem Lager zurückhalten wollte. Er schrieb ein paar Zeilen auf einen Fetzen Papier und er sah unverwandt zu, wie Malbec das Papier in seine Jacke einnähte.“[17] Die Bedeutung des Endberichtes wird durch die „Sekretierung“, die Notwendigkeit der Geheimhaltung angesichts der Gefahr, daß Feinde seinen Inhalt zur Kenntnis nehmen und die Weiterleitung verhindern könnten, gesteigert. Dabei ist der Text fast nichtssagend. Er lautet: „Ich benutze diese Gelegenheit, um Ihnen mitzuteilen, daß die Bürger Debuisson und Sasportas verhaftet wurden. Sasportas ist sofort vor Gericht gestellt worden und schon in Kingston gehenkt. Debuisson hat Jamaika auf einem englischen Schiff verlassen. Er hat sich durch ein Geständnis gerettet.“[18]

Für den Auftraggeber allerdings ist die Minimalinformation verständlich: Die Aktion ist gescheitert. Ein Agent ist hingerichtet worden. Der zweite hat die Insel auf einem englischen Schiff verlassen. Was aus ihm geworden ist, weiß man nicht. Hinzu kommt, daß der Überbringer des Berichtes von Galloudec – er heißt Malbec – über Einzelheiten mündlich informiert ist. Malbec sagt: „Ein Mann mit einem gesunden, gleichmütigen Gesicht und einem genauen Blick, einem Seemansgesicht, erzählte mir alles. Er hat gespürt, daß er nicht mehr heimkommt. Er hat sich auf mich verlassen.“[19] Malbecs Bericht hat die Glaubwürdigkeit der Unmittelbarkeit. Er war dabei. Er war Augenzeuge. In den Augen all derer, die seiner Erzählung zuhören, stand ein besonderes Licht, der Abglanz von seinen Augenlichtern.[20] Was in Augenschein genommen wird, leuchtet weiter. Das Licht wird in einer Lichterreihe weitergeleitet. Das gilt auch für das Licht, das Galloudec am Tage, an dem Sasportas hingerichtet wurde, über dem Galgen wahrzunehmen vermeinte: „Es war ihm zumute, als leuchtete ein Licht von der Spitze des Galgens zu ihm herüber."[21] Gewiß, es handelt sich nicht um ein Wunder, sondern um ein Gleichnis: „Es war ihm zumute, als leuchtete ein Licht." Das Gleichnis hebt das bittere Ende am Galgen nicht auf; es hebt die Härte des Scheiterns nicht auf, aber es nimmt dem Ende und dem Scheitern die Sinnlosigkeit. Und so geht auch dieses, gerade dieses Licht in die Lichterreihe ein.[22]

Während Galloudec ein erregter und erregender Erzähler war, der sich mit Mühe beherrschte, so war Malbec ruhig und gleichmütig, als gehe ihn der Bericht nichts an. Die Vorkommnisse, die Galloudec beschrieb, glitten wie Schatten über die Augen Malbecs.[23] Doch Malbec ist keineswegs unbeteiligt. „Er hatte Achtung vor seinem Freund, dem man eine Mission anvertraut hatte." Es geht nicht nur um kühle Achtung: Bei der Wiederbegegnung in Kuba war Malbec, „der sonst niemals große Gefühle zeigte, ... freudig bewegt."[24] Das „Licht der Wahrheit" wird somit durch zwei Temperamente weitergeleitet: Galloudec ist erregt, aber beherrscht; Malbec ruhig und genau, aber bewegt. So gewinnt der Bericht ein Höchstmaß an Authentizität. Keine Verzerrung durch Erregung, keine Nivellierung durch Gleichgültigkeit.

An *wen* richtet sich der Bericht? Die Antwort liegt wohl auf der Hand: an das Amt, von dem der Auftrag und die Mission ausging. Doch gerade das ist fragwürdig und zweifelhaft. Sasportas' Anweisung klingt allerdings präzis: „Wenn mir etwas zustoßen sollte, dann geh in das Büro, in dem man uns die Papiere vor der Abfahrt ausgestellt hat. Dort findest Du Antoine, meinen Freund, einen guten Bürger, der sich gewiß nicht verändert hat."[25] Das ist konkreter als das vage „daheim", mit dem angedeutet wurde, wohin der Bericht gehöre. Das ist eine Adresse, und Malbec gelingt es auch, über die Adresse des Büros jenen guten Bürger Antoine ausfindig zu machen. Zweifelhaft ist jedoch, auf was es im Grunde ankommt: auf das Amt oder die Person. „Manchmal, in klaren Momenten, fiel ihm (Galloudec) ein, daß es niemand mehr in Paris gab, der wissen wollte, ob ihr Auftrag erfüllt sei. Manchmal vergaß er vollständig, daß niemand mehr in Paris auf Nachricht warten und Rechenschaft fordern würde."[26] Mit anderen Worten: Einmal hält er dafür, daß der Endbericht an die Amtsperson, das andere Mal – in lichten Momenten –, daß er an die Privatperson Antoine zu richten sei. In seinem Bewußtsein geraten Personen und Amt durcheinander. In Wirklichkeit ist das Amt längst aufgehoben. In Wirklichkeit ist der ehemalige Amtsinhaber Antoine unter dem Druck des napoleonischen Regimes längst in den Untergrund gegangen. In Wirklichkeit ist auch der Amtsauftrag längst erloschen. Hat nicht Bonaparte die Aktion „Negerbefreiung" rückgängig gemacht?

Damit kommen wir zu dem Punkt, über dem die an der subversiven Aktion beteiligten Freunde in Jamaika in Streit geraten waren. Debuisson meint, daß mit dem Regierungswechsel in Paris der Amtsauftrag zweifelhaft geworden sei. In dieser Zweifelslage ordnet er an, daß alle revolutionären Aktivitäten einzustellen seien.[27] Dabei ging er davon aus, daß es sich nicht um einen normalen Regierungswechsel im Rahmen der Republik, sondern um eine „Systemveränderung" handelte. Durchsetzen kann er sich nicht. Sasportas und Galloudec sind überzeugt, daß in der gegebenen Lage, ohne Vorbild und Auftrag, das Richtige gefunden und durchgeführt werden müsse. Maßstab ist einzig und allein das Gewissen, das ihnen befiehlt, den Negern weiterhin beizustehen.[28]

Zwei entgegengesetzte Denkweisen werden hier einander gegenübergestellt: Das Denken in der Kategorie des *Amtes* und dasjenige in der Kategorie des *Gewissens.* In einem Fall wird das Richtige aus einem Amtsauftrag, einer „Deckungsnorm", einem Gesetz *abgeleitet;* im anderen Fall ist das Richtige in der Gewissensentscheidung zu *finden;* Fremdverantwortung auf der einen, Selbstverantwortung auf der anderen Seite. Dabei darf nicht verkannt werden, daß im Amtsmodell weite Ermessensspielräume, außergewöhnliche Vollmachten und im Gewissensmodell strenge Bindungen und die Notwendigkeit sorgfältiger Chancen- und Risiken-Abwägung einbezogen sind. Das Gewissensmodell stellt somit keineswegs auf Emotionalität, auf kopfloses Engagement ab, so wenig wie das Amtsmodell Entscheidungsvorgänge auf den Vollzug engmaschige Programme reduziert. Zwar ist Sasportas von Stolz und Freude erfüllt, als er entdeckt, daß es auf ihn und sein Gewissen ankommt und daß er das Richtige ohne Vorbild und Auftrag finden und durchführen muß. Aber er verfällt keinem blinden Aktionismus. Sein Scheitern wird auch nicht auf Unbedachtheit und Tollkühnheit zurückgeführt. Der Grundgegensatz zeigt sich somit nur da, wo der Auftrag in Frage gestellt ist oder überhaupt entfällt: Dann fällt jede weitere Aktion aus dem „Recht"; sie wird *rechtlos,* während es für denjenigen, der sich auf sein Gewissen verwiesen sieht, auf den Auftrag gar nicht ankommen kann. Um so bemerkenswerter ist es, daß es auch Sasportas darum geht, den Bericht über die pflichtgemäße Erfüllung des Auftrages sicherzustellen. Ein solcher Bericht ist die logische Konsequenz des Amtsmodells. Daraus ergibt sich wohl, daß Sasportas diesem Modell verpflichtet bleibt. Doch weshalb die Orientierung auf den Freund, den guten Bürger Antoine, der sich nicht geändert hat, der, wie Galloudec in hellen Momenten weiß, mit der Aufhebung des Amtes seine Amtsposition verloren haben muß, der keine Rechenschaft und keinen Schlußbericht zu fordern hat und von dem dennoch angenommen wird, daß er auf den Bericht warte?

Wer ist Antoine, auf den sich die Erzählung schließlich orientiert? Der Bürger Antoine war Schulmeister und dann Hauslehrer im Hause des Grafen de S. Als der Graf nach England emigrierte, schloß sich der Hauslehrer nicht ihm, sondern der Revolution an. Er geht nach Paris. In den Wirbeln und Wirren der Hauptstadt endeckt er ein „Gesichtlein". Er heiratet. Monique und er sind *fast* immer hungrig und immer glücklich. „Es kam uns als Glück vor, was auch geschah, zusammen dabei zu sein... Wir erwarteten alles."[29] Er erhält Abschreibarbeiten für einen Beamten in der Zeit des Konvents. „Der brachte ihn auf einem Verwaltungsamt der Westindischen Inseln unter."[30] Nach Robespierres Hinrichtung muß sich dieser verstecken. Der unbekannte Antoine bleibt. Sein neuer Vorgesetzter steht zu ihm, obgleich Verdächtigungen auftauchen, man habe ihn, Antoine und Monique in der Wohnung Robespierres gesehen. Das ändert sich erst mit der Machtübernahme Bonapartes, den Antoine unverhohlen ablehnt. Der Vorgesetzte Cervin wird zum glühenden Bonapartisten und empfiehlt Antoine, sich aus dem Amt zurückzuziehen. Antoine bringt sich als Sprachlehrer durch, stets auf der Hut vor Dummköpfen, Narren, Spitzeln und Provokateuren.[31] Er ist ein sehr feinfühliger Mann, einer, der in der Menge ein „Gesichtlein" entdeckt und der Malbec, der annimmt, daß Antoine Debuisson und Sasportas gut gekannt habe, nur deshalb nicht zurückweist, weil der ruhige Seemann sich mit dem Brief so viel Mühe gemacht hat. Dabei hat er die zwei völlig vergessen. Jetzt tauchen sie wieder aus dem Vergessen auf: Er sieht sie vor sich, wie der Jüngere freundschaftlich und vertrauensvoll zum Älteren aufblickt. Der Jüngere – auch das hat er vergessen – war einmal sein Schüler. Er erinnert sich an den Vorgang und die Gespräche, die er mit seinem Vorgesetzten Cervin darüber geführt hat. Aber alles in allem: Es waren zwei unter Hunderten. Er nimmt den Brief entgegen. Er denkt, daß es gut sei, daß jemand an diesen jungen Sasportas denkt, über dessen Glück, in Haiti dabei sein zu können, er sich damals gefreut hat. Nachdem Malbec, den Monique als besonderen Gast freundlich bewirtet, alles erzählt hat, sagt er: „So hat doch Jean Sasportas ein wenig Nachruf, leise und vorsichtig, nach etlichen Jahren. Ihr Gedächtnis und meines, das ist keine Ehrensalve, es rühmt ihn aber, es trägt ihn, es hält ihn fest."[32] Die Formel „die Toten bleiben jung"[33] gehört in diesen Zusammenhang. Nein, Antoine ist nicht mehr beamtet. Er hat keinen Schlußbericht entgegenzunehmen, zu verakten, zu registrieren, abzulegen, aber er ist unverändert. Er erwartet alles mit dem „Gesichtlein" zusammen. Er nimmt das kleine Licht auf; einer unter vielen. Es lebt in ihm weiter.

Aber dennoch, man wendet sich an das Amt, als ob es das Amt noch gäbe. Dabei ist es ein Gleichnis, wie das Licht über dem Galgen ein Gleichnis ist.

2. Gesetzesbefehl und Gewissen

Der Amtsauftrag als Rechtsgrundlage für subversive Aktionen ist seinerseits in der Gesamtrechtsordnung begründet, die sich als Ämterordnung einerseits und als Ordnung des materiellen Rechtes andererseits darstellt, und im allgemeinverbindlichen Gesetz, in der volonté générale, ihr Fundament hat. Die Struktur der Rechtsordnung ist bestimmt durch das Komplementärverhältnis zwischen dem „Generellen" und dem „Speziellen", der generell-abstrakten und der konkret-individuellen Norm, dem Gesetz und dem Gesetzesvollzug. Anna Seghers hat die mit diesem Dualismus gegebene Problematik in den karibischen Erzählungen sichtbar gemacht. Es handelt sich um die Frage der Bindung des Speziellen an das Gesetz und die Gefahr, daß das Spezielle sich selbständig macht. Dies zeigt sich bereits am Auftragsmodell. Die Gefahr wächst mit dem Ermessensspielraum, der, wie wir sahen, gerade bei subversiven Aktionen besonders groß ist.

Anna Seghers verkennt keineswegs die Notwendigkeit der Ermächtigung zu Aktionen, die unabhängig von der „Zentrale" verlaufen. Das gilt gerade für Befreiungsaktionen. Kommissare und Agenten müssen aus eigener Kraft mit der Situation fertig werden. So schildert die Autorin mit kühlem Realitätssinnn das Konfliktsfeld, in dem der Kommissar in Haiti agiert. Die Kommissare und ihre Soldaten sind von Feinden umgeben. Die Grundbesitzer hassen die „Befreier". Die „kleinen Weißen" sind an die reichen Grundbesitzer auf Gedeih und Verderben gebunden. Die Mulatten hassen die neue Gleichheit, „die ihnen keine anderen Rechte zudachte als den Negern". Die Neger mißtrauen den Weißen und „ihrem Freiheitsgerede", ihrer Revolution, die Freiheit und Gleichheit doch wohl allein für die Weißen anstrebt.[34] In einer derart komplizierten Situation muß den Kommissaren volle Entscheidungsfreiheit, ja, *diktatorische*

Gewalt[35] zustehen, wenn der Erfolg nicht von vornherein unmöglich gemacht werden soll. So kommt es denn auch zu der weittragenden Vereinbarung zwischen dem Kommissar Santonax[36] und dem Negerführer Toussaint und zum Aufbau einer Befreiungsdiktatur, die unter dem Einfluß Toussaints steht, der schließlich mit Würde die französische Generalsuniform trägt und Gouverneur wird. Anzumerken ist, daß Toussaints Regime, in dem die ganze Staatsgewalt ungeteilt in einer Hand liegt, die Rassengegensätze überwindet und auch die Wirtschaft zum Blühen bringt, indem er die Arbeitsunlust der ehemaligen Sklaven überwindet.[37] – Wird solchermaßen das Gesamtunternehmen Haiti vom französischen Mutterland weitgehend abgekoppelt, so wird andererseits geradezu pedantisch die Geltung des Gesetzes, der volonté générale betont.

So muß die Sklavenbefreiung auf ein Gesetz gegründet werden. Ein Beschluß der Nationalversammlung allein genügt nicht: Ein Gesetz des *Konvents* ist erforderlich, dem die eigentliche revolutionäre bzw. demokratische Legitimation zukommt.[38] Freiheit ist eben Freiheit durch Gesetz. Dem entspricht auch, daß der Kommissar zwar die Vollmacht besitzt, die Befreiung nach seinem Ermessen ins Werk zu setzen, die Proklamation der Freiheit jedoch durch den Konvent bestätigen läßt. Damit wird einwandfrei klargestellt, daß die Sklavenbefreiung nicht auf die Diktaturgewalt des Kommissars, sondern auf die Volksgewalt zurückzuführen ist.[39]

Anna Seghers erkennt das Eigengewicht der Exekutivgewalt in Gestalt der kommissarischen Diktatur im Verhältnis zum Volksgesetz an. Unnachsichtig behauptet sie indessen den Vorrang des letzteren. Nur aus dem Gesetz ergibt sich die revolutionäre Legitimität. Daß diese sich auch inhaltlich fassen läßt, zeigt ausgerechnet das Regime Toussaints, das aus der kommissarischen Diktatur herausgewachsen ist. Es steht im Zeichen der Gleichberechtigung der Schwarzen, der Weißen und der Mulatten, im Zeichen eines durch die Arbeit aller begründeten Wohlfahrt, vor allem aber im Zeichen einer charismatischen Führerpersönlichkeit, die ihre Wurzeln in einer kindlichen Christ- und Kulturgläubigkeit hat.[40]

Das Band zwischen diesem Regime und dem Mutterland zerreißt in dem Moment, in dem Napoleon die oberste Gewalt usurpiert und den Befreiungswillen in Oppressionswillen pervertiert. In diesem Moment verliert der Gesetzesbefehl seine legitimierende Kraft und Verbindlichkeit. Der Gesetzesbefehl weicht dem Ruf des Gewissens. Die Identität von Gesetz und Gewissen zerbricht. Freilich, der kognitive Vorgang ist nicht einfach: Die Gefahr der Täuschung ist keineswegs durch Evidenz ausgeschlossen. So fällt es den ehemaligen Sklaven nicht leicht, zwischen der revolutionären und der oppressiven Republik Napoleons zu unterscheiden.[41] Dabei spielt es eine maßgebliche Rolle, daß viele Neger in Guadeloupe nicht begreifen können, weshalb sie nach der Befreiung zur Arbeit auf eigenem Grund und Boden verpflichtet sein sollten, und trauern den geregelten Verhältnissen unter einem Sklavenregime nach.[42] Dennoch: Jetzt liegt es am einzelnen, ohne Vorbild und Auftrag das Richtige zu finden und durchzuführen: Das Gewissen wird zur höchsten Instanz. Im „Befreiungssystem" ist zwar „Irrtum" denkbar, Korrekturen jedoch nur von „oben nach unten" oder im Sinne von Selbstkorrekturen möglich.[43] Das Gewissen des einzelnen kann sich als solches nicht aktualisieren. Es „ruht" im Willen des richtigen Gesetzgebers bis zum Usurpationsfall, wodurch das „Kontrastsystem" zur Geltung gebracht wird. Jetzt kommt es wieder auf interindividuelle Kommunikation an, auf Freundschaften, auf jene Signale und Botschaften, durch welche das Licht der Hoffnung weitergetragen wird. Die guten Bürger und Bürgerinnen, die Unterdrückten, das „Heer" der namenlosen unbekannten Revolutionäre treten an die Stelle der Ämterordnung, der Mikrokosmos individueller Initiativen an die Stelle des Makrokosmos weltpolitischer Aktivitäten und Entscheidungen. Anstelle der Robespierres, Toussaints, Bonapartes treten die Antoines. Die karibischen Erzählungen vermitteln den Eindruck, daß Anna Seghers' Interesse in erster Linie dem Mikrokosmos der interindividuellen Kommunikation gilt. Zwar zeichnet sie die weltpolitische Lage mit kräftigen Strichen, doch rasch wendet sie sich der subtilen Beschreibung der Feinstrukturen zu. Nicht zu übersehen ist allerdings, daß sie auch das „Amtsmodell" im Geltungsbereich des „Gewissensmodells" zuläßt, indem sie die Bedeutung straffer Organisation und Führung gerade auch für diesen Bereich hervorhebt. Umgekehrt: Wenn in der Perspektive des Amtsmodells die Gefahr der Usurpation liegt, kann das „Gewissensmodell" nie völlig außer acht gelassen werden.

3. Widerstand, Wiedergutmachung, Wiederherstellung

Widerstand (Die Saboteure)

„Im Frühjahr 1943, in einem Abschnitt der ukrainischen Front, als der Befehl an die deutschen Soldaten ausging, das Dorf Sakoje zurückzuerobern, versagten ein paar Handgranaten bei dem Sturm auf das Gehöft, das die Schlüsselstellung war. Als man die Verlustliste prüfte, ergab sich, daß mehrere Leute durch vorzeitige Explosion ihrer eigenen Handgranaten gefallen waren. Man meldete auch, daß eine gewisse Anzahl von Handgranaten nicht explodiert war. Man stellte fest, daß die Handgranaten in einer Fabrik bei Griesheim am Main zusammengestellt worden waren. Die Kompanie hätte das Gehöft ohnedies nicht halten können. Sie wurde mit ihrem Bataillon am nächsten Tag acht Kilometer hinter das Dorf Sakoje zurückgetrieben. Denn nicht von dem Himmel, nicht von den flockigen, luftigen Wolken, die an dem Himmel über der endlosen ukrainischen Ebene segeln, noch von dem Panzerauto des Stabes geht die Entscheidung aus – die unwidersetzbare –, sondern aus der geheimnisvollen Tiefe, dem Willen der Völker, o Lenker der Schlachten!"[44]

Es geht um kein großartiges Ereignis. Weder die Sabotage noch ihre Auswirkung ist bedeutsam. Immerhin: deutsche Soldaten finden den Tod, weil deutsche Handgranaten aufgrund von Sabotage durch deutsche Arbeiter vorzeitig explodierten. Auf den Ablauf der Kriegsereignisse hatte die Sabotage keinen Einfluß. Die Kompanie hätte das Gehöft ohnehin nicht halten können. Sie wurde mitsamt dem Bataillon weit zurückgetrieben. Zur Begründung der Satz von der Entscheidung, die aus den geheimnisvollen Tiefen, dem Willen der Völker ausgeht. Der Satz klingt ebenfalls geheimnisvoll. Verständlich ist aufs erste nur, daß er den Zusammenhang zwischen einem an sich belanglosen Ereignis und dem Allgemeinen, den großen geschichtlichen Abläufen herstellt: zwischen mikro- und makrokosmischen Vorgängen. Wir halten fest: Die Entscheidung, die makrokosmischen Vorgänge werden auf den Willen der Völker zurückgeführt. Die Völker entscheiden offenbar geheimnisvoll über weltgeschichtliche Siege und Niederlagen. Gegenüber diesen Entscheidungen sind die kleine Gruppe der Saboteure und der von ihnen verursachte Tod deutscher Soldaten bedeutungslos, genauso wie die individuellen Entscheidungen einzelner Offiziere, Soldaten, Arbeiter. Ist das der Sinn der Erzählung?

Wie das Recht auf Revolution, so ist auch das Recht auf Widerstand gegen Hitler und sein Regime außer Zweifel gestellt. Die Saboteure waren im Recht, auch angesichts der Tatsache, daß der Tod deutscher Soldaten die Folge war. Daran ändert auch die Tatsache nichts, daß der Sabotageakt kurz vor Kriegsende entdeckt und ein Saboteur, Herrmann Schulz, hingerichtet worden ist. „Womit die Gestapo noch einmal kurz vor Torschluß bewies, daß ihre Mühlen immer weiter so emsig, so haargenau mahlten wie die des entbehrlich gewordenen, längst abgesetzten Herrgotts, genau so gründlich, genau so fein."[45] Die Rechtmäßigkeit des Todesurteils und der Hinrichtung wird ebensowenig diskutiert wie die Rechtmäßigkeit der Sabotage. Entscheidend fällt auch nicht ins Gewicht, daß die Sabotage im Zusammenhang mit dem Beginn des Krieges gegen Rußland stand, der von den Beteiligten als etwas Ungeheures und Bestürzendes empfunden wird.[46] Damit wird das Recht zum Widerstand in Gestalt der Sabotage bekräftigt und der Unrechtscharakter des Hitler-Regimes herausgehoben. Der Hitler-Stalin-Pakt wird nicht erörtert. Die Richtigkeit der großen Linie wird nicht in Frage gestellt.

Doch darum geht es eben nicht entscheidend, sondern um das Netzwerk zwischenmenschlicher Beziehungen, um Mikroskopie, um die behutsame Erfassung und Beschreibung höchstpersönlicher Reaktionen auf überpersönliche Vorgänge. So ist vom „Gesiege" im Westen die Rede, das vergessen läßt, daß es dabei auch Tote gibt. Die Nachricht vom Tod des eigenen Sohnes bringt es schrecklich schmerzlich ins Bewußtsein. Mit der Todesnachricht zerspringt die Rede vom Gesiege. Dafür wird die Vielfalt zwischenmenschlichen Empfindens und Wollens, von Zuwendungen und Abneigungen, Erinnerungen und Erwartungen sichtbar: ser Schmerz der Mutter, der dürftige Trost der Öffentlichkeit, die Trostgebärde einer Unbekannten . . .[47]

Genauso wird die Sabotage aus dem großen Zusammenhang herausgelöst und ins dichte Geflecht der zwischenmenschlichen Vorgänge innerhalb eines konkreten Raumes, innerhalb eines konkreten „Milieus" einbezogen. Da sind die Radfahrer, die sich in der Morgendämmerung aus einzelnen Dörfern und Gehöften herauslösen und sich in die Masse derjenigen, die zu ihrem Arbeitsplatz fahren, einreihen. „Der alte Bentsch fuhr gerade vor ihnen zwischen den Brüdern Fritz und Franz Enders. Paul wurde bei einer Stockung zur Seite gedrückt, so daß ein gewisser Abst zwischen ihm und Hermann zu fahren kam. Franz stand einen Augenblick auf einem Bein. Er drehte an einer Schraube, das andere Bein über dem Rad. Hermann half ihm mit ein paar Griffen. Dabei redete er auf ihn ein . . . Beim Weiterfahren waren die Reihen verschoben. Hermann fuhr jetzt zwischen den Brüdern Enders . . ."[48]

Die Sabotage wird zur Resultante eines vielschichtigen Prozesses von Mißtrauen und Vertrauenserwägungen, Verläßlichkeitsindizien und Gegenindizien, alten Freundschaften, neuen Feindschaften und umgekehrt. Feinste Regungen und Veränderungen werden notiert, und am Schluß geht es nur darum, ob das Vertrauensnetz gehalten hat oder nicht. Hermann Schulz ist verhaftet. Der Gestapomann hält ihm die Vorgänge von 1941 vor. „Der Beamte lehnte sich vor. Er sagte leise, doch offensichtlich belustigt, wobei er gespannt auf den Ausdruck wartete, den seine überraschende Mitteilung in dem Gesicht des Gefangenen machen mußte: ‚Sie sind überführt, am 22. Juni in der Abteilung in ihrer Fabrik Sabotageakte aktiv unterstützt und verschwiegen zu haben ...‘ Er starrte weiter in Hermanns Gesicht; er konnte sich nicht erklären, was er darin fand: unendliche Erleichterung ... Ich habe mit meinem Argwohn dem Kress und Schanz und dem Abst Unrecht getan, dachte Hermann.“[49] Sein Argwohn, seine Sorge und Unruhe betrafen Vorgänge, die in die Gegenwart reichten und Widerstandsaktionen betrafen, die mit der Sabotage von 1941 nichts mehr zu tun hatten. Die Vorgänge waren unentdeckt geblieben: Das Vertrauensnetz hatte gehalten.

Man gewinnt den Eindruck, als wolle Anna Seghers den zwischenmenschlichen, den mikrokosmischen Bereich vom makrokosmischen abkoppeln, damit das Allgemeine, die große Linie, der Kampf zwischen den „Systemen“ ins Wesenlose verwiesen werde: Der Sabotageakt hat keine weltgeschichtliche, keine strategische, ja, keine taktische Bedeutung. Einige deutsche Soldaten sterben. Das scheint ohne Belang. Doch es gewinnt an Bedeutung, wenn man den mikrokosmischen Komplex in Betracht zieht. Das Verhalten von Einzelmenschen hat den Tod von Einzelmenschen herbeigeführt. Die Rechtfertigung ergibt sich nicht aus dem mikrokosmischen Bereich, nicht etwa daraus, daß einzelne Menschen in Gefahr für Leib und Leben zusammengehalten haben. Sie ergibt sich allein aus der Tatsache, daß die Tat in die richtige Richtung ging, sie sich gegen Unrecht richtete und für das Recht eintrat. Belanglos ist ihre Belanglosigkeit, dies, daß sie im Hinblick auf die Durchsetzung des Rechtes keinen effektiven Beitrag leistet. Damit ergibt sich auch die Antwort auf die eingangs gestellte Frage, ob der Sinn der Erzählung darin zu sehen sei, daß sie die Belanglosigkeit von Einzelentscheidungen im Verhältnis zur Entscheidung der „Völker“ sichtbar macht. Gewiß, es ist von der Gesetzmäßigkeit des geschichtlichen Ablaufs die Rede. Hermann Schulz ist überzeugt, daß die Sowjetunion nicht besiegt werden kann. „Das Gesetz konnte doch nie gebrochen werden.“[50]

1) Das Widerstandsrecht wird von einzelnen Bürgern im Risiko für Leib und Leben ausgeübt. Dieses Risiko unterscheidet es von allen anderen Widerspruchs- und Beschwerderechten. Die Erzählung hebt die Gefahr für die Beteiligten eindrucksvoll hervor.

2) Das Widerstandsrecht richtet sich gegen den Unrechtsstaat und seinen Gehorsamsanspruch. Es zielt letzten Endes auf seine Beseitigung. Diesen Gesichtspunkt rückt die Erzählung in den Vordergrund. Daß es auch der Abwehr einzelner Unrechtsakte im Rahmen des Unrechtsstaates dienen kann, spielt in der Erzählung keine Rolle.

3) Durch das Widerstandsrecht erfaßte Widerstandshandlungen sind

Mittel zum Zwecke der Beseitigung des Unrechtsstaates. Dabei wird selbstverständlich das Moment der Zermürbung, des steten Tropfens, der den Stein höhlt, zu berücksichtigen sein. Nicht nur der Zentral- und Großangriff wird vom Widerstandsrecht erfaßt.

4) Es sind nicht nur diejenigen Handlungen erfaßt, die keine Rechte Dritter gefährden oder verletzen. Sabotageakte in Munitionsfabriken oder an Eisenbahnen gefährden immer die Rechte Dritter. In der Erzählung wird unreflektiert der Verhältnismäßigkeitsgrundsatz berücksichtigt. Das Verhältnis zwischen Opfern und angestrebtem Ziel ist nicht etwa absurd.

5) Ob das angestrebte Ziel erreicht wird oder nicht, ist belanglos. Zweifellos sind die Sabotageakte geeignet, einen Beitrag zur Erreichung des Zieles zu leisten.

6) Daß Widerstandshandlungen im Sinne des Unrechtsstaates Verbrechen darstellen, Mord, Tötung, Hoch- und Landesverrat, zeigt die Rechtfertigungsfunktion des Widerstandsrechtes.

Wiedergutmachung

Das Hitlerregime gilt als Unrechtsregime. Ein Mittel der Wiedergutmachung ist die Bestrafung derer, die das Unrecht verübt haben. Der KZ-Scherge Zillich verkörpert das Unrechtssystem, dessen Zusammenbruch nicht einfach das Ende bedeutet.[51] „Er hatte kleine, dunkle, mißtrauische Augen, die Nasenlöcher waren so rund und so wach wie ein zweites Augenpaar. Die Nase war ein wenig gestülpt und kurz, der Mund war klein; überhaupt waren alle Züge klein in dem Gesicht, das als ganzes verhältnismäßig wenig Platz einnahm auf dem dicken Bauernkopf. Auch die Ohren waren klein, die Ohrläppchen waren absonderlich umgekippt, nach vorn statt nach hinten, als ob sie möglichst viele Geräusche auffangen müßten."[52] An diesen Ohrläppchen wird er, der tausend Kilometer gewandert war, um in der alten Heimat Zuflucht zu finden, der in seine ehemalige Rolle als Bauer und Hausvater zurückgeschlüpft war, wiedererkannt. „Volpert sah ihm finster nach. Er lehnte den Kopf an die Hauswand und schloß die Augen. Er sah jetzt den Zillich genau vor sich, so wie er bis in die Todesstunde in seine Augenlider eingeritzt ist. Der Zillich auf seinem geschlossenen inneren Auge trug das SA-Hemd, und wie er der Arbeitskolonne den Rücken drehte, spannte sein Hintern die Hose. Das Schweinsohr war er im KZ genannt worden wegen seiner umgestülpten Ohrläppchen. Seine Äugelchen waren damals winzig erschienen in dem dicken Gesicht, winzig wie Vogeläugelchen, aber scharf und genau. Er hatte gleichgültig-aufmerksam wie der Vogel auf der Stange die Ausführung seiner Befehle verfolgt: Das Strafexerzieren mit hochgestreckten Armen, bei dem zweimal zwei Alte fast gleichzeitig der Schlag gerührt hatte – Kniebeugen in praller Sonne, womit die Neueingeführten erprobt worden waren, Ablecken der schmierigen Treppe, wobei er den dazu verurteilten Juden in den Hintern trat; und immer, wenn er einem befohlen hatte, tu dies, tu das, war der Befehl mit einem solchen Tritt bekräftigt worden; sogar als Buchholz nachts aus der Baracke zum Erschießen abgeführt worden war, hatte er ihm den Tritt in den Hintern sozusagen ins Grab nachgeschickt. Als Gebhard vor der ganzen Kolonne zu Tode geprügelt worden war, hatte Zillich, der mit verschränkten Armen gleichgültig zusah, im letzten Augenblick auf den Liegenden eingehackt, einem Todesvogel gleich, der sein Opfer umkreist und erst auf es fällt, wenn es verendet."[53]

Volpert hatte schon im KZ von der Rache an Zillich, dem Büttel, geträumt. „... im Lager selbst hatte ihn vielleicht nur die Hoffnung auf Rache lebendig erhalten."[54] Jetzt scheint er unmittelbar vor der Erfüllung der Träume und seiner Hoffnung zu stehen. Doch Zillich wittert die Gefahr; er entweicht im letzten Moment. Was versteht Volpert eigentlich unter Rache? Daß er selbst, das Opfer, den Quäler erschlägt und so Genugtuung erfährt, Befreiung vom erlittenen Schmerz?

Rache als Vergeltung durch die Hand dessen, der gelitten hat, als Vergeltung am Verbrechen durch das Opfer? Volpert rechnet mit der Möglichkeit und Notwendigkeit von Handgreiflichkeiten, doch nur mit dem Ziel, den Untäter zu ergreifen und den Behörden zu übergeben; nicht aber, um an ihm sein „Mütchen zu kühlen". Er denkt nicht an Selbstjustiz. Die Behörden sind Träger der Justizgewalt, nicht der einzelne. So wird vermerkt, daß es am Ort der Wiedererkennung nicht einmal ein Postamt gibt.[55] Danach wäre ein Postbeamter zuständiger als ein von Rache träumender Einzelner. So geht denn alles seinen Gang. Volpert meldet den Fall bei der zuständigen Instanz, der amerikanischen Besatzungsbehörde. Ordnungsgemäß wird seine Meldung „veraktet".

„Als Volpert nachts im Konzentrationslager auf der Pritsche gelegen hatte, zu Tode erschöpft, aber von Qualen schlaflos, hatte er sich nicht träumen lassen, wohin seine Leiden noch münden sollten: In das Stenogramm eines Aktenbogens."[56] Die Amerikaner halten ihn für einen Mann mit „rasendem Rachedurst"; aber sie sind überzeugt, daß auch diesen Durst durch ihre Maßnahmen abzuhelfen sei. Doch Volpert erkennt allmählich, daß selbst eine Verurteilung der Mörder nichts Entscheidendes verändern würde, denn auch damit wäre das Böse, dessen Auswuchs ein Zillich ist, nicht endgültig beseitigt. „Selbst wenn sie den Zillich morgen finden, das Böse war dadurch noch nicht gefangen, wovon Zillich ein Auswuchs war, denn Reif ging davon nicht weg, so wenig das Kraut wieder blüht, das der Frost verschont hat, die Trauer in seinem Herzen war unstillbar, er würde dadurch nicht froher."[57]

So wird Wiedergutmachung durch Strafe in Frage gestellt. Durch Bestrafung der Untäter wäre die Trauer des Betroffenen nicht weggewischt, die Wunde nicht geheilt, der Stand der Unbefangenheit, der Zuversicht, der Lebensfreude nicht wiederhergestellt. So empfindet Volpert; anders sieht es sein Mitarbeiter und Freund, der alte Hänisch: Ihm ist es schon wichtig, daß man einen erwischt und aufhängt – am besten an den Füßen –: „Wer freut sich denn nicht, wenn eine Ratte erledigt wird. Natürlich, das Böse schlechthin wird dadurch noch nicht erledigt, du kannst ja den Satan selbst nicht erledigen. Ich wäre vorerst schon froh, sie hätten den Zillich beim Schlafittchen."[58] Wer recht hat, bleibt offen.

Das Problem der Wiedergutmachung durch Strafe zeigt sich nicht nur von der Opfer-, sondern auch von der Täterseite. Es geht um den Gedanken der Buße. Der Täter büßt die Tat durch Freiheitsentzug, durch den Verlust des Lebens. Die Strafe und die damit verbundene Not mindert das Unrecht, im Grenzfall kann von einer völligen Schuldtilgung gesprochen werden. Man meint nicht nur die zehn Jahre Zwangsarbeit, auch nicht die Summe aller Qualen vor der Todesstrafe und durch ihren Vollzug, sondern auch den inneren Vorgang der Sühnung, der Metanoia, der Umkehr, der Einsicht ins eigene Unrecht. Davon – nehmen wir es vorweg – ist bei Zillich keine Spur zu finden. Er kennt nur Straffurcht. Schuldangst ist ihm fremd. Anna Seghers verknüpft freilich eins mit dem anderen, wenn sie meint, daß die panische Angst vor dem Russen, die Zillich und seinesgleichen gepackt habe, „das letzte Atom einer Ahnung von Gerechtigkeit"[59] verrate. Das mag sein. Doch von einer Auseinandersetzung mit der schrecklichen Vergangenheit als Scherge gibt es keine Spur. Er hat so viele Juden aufgehängt, daß er sich wundert, daß es von dieser Sorte noch welche gibt. Schuldgefühle drängen zumindest nicht ins Bewußtsein. Zillich ist auf der Flucht, zunächst in den Schoß der Heimat,[60] in die Zuflucht der Alltäglichkeit harter Arbeit. Die Leute im Dorf meinen, daß er sich die Hörner abgestoßen und sich zum Guten verändert habe. Seinerzeit war er ein übler Wirtshausrandalierer und Raufbold, arbeitsscheu und großmäulig; für seine Frau ein hartes Schicksal.[61] Mit dem Eintritt in die SA hörten die Raufhändel auf; man fürchtete ihn und beugte sich. Dann kam der Krieg. Jetzt war er wieder da, ein zuverlässiger Arbeiter, ein harter Vater für den Sohn. Volpert zwingt ihn erneut zur Flucht. Was will er? Seine Ruhe, seinen Frieden, sonst nichts; nicht auffallen, sondern untertauchen, in den Schlaf eintauchen. Seine Schlafsucht ist auffällig, wird aber im Sinne des Spruches vom guten Gewissen und vom Ruhekissen interpretiert. Doch in Wirklichkeit findet er keine Ruhe und keinen Frieden. Nachdem ihm die Verantwortung für eine Arbeitsgruppe übertragen wird, bricht sein Machttrieb wieder durch. Er macht sich unmöglich. Das Wort eines Pfarrers – der Zufall treibt ihn in den Gottesdienst –, „für ihn dort oben gibt es nur eine einzige Wiedergutmachung, sie heißt Reue",[62] berührt ihn nicht. Einem jungen Mann, der unter Gewissensqualen leidet, weil er auf Befehl Frauen, Kinder und Alte erschossen hat, erklärt er: Befehl sei doch Befehl, „höheren Befehl", das gäbe es doch nicht. „Was denn für einen höheren Befehl", fragte Zillich. „Es hat doch damals bei euch noch keine Gegenbefehle gegeben. An deinen Leutnant war sicher zuerst der höhere Befehl ergangen." Der junge Mann: „Verstehst du denn nicht? Der wahre, der innere. Die innere Stimme, die nie im Menschen verstummt. In dir nicht, in mir nicht, das weißt du doch." „Ich weiß, ich weiß ... Sobald man gesund ist, hört es auf ..." Zillich meint, der Junge sei wohl noch ziemlich kaputt. Das Beste für ihn sei der Schlaf.[63]

Damit wird der aus den Karibischen Erzählungen vertraute Gegensatz zwischen Amts- und Gewissensrecht sichtbar.[64] Für Zillich ist Recht Amtsrecht, Befehl Befehl. Wer sich auf Amtsrecht berufen kann, dessen Handlungen sind gerechtfertigt. Das gilt für die Gesunden. Gewissen und Gewissensprobleme sind Krankheitserscheinungen. Auf einer solchen Grundlage muß die Problematik der Wiedergutmachung durch Strafe, Buße und Reue verdeckt bleiben.

Gegen diese Interpretation spricht allerdings die Tatsache, daß Zillich sich selbst richtet. Aber tut er das wirklich? Begreift er den Selbstmord als letzte Konsequenz für seine Verbrechen? Nein, er setzt seinem Leben ein Ende, um den Verfolgern zu entgehen. Der Selbstmord ist die letzte Fluchtstation, nachdem man ihm keine Ruhe und keinen Frieden läßt. Verfolgt wird er nicht nur von Amts wegen. Der aufsässigste, unerbittlichste Verfolger ist ein sonderbares Männlein, schmierig, unordentlich, aber stets mit einer Blume im Knopfloch, ein fröhliches Männlein, das singt und lacht, aber keine Sekunde von seiner Spur abweicht. „Es klopft an die Tür. Das Herz blieb ihm stehen, das Maul voll Brot. Ein flinkes Männlein schlüpft herein, ein Mistelzweiglein im Knopfloch. Es hob die Hand in die Luft: ‚Heil, Zillich ...' Zillich sah stumpf zu ihm auf. Er kaute den Bissen fertig."[65] Es kommt zu einem Hin und Her, das Zillich in stöhnende Mordlust treibt. Doch das Männlein entzieht sich. Ob es ihn verraten wird?

„Das würde dem Schuft so passen, mich auch noch warten zu lassen, bis er mich anzeigt; mich zappeln zu lassen. Das würde ihm Spaß machen. Ja, sowas macht ihm Spaß. Ich aber, ich werde ihm diesen Spaß nicht machen."[66] Worauf er sich erhängt, ein Spaßverderber eigener Art.

Gewiß, er wurde gejagt, verfolgt, immer wieder aufgeschreckt, gequält. Doch nie gerät er in Gewissensnot. Das kleine Männlein ist so etwas wie ein Gewissen von außen, das anstelle des schlafenden inneren Gewissens bewirkt, daß sich Zillich im Gehäuse seiner Person nicht wohl fühlt, daß er sich daraus befreien möchte.[67] Man fragt unwillkürlich danach, wie es überhaupt zu diesem Leben kommen konnte, zu diesem sadistischen Ordnungs- und Machtwahn, zu diesen teilnahmslosen Grausamkeiten, die durch das Hitlerregime herausgetrieben und gerechtfertigt wurden: Die nach vorne geklappten Ohrläppchen, um derentwillen der Junge verlacht wurde,[68] die „Schweinsohren", an denen er erkannt wurde, müssen als Ursache genannt werden: eine Organminderwertigkeit, die durch sadistische Machtausübung kompensiert wird, prägt den Lebenslauf, der in der Todesflucht sein Ende findet. Doch dieses Ende ist noch nicht das tatsächliche Ende. Der Tod Zillichs wird bekannt. Der Lehrer fühlt sich verpflichtet, dem Sohn den Tod des Vaters mitzuteilen.

„Dein Vater ist tot", sagte Degreif. „Man hat ihn in Erbach tot gefunden." Der Junge erstrahlte. Seine Augen glänzten auf, sein ganzes Gesicht strahlte vor Freude. Degreif spürt eine Regung von Bestürzung, sogar von Widerwillen. Er unterdrückt diese Regung. Von allen Schrecken der letzten Jahre erschien ihm der Freudenausbruch des Kindes der eisigste und der schneidendste. Er wollte ein Wort sagen: Er schluckte es. Er fuhr mit der Hand durch das zottige kurze Haar. Der Junge hatte nichts anderes als Schande und Ekel von seinem Vater erfahren. Der Vater hatte ihn in die Welt gesetzt und ihn im Stich gelassen. Jetzt mußte ein anderer, ein fremder Vater, jetzt mußte er selbst für ihn sorgen.[69]

Wiederaufbau und Notstand

Aufstand und Widerstand richtet sich gegen die etablierte Macht eines Staates. Ius revolutionis und ius resistentiae sind nur relativ unterschieden.[70] Beim ius revolutionis steht das Moment des Angriffs, beim ius resistentiae das Moment der Abwehr im Vordergrund. Ziel des ius revolutionis ist die neue oder uralte gerechte Ordnung: Freiheit, Gleichheit, Brüderlichkeit. Das Ziel des ius resistentiae ist die Zerstörung ungerechter Macht, die Verhinderung von Ungerechtigkeit und schließlich auch die Wiedergutmachung von geschehenem Unrecht. Der letzte Vorgang zeigt die relative Wirkkraft der Strafgewalt einerseits und ihre Zuordnung zum Amtsrecht, zu Behörden und Ämtern andererseits. Mit der Zerstörung von ungerechter Staatsmacht ist es nicht getan. Die Wiederherstellung oder der Neuaufbau gerechter Staatsmacht scheint unerläßlich. Damit ändern sich die Beurteilungsperspektiven: Aus dem Revolutionär als einem Streiter für Recht und Gerechtigkeit wird der Hoch- und Landesverräter, der Rechtsbrecher schlechthin, gegen den sich gefährdete Staatsmacht mit allen Mitteln durchsetzen muß. Für die siegreiche Revolution gibt es keinen Platz für Revolutionäre.

Anna Seghers beschreibt diesen Wandel in ihrem Werk. Wir versuchen, ihn nachzuvollziehen.

Es liegt nahe anzunehmen, daß Anna Seghers die Teilung Deutschlands nach dem Zweiten Weltkrieg als Gegensatz zwischen einer gerechten und einer ungerechten Ordnung sieht und daß sie mit dieser Teilung den globalen Kampf der Klassen auf die Ebene der Staaten und Staatenblöcke ausdehnt. Eine grobe Schwarz-Weiß-Malerei ist indessen kaum zu erwarten. Zweifellos wird die Entwicklung in Ostdeutschland in einem anderen Licht gesehen als diejenige in Westdeutschland. Wiederaufbau im Osten steht im Zeichen des Neuen, des ganz anderen, während in Westdeutschland die Zeichen auf Restauration stehen.[71] Eine schlichte Gleichsetzung von Faschismus und Kapitalismus findet allerdings nicht statt. Zwar hat die deutsche Unternehmerschaft auf Hitler gesetzt, aber die „Kollaboration" wies verschiedene Intensitätsgrade auf.[72] Zudem wird nicht verschwiegen, daß nicht nur Industrie, Großgrundbesitz und Hochfinanz den Nationalsozialismus „hervorbrachten", daß in der Krise der zwanziger Jahre auch Arbeiter und Bauern auf das Versprechen eines unmittelbar greifbaren „kleinen Glücks"[73] ansprachen. So werden auch die US-Kapitalisten nicht als die Nachfolger des nationalsozialistischen Regimes qualifiziert, wenn auch die Bemühungen, die Sowjetunion in einen neuen Krieg zu verwickeln, dramatisch hervorgehoben werden.[74] In diesen Zusammenhang gehört auch die Vorstellung, daß die Sowjetunion unter Stalin Hitler besiegt habe. Stalin war ein Diktator, der einen anderen Diktator niedergeworfen hat, aber eben ein Volksdiktator. Sein Tod reißt eine Machtlücke auf und ruft in Ostdeutschland und der ganzen Welt tiefste Bestürzung hervor. Freilich läßt sich Anna Seghers nicht auf eine eindimensionale Aussage festlegen, die als Ausdruck personenkultischer Devotion zu deuten wäre. Der Tod Stalins als makrokosmisches Ereignis wird allein aus den vielfältigen Reaktionen aus dem mikrokosmischen Bereich sichtbar. Das Ereignis tritt gebrochen in der Vielfalt von Einzelempfindungen und Überlegungen in Erscheinung. Der leidenschaftlichen Äußerung der FDJlerin Lina, mit Stalin sei der liebste und beste Mensch dahingegangen, steht das unwirsche Geschimpf eines alten Arbeiters gegenüber, bei seinem Tod werde man ein solches Aufheben nicht machen. Hinzu kommen Äußerungen des Zorns, der Gleichgültigkeit, sowie heikler Güterabwägungen. Im Ganzen ist Stalins Würdigung ohne Bezug auf den Feind Hitler nicht zu verstehen. Stalin ist eine entscheidende Figur im Kampf, doch wohl kein Leitbild für den friedlichen Aufbau.[75]

Ebensowenig ist die Sowjetunion ein Arbeiterparadies, sondern eher ein unvermeidliches Übel auf einem unerhört harten Weg zum großen Ziel. So kann die „Zone" von den Russen, die aus dem Krieg schwer angeschlagen hervorgegangen sind, keine große Hilfe erwarten. Der Aufbau in der Zone ist allein Sache der Deutschen Demokratischen Republik, während der Aufbau im Westen weniger aus eigener Kraft als durch amerikanische Hilfe bewirkt wird.[76] Andererseits werden die raschen wirtschaftlichen Erfolge, die vollen Schaufenster, das reiche Angebot an Konsumgütern als Versuchung zur Veräußerlichung abgewertet. Der Weg im Osten ist ein Weg nach innen, und Askese gilt mehr als Luxus.[77]

Die Umrisse des Sowjetstaates bleiben unbestimmt, genau wie diejenigen der USA und der DDR. Die Bedeutung der Partei wird sichtbar; allerdings nicht als einer überregionalen Einrichtung, sondern in Bezug auf das *eigentliche Ereignisfeld*, das Werk von Kossin. Auch die Volkspolizei und der Staatssicherheitsdienst treten nur in diesem Zusammenhang in Erscheinung. Das Ereignisfeld des Werkes von Kossin kann nicht ohne das entsprechende Ereignisfeld im Westen, den Bentheim-Werken in Haderfeld, gesehen werden.

Damit wird die Teilung Deutschlands durch die Teilung eines Werkes gleichsam repräsentiert, die entscheidende Bedeutung des sozialen Mikrokosmos betont und das Interesse auf den Zusammenhang von Familie und Wirtschaft gelenkt. Die *„Entscheidung"* pro et contra betrifft die östliche bzw. westliche Fabrik; desgleichen die *„Verantwortung"*. Zugleich treten die einzelnen Figuren hervor, Frauen und Männer, Kinder, Jugendliche und mit ihnen die familialen Interdependenzen. Ingenieure, Arbeiter, Lehrlinge, Lehrer, Administratoren, Chefs und ihre Familien und ihre Wohnungen konstituieren das West und Ost übergreifende und doch geteilte Ereignisfeld. Liebesgeschichten, Hintertreppengeflüster, verzweigte Erinnerung an die von dem und den von der; Rache als Blutrache, Feindschaft und Freundschaft, Erziehung, Ausbildung, Unterbringung in Betrieben und Familien und all dies in Verbindung mit den großen Vorgängen. Die Entscheidung West oder Ost vollzieht sich zwischen Ehemann und Ehefrau, nicht ohne Einwirkung von Pater Traub.[78] Die Frau kann nicht nach dem Osten übersiedeln, wo der Mann im Werk eine hohe Funktion innehat, weil sie sich die notwendige Disziplin nicht zutraut, weil sie meint und es auch unmittelbar erlebt, daß dort der einzelne und seine Not nicht wahrgenommen werden. Da klingt Systemkritik an, die in der Solidarität der Eheleute nicht aufgefangen werden kann. Zwar fällt die Entscheidung schließlich zugunsten von Kossin. Doch die Motive der Frau sind schwer zu fassen. Sie erwartet ein Kind; sie liebt ihren Mann, der sich für „sein" Werk entschieden hat: Geht es ihr nicht doch um die Einheit der Familie und nicht um das richtige System? Die Unauslotbarkeit ihres Beweggrundes scheint im Ausgang der Geschichte symbolisiert: Sie stirbt an der Geburt. Doch diese geschieht auf der Fahrt nach Kossin bereits auf dem Boden der DDR. Die Eheleute sind lebend nicht mehr zusammengekommen. Ein Moment des Transitorischen bleibt im Spiel.[79]

Das Bild vom Wiederaufbau und Neuanfang in Kossin ist durch den Zug zum Pädagogischen bestimmt.[80] Gewiß geht es um den Produktionsprozeß, der von Ingenieuren und Arbeitern und Lehrlingen, Frauen und Männern gemeinsam geleistet wird. es geht darum, aus Trümmern, aus auseinandergeschlagenen Teilen ein Ganzes zu schaffen; aber eine herausgestellte Bedeutung kommt der Ausbildung der Lehrlinge, dem Studium und auch der Forschung zu. Ausschlaggebend ist der „Praxisbezug": Die Lehrlinge lernen, wie man etwas macht. Doch dazu gehört das Verständnis der Zusammenhänge, das durch Lektüre und Lehrerpersönlichkeiten vermittelt wird. Eine Bezugsperson für mehrere Generationen ist der Lehrer Waldstein.[81] Er ist ein Opfer des Faschismus. Er wird jedoch nicht in der Pose des Heros gezeigt. Seine Schule soll aufgelöst werden. Junge Lehrer halten seine Lehren für überholt. Man schont das „Denkmal", obwohl Waldstein eben keines ist. Die Zentralfigur, das Leitbild wird am Rande angesiedelt, Randfiguren gilt das Interesse Waldsteins, den Ungeborenen, den Heimatlosen, wie Thomas einer ist. In einem solchen angstvollen und zugleich aggressiven Menschenwesen Vertrauen zu entwickeln, das ist Erziehung im elementaren Sinn: Sinnvolle Erziehung auf den Lebenssinn hinzielend. Sie ist auf alle Fälle gewaltfrei und steht in krassem Gegensatz zu dem, was Thomas in dem nationalsozialistischen Waisenhaus erfahren hat. Waldsteins neue Schule ist in den Gebäuden des nazistischen Waisenhauses angesiedelt[82]: Ein symbolischer Vorgang für das, was unter Erneuerung und Veränderung zu verstehen ist. Erziehen und Überzeugen sind eins. Insofern sind auch die Aufgaben des politischen Kommissars dem Erziehungsziel, der pädagogischen Aufgabe eingeordnet. Charakteristisch, daß ein Inhaber des Amtes in den Kossin-Werken ein ehemaliger Schüler von Waldstein ist.[83] Dennoch kommt es zu Konflikten zwischen der pädagogischen und politischen Provenienz. Thomas gilt als hochbegabt. Es steht für ihn ein Studienplatz in Aussicht. Er ist auch unter den Beurteilungskriterien der Partei untadelig. Unter dem Einfluß eines reizvollen jungen Mädchens kommt er in Berührung mit dem Westberliner Milieu. Der Ahnungslose ist unversehens in eine Diebstahlangelegenheit verstrickt. Er wird von einem Berliner Gericht freigesprochen.[84] Seine Unschuld ist erwiesen. Doch das genügt den politischen Instanzen nicht. Thomas habe politisch-moralisch versagt. Er habe seine Glaubwürdigkeit verloren. Er wird von den Kameraden geschnitten. Einstimmig versagt ihm das zuständige Parteigremium den Studienplatz. Die Verbindlichkeit des einstimmigen Beschlusses steht außer Zweifel.[85] Die Art und Weise, in der Beschlüsse zustande kommen, gehört nicht zu den primären Gegenständen des Interesses von Anna Seghers. Zumindest läßt sie einen Prozeß des Sicheinpendelns sichtbar werden, der durch Sachgegebenheiten gesteuert wird. Im Roman *Die Rettung* wird das Zustandekommen eines Mehrheitsbeschlusses zur Streikfrage geschildert.[86] Die Bedeutung des Formalaktes wird dadurch deutlich, daß Totenstille eintritt. Das Hin- und Hergerede ist zu Ende: Es geht um die Entscheidung. Dennoch gewinnt man den Eindruck, daß nicht so sehr der Wille der Beteiligten, sondern Zufall bzw. Sachnotwendigkeit das Ergebnis bestimmt habe. Das mag für einen Mehrheitsbeschluß gelten. Beim einstimmigen Beschluß dagegen sollten Mehrdeutigkeiten ausgeschlossen sein. Die Identität von sachlicher Richtigkeit und Einstimmigkeit dürfte außer Zweifel stehen. Sie wird jedoch bezweifelt. Die Pädagogen halten den Beschluß für falsch. Was hat die politisch-moralische Glaubwürdigkeit mit der Eignung für einen Studienplatz zu tun? Die Eignung für den Studienplatz ergebe sich aus der durch Leistung erwiesenen Begabung.[87] Gewiß, wenn Thomas strafrechtlich verantwortlich gemacht worden wäre, müßte man zu einem anderen Ergebnis kommen. Auch für die Pädagogen kommt es nicht ausschließlich auf die „wissenschaftliche" Begabung an. Es geht also um die Frage des „Maßes" und darum, wer darüber zu entscheiden hat: Sachkompetenz und formale Zuständigkeit, das ist die Frage, um die es geht, und die auch in anderen Zusammenhängen gestellt aufbricht: Was hat der Polit-Kommissar eigentlich in die Sachfragen hineinzureden, die mit dem Aufbau eines Werkes verbunden sind? Wie löst Anna Seghers diesen Grundkonflikt? Sie löst ihn nicht, aber sie bietet Einzelfall-Lösungen. Als eine solche kommt die Identität von politischer und Sachkompetenz in einer einzelnen Person in Frage. Richard Hagen, der Kommissar, ist eben auch in Fragen der Erziehung oder der Technik kompetent. Eine weitere Einzelfall-Lösung ergibt sich dadurch, daß die Konfliktintensität minimalisiert wird. Zwar ist der einstimmige Beschluß in Sachen Thomas und Studienplatz falsch. Immerhin wird der Studienplatz keinem Unwürdigen, keinem Unqualifizierten zugewiesen. Thomas mag qualifiziert sein. Aber es ist nicht einfach willkürlich, wenn derjenige, der politisch-moralisch Minuspunkte aufweist, gegenüber demjenigen zurücktreten muß, der etwas weniger qualifiziert ist, aber politisch-moralisch nur Pluspunkte vorzuweisen hat. Dazu kommt, daß für Thomas das Fernstudium offensteht und daß er die volle Unterstützung seiner Lehrer in Anspruch nehmen kann.[88]

Mangelnde Rücksicht auf individuelle Interessen, unzureichende Abgrenzungen zwischen politischer und Sachkompetenz sind Risiken, die den Neuaufbau in der „Zone" von „innen" bedrohen. Bedeutender sind die Risiken, die dem jungen Gemeinwesen von außen drohen. Das erste Risiko ist dasjenige der „Abwerbung". Darunter sind diejenigen Vorgänge zu verstehen, die dazu führen, daß die „wissenschaftliche" Werksleitung, insbesondere der Spiritus rector, Professor Bernd, eine weltweit anerkannte Kapazität, in den Westen übertritt. Dabei handelt es sich keineswegs um die Werbewirksamkeit der westlichen Verhältnisse, vorab im technisch-wissenschaftlichen Bereich. Ganz ausgeschlossen sind Momente der Attraktivität allerdings nicht. Ausschlaggebend sind indessen Erpressung und Täuschung. Die Erpressung setzt bei der unbewältigten Vergangenheit einer Person ein, die seinerzeit der Gestapo zugearbeitet hatte. Dabei kommen die engen Beziehungen zwischen Gestapo und dem amerikanischen Geheimdienst zum Tragen. Vor allem aber wirkt das Interesse des westlichen Werkes und seiner Inhaber, auf das im Osten liegende Werk Einfluß und Macht auszuüben.[89]

Das gilt auch für das Phänomen des „Übergriffs", der Intervention, wie es in den Vorgängen um den 17. Juni gesehen wird. Das westliche Werk sucht in diesen Vorgängen seine Art der „Wiedervereinigung" zu demonstrieren. Der Streikaufstand in Kossin ist ohne Mitwirkung von Kräften im Dienste dieses westlichen Werkes nicht denkbar. So wird der

„widernatürliche Streik“ im eigenen Haus erklärbar. Der Aufstand, der letztlich nur mit russischen Panzern niedergeschlagen werden konnte, ist nur als Auswirkung von Intervention zu erklären. Freilich, daß die Anforderungen an die Arbeitskapazität übertrieben waren und daß die Verantwortlichen mit Reaktionen hätten rechnen müssen, wird nicht verschwiegen. Auch der 17. Juni wird nicht einfach auf Fremdursachen zurückgeführt. Zum Teil wenigstens erscheint die Krise als „hausgemacht“.[90] Darauf kommt es jedoch nicht entscheidend an. Anna Seghers konzentriert die Aufmerksamkeit auf die eigenartige und bemerkenswerte Forderung, daß russische Panzer dem Werksgelände fernbleiben und der Streik, der Aufstand im Werk aus eigener Kraft überwunden werden müsse.[91] Damit ist das „identitäre“ System unter einem weiteren Aspekt in Frage gestellt. Das Werk und die „Besatzungsmacht“ sind nicht identisch. Die russischen Panzer vollziehen nicht einfach das objektive Gesetz der Notwendigkeit.[92] Sie verkörpern „Fremdgewalt“. Sie müssen ferngehalten werden, wenn der Traum der Werksautonomie erhalten bleiben soll. Und um diesen Traum geht es.

Die Identitätsfrage bewegt das Gesamtwerk Anna Seghers. Sie steht in Verbindung mit der Sehnsucht nach Heimat. Heimat meint ein Doppeltes: Heimat der Herkunft und Heimat der Zukunft. Stärksten Ausdruck findet die Sehnsucht der Herkunftsheimat im *Ausflug der toten Mädchen*;[93] zugleich auch die Erfahrung der Unerfüllbarkeit. Unmittelbar vor der Heimkehr zur Mutter bricht gnadenlos grell das Licht der Gegenwart in Mexiko, in die milden Verschattungen der Herkunftsheimat. Das Werk von Kossin ist Zukunftsheimat. Zwischen Herkunfts- und Zukunftsheimat ist *Transit* angesiedelt.[94] Im Transit kann Identität weder in der Herkunft noch in der Zukunft festgemacht werden. Nicht-mehr und noch-nicht dominieren. Dennoch sind die Bilder der Heimat unverzichtbar. Die autonome Werkgemeinschaft ist Heimat der Zukunft, doch nur in der Dimension des Transitorischen, und damit in der Dimension innerer und äußerer Gefährdung. Im Transitorium kann die Identität der „Werkleute“ nicht einfach vorausgesetzt werden. Fehlleistungen müssen ins Konzept aufgenommen und können nicht auf Auswirkungen des „Feindes“ reduziert werden. Aber auch der Feind kann nicht einfach als *der* Feind, als das Böse bezeichnet werden. Die Generallinie ist zu „zerbröselt“. In der Unternehmerfamilie gibt es den „bösen“ und den „guten“ Sohn.[95] Dem guten ist die Zukunft des Werkes anvertraut. So entsteht das Bild des Transitoriums im Zeichen von Zukunfts- und Herkunftsheimat. Dabei ist die Parteinahme keineswegs gleichgültig. Sie besitzt jedoch eine andere Qualität als plumpe Freund-Feind-Entscheidungen.

Anmerkungen

1 *Soziales Engagement und Dichtung der „Unmittelbarkeit". Ein Blick über das Früh- und Exilwerk von Anna Seghers*, in: Anna Seghers, Mainzer Weltliteratur, Beiträge aus Anlaß des 80. Geburtstages, Mainz 1981, S. 61.
2 A. a. O., S. 62.
3 Vgl. Anna Seghers, *Das Licht über dem Galgen*, in: *Die Hochzeit von Haiti, Karibische Geschichten*, 4. Aufl., Darmstadt 1981, S. 128.
4 A. a. O., S. 141 f.
5 A. a. O., S. 140.
6 A. a. O., S. 141.
7 A. a. O., S. 140 f.
8 A. a. O., S. 128.
9 A. a. O., S. 180 ff., S. 190.
10 A. a. O., S. 207.
11 A. a. O., S. 224 ff.
12 A. a. O., S. 141.
13 A. a. O., S. 143.
14 A. a. O., S. 244.
15 Die Stärke des Revolutionsrechtes wird evident am „Unstand" der Sklaverei, am Beispiel derjenigen Menschen, denen man den Status des Menschen abspricht.
16 A. a. O., S. 214
17 A. a. O., S. 244.
18 A. a. O., S. 125.
19 A. a. O., S. 134.
20 A. a. O., S. 137.
21 A. a. O., S. 243.
22 Malbec sagt: „Jetzt weiß ich auch, was er immerfort mit dem Licht gemeint hat. Es scheint nicht bloß zurück aus Sasportas' Leben, es scheint auf alle, mit denen Sasportas zu tun gehabt hat; die wären doch sonst spurlos verschwunden in einem tiefen Wasser oder einem Urwald; ihre Namen stehen in keinem Buch und auf keinem Denkmal ... Doch sie haben richtige, wichtige Dinge fertiggebracht, genau so richtige, wichtige Dinge wie die, die hier in Paris fertiggebracht worden sind. Mein armer Freund Galloudec, der hat recht getan, als er mir das Versprechen abnahm, Ihnen die Nachricht zu überbringen (S. 244 f.)."
23 A. a. O., S. 136.
24 A. a. O., S. 243.
24 A. a. O., S. 214.
26 A. a. O., S. 244.
27 A. a. O., S. 194 f.
28 „Auf einmal verstand er, daß er von nun an ohne Vorbild und ohne Auftrag das Richtige finden und ausführen mußte. Das kam ihm nicht schwer vor in

dieser Nacht. Er dachte gar nicht über das Wie nach. Er dachte freudig und stolz, daß er von nun an ganz auf sich selbst gestellt sei und nach seinem Gewissen handeln müsse (S. 195 f.)."

29 A. a. O., S. 127.

30 A. a. O.

31 A. a. O., S. 123.

32 A. a. O., S. 245.

33 „... ein Toter bleibt immer jung" (a. a. O., S. 133). Freilich, sie können vergessen werden. Antoine sagt: „Ein Brief ist viel wert. Wenn er auch für ein Amt bestimmt war, das es nicht mehr gibt, für einen Menschen, der nicht mehr beamtet ist. Solch ein Brief ist ein echtes Zeugnis. Leicht kann man denjenigen Menschen vergessen. Wie ich ihn beinah vergessen hätte." (A. a. O., S. 131). Vgl. dazu Anna Seghers, *Die Toten bleiben jung*, I und II, Darmstadt und Neuwied 1967, 1977.

34 A. a. O., S. 137.

35 A. a. O.

36 „Der Kommissar Santonax sah ein, daß ihm keine anderen Bundesgenossen bleiben als die Neger ... Toussaint war damals fast unbekannt ... Santonax hörte, dieser Neger sei der einzige, der sich in dem heillosen Durcheinander einen festen Anhang geschaffen hatte." (A. a. O., S. 138).

37 Vgl. a. a. O., S. 145, S. 139.

38 Vgl. Anna Seghers, *Die Hochzeit von Haiti*, in: *Die Hochzeit in Haiti*, a. a. O., S. 32.

39 Vgl. Anna Seghers, *Das Licht über dem Galgen*, a. a. O., S. 138.

40 Kindlich scheint zunächst sein Monarchismus. Die Enthauptung des Königs von Frankreich traf ihn tief. „Unter den Heiligen Drei Königen, die ihre Geschenke dem Christkind gebracht hatten, war einer schwarz wie Toussaint gewesen. Darum entsetzte er sich wie seine ehemaligen weißen Herren, als man den König von Frankreich enthauptete." Darum ging er zu den Spaniern über. Dort, hatte er sagen hören, galten noch Gott und der König (*Die Hochzeit in Haiti*, a. a. O., S. 34 f.).

Kindlich war auch sein Kulturglaube: „Die weiße Kultur erschien ihm ein strahlendes, unermeßliches Schloß. In seine armseligen Knabenjahre war davon ein Abglanz gefallen, der ihm das Leben wert gemacht hatte. Man durfte sie nie geringschätzen, weil sie von den Weißen ausgedacht war. In einem besseren Leben mußte man alle Menschen daran teilnehmen lassen." (A. a. O.)

Entscheidend aber ist dies: „Die Rassen schmelzen wie Wachs in seinen Händen" (a. a. O., S. 50.)

Und dazu kommt, daß Toussaint in seiner Person in wenigen Jahren viele Entwicklungsstufen übersprungen hatte (a. a. O., S. 56.).

41 Merkwürdig und tragisch ist das Ende Toussaints: Der schwarze Staatschef vertraute den Soldaten Bonapartes und führte damit seinen Untergang herbei. Er nahm die Loyalität für Legitimität (a. a. O., S. 55.).

42 A. a. O., S. 96.
43 So korrigiert Toussaint seine Entscheidung, auf der Seite der Spanier gegen die Königsmörder zu kämpfen.
44 Anna Seghers, *Die Saboteure*, in: *Werke in 10 Bänden*, Darmstadt/Neuwied 1963/1964/1970/1977, Bd. 9, S. 217.
45 A. a. O., S. 217.
46 A. a. O., S. 222.
47 A. a. O., S. 219 f.
48 A. a. O., S. 224.
49 A. a. O., S. 248.
50 A. a. O., S. 238.
51 Vgl. Anna Seghers, *Das Ende*, in: *Werke*, a. a. O., Bd. 9, S. 177 ff.
52 A. a. O.
53 A. a. O., S. 178.
54 A. a. O., S. 178.
55 A. a. O., S. 180.
56 A. a. O., S. 186.
57 A. a. O., S. 187.
58 A. a. O., S. 187.
59 A. a. O., S. 178.
Gerechtigkeit meint nicht nur eine Norm, sondern die Sanktionsmacht, die bei Normverletzung in Erscheinung tritt. Das Wesen des Menschen wird mit der Straffurcht, die im Grunde mit Schuldangst verbunden ist, festgemacht.
60 A. a. O., S. 181: „Wie es das Kind in den Schoß der Mutter zurückzieht."
61 A. a. O.: S. 181: „Was ihr noch mehr wehgetan hatte als die Prügel und Püffe war sein unablässiger Hohn."
62 A. a. O., S. 193. Vom Prediger, einem Pfarrer Seitz, heißt es übrigens, daß er im KZ saß. „Er hat einmal eine Messe lesen lassen für Jungens aus unserer Stadt, die von den Nazis erschlagen wurden." (S. 196)
63 A. a. O., S. 193 f.
64 Siehe oben, S. 275 ff.
65 A. a. O., S. 214.
66 A. a. O., S. 214.
67 Das Männlein nennt sich unter anderem „Niemand" (a. a. O., S. 185).
Der Satz: „Warum bin ich bloß in mich Mannsbild eingesperrt? Mit gefällts gar nicht in mir drin; ich möchte da raus", bezieht sich zwar auf eine Kontrolle, in die er hineingerät (a. a. O., S. 199).
68 Seine Mutter hatte vor dreißig Jahren seine umgekippten Ohrläppchen mit Heftpflaster an den Hinterkopf geklebt, „als er heulend aus der Schule gelaufen war, weil ihn die Schulbuben geneckt hatten" (S. 195).
Die Schweinsohren sind das Erkennungszeichen, das er auf der Flucht mit der Methode der Mutter zu verbergen sucht. Die Mutter hat ihn vor seinen Quälern und Verfolgern zu befreien versucht. Der KZ-Quäler versucht, sich vor seinen Verfolgern, die ihn, den Verbrecher, an seinen Ohren erkennen könn-

ten, zu verbergen. Es mag freilich sein, daß es einen Kausalzusammenhang zwischen der Qual des Kindes und der Quälsucht des Erwachsenen gibt. Bemerkenswert ist es, daß der Sohn das Erkennungszeichen nicht geerbt hat. „Seine Ohren waren groß und abstehend, aber nicht umgekippt" (S. 177).

69 A. a. O.

70 Peter Schneider, *Revolution*, in: *Evangelisches Staatslexikon*, 2. Aufl., Stuttgart/Berlin 1975.

71 Vgl. Anna Seghers, *Die Entscheidung*, in: *Werke*, Bd. 9, a. a. O., S. 14. Der alte Besitzer der Bentheim-Werke will, „daß alles wie früher wird." Für die Situation in Ostdeutschland dagegen steht der Satz: „Jetzt fängt etwas Neues an. Ihr selbst fangt damit an" (S. 15).

72 Der alte Castricius hat zwar frühzeitig auf Hitler gesetzt, weil er es für die Wirtschaft als nützlich erachtete; doch die Nazis verachtete er (a. a. O., S. 39 f. Vgl. Anna Seghers, *Die Rettung*, in: *Werke*, Bd. 9, a. a. O., Bd. 2, S. 34). Es wird deutlich, daß Unternehmerwirklichkeit und das Unternehmerbild durchaus nicht deckungsgleich sind. Zum Verhältnis zwischen NS und Bauerntum, vgl. Anna Seghers, *Die Toten bleiben jung* (a. a. O. 6,2, S. 338 ff.).

73 Vgl. Anna Seghers, *Die Rettung*, a. a. O., S. 255.

74 Vgl. Anna Seghers, *Die Entscheidung*, a. a. O., S. 118 f.

75 Zum Thema Stalin vgl. Anna Seghers, *Das Vertrauen*, in: *Werke*, Bd. 9, a. a. O., S. 91 ff., S. 96, S. 110 ff.

76 Vgl. Anna Seghers, *Die Entscheidung*, a. a. O., S. 208.

77 A. a. O., S. 132, S. 209.

78 Bei einer ersten Begegnung erwartet Katharina, daß ihr Mann im Westen bleibt. Eine große Rolle spielt die Frage der Religionsfreiheit. „Zu allem schweigen, das kann Katharina nicht, und dort auftreten, freimütig sagen, was sie denkt, Zeugnis ablegen ... ob sie das kann?" (a. a. O., S. 218).
Bei der zweiten Begegnung sagt Katharina: „Weil ihr immer nur auf alle zusammen setzt, ob es Hunderte sind, nur auf den Einzelnen nicht. Deshalb habt ihr ihm nichts angemerkt." Es handelt sich darum, daß ein Freund des Ehemanns Selbstmord begangen hat (S. 265).

79 Katharina erwartet ein Kind. Pater Traub benachrichtigt den Mann. Er reist in den Westen. Katharina glaubt erneut, daß er bei ihr bleiben wolle. Sie weist ihn darauf hin, daß auch andere in den Westen übergesiedelt seien. Wiederum kann sie sich nicht entschließen mitzugehen. Kurz vor der Geburt erst kommt es zum Entschluß. (a. a. O., S. 399 f.).

80 Vgl. Anna Seghers, *Die Entscheidung*, a. a. O., S. 55 ff.

81 Bezeichnend für die Stellung Waldsteins ist diese Stelle: „Er hatte seinen Vortrag gut vorbereitet. Niemand hatte ihm widersprochen, niemand hatte ihm beigepflichtet. Aber beim Weggehen, in der Garderobe, hatte er aufgefangen, was zwei junge Lehrer einander sagten: ‚Immer dasselbe. Langweilig. Dieser Alte, der Waldstein, hat schon vor Jahr und Tag geschrieben, was er heute erzählt hat.' Doch man wagte es nicht, ihn offen zu kritisieren, den man auf

einer Bahre aus dem Zuchthaus „getragen“ hat (vgl. Anna Seghers, *Das Vertrauen*, a. a. O., S. 53 f.).

82 Vgl. Anna Seghers, *Die Entscheidung*, a. a. O., S. 157 ff.

83 Als Grund aller Pädagogik gilt „Geduld“. Vgl. Anna Seghers, *Die Entscheidung*, a. a. O., S. 158. Daran kommt auch der Parteisekretär im Stahlwerk Kossin, Richard, ein ehemaliger Schüler von Waldstein, nicht vorbei (vgl. Anna Seghers, *Das Vertrauen*, a. a. O., S. 50 u. 202).

84 A. a. O., S. 166.

85 Einstimmig wird an Stelle von Thomas Werner Kahle vorgeschlagen (a. a. O., S. 206 und 209).

86 „Frischauer las die Abstimmungsformel langsam vor. In die vollständige Stille fiel ein jedes Wort schwer und einzeln ... Die Ja-Stimmen wurden gezählt ... Die Ja-Stimmen waren offensichtlich in der Minderheit ...“ (a. a. O., S. 70).

87 Die Auffassung von Ing. Riedl: „Laßt doch um Gottes Willen den Helger studieren. Uns wird er nur Ehre einlegen, er selbst bekommt Boden unter die Füße ...“ (a. a. O., S. 201).
Im Westen, sagt Toni bitter, hätte sich das Talent durchgesetzt (S. 208).
Auch Richard Hagen ist über den Beschluß verwundert (S. 205).

88 A. a. O., S. 210 f.

89 Vgl. Anna Seghers, *Die Entscheidung*, a. a. O., S. 333 ff.

90 Vgl. Anna Seghers, *Das Vertrauen*, a. a. O., S. 215 ff.

91 Richard Hagen, der Parteisekretär, der überzeugen will, sagte: „Ich bin nicht umsonst hin- und hergelaufen. Ich bin gewiß vielen begegnet, die waren verroht und verdummt ... Ich habe aber auch erlebt, wie die Richtigen, die Gescheiten, Mittel und Wege fanden, um durchzudringen. Fertig zu werden mit den andern – ohne Panzer“ (a. a. O., S. 242).

92 Bemerkenswert ist auch die negative Bemerkung über den Schuft Beria (a. a. O., S. 288.).

93 Vgl. Anna Seghers, *Der Ausflug des toten Mädchen*, in: *Werke*, Bd. 9, a. a. O., S. 153.

94 Vgl. *Transit*, in: *Werke*, Bd. 4, a. a. O.

95 Nun gerade „gut“ ist dieser Eugen Bentheim, der aus der Schweiz zurückgerufen wird, um die Unternehmerverantwortung zu übernehmen, nicht. Aber besser als der Otto, der der SS angehörte und im Biebricher Schloß an Fasching erschossen worden war (a. a. O., S. 187).

IV. Epilog

Kontraste und Entsprechungen

Der Kontrast zwischen beiden Werken wird durch zwei Antithesen konkretisiert: Die Antithese *Typisierung* und *Individualisierung* einerseits und die Antithese *Herrschafts-* und *Genossenschaftsutopie* andererseits. Hinzu kommt ein Moment der Entsprechung. Es betrifft das Verhältnis von Recht und Macht in den Kontrastfeldern von Herrschaft und Genossenschaft. Jünger steigert die Typisierung zur Maskierung. Die Kategorie der Individualität gilt als überholt. Individualität und Bürgerlichkeit fallen zusammen, während als Gegenstück des bürgerlichen Individualismus der Kollektivismus dem Sozialismus zugeordnet wird. Die Kategorie des Typus tritt an die Stelle von Individualismus und Kollektivismus: Der Soldat, der Arbeiter, der Edeltreffliche und der gemeine Mann, der Waldgänger und der Dandy. Die goldene Maske symbolisiert den höchsten Rang. „Doch Phares lächelte ihnen zu. Dann setzten sie die goldenen Masken auf." Demgegenüber tendiert Anna Seghers zur Auflösung des Typischen. Der „gute Bürger" Antoine entdeckt in der Masse das „Gesichtlein". Das „Gesichtlein" bringt das „Höchstpersönliche", das Individuelle, das Einzigartige unmittelbar zum Ausdruck und zeigt die lebendige Gegenwelt zur starren Maskenwelt. Dazu kommt die Tendenz, die großen Formen zu zerbröseln, mikroskopische Aspekte herauszuarbeiten. Mienenspiel und kleine Gesten scheinen wichtiger als die großen Ereignisse der Weltgeschichte, Transit über weltgeschichtliche Grenzen hinweg entscheidender als die Identifikation mit der Partei.

Bei Jünger scheint der Weltfriede in der Herrschergebärde des Weltstaates aufgehoben. Demgebenüber ist Anna Seghers' Friedensvision mit dem Gedanken verbunden, daß herrschaftsfreie Genossenschaft die Stelle des Staates als Herrschaftsverband einnehmen werde. Dominiert bei Jünger das Vaterbild des Regenten, so bei Anna Seghers das Leitbild des Erziehers und das Gesicht des Partners, bzw. das „Gesichtlein" der Partnerin. Jüngers Welt ist eine maskuline Welt, die im Prinzip auf Befehl und Gehorsam gegründet ist. Anna Seghers' Genossenschaftskonzept zielt auf Partnerschaft von Mann und Frau und auf offene Konsensbildung in Produktions- und Erziehungsbereich, in der Kommune wie in der Familie.

Unklar bleibt in beiden Fällen, wie der Übergang zum friedenssichernden Weltstaat, bzw. zur staatsfreien, klassenlosen, friedlichen Genossenschaftswelt ins Werk zu setzen sei. Das hic et nunc ist bei Jünger, wie bei Anna Seghers, als Konfliktsituation von höchster Intensität bestimmt: als Weltbürgerkrieg. Während Jünger die Lage in utopischen und uchronischen Raum-Zeitmodellen imaginiert, hält sich Anna Seghers an die Topik des West-Ost-Gegensatzes, wie er durch die Supermächte in Betrieb gehalten wird. Freilich bleibt die Topik durch die Utopie überhöht, deren Gestalt im Vorläufigen erahnt werden kann. Ihr Interesse gilt jedoch in erster Linie der Topik, der Topographie des Gesichtes und der Landschaft. So greift sie in der Regel nicht auf die Möglichkeit der Verfremdung durch Erfindungen, Verkleidungen, Modellierung von künstlichen Himmeln und Meeren, Städten, Wäldern und Bergen, von Figuren, von Puppentheaterszenarien für Hochdramatik, in einem: auf Utopien, zurück. Dies ist die Sache von Ernst Jünger, der allerdings nicht spielerisch verzaubert, sondern das Eigentliche und Wesentliche beschwört und zu bannen sucht. Beiden geht es um die Zukunft: Anna Seghers um die Befreiung zur Partnerschaft und Genossenschaft, um liberté und fraternité, Ernst Jünger um friedensstiftende Herrschaft. Der Gegensatz zwischen retrospektiver und prospektiver Utopie ist nicht zu verkennen. Zwar setzt Jünger mit einer Beschreibung der Topographie des Krieges ein. Er überhöht sie jedoch durch die große Gebärde, die auf das „unklare Ziel eines gelobten Landes gerichtet ist". Es ist die große Gebärde der Utopie, durch welche das Ungeheuer Krieg zum Träger des weltgeschichtlichen Sinnes stilisiert wird. Dieser „Sinnzusammenhang" bleibt auch im bukolischen Gleichnis von Saat und Ernte erhalten, durch das Krieg und Frieden aufeinander bezogen werden. Schließlich aber zeigen sich die Gebärde des Kriegsherrn und eine Welt romantischer Verblendung.

Jünger geht es um den gerechten Herrschafts- und Obrigkeitsstaat, darum, daß die Menschenwürde geschützt und Freiheit und Gleichheit im Rahmen der Machtausübung gesichert werde. Das Grundgefüge materialer Werte steht fest. Die Durchführung und Ausführung steht jedoch im Ermessen der Herrschenden. Machtkontrollen sind nicht eingebaut. Das Verhältnis zwischen Recht und Macht wird nicht problematisiert, wenn auch Rechtsbrüche nicht ausgeschlossen werden. Für die revolutionäre Macht von unten gilt im Werk von Anna Seghers das gleiche, und zwar auch dann, wenn sie sich als revolutionäre Staatsmacht darstellt. Die Identifikation von Funktionärsmacht und Recht wird in Frage gestellt, nicht aber aufgehoben. Die Identifikation wird nicht zuletzt in der Notstandspraxis im Abwehrkampf gegen den Imperialismus gerechtfertigt. Weder im obrigkeitsstaatlichen noch im revolutionären Staatskonzept ist somit Raum für den dialektischen Prozeß zwischen Recht und Macht, der durch die Struktur des konstitutionellen Bürgerstaates offen gehalten wird. Es kann allerdings nicht übersehen werden, daß Anna Seghers' Verständnis für den konkreten Einzelmenschen, ihr Interesse am zwischenmenschlichen Kommunikationsprozeß, ihr selbstverständliches Ja zur Partnerschaft zwischen den Geschlechtern und ihre Sensibilität für den Transit zwischen den Geschlechtern und ihre Sensibilität für den Transit zwischen den gesellschaftlichen Systemen sehr viel näher an die Prinzipien des Bürgerstaates heranführen, als Jüngers noble Herrschaftsgebärde und seine goldenen Herrschaftsmasken.

Utopien des Schreckens

Vorbemerkung

Schreck und Hoffnung beziehen sich auf extreme Zustände und erscheinen in Gestalt von Bildern, welche diese Zustände betreffen, Zustände im Zeichen des Glücks oder im Zeichen des Unglücks. Demgegenüber sieht Karl-Heinz-Bohrer im *Arbeiter* von Jünger eine Utopie, die das Glück wohl ausschließt, das Unglück jedoch nicht thematisiert: eine Utopie zwischen Hoffnung und Schreck, in der Glück und Unglück in den Endzustand grauer, nicht grauenvoller Alltäglichkeit eingedämpft sind. Man wird allerdings Bohrers spezifischen Utopiebegriff mitbedenken müssen, der als ästhetische Kategorie verstanden wird.[1] Demgegenüber verwende ich den Ausdruck unspezifisch, und mit dem Blick auf die extreme Lage einerseits und die Mittel, sie zu erwirken andererseits: was muß geschehen, um glückliche Zustände herbeizuführen, und was, um das „Schreckensregiment" aufzurichten und zu erhalten. Auf die Dialektik zwischen dem einen und dem anderen habe ich hingewiesen.[2] Einmal ist das Glück der einen vielfach das Unglück der andern. Mit der Erfüllung des Machttraumes korrespondiert der „Alptraum der Vergewaltigten und Unterworfenen". Zum andern aber wird mit dem Anspruch, das Glück für alle zu schaffen, das Schreckensregiment gerade gerechtfertigt. Die Beschreibung der „infernalischen" Landschaft der Utopie geschieht unter zwei Aspekten: Unter dem Aspekt des harten und unter dem Aspekt des weichen Terrors.

I. Der harte Terror

1. Walter Jens: *Nein. Die Welt der Angeklagten*

Walter Jens gliedert seinen 1950 erschienenen utopischen Roman *Nein. Die Welt der Angeklagten* in drei Bücher.[3] Angeklagter, Zeuge, Richter lauten ihre Titel. Jedes beschreibt eine Station der „Laufbahn" des ehemaligen Privatdozenten und Schriftstellers Walter Sturm. Sturm ist 45 Jahre alt. Er lebt bei seiner „greisen" Mutter und ist seit fünf Jahren mit der Ärztin Dr. med. Gisela Waltz, die er bei einem Spitalaufenthalt kennengelernt hat, intim befreundet. Er ist herzkrank. Er bringt sich mit Nachhilfestunden durch. Seine Dozentenstelle hat er längst verloren, da es im Weltstaat, dem er angehört, keine Universitäten, keine Theater, keine unabhängigen Presseeinrichtungen und keine Kirchen mehr gibt. Er gehört zu einer Gruppe von Künstlern und Wissenschaftlern, denen noch eine Art Restfreiheit zugestanden worden war. Doch die Zeit ist abgelaufen. Der Prozeß der Liquidation der übriggebliebenen, überflüssig gewordenen Intellektuellen setzt ein. Sturm wird vorgeladen und angeklagt. Er kommt in die Mühle der Routineverhöre. Unvermutet wird er mit dem höchsten Richter, dem Herrn des Weltstaates, der im Geheimen und aus dem Geheimen das Geschehen der Welt lenkt, konfrontiert.[4]

Der iudex absconditus ist maskiert; er trägt eine rote Richterrobe und schwarze Stiefel. Der Angeklagte liegt mit verbundenen Augen auf einer Bahre. Er sieht den „Höchsten" nicht. Er glaubt indessen, die Stimme eines seinerzeit weltberühmten Schauspielers zu erkennen. Der Maskierte enthüllt dem völlig überraschten und überwältigten Angeklagten das geheime Weltgesetz, wonach es nur Angeklagte, Zeugen und Richter gibt. Schließlich erklärt er, daß er, Sturm, „der letzte Mensch", ausersehen sei, seine Nachfolge anzutreten. Sturm, der Einsicht in die Schreckenswelt der Justiz nimmt, der unwillentlich seine Geliebte denunziert, ihren Tod und damit seinen Aufstieg zum Zeugen und Richter verursacht, lehnt das Angebot ab. Er wird sofort erschossen. Seine alte Mutter überlebt ihn. Sie liest in seinen Briefen. Sie tut, als ob sie auf seine Rückkehr warte.[5]

Wenn wir Struktur und Organisation des Weltstaates, in dem sich der Roman abspielt, nach den Kriterien der allgemeinen Staatslehre überprüfen, so ergibt sich folgendes Bild:

1) Der Weltstaat ist Staat im Sinne der allgemeinen Staatslehre. Das *Staatsgebiet* ist die Welt. Es gibt kein Außerhalb. Ausreise, Ausweisung, Flucht sind ausgeschlossen. Die *Staatsgewalt* erstreckt sich über das Weltgebiet und erfaßt die Weltbevölkerung. Es gibt keine Gegengewalt und keine Nebengewalt. Das Staatsvolk ist untertan, unterworfen und unterwürfig. Es anerkennt die Staatsgewalt.[6]

2) Träger der Staatsgewalt ist der iudex absconditus. Seine Anonymität, seine Unsichtbarkeit ist ein Element seiner Mächtigkeit. Wie er in sein Amt gekommen ist, ist nicht voll durchschaubar. Er dürfte der Exponent jener Siegermacht sein, die den Zweiten Weltkrieg überdauert hat. Sein Arkanamt hat er auf Lebenszeit inne. Konsequent sucht er seinen Nachfolger in einem geheimen Verfahren zu bestimmen. Er ist souverän im Sinne der Bodinschen- und der Souveränitäts-Lehre von Hobbes.[7]

3) Die „Staatsapparatur" ist Instrument des Herrschers. Auch der oberste Rat hat keine eigenständige Kompetenz. Die Staatsapparatur ist ungemein differenziert und kompliziert konstruiert. Die Übersicht über das Ganze besitzt allein der unsichtbare Weltherrscher. Die „Obrigkeit" erscheint jedoch für die Untertanen als unkontrollierbare Einheit, die sich mit allen Mitteln des psychischen und physischen Terrors durchsetzt.[8]

4) Mittel des Terrors sind vor allem die Strafprozesse, von denen die Untertanen überall und ständig bedroht sind. Jeder muß mit den grausamen Methoden der Inquisition und „höllischen" Strafen rechnen. Jedermann ist Träger einer Schuld, mit der er geboren wird. Schuldangst und Straffurcht sind kombiniert. Einziges Mittel, der Strafe zu entrinnen und die Schuldangst zu verdrängen, ist die Arbeit. Dadurch wird das Weltversorgungssystem in Gang gehalten.[9]

Der Arbeitseinsatz wird auch dadurch vergrößert, daß er mit sozialem Aufstieg verbunden sein kann. Andererseits aber ist der soziale Aufstieg auch durch Denunziation möglich.[8] So wird die vertikale Terrorwirkung durch die horizontale Terrorwirkung – jeder muß in jedem einen Denunzianten fürchten – verstärkt. Richter wird eben nur, wer wissentlich oder unwissentlich Mitmenschen durch Anzeige vernichtet. Die drei Stände sind somit durch ein *Laufbahnsystem* miteinander verbunden, das die Rekrutierung des Trägers obrigkeitlicher Funktionen ermöglicht, die „Weltwirtschaft" in Gang hält und die Effektivität der Weltbürokratie und des Weltregimentes sicherstellt. Das Laufbahnsystem ist kein System der purificatio, durch welches die Reinen und Gerechten zur Herrschaft über die Unreinen gelangen. Es ist vielmehr ein System der Schuldverstrickung, durch welches die Antriebskräfte von Schuldangst und Straffurcht von unten nach oben geleitet werden. Dadurch gewinnt man den Eindruck, daß die Oberen, die Aufgestiegenen, nicht nur in bessere Lebensverhältnisse, sondern in Räume der Risikofreiheit gelangen.[9]

5) Mit dem Strafzweck als dem Hauptzweck des Staates sind der Versorgungs-, der Sicherheits- und der Erziehungszweck sowie das Ziel, das „Glück aller" zu erreichen, verbunden.

Zum Versorgungszweck: Schuldangst und Straffurcht erzeugen die Arbeitsbereitschaft im zentral kommandierten Industriesystem. Disziplinierte Arbeit am Fließband ist das Muster für alle Arbeitsbereiche. Das Arbeitsergebnis reicht aus für die globale Befriedigung der Grundbedürfnisse. Die Zuteilung erfolgt nach Ständen und Klassen, aber nicht so, daß die Oberen, die in Sondersiedlungen leben, optimal, die Unteren dagegen minimal ausgestattet werden. Es herrscht allgemeine Kargheit, weil Opulenz die Arbeitsdisziplin ruiniert.[12]

Zum Erziehungszweck: Universitäten gibt es nicht mehr. Sie wären systemgefährdende Unruheherde, wie Theater und unabhängige Presseeinrichtungen. Ebensowenig kann von einer Erziehungsaufgabe der Familie gesprochen werden. Systemkonform organisiert ist ein streng diszipliniertes Staatsschulsystem, das vorab eine technische Ausbildung vermittelt. Selbstverständlich braucht man auch Ärzte und Ingenieure. Auch für sie gilt das Prinzip der Normung und Programmierung.[13]

Zum Sicherheitszweck: Die äußere Sicherheit ist im Weltstaat nicht bedroht. Der Weltstaat ist Friedensstaat. Das Militär ist insofern unnötig. Es genießt geringes Ansehen. Schwarz uniformiert, wird es für die innere Sicherheit eingesetzt. Dabei kommt ihm allerdings nur Hilfsfunktion zu. Die Hauptfunktion obliegt den Richtern.[14] Mit Erfüllung der drei Staatszwecke verwirklicht der Weltstaat das *Glück aller*, das Allgemeine, das Weltgesetz. Das Glück aller wird identifiziert mit Zufriedenheit, die das Produkt der Routine ist. Diese wiederum ist das Resultat einer energetischen Dialektik von Schuldangst, Straffurcht, Arbeit und Aufstieg. Damit ergibt sich die Rechtfertigung des Weltstaates: Seine Legitimität, zumal es an der Anerkennung durch das „zufriedene" Staatsvolk nicht fehlt. Gilt es doch als ausgemachte Sache, daß Legitimität innere Anerkennung des Staates bedeutet.[15] Das Exempel zeigt allerdings die Fragwürdigkeit der heute noch herrschenden Anerkennungstheorie. Ein totaler Arkanstaat, der jegliche Kontrolle ausschließt, dessen Untertanen der Kontrolle bedingungslos ausgeliefert sind, der nach Belieben psychischen und physischen Terror ausübt, kann weder unter Berufung auf das Glück aller noch unter Berufung auf das Einverständnis aller legitimiert werden.[16]

Der Erste und der Letzte

Der Verlauf des Romans ist durch die Polarität zwischen dem Ersten, dem judex absconditus, und dem Letzten, eben jenem ehemaligen Privatdozenten, und dem Versuch des Weltherrschers bestimmt, diesen letzten Menschen zu seinem Nachfolger zu machen. Versuchen wir zunächst die Rolle und Position des „Letzten" genau zu beschreiben.

1) Sturm ist der letzte aus einer Gruppe von sechsundfünfzig Personen, die liquidiert werden sollen, weil sie sich am Weltstaat und seinen Gesetzen schuldig gemacht haben. Ihr Verbrechen besteht darin, daß sie anders sind als die anderen, daß sie die Erfüllung der Weltgesetze gefährden, daß sie das Glück aller stören.[17]

2) In ihrem Anderssein beruht ihr Menschsein. Und: Ihr Menschsein entschleiert die Unmenschlichkeit der anderen. Sie, Künstler und Gelehr-

te, Intellektuelle verkörpern die westliche und östliche Tradition des Geistes. Buddhismus und Christentum, Judentum und Humanismus. Sie leben mit den Büchern. Zu ihnen gehört auch der ehemalige Priester Sylvester Bruder.[18]

3) Sie und ihre Frauen konstituieren Privatheit, einen Eigenbereich der Kommunikation, der Mitmenschlichkeit, von dem aus die Impulse auf die Einrichtungen der Kultur, wie etwa die Universitäten, ausgehen. Sie sind keine Politiker, sondern Privatleute. Sie ziehen die Vorhänge zu, sie zünden Kerzen an, musizieren und diskutieren mit Ernst oder mit Heiterkeit.[19]

4) Sturm ist herzkrank, dienstuntauglich, wodurch seine Außenseiterposition noch akzentuiert wird. Die Frauen um ihn sind Pflegerinnen, Behüterinnen. Nur flüchtig zeigt sich ein Schimmer von Erotik. Die stärkste Bindung besteht zur Mutter, einer alten, stillen Frau, die sein Ende überlebt. Das Weibliche als Inbegriff mitmenschlicher Zuwendung ist ein wesentliches Element der Gegenwelt.[20]

5) Es ist schwer verständlich, weshalb der Weltherrscher den letzten Menschen zu seinem Nachfolger haben möchte. Will er ihn korrumpieren? Will er ihn als ein Stück Nostalgie in seinen Weltstaat einbauen? Die Fragen führen zu einem Grundwiderspruch, der das Werk bestimmt.

Der Widerspruch

1) Der Widerspruch, der das Konzept des Weltstaates durchzieht, liegt zunächst im Verhältnis zwischen dem Amt des Weltherrschers und der Beschreibung desjenigen, der es ausfüllt. Unter einem Weltherrscher, dem die Merkmale der Allwissenheit und Allmächtigkeit zugeschrieben werden, stellt man sich zwangsläufig eine Vaterfigur, wie sie sich etwa im *Urteil* von Kafka[21] findet, oder eine Person vor, die mit einem Philipp II., dem Señor del todo, verglichen werden könnte.[22] Doch der Autor zeigt ein sonderbar maskiertes und kostümiertes greises Väterchen, das mit der Stimme eines Schauspielers spricht, unter Umständen ein Liedchen summt, kichernd lacht, hüpft und springt und sich wie eine Mischung aus St. Nikolaus und Rumpelstilzchen ausnimmt.[23]

2) Der Widerspruch wird im „Nachfolge-Drama“ deutlich. Was soll eigentlich der letzte Mensch als Nachfolger des Weltherrschers? Damit wird kein Kontinuum begründet, da es sich nur um einen einmaligen Vorgang handeln kann. Für die Kontinuität und Existenz des Weltstaates ist *diese* Nachfolge keineswegs notwendig.

3) Damit zeigt sich der Kern des Widerspruchs: Es handelt sich um den Gegensatz zwischen einem personal-autoritären und einem apersonal-mechanistischen Ansatz, zwischen dem Weltstaat als Herrschaftsverband und dem Weltstaat als Maschine.[24] Im einen Fall erscheint das allgemeine Gesetz, das Glück aller als Norm, welche durch das Wissen und den Willen des Herrschers global verwirklicht wird. Der Herrscher erscheint als „Seele“ des Ganzen.

Ein Nachfolger ist notwendig. Das „Nein“ des Designatus ist sinnvoll. Es markiert die Position des antiautoritären Personalismus, der Freiheit der einzelnen gegenüber dem Glück aller. Im zweiten Fall erscheint das Glück aller als Produkt der Maschine, die durch die energetische Polarität von Schuldangst, Straffurcht, Arbeit und Aufstieg betrieben wird. Weder die autoritäre noch die antiautoritäre Person ist mit dem Konzept der Maschine vereinbar. Im Zwiespalt von Herrschaftsverband und Maschine entsteht die Karikatur des Herrschers in Gestalt eines greisen Väterchens, eines Gruselmännchens und Kinderschrecks und zugleich diejenige des kränkelnden, von Frauen umhegten, in seiner Privatheit isolierten Sohnes und Privatdozenten.

2. *Nein* und *1984*[25]

Ein Vergleich zwischen dem utopischen Roman von Jens und demjenigen von George Orwell, die fast gleichzeitig erschienen sind, drängt sich auf.

Gemeinsam reiten

Auf den ersten Blick sind die Gemeinsamkeiten geradezu bestürzend. In beiden Fällen handelt es sich um Gewalt- ja, um Terrorregime. Die Untertanen sind einem System totaler Kontrollen, grausamer Inquisitionen, Folterungen und Bestrafungen unterworfen. Jeder Ansatz zur Entfaltung von Privatheit wird zerstört. Kamera und Bildschirme sind Symbole des terroristischen Totalitarismus, die „Gedankenpolizei“ das Zentrum.[26] Im einen wie im anderen Roman herrscht eine Atmosphäre der Gewalt in Verbindung mit säuerlichem Puritanismus. Es handelt sich um Systeme der Austerity. Bei Orwell wird Sexualität tabuisiert,[27] bei Jens vernachlässigt. Familien und Freundskreise gelten als Gefahr für den Bestand des Staates, dessen Träger in einer gewissen Absonderung, aber nicht in

Glanz und Gloria leben. Das Grundmuster einer pervertierten Politeia ist unverkennbar.

Unterschiede

1) Daß es sich im einen Fall um einen Welt- und Friedensstaat, im anderen um eine kriegerische Dreiheit von Supermächten[28] handelt, macht keinen entscheidenden Unterschied. Orwells Supermächte sind sich völlig gleich. Flucht nach außen, in ein „anderes Land" gibt es auch bei ihm nicht. Freilich kann er in seine Argumentation den äußeren Feind als Integrationsmittel mit einbeziehen, wie er auch den inneren Feind ständig einsetzt, um ein Wir-Gefühl im Haß gegen den anderen zu erzeugen.[29] Jens dagegen operiert mit der Atomisierung des „Wir" durch vertikalen und horizontalen Terror und ersetzt die Wir-Gefühle durch die Automatik der Anpassung.

2) Bei Jens ist der Weltherrscher geheim und wirklich, bei Orwell jedermann bekannt, öffentlich, publik, aber nicht wirklich, ein Bild, eine Projektion. Was im spanischen und osmanischen Hofzeremoniell kunstvoll verknüpft ist – die Entrückung und die Demonstration des Herrschers –, wird je in einer der beiden Utopien isoliert und verabsolutiert. Damit wird das dem Utopischen inhärente Moment der „Unmöglichkeit" sichtbar.[30]

3) Der entscheidende Unterschied ist indessen darin zu sehen, daß für Orwell das Telos der Machtgenuß,[31] bei Jens das Glück aller ist, sei es, daß es im personal-autoritären Schema durch den Herrscherwillen oder im Gegenschema durch die Maschine produziert wird.

3. Kontext der Überlieferung

Orwells reine Machtstaatstheorie ist im Kontext der Überlieferung eine Ausnahmeerscheinung. Die Literatur, die Machtstrukturen „entschleiert", beweist, daß sich Machtstreben in der Regel „verschleiert" und nicht offen erscheint. Freilich: Orwell bestätigt die Regel, indem er zeigt, wie sich der Machtstaat im Zeichen der Liebe und Brüderlichkeit tarnt.[32] Demgegenüber ist das Glück aller die Orientierung in der Geschichte der Staatstheorie.

Der homo artificialis, der nach Thomas Hobbes von den bösen, aber klugen Menschen konstruiert wird, ist eine Friedensmaschine.[33] Staatsverwaltung ist für Friedrich den Großen ein Uhrwerk. Für den Demokraten Rousseau ist die Gesetzgebung eine Maschine im Dienste des Gemeinwohls.[34] Noch heute sprechen wir von der Staatsapparatur, den Mechanismen der Willensbildung und vom Balancesystem der Gewaltenteilung und meinen damit „Erfindungen" zum Zwecke von Frieden und Freiheit. Jens knüpft an die Gegentradition an, für die die Guillotine das Symbol der Staatsmaschine wird und Vernichtung und Schrecken ihr Endeffekt ist. Die „Essenz", der „Betriebsstoff" wird aus der Herkunft und den Ängsten der Gegenwart gewonnen: Schuldangst ohne die Szenerie des Jüngsten Gerichtes und die Chance der Erlösung als factum brutum, und all jene Ängste, die mit dem „Aufstand der Massen", der Massenproduktion, der Massenabfertigung, des Massentourismus und der Massenvernichtung verbunden sind.[35]

4. Mittel und Bilder des harten Terrors

Terror ist bei Jens wie bei Orwell Mittel zum Zweck der Jedermannsbeglückung einerseits und Mittel zum Zwecke des Machterwerbes und der Machterhaltung andererseits. Bei Jens wirkt das Großinquisitormotiv[36], wonach man eben Glück nur unter der Voraussetzung erreichen kann, daß man den Menschen so nimmt, wie er ist, und nicht, wie er sein soll, stärker als bei Orwell, dem die Einpassung der Massen in Gewöhnung nur Mittel zum Zweck ist. Um so schärfer ist der Terror bei Orwell ausgeprägt. Am schärfsten kommt dies im Bild von den Ratten zum Ausdruck. Ein vielgebrauchtes und immer noch „einleuchtendes" Bild, in dem sich unsere Furcht vor qualvollem Sterben mit unserer Todesangst verbindet. Der Strafrechtler Peter Noll hat es 1950 in einer Skizze, die den Titel *Die letzten Menschen* trägt, verwendet.[37] Der ursprüngliche Titel von *1984* lautete: *Der letzte Mensch.* In den *Letzten Menschen* von Noll lesen wir: „Als ich auf das Lager meines Zimmergenossen blickte, den ich schlafend wähnte, schrie ich auf: auf dem Kopf des Mannes saß eine Ratte. Erschreckt sprang sie zu Boden und verschwand. Nun sah ich, daß ich neben einem Toten gelegen hatte, einem von den Ratten an Nase und Händen angenagten Kadaver mit ausgehöhlten Augen, dessen Verwesung schon weit fortgeschritten sein mußte, denn der unerträgliche Leichengeruch drohte mir die Besinnung zu rauben."[38] Für Noll sind die Ratten Symbole für das Ende, für Zerstörung und Vernichtung. Für Orwell sind sie Instrumente des Terrors in der Verfügungsgewalt „der Priester der Macht". Robert Plank erinnert in seiner Orwell-Studie an chinesische Strafpraxis und daran, daß zur Rattenfolter der Angriff der Ratten auf das Opfer von hinten gehört: das Opfer wird stückweise von hinten aufgefressen. Orwell entschärft das Bild somit, wenn er die Angriffsroute verändert.[39] Jens verwendet das Bild nicht, auch nicht in entschärfter Form. Kein Zweifel, daß Walter Sturms Verrat an der Geliebten weniger plausibel ist als der Verrat von Winston Smith, der vor der Rattenfolter zurückschreckt.[40] Hätte der Privatdozent sein Nein gegenüber dem „Regime" aufrechterhalten, wenn ihm nicht nur der Tod, sondern auch die Rattenfolter gedroht hätte? Orwell gelingt es, die völlige Destruktion der Person durch Terror plausibel darzustellen. Jens und Noll mobilisieren angesichts des „Endes" die letzten Reserven der Personhaftigkeit, die Orwell in dem aus dem Entsetzen hervorgehenden Wahn der Liebe zum Großen Bruder auflöst: „Aber jetzt war es gut, es war alles in Ordnung, der Kampf war zu Ende. Er hatte sich selbst überwunden. Er liebte den großen Bruder".[41]

Orwells Schreckensregime hält sich nicht nur durch den physischen Terror, die Unterwerfung wird auch mit psychischen Mitteln erreicht. Das wichtigste ist die Neusprache und die Zerstörung der Altsprache. „Neusprech sollte nicht nur ein Ausdrucksmittel für die den Anhängern des ENGSOZ gemäße Weltanschauung und Geisteshaltung bereitstellen, sondern auch alle anderen Denkweisen unmöglich machen."[42] Ein Beispiel für die Methode, die Neusprech verfolgte: „Das Wort *frei* existierte zwar in Neusprech noch, konnte aber nur in Aussagen wie ‚dieser Hund ist frei von Flöhen' oder ‚dieses Feld ist frei von Unkraut' verwendet werden. In seinem alten Sinn von politisch frei oder ‚geistig' frei konnte es nicht mehr gebraucht werden, weil diese politische und geistige Freiheit nicht einmal als Begriff existierte und deswegen auch namenlos blieb."[43]

Orwells Auseinandersetzung mit Sprache als Mittel des politischen Zwanges – Jens setzt bei der Zerstörung und Umdeutung der Humanwissenschaften zu reinen Nutzwissenschaften an – wird in der Schrekkensutopie von Bradbury weitergeführt, und zwar in Gestalt des Postulates der *Bücherverbrennung*.[44] Auch Bradbury kombiniert in seinem Konzept mit dem physischen Terror Mittel des psychischen Zwanges. Das Buch gilt letztlich als Residuum individueller Eigenständigkeit und damit als Gefahr für die Herrschaft des gesunden Menschenverstandes und das Glück aller, deshalb müssen Bücher ausgetilgt werden. Mit der Bücherverbrennung ist die Feuerwehr beauftragt. „Sie pumpten die kalte Flüssigkeit aus den Behältern, die sie auf den Rücken geschnallt trugen: 451 stand darauf. Jedes einzelne Buch erhielt einen Guß, ganze Zimmer wurden getränkt. Dann eilten sie nach unten. Montag taumelte hinterher in den Kerosindämpfen. ‚Weg mit der Frau!' Sie kniete inmitten der Bücher, befühlte Leder und Pappe, die sich vollgesogen hatten, las die vergoldeten Titel mit den Fingerspitzen, während sie Montag vorwurfsvoll anblickte. ‚Meine Bücher kriegt ihr nie', erklärte sie. ‚Sie kennen doch die Gesetze', entgegnete Bealty, ‚wo bleibt Ihr gesunder Menschenverstand? Keines dieser Bücher stimmt mit den anderen überein. In Ihrem Kopf muß ja seit Jahren eine verfluchte Sprachverwirrung geherrscht haben. Nehmen Sie doch Vernunft an! Die Leute in diesen Büchern hat es überhaupt nicht gegeben."[45]

Das ist der Kern der Bücherverbrennungsphilosophie: Der verwirrend vielfältigen und unwirklichen Bücherwelt wird die Welt des „gesunden Menschenverstandes" und der Vernunft entgegengesetzt: eine einfache, verständliche, von Komplexen und Komplexität freie Welt. Doch die Buchbesitzer halten fanatisch an ihrer Wahnwelt fest. Sie sind wahnsinnig. Sie gehören ins Irrenhaus. Sie müssen vor sich selbst geschützt werden, da sie in ihrem Fanatismus bereit sind, sich mit ihren Büchern verbrennen zu lassen.[46]

An Stelle der Bücher steht das Rundfunk- und Fernsehangebot. „Montag wandte sich um und schaute seine Frau an, die mitten im Wohnzimmer saß und mit einem Ansager sprach, der auch mit ihr sprach. ‚Frau Montag', sagte er eben – und er sagte noch etwas anderes. Ein Zusatzgerät, das sie hundert Dollar gekostet hatte, schaltete ohne weiteres ihren Namen ein, wenn der Ansager zu seinem namenlosen Publikum sprach, wobei er die Stelle ausließ, wo die entsprechenden Silben eingesetzt werden konnten. Eine besondere Vorrichtung bewirkte zudem, daß das Bild des Ansagers auf der Fernsehwand die richtigen Mundbewegungen ausführte: Er war ein Freund, kein Zweifel, ein guter Freund. ‚Frau Montag – nun sehen Sie einmal her' "[47]

Die Welt des gesunden Menschenverstands, in der „die Reduktion von Komplexität" (Luhmann) perfektioniert wird, ist eine total manipulierte Welt. Ziel der Manipulation ist das Glück aller.[48] Doch es zeigen sich auch Widerstände. Der Bücherverbrenner Montag unterschlägt Bücher. „‚Ich hätte sogar Lust, Bücher zu lesen'. ‚Da kämst Du doch ins Zuchthaus?' "[49] Er nimmt die Gefahr in Kauf, denn er ist in der glücklichen Normalwelt nicht glücklich. Er gerät in die Verfolgungsmechanismen, die Bestandteil dieser Normalwelt sind. Er entkommt. Er überlebt in einer Gruppe von Gleichgesinnten, die Bücher nicht mehr brauchen, weil sie sie verinnerlicht haben. Sie alle überleben den Krieg, in dem die Normalwelt zerstört wird. Mit ihnen überlebt der Geist der Bücher.[50] Mit

Montag überlebt auch die Erinnerung an das reizende Mädchen Clarissa, das anders als alle andern war und in ihm den Prozeß der Selbstfindung ausgelöst hat. Sie überlebt nicht.[51]

II. Der weiche Terror

1. „‚Endlich', sagte Mustafa Mannesmann, ‚kamen die Aufsichtsräte zur Einsicht, daß es mit Gewalt nicht ging. Die zwar langsameren, aber unvergleichlich verläßlicheren Methoden der künstlichen Zeugung, der Neo-Pawlowschen Reflexnormung und der Hypnopädie ..."[52] „Seine Fordschaft" Mustafa Mannesmann ist eines der zehn Mitglieder des Weltaufsichtsrates, Aufsichtsrat für Westeuropa. Damit sind die wesentlichen Momente skizziert, die den Weltstaat der schönen neuen Welt charakterisieren. An Stelle eines maskierten Weltrichters, den es gibt, oder eines omnipräsenten Großen Bruders, den es nicht gibt, tritt ein Weltaufsichtsrat. Man denkt an den Aufsichtsrat einer Weltbank. Seine „Fordschaft" Mustafa Mannesmann ist ein gewinnender Mann, „mittelgroß, mit dunklem Haar und Adlernase, vollen roten Lippen und dunklen durchdringenden Augen". Er doziert mit tiefer, markiger Stimme – und im Namen von Ford dem Herrn oder Freud dem Herrn, „wie er sich in seinem unerforschlichen Ratschluß nannte, wenn er von psychologischen Dingen sprach".[53]

So wenig der Aufsichtsrat für Westeuropa furchterregend wirkt, so wenig scheinen die Instrumente, mit denen die Welt gelenkt wird, furchterregend. Nichts von Folter und grausamen Strafen, keine düsteren Zucht- und Arbeitshäuser. Im Gegenteil: Die eingesetzten Mittel dienen unmittelbar der Erzeugung von Glück und Zufriedenheit. Die früheren gesellschaftlichen Konflikte, wie z. B. die Auseinandersetzungen zwischen den Geschlechtern und Generationen, sind verschwunden. Zwar gibt es verschiedene Kasten, die nach gesellschaftlichen Funktionen streng hierarchisiert sind. Doch jede Kaste ist auf ihre Funktion und ihr Los so *konditioniert*, daß Unzufriedenheit denkunmöglich ist. Damit entfallen auch die Konflikte zwischen Sollen und Sein. Jeder ist, was er sein soll. Alle sind genormt. „Ein grauer gedrungener Bau, nur vierunddreißig Stockwerke hoch. Über dem Haupteingang die Worte: Brut- und Normenzentrale Berlin-Dahlem. Darunter auf einer Tafel der Wahlspruch des Weltstaates: Gemeinschaftlichkeit, Einheitlichkeit, Beständigkeit".[54] Das Geschlechtsleben ist völlig unkompliziert und durch keine

Tabus bestimmt. Ehe und Mutterschaft sind unbekannt. Ausdrücke wie Mutter und Vater gelten als obszön. Zwar ist die Sterblichkeit nicht überwunden, wohl aber die Erscheinungsformen des Alterungsprozesses. Überdies werden die Menschen so konditioniert, daß sie den Tod als Selbstverständlichkeit erfahren. Schließlich können alle aufkommenden Ängste durch Soma, eine Droge, die keinerlei negative Nebenwirkungen hat, beseitigt werden. So leben Jung und Alt in einem Kontinuum von Arbeit und Vergnügen, das ihnen keine Zeit zum Nachdenken läßt. „Und selbst wenn sich durch einen unglücklichen Zufall ein Loch in der ununterbrochenen Folge ihres Zeitvertreibs auftut, ist immer Soma zur Hand, das köstliche Soma."[55]

2. „‚Sie alle kennen', begann der WAR (Weltaufsichtsrat) mit seiner tiefen, markigen Stimme, ‚Sie alle kennen wohl den schönen und wahren Ausspruch Fords des Herrn: Geschichte ist Mumpitz.' ‚Geschichte', wiederholt er langsam, ‚ist Mumpitz.'"[56] Das trifft die Sache: Die durchgenormte glückliche neue Welt ist geschichtslos, und es gäbe keine Gelegenheit, über diese geschichtslose, gut funktionierende Welt Geschichten zu erzählen oder Romane zu schreiben. So ist der Romancier Huxley darauf angewiesen, Störungen einzubauen.

Das geschieht auf zwei Ebenen: Auf der Ebene der höchsten Kaste, der Alpha-plus, und auf der Ebene der Wildenreservate. Oben, wo Spielraum für Eigenverantwortung besteht, ist die Gefahr, daß es zu Normwidrigkeit kommt, besonders groß. So kann ein Mädchen in dem Sinn sexuell abnorm reagieren, daß es auf ein Dauerverhältnis zielt. Oder, ein weiteres Beispiel, ein junger Mann ist zu klein oder zu groß geraten: Die Normierung ist also in all diesen Fällen nicht ganz geglückt. Wir haben es mit Individuen zu tun und damit mit Geschichten, mit Störungen und mit Verstößen gegen das Grundgesetz der Beständigkeit.[57] Die Wildenreservate sind von der glücklichen neuen Welt, von der zivilisierten Welt streng abgeschieden. „‚Jede Berührung des Maschendrahtes bedeutet sofortigen Tod', verkündete der Kustos feierlich. ‚Aus einer Reservation gibt es kein Entrinnen.'"[58] Dennoch: die Reservate sind zugänglich, freilich nur mit einem Erlaubnisschein. Die Zivilisierten können also die Wilden und ihre Lebensverhältnisse besichtigen. Wildenreservate gibt es in Gegenden, in denen sich Zivilisationsmaßnahmen nicht lohnen, dort bleibt alles beim alten. Da werden die Kinder noch geboren, „so widerlich das auch scheinen mag ..." Da gibt es leibhaftige Mütter und Väter, was als obszön empfunden wird. Da gibt es Schmutz und Abfall. Da gibt es alte Leute. Lenina „beobachtete den Greis. Langsam, unendlich langsam kroch er herab. Seine Füße berührten den Erdboden. Er wandte sich um. Die Augen in den tief eingesunkenen Höhlen strahlten noch ungewöhnlich hell. Ausdruckslos und ohne Staunen blickte er sie eine lange Sekunde an. Dann humpelte er mit krummem Rücken an ihnen vorbei und verschwand. ‚Das ist ja entsetzlich', flüsterte sie."[59] Da gibt es rituelle Tänze, schreckliche Masken, Zauberei und unheimliche Kulte, die das Grauen der Besucher erwecken und Brechreiz auslösen.

Doch es blieb nicht einfach beim absoluten Gegensatz zwischen Wildnis und Zivilisation. Unter den Wilden leben ein Fremder und seine Mutter. Er entstammt der Zivilisation, ist aber unter den Wilden aufgewachsen. Er leidet unter seinem Fremdsein und der dadurch bedingten Einsamkeit. Zwischen ihm und dem Besucher aus der obersten Zivilisationsschicht, der ebenfalls unter Einsamkeit leidet, entsteht Kontakt und Sympathie. Es gelingt dem Besucher, die Bewilligung zu erreichen, den „Halbwilden" und dessen Mutter in die zivilisierte Welt einzufliegen. Die Sache sei von „hinreichendem wissenschaftlichen Interesse", meint seine Fordschaft Mustapha Mannesmann.[60] So erhält Huxley die Gelegenheit, die glückliche neue Welt gleichsam von außen, durch einen Dritten in Sicht zu bringen. Von dem jungen Wilden, der vom zivilisierten Publikum zunächst mit Begeisterung empfangen wird, werden alle Mängel der glücklichen neuen Welt aufgedeckt, die ihren Bewohnern nicht bewußt sind und nicht bewußt sein können. Es fehlt ihnen – und das ist der entscheidende Mangel – die Auseinandersetzung mit dem Unglück, die Möglichkeit des Suchens und Fragens im Bereich von Kunst, Wissenschaft und Religion. Das Glück der glücklichen neuen Welt wird erkauft durch das Frageverbot. Deshalb sind die großen alten Bücher verboten: die Bibel wie die Werke Shakespeares. Zwar lebt die Zivilisation von der Wissenschaft, doch diese lebt nicht aus den Fragen. Es ist angewandte Wissenschaft. Das Frageverbot wird nicht mit Gewalt durchgesetzt, sondern durch die verführerische Macht der Unterhaltung, der Zerstreuung, der Droge, der Züchtung und Konditionierung. Da zeigt sich das Wesen des weichen Terrors in der gewaltlosen Vernichtung der Möglichkeit zur Individuation. So fordert denn der verständige Wilde das Recht auf Unglück. Die Endlichkeit des Menschen, zu der Krankheit, Schuld und Tod gehören, zeigt sich als Korrelat seiner Würde. Es kann übrigens nicht verborgen bleiben, daß in der Auseinandersetzung mit den „anormalen" Störern der weiche Terror die Krallen des harten Terrors zeigt: Straf- und Polizeigewalt hüten das Glück aller.[61] Der junge Wilde geht an diesem Glück zugrunde. In seinem Innersten aber wird er dadurch getroffen, daß seine Bereitschaft zu lieben, an der glatten und selbstverständlichen Bereitschaft zum Sexualkontakt abgleitet. Er hängt sich auf.

III. Vier Bemerkungen zum Schluß

1. Ob der harte oder der weiche Terror schrecklicher ist, das sei dahingestellt. Fest steht, daß Utopien des Schreckens unbegrenzte Herrschaftsmacht evozieren. Unbegrenzte Herrschaftsmacht hat kein Gegenüber, weder Interessengruppen, Glaubensverbände, Familien noch Einzelpersonen. Der Weltrichter, der Große Bruder, aber auch der Weltaufsichtsrat werden mit einem höchsten, allmächtigen und allwissenden Wesen identifiziert. Ford und Freud stehen für den allmächtigen, allwissenden Herrn, der Zeit und Raum durchherrscht. Es handelt sich um eine totale Herrschaft. Ihr Korrelat ist die totale Unterwerfung. Die Unterwerfung ist das Produkt der Herrschaft, doch diese ist ihrerseits ein Produkt derer, die sich unterwerfen, die sich preisgeben oder überwinden, wie sich Winston Smith überwunden hat. Dieser Circulus vitiosus wird in Gang gebracht durch Angst und Furcht seitens der Unterworfenen, in die sich aber auch Glückserwartung und Überlebenshoffnung einmischen. In dieser Dialektik sind die Angst vor dem Tod und die Furcht vor den Modalitäten des Sterbens bzw. vor körperlichen Qualen, sowie Straffurcht und Schuldangst zu unterscheiden. Auf der Seite der Herrschenden manifestieren sich Beglückungsstrategie und brutaler Machtwille, der sich im Unterwerfungsakt selbst erfüllt. Sadistische und masochistische Lust können sich dabei verbinden.

Beim weichen Terror geht es um Beglückungsstrategien, die die Ausschaltung von Ängsten und Widerständen und die Verblödung durch Unterhaltung, Zerstreuung und Erfüllung von Konsumwünschen zum Ziel haben.

2. Wo Beglückungsstrategien in den Utopien des Schreckens nachweisbar sind, erscheint die Figur des Großinquisitors von Dostojewski. Jens zitiert sie ausdrücklich. Der Grundgedanke: man darf die Menschen nicht überfordern. Das Glück aller ist ein Trivialglück, das nur durch den Verlust der Freiheit erkauft wird. Widerständig ist das Paar,[62] das in seiner erotisch-geistigen Zweisamkeit und durch seine Teilhabe am Kulturerbe Kraft findet. Die Buchwelt und die intakte Sprachwelt sind in diesem Zusammenhang von unüberschätzbarer Bedeutung. Sie zu zerstören ist vornehmstes Ziel der Machthaber. Bücherverbrennung und der Aufbau einer Teleillusionswelt sind zwei Seiten ein- und desselben Vorganges.

3. Sind Utopien des Schreckens mehr als Abbilder konkreter Staatsbildung sozialistischer oder faschistischer Provenienz? Nachweisbar beschreibt und kritisiert der Verfasser des utopischen Romans „Wir", Jewgenij Samjatin, im Jahre 1920 die Verhältnisse im revolutionären Ruß-

land. Sein Buch führte zum Bruch mit den Genossen. Die Kritik wurde erkannt und verdammt.[63] Doch der utopische Roman greift weit über die gegenwartsbezogene „Systemkritik“ hinaus, sieht Entwicklungen voraus und faßt sie in mächtige Bilder, die sich zu einem Zukunftsbild verdichten, in dem das Wesentliche späterer Utopien bereits enthalten ist. Besonders eindrucksvoll ist die Szene, in welcher Samjatin dem Großen Bruder seiner Zeit gegenübersteht und plötzlich erkennt, daß es sich um einen schwitzenden alten Mann und nicht um eine urbildliche, mit magischer Kraft ausgestattete Erscheinung handelt. Die Magie erweist sich als bloßes Produkt der Imagination, als Projektion einer Innenerfahrung. Kafkas Vaterimago drängt sich auf.[64] Das ist ein Schlüssel zum Verständnis der erörterten Utopien des Schreckens. Sie rechnen Einzelphänomene hoch, bis das Schreckensbild perfekt ist. Sie knüpfen am Konkreten an. Auffällig ist die Bedeutung des Vaterbildes – der Große Bruder ist der Vater –, um das die Versatzstücke aus den Requisitenabteilungen des Faschismus oder Sozialismus angeordnet sind. Huxley läßt solche Festlegungen nicht zu. Er zeigt das erschreckend große Selbstgefährdungspotential der „zivilisierten“ Welt in seinen packenden, ironisch gebrochenen Bildern.

4. Mit den Utopien des Schreckens kann sich die Vorstellung vom Untergang dieser Welt verbinden. Das ist bei Peter Nolls Skizze vom letzten Menschen der Fall. In der Regel ist jedoch die Endlosigkeit des Schreckens oder eines schlimmen Glücks gemeint. So oder so: Die Alternative zum Schrecken ohne Ende oder zum Ende mit Schrecken wird nur dann sichtbar, wenn wir uns auf uns selbst verweisen lassen und auf unsere Chance zur Mitmenschlichkeit. Hierin ist Huxleys „Recht auf Unglück“ mit eingeschlossen. Ohne „Recht auf Unglück“ ist das Recht auf Freiheit des einzelnen Menschen nur eine Parole und die Freiheit angesichts des Todes nicht denkbar. Damit wird das Gut sichtbar, das die Utopien des Schreckens gefährden, von dem aus die reale Alternative, die Topik der freiheitlichen Welt erschlossen werden kann. Unter diesem Gesichtspunkt erscheint es als sinnlos, die Utopien des Schreckens mit faschistischem oder sozialistischem Totalitarismus zu identifizieren und die sogenannte freie Welt als gefahrfreie Zone zu deklarieren. Sie indizieren konkrete Gefahren, mit denen die freie Welt nach Maßgabe ihrer Konditionen von innen her zu rechnen hat.

Anmerkungen

1 Vgl. Karl-Heinz Bohrer, *Die Ästhetik des Schreckens,* a. a. O., S. 43.

2 Vgl. zum Ganzen Peter Schneider, *Nein. Die Welt des Angeklagten. Staats- und rechtstheoretische Anmerkungen zur Utopie des Schreckens von Walter Jens,* Literatur in der Demokratie für Walter Jens zum 60. Geburtstag, München 1983, S. 468 ff.

3 Walter Jens, *Nein. Die Welt der Angeklagten,* München 1984.

4 A. a. O., S. 43 ff., S. 131 ff.

5 A. a. O., S. 296.

6 Die kleine Gruppe von Gelehrten und Künstlern, die noch im Bergland lebte, steht auf der Abschußliste. „Sie waren die Letzten" (a. a. O., S. 10). Sie ändern nichts an der uneingeschränkten Herrschaft.

7 Jean Bodin, *Sechs Bücher über den Staat,* Buch I–III. Übersetzt und mit Anmerkungen versehen von Bernd Wimmer. Eingeleitet und herausgegeben von P. C. Mayer-Tasch, München 1981, S. 205 ff., S. 284 ff. Vgl. a. a. O., S. 60. Bei Hobbes heißt es: „Eine Staatsform ist mangelhaft, wenn nicht der Souverän selbst über die Nachfolge bestimmt". (S. 153 unten, Anm. 30)

8 Die Unkontrollierbarkeit ist durch die Namenlosigkeit der Oberen im Verhältnis zu den Unteren indiziert. Demgegenüber sind die Unteren gegenüber den Oberen dadurch, daß ihre Namen bekannt sind, ansprechbar und damit auch kontrollierbar. Der höchste Richter ist namenlos (vgl. a. a. O., S. 47).

9 A. a. O., S. 54 ff.

10 A. a. O., S. 56.

11 A. a. O., S. 57.

12 A. a. O., S. 64.

13 A. a. O., S. 41; S. 177; Gisela Walk gilt als hervorragende Ärztin, das Krankenhauswesen ist in Ordnung. Bedauerlich, daß Jens die Gespräche mit der Krankenschwester in der Aufl. 1984 gestrichen hat. Sie waren aufschlußreich für Dienst und Dienstauffassung im Krankenhausbetrieb. Zum Staatsschulsystem S. 282.

14 A. a. O., S. 52 f.

15 Vgl. Martin Kriele, *Legitimitätsprobleme der Bundesrepublik,* München 1977, S. 7: „Legitimität bedeutet: innere Anerkennung des Staates und seiner Verfassung."

16 Es kann allerdings nicht verkannt werden, daß gerade Kriele die Anerkennung als Legitimitätsgrundlage mit der freiheitlich-demokratischen Rechtsordnung verknüpft. Doch diese Eingrenzung wird nicht offen argumentiert.

17 Das Nein Sturms artikuliert seine Schuld, sein Anderssein und rechtfertigt seine Verurteilung, denn es richtet sich gegen das „Glück aller". Vgl. a. a. O., S. 283.

18 Vgl. Walter Jens, *Nein. Die Welt der Angeklagten,* a. a. O., S. 264 ff.

19 A. a. O., S. 248: „Und heute morgen ist auch die Karte gekommen, daß er sein Zimmer nicht mehr verlassen dürfe ... Es stand auch darauf, daß wir die

Gardinen nicht mehr zuziehen dürften." In der Negation wird das Wesen der Privatheit gerade herausgestellt.

20 A. a. O., S. 35.

21 Vgl. oben.

22 Vgl. Michael de Fernandy, *Philipp II. Größe und Niedergang der spanischen Weltmacht,* Wiesbaden 1977, S. 289.

23 Zum Porträt des Richters vgl. Walter Jens, *Nein. Die Welt der Angeklagten,* a. a. O., S. 49, S. 58, S. 131, S. 192, S. 194, 270, 273.

24 Zum Bild der Weltmaschine vgl. a. a. O., S. 58.

25 George Orwell, *1984,* Übersetzt von Michael Walter (Hrsg.) und mit einem Nachwort von Herbert W. Franke, Frankfurt/M. – Berlin – Wien, 1984.

26 Aus der Sicht des Betroffenen: „Gedankendelikt hat nicht den Tod zur Folge: Gedankendelikt ist der Tod." (a. a. O., S. 33) Gedankenpolizei und Gedankendelikt entsprechen einander. In die Reihe gehört auch die Denunziation (S. 51).

27 Symptomatisch ist die Anti-Sex-Liga (a. a. O., S. 51). Sturm gibt an, daß er mit der Ärztin Gisela „in den üblichen Beziehungen" zusammengelebt habe. Das spricht für seine Normalität. Sex ist normal. Stürmisch verläuft seine Freundschaft mit der Ärztin jedoch nicht.
Winston Smith wird als Puritaner durch das „Weib" verführt. Er hält sich von Zeit zu Zeit an die Prostitution, die „natürlich ... verboten war". Man mußte mit fünf Jahren Zwangsarbeit rechnen (a. a. O., S. 63 f.). Das Regime ist jedoch weniger gegen den Sex, als vielmehr gegen die Erotik, (S. 69). Deshalb ist für Smith die erotische Begegnung mit dem Mädchen mit den schwarzen Haaren „eminent" gefährlich. Die Vereinigung mit dem Mädchen ist ein politischer Akt, ein Schlag gegen die Partei (S. 128).

28 Die Namen der Supermächte lauten: Eurasien, Ozeanien und Ostasien (a. a. O., S. 38).

29 Wichtiger noch als der Haß gegen den Kriegsfeind ist die integrierende Haßkraft gegen den etablierten Regimefeind Goldstein (a. a. O., S. 19). Konstitutive Bedeutung für die Befindlichkeit des Volkes haben die *Haßwochen,* welche auch Konkurrenzmächte betreffen können (S. 180).

30 Die Unerreichbarkeit ist ein Element von Eutopien und Dystopien. Damit ist keineswegs die Effektivität in Frage gestellt. Ja, das Faszinosum des Utopischen ist mit dem Moment der Unerreichbarkeit verbunden.

31 A. a. O., S. 265 ff.: „Die Partei strebt nur aus eigenem Interesse nach der Macht. Weder Reichtum und Luxus noch langes Leben und Glück: nur Macht, reine Macht ... Das Ziel der Macht ist die Macht ... Wir sind die Priester der Macht ... Macht bedeutet, Schmerz und Demütigung zufügen können ... Wenn Sie ein Bild von der Zukunft haben wollen, dann stellen Sie sich einen Stiefel vor, der auf ein Gesicht tritt – unaufhörlich."

32 „Das Ministerium für Liebe war zweifellos das beängstigendste von allen. Es hatte überhaupt keine Fenster." (A. a. O., S. 10)

33 Thomas Hobbes, *Leviathan oder Wesen, Form und Gewalt des kirchlichen*

oder bürgerlichen Staates, in der Übersetzung von Dorothee Tidow mit einem Essay *Zum Verständnis des Werkes*, einem biographischen Grundriß und einer Bibliographie, hrsg. von Peter Cornelius Mayer-Tasch, Hamburg 1965. Der Staat ist nichts Natürliches, sondern ein Vertragswerk, ein künstliches Werk (a. a. O., S. 136). Es dient „Friede und Schutz" (S. 141).
Hobbes bezeichnet das „künstliche Werk" als den „großen Leviathan" und als „sterblichen Gott" (S. 137), als eine „Person" (S. 130), und zwar als eine „künstliche" (S. 128). Die Personenhaftigkeit des Staates ergibt sich aus der Person des Herrschers (S. 130).

34 Vgl. dazu Alexander Demandt, *Metaphern für Geschichte, Sprachbilder und Gleichnisse vom historisch-politischen Denken*, München 1978, S. 270 ff.

35 Le Bons und Ortega y Gassets Beschreibungen, die eine Abwehrhaltung gegenüber dem „Zeitalter der Massen" zum Ausdruck bringen, sind immer noch repräsentativ für Gegenwartsängste (vgl. Paul Reiwald, *Vom Geist der Massen*, Zürich 1946; David Riesmann, *Die einsame Masse*, Rowohlt Hamburg, 1958).

36 Zu der Feststellung des Großrichters, „Sie brauchen sich keine Gedanken zu machen. Wir haben sie ihnen abgenommen ... Es ist alles geregelt ... sie sind glücklich", meint Sturm: „Es ist zu wenig. Schon einmal hat ein Mensch so gesprochen. ... Schon einmal hat ein Mensch gefragt: ‚Warum bist du gekommen, uns zu stören? Siehe, sie sind glücklich, wir haben ihnen gegeben, was sie wollten.' Das Buch vom Sohn Gottes und vom Großinquisitor ist vor sehr langer Zeit geschrieben worden. Aber die Menschen wollen nicht nur glücklich sein." (Walter Jens, *Nein. Die Welt der Angeklagten*, a. a. O., S. 276 f.)

37 Abgedruckt in *Gedanken über Mensch und Ordnung*, Zürich 1985, S. 12 ff.

38 A. a. O., S. 12.

39 Vgl. Robert Plank, *Orwells „1984". Eine psychologische Studie*, Frankfurt/M. 1983, S. 123 ff.

40 „‚In Ihrem Fall', sagte O'Brien, ‚sind nun einmal Ratten das Schrecklichste von der Welt.'" (a. a. O., S. 285) Angesichts des Schrecklichsten brüllt Winston Smith: „Macht es mit Julia! Macht es mit Julia. Macht mir ihr, was ihr wollt, es ist mir egal. Zieht ihr die Haut vom Gesicht, schneidet ihr das Fleisch von den Knochen. Macht das nicht mit mir! Mit Julia! Nicht mit mir!" (S. 288) Dabei hat er dieses Fleisch geliebt. Im übrigen: Auch Julia hält die Probe nicht durch. Auch sie verrät. Beide kommen mit dem Leben davon. Doch sie haben sich verloren. Das Paar als Widerstandskraft ist vernichtet.

41 A. a. O., S. 299.

42 A. a. O., S. 302.

43 A. a. O., S. 302 f.

44 Ray Bradbury, *Fahrenheit 451*, Zürich 1981.

45 A. a. O., S. 47.

46 A. a. O., S. 48.

47 A. A. O., S. 72 f.

48 „Sag selber, was ist unser aller Lebensziel? Die Menschen wollen doch glück-

lich sein, nicht? Hast du je etwas anderes gehört? Ich will glücklich sein, sagt ein jeder. Und ist er es nicht? Sorgen wir nicht ständig für Unterhaltung und Betrieb? ... Und du wirst zugeben, daß daraus in unserer Kulturwelt kein Mangel herrscht." „Vergiß vor allem nicht, Montag, wir sind die Glückshüter ... Wir stemmen uns gegen die wenigen, die ihrem widersprechenden Dichten und Denken den Leuten vor dem Glück stehen." (A. a. O., S. 68 ff.)

49 A. a. O., S. 73.

50 A. a. O., S. 162 ff.

51 „Das Mädchen? Ein Zeitzünder. Nach seinem Betragen in der Schule zu schließen, müssen die Verhältnisse zu Hause auf das Kind abgefärbt haben. Es wollte nicht wissen, *wie* etwas gemacht wird, sondern *warum*. Das kann ungemütlich werden. Frag ständig warum, und du bist am Ende todunglücklich. Es ist gut für das arme Mädchen, daß es tot ist." (A. a. O., S. 69)

52 Aldous Huxley, *Schöne neue Welt,* Frankfurt/M., 1953, revidierte Übersetzung 1981, 1231.–1260. Tausend, 1986 (Originalausgabe 1932), S. 57.

53 A. a. O., S. 47 ff.

54 A. a. O., S. 19.

55 A. a. O., S. 61.

56 A. a. O., S. 44. Freilich hat auch die glückliche neue Welt eine *Vorgeschichte*. Doch diese ist abgeschlossen, zu Ende gegangen. Es handelt sich um die Geschichte von Gewalt und Konflikt bis an die Grenze des Weltuntergangs. „Der neunjährige Krieg, der große Wirtschaftszusammenbruch. Es gab nur die Wahl zwischen Weltaufsicht und Vernichtung." (S. 55)

57 A. a. O., S. 50: „‚Beständigkeit', sagte der Aufsichtsrat, ‚Beständigkeit! Keine Zivilisation ohne gesellschaftliche Beständigkeit, ohne Beständigkeit des einzelnen.'" Bedroht scheint diese Beständigkeit da, wo das Prinzip gilt: „Ein Ei ein Mensch" (S. 144). Es gilt nur für Jungen und Mädchen der höheren Kasten, bei denen es entsprechende Erziehungsschwierigkeiten gibt. Siegmund Marx ist ein Alpha-plus in der Rolle des Außenseiters. „‚Und er verbringt seine freie Zeit fast immer ohne Gesellschaft – allein!' ergänzte Sturm, Grauen in der Stimme" (S. 52).

58 A. a. O., S. 97.

59 A. a. O., S. 98.

60 A. a. O., S. 129 f.

61 Seine Fordschaft: „Unsere Zivilisation hat Maschinen, Medizin und Glück gewählt. Darum muß ich diese Bücher in einem Stahlschrank verschlossen halten. Sie sind Schund und Schmutz." (A. a. O., S. 203) „Und es gibt keine Fliegen und Moskitos, die stechen können. Wir haben sie vor Jahrhunderten ausgerottet. Stirnrunzelnd nickte der Wilde. ‚Ausgerottet, das sieht euch ähnlich. Alles Unangenehme ausrotten, statt es ertragen zu lernen.'" (S. 206) „‚Ich brauche keine Bequemlichkeit. Ich will Gott, ich will Poesie, ich will wirkliche Gefahren und Freiheit und Tugend. Ich will Sünde'. ‚Kurzum', sagte Mustafa Mannesmann, ‚Sie fordern das Recht auf Unglück'. ‚Gut denn', erwiderte der Wilde trotzig, ‚ich fordere das Recht auf Unglück.'" (S. 208)

62 Bei Jens: der Privatdozent und die Ärztin; bei Orwell: Julia und Winston. In beiden Fällen wird das Paar vernichtet, indem es gezwungen wird, sich selbst zu vernichten. Bei Bradbury handelt es sich um die Beziehung zwischen einem Schulmädchen und einem erwachsenen Mann, bei der die Chance des Selbstseins und des Miteinanders aufleuchtet. Bei Huxley ist das wirkliche Paar das literarische Paar: Romeo und Julia und ihr Unglück. Die Umsetzung in die Wirklichkeit gelingt nicht.

63 Jewgni Samjatin, *Wir*, Köln/Berlin, 1958. Vgl. das Nachwort von Jürgen Rühle, S. 241 ff. Leitbild der Utopie ist die „gläserne Stadt", ein System totaler Planung und totaler Kontrolle, in dem die Freiheit dem Glück zum Opfer fällt.

64 „Ich kam erst wieder zu mir, als ich vor Ihm stand; ich hatte entsetzliche Angst aufzublicken. Ich sah nur die riesigen Hände auf seinen Knien. Diese Hände schienen ihn zu erdrücken, die Knie gaben nach unter ihrem Gewicht. Er bewegte langsam die Finger. Sein Antlitz war irgendwo hoch oben im Nebel ..." (A. a. O., S. 220) „Ich lachte schallend und blickte auf. Vor mir saß ein Mensch mit einer Glatze wie Sokrates, und auf der Glatze standen kleine Schweißtropfen. Wie einfach alles war, wie banal und lächerlich einfach!" (S. 223)

Viertes Kapitel

Bürger, Spiel und Paar

I. Friedrich Dürrenmatt: Das Spiel

Friedrich Dürrenmatt sieht Gerechtigkeit und Recht in den Grenzen des Spiels. Das zeigt die dramatische Theorie sowie die Praxis des Dramatikers und des Romanschriftstellers. Dafür möchte ich im folgenden drei Beispiele anführen: Zunächst für die Theorie – unter dem Titel Vorspiel – den Monstervortrag über Gerechtigkeit und Recht, den Dürrenmatt im Studium generale der Universität Mainz gehalten hat; zum zweiten das wohl populärste Stück: *Der Besuch der alten Dame;* und schließlich den Kriminalroman *Der Richter und sein Henker.* Unter dem Titel Nachspiel notieren wir, was die Beispiele ergeben.

1. Vorspiel

Er komme sich verloren vor, erklärte der Redner, Schriftsteller und Jurist Dürrenmatt.

„Irregeleitet von zwei schweizerischen Professoren, die sich in der juristischen Fakultät der Universität Mainz betätigen, ließ ich mich durch einen gewissen Patriotismus verleiten, einen Vortrag über Gerechtigkeit und Recht zu halten. Patriotismus macht blind. In ihrer Blindheit nahmen die schweizerischen Juristen an, ich hätte als schweizerischer Komödienschreiber etwas mit Gerechtigkeit und Recht zu tun, und ich nahm in meiner Blindheit an, ich sei fähig, über ein Thema zu reden, mit dem ich nichts zu tun habe."[1]

Nach der Regel der Rhetorik hat der Redner seine Rede mit der captatio benevolentiae zu beginnen; vor allem hat er die Aufmerksamkeit seiner Zuhörer dadurch zu wecken, daß er Überraschungseffekte setzt. Das gelingt Dürrenmatt, indem er seinen *Monstervortrag über Gerechtigkeit und Recht* von vornherein als reines Mißverständnis ausweist. Er behandle ein Thema, mit dem er nichts zu tun habe. Dabei läßt er keinen Zweifel daran, daß er doch damit zu tun hat, ebensoviel wie ein Verbrecher, der dem Juristen Stoff „für dessen Nachdenken und Klassifizieren"[2] liefert.

Die Gleichstellung von Verbrecher und Komödienschreiber klingt provokativ, hat aber einen guten Sinn, gerade im Verhältnis zu den Juristen, denen die Sache der „Reflexion“, des Nachdenkens und Klassifizierens, zugeordnet ist. Verbrecher und Komödienschreiber sind Täter. Ihre Taten bilden „Stoff“. Daß da noch der Gegensatz von „Spiel und Ernst“, Bühne und Leben eine Rolle spielt, ist im Zusammenhang belanglos. Was aber heißt in diesem Zusammenhang „Stoff“? Stoff zum Nachdenken und Klassifizieren. Stoff ist indessen nicht gestaltlose Masse von Handlungen, aus der dann die Juristen den Gegensatz zwischen Taten und Untaten erst gestalten, um dann das, was zur Kategorie des Verbrechens gehört, wiederum zu klassifizieren, einzuteilen, zu gliedern und auf den Begriff und in das System zu bringen. Recht und Unrecht, Taten und Untaten, Verbrechen, Rechtsbrüche und Rechtsvollzug kommen vor, bevor die Juristen darüber nachdenken und ihr Klassifikationswerk in Gang bringen. Wie es dazu kommt, darüber nachzudenken, obliegt den Juristen und weder den Verbrechern noch den Dramatikern, in deren Stoffen „alle möglichen und unmöglichen Verbrechen vorkommen“.[3] Dürrenmatt hat recht, recht vor allem auch mit der Feststellung, daß es ungerecht wäre, von den Dramatikern mehr als Stoff für die Juristerei zu verlangen. Mehr als Stoff: Interpretation, Sinndeutung, Klärung, Abgrenzung, Durchdringung ... Das eben können die Juristen von den Komödienschreibern nicht verlangen.

Daß Dürrenmatt recht hat, ist nicht zu bestreiten. Und wir bestreiten es auch nicht, weil wir es nicht bestreiten können, weil wir als Juristen mit unserem Nachdenken, gerade bei den Stoffen, die uns Verbrecher und Schriftsteller liefern, einsehen müssen, daß wir auf diese Stoffe angewiesen sind. Wie recht Dürrenmatt hat, zeigt gerade ein Buch, in dem es um Recht und Gerechtigkeit in der Literatur geht. Freilich geht es nicht um konturlose, unstrukturierte Stoffe, um Naturstoffe. Auch Friedrich Dürrenmatt ist keine Naturgewalt, die die Stoffe bewußtlos aus sich herausschleudert. In den Stoffen, in denen alle möglichen und unmöglichen Verbrechen vorkommen und die er dem Juristen liefert, steckt vieles, das er selbst hineingesteckt, hineinversteckt hat. So ist es denn auch nicht einfach auf Irrtum und patriotische Blindheit zurückzuführen, daß die beiden schweizerischen Juristen ihren Kompatrioten eingeladen haben, in Mainz einen Vortrag über Gerechtigkeit und Recht zu halten. Ging es doch darum, den Stoffproduzenten um Mithilfe zu bitten, das, was in seinen Stoffen steckt, herauszupräparieren und verständlich zu machen, nicht aber um eine abstrakte, rechtsphilosophische Abhandlung. Deshalb ist es auch nicht einfach Selbstbetrug, wenn Dürrenmatt die Einladung annahm, und nicht nur Ausdruck heilloser Verlegenheit, daß er den Vortrag hielt, freilich nicht als akademisch-wissenschaftliches Resumé.[4] Fast zwangsläufig präsentiert er sich als Geschichtenerzähler. Doch seine Geschichten dienen der Stoffdeutung. Sie sind reflektiver, nachdenklicher als Gesetze und Kommentare. Sie stellen Recht und Gerechtigkeit nicht fest, sondern in Frage.

Doch noch einmal zum Bild, das Dürrenmatt von den Juristen entwirft: Eines stimmt nachdenklich: daß er das Nachdenken zu ihren Aufgaben zählt. Und dann ein zweites: Er nimmt an, daß es den Juristen völlig gleichgültig sei, ob sie es mit wirklichen Menschen oder Erfindungen zu tun haben, ob jener Ödipus gelebt hat oder nicht gelebt habe. „Ob nun ein wirklicher Herr X oder ein fingierter Herr Ödipus seinen Vater tötete und mit seiner Mutter schlief, interessiert den theoretischen Juristen nicht, ihn interessiert nur der Fall an sich, ob er wirklich oder erfunden ist, läßt ihn gleichgültig ..."[5] Eleganter kann das Interesse der Jurisprudenz an der Literatur kaum begründet werden.

Geschichten

Dürrenmatt erzählt zunächst im Stil von 1001 Nacht die Geschichte von den drei Reitern. Aus der Geschichte von den drei Reitern entwickelt er die Geschichte von den zwei Spielen und eine, wie Dürrenmatt sagt, abstrakte Geschichte. Er bezeichnet das Ganze als Schachtelgeschichte.[6]

Die Geschichte mit den drei Reitern

„Der Prophet Mohamed sitzt in einer einsamen Gegend auf einem Hügel. Am Fuße des Hügels befindet sich eine Quelle. Ein Reiter kommt. Während der Reiter sein Pferd tränkt, fällt ihm ein Geldbeutel aus dem Sattel. Der Reiter entfernt sich, ohne den Verlust des Geldbeutels zu bemerken. Ein zweiter Reiter kommt, findet den Geldbeutel und reitet damit davon. Ein dritter Reiter kommt und tränkt sein Pferd an der Quelle. Der erste Reiter hat inzwischen den Verlust des Geldbeutels bemerkt und kehrt zurück. Er glaubt, der dritte Reiter habe ihm das Geld gestohlen, es kommt zum Streit. Der erste Reiter tötet den dritten Reiter, stutzt, wie er keinen Geldbeutel findet und macht sich aus dem Staub."[7]

Wir haben es mit einer „Welt" zu tun, in der Eigentum und menschliches Leben zwar rechtlich geschützt, wohl aber verletzlich sind. Immerhin: von Diebstahl kann man nur sprechen, wo das Eigentum anerkannt ist; und der erste Reiter würde sich nicht „aus dem Staub" machen, wenn das Töten eines Menschen eine beliebige Sache wäre. Zweitens: Es handelt sich um eine unvollkommene Welt, in welcher der Schuldlose irrtümlich getötet und derjenige, der Schuld auf sich geladen hat, entkommt. Schließlich: Es handelt sich um eine Situation, in welcher der in seinem Recht Verletzte durch Selbsthilfe Wiedergutmachung zu erreichen sucht. Behörden treten nicht in Erscheinung. Ob das für die Welt, welche die Geschichte evoziert, im Ganzen oder nur für die Situation an der einsamen Quelle gilt, kann nicht ausgemacht werden. So würde der unbefangene Leser etwa reagieren und achselzuckend beifügen: So ist eben der Lauf der Welt. Mohamed der Prophet reagiert weit schärfer. Er ist verzweifelt. „‚Allah', ruft er aus, ‚die Welt ist ungerecht. Ein Dieb kommt ungestraft davon!' Allah, sonst schweigend, antwortet: ‚Du Narr! Was verstehst du von meiner Gerechtigkeit! Der erste Reiter hatte das Geld, das er verlor, dem Vater des zweiten Reiters gestohlen. Der zweite Reiter nahm zu sich, was ihm gehörte. Der dritte Reiter hatte die Frau des ersten Reiters vergewaltigt. Der erste Reiter, indem er den dritten erschlug, rächte seine Frau.'"[8] Ein juristisch versierter Leser wird Allah recht geben: Mohamed ist ein Narr. Er ließ sich durch den Schein trügen und zu einem Urteil hinreißen, ohne in eine Prüfung des Sachverhaltes überhaupt einzutreten. Zu einem Lob für Allahs Gerechtigkeit könnte er sich allerdings nicht ohne weiteres bereitfinden. Zwar werden die Verletzungen des Rechtes „geheilt". Der Bestohlene erlangt sein Eigentum zurück, die Vergewaltigung wird gerächt: Die Tötung mag als verhältnismäßig gelten. Aber weshalb wird der Dieb nicht bestraft? Die Gerechtigkeit ist doch nicht dadurch schon wiederhergestellt, daß der Geldbeutel wieder in die Hand des Berechtigten zurückgelangt. Doch entscheidend ist: Eine auf der Selbsthilfe des Verletzten beruhende Rechtsordnung ist eine primitive und unerhört gefährdete Rechtsordnung. Daß es sich nicht nur um eine partielle, sondern generell geltende Ordnung handelt, ist aus dem uneingeschränkten Racherecht des Ehemannes für seine vergewaltigte Ehefrau zu schließen und eben daraus, daß Allah die Welt in Gerechtigkeit gegründet sieht. Dürrenmatt hält jedoch seine Geschichte für eine „ideale, positive Geschichte". „Wir finden einen Beobachter vor, einen Vorgang, der beobachtet wird, einen Erklärer, der den beobachteten Vorgang perfekt erklärt ..." Aber es ist eben nur eine Geschichte, die man auch hätte anders erzählen können. So hätte man den Beobachter mit etwas Menschlichkeit ausstatten können:

„Damit wäre aber auch die Weltgerechtigkeitsmaschine auf einen Moment hin verlegen zum Stillstand gekommen ..., mit einem Gran Menschlichkeit hätten wir Tonnen an göttlicher Erhabenheit eingebüßt."[9] Ein spontanes: Halt, Du hast etwas verloren, hätte der Geschichte eine andere Wendung gegeben. Hinzu kommen Bedenken wegen der Häufung von Zufällen und der Verwendung dichterischer Gleichnisse, die nur einen Demonstrationseffekt, nicht aber Beweiskraft besitzen. Schließlich ersetzt Dürrenmatt den Propheten durch einen Wissenschaftler, der genau die Bedenken des Lesers bestätigt und den Schluß auf eine gerechte Weltordnung verweigert, indem er das Faustrecht einem „vorrechtlichen Zustand“[10] zuordnet und eine Verallgemeinerung des Verhaltens der drei Reiter für unzulässig erklärt. Der Geschichte wird somit, vor allem was die moderne Welt anlangt, jeglicher Aussagewert abgesprochen. Dürrenmatt beugt sich dieser Argumentation und versucht, die Geschichte den Bedingungen unserer Welt anzupassen. Unsere Welt ist aber eine in eine bürgerliche und eine sozialistische Welt aufgeteilte Welt. Damit kommt unser Geschichtenerzähler zur zweiten Geschichte, der Geschichte vom Wolfsspiel und vom Gute-Hirten-Spiel.

Die bürgerliche Welt ist die Welt des Wolfsspieles. Jeder ist des andern Wolf. „Daß einer über den anderen herfällt, daß zwischen den Menschen Krieg herrscht, daß jeder versucht, sich durchzusetzen und seine Macht auf Kosten der andern zu vermehren, nimmt der klassische Bürger als natürlich an, er ist ein Realist.“[11]

Um den Ausbruch des Krieges aller gegen alle und damit den Untergang aller zu vermeiden, haben die Wölfe das Wolfsspiel, d. h. Spielregeln erfunden, die zweierlei sicherzustellen haben: den Spieler und die Beute. Die Spielsteine sind das Kapital, durch dessen Einsatz die Bürger den Gewinn, d. h. die Beute machen. Durch geschicktes und trickreiches Spiel kommt es zur ungleichen Verteilung der Spielsteine und damit der Spielchancen. Damit vergrößert sich das Risiko des Regelverstoßes. So erzwingt der Verlauf des Spiels einen Schiedsrichter, der nicht nur auf Einhaltung der Regeln, sondern auch darauf zu achten hat, daß Spielsteine im Umlauf bleiben. Wir können auf Einzelheiten verzichten. Das gilt auch für das sozialistische Spiel, das nicht vom bösen Wolf, sondern vom guten Lamm ausgeht, aber genauso auf einen Schiedsrichter angewiesen ist: den guten Hirten. Bezieht man die beiden Spielsysteme auf die Geschichte von den drei Reitern, so zeigt sich, daß sie so recht ins eine noch so recht ins andere System passen. Wer reitet denn schon im Spielfeld der Wölfe, wer im Spielfeld des guten Hirten: die hohen und die höchsten Herren, die aber für die angeführten Delikte kaum in Frage kommen könnten. Also weg mit der ersten Geschichte. Um so wichtiger ist die zweite, die ihrerseits eine dritte: die abstrakte Geschichte aus sich „herausschachtelt“.

Überspringen wir die abstrakte Geschichte, in der es sich um die Paradoxie handelt, die das Verhältnis zwischen dem existentiellen und dem logischen Begriff vom Menschen bestimmt.[12] Kommen wir zum Schluß: Beide Spiele verlieren mehr und mehr den Charakter des Spiels. Sie gleichen sich aneinander an und bedürfen der Ideologie, um sich voneinander abzusetzen. Sie gewinnen ihre Identität aus ihrem Gegensatz. Was empfiehlt der dialektisch-dramaturgische Autor? Dramaturgie anstelle von Ideologie, Spannung anstelle von Apokalypse, Hypothetik anstelle von Pathetik. Das dramaturgisch-dialektische Denken „ist eine Anleitung, spielerisch über die Wirklichkeit nachzudenken, ein Vorschlag, wie vielleicht auch die Politik bisweilen über die Wirklichkeit reflektieren sollte: unideologisch und mit Phantasie als der Fähigkeit vorauszusehen. Das dramaturgische Denken könnte die Politik daran hindern, ihren Maßstab, ihr Ziel und ihre Gegner absolut zu setzen. Möglicherweise. Es könnte dazu führen, die Ideologien als bloße Arbeitshypothesen zu begreifen, die leichter durch andere Arbeitshypothesen ersetzbar wären" – eine nur kleine Sprachkorrektur gewiß, doch einer Arbeitshypothese zuliebe wären die Gefängnisse und Zwangslager weniger bevölkert als einer Ideologie zuliebe.[13]

Auffällig die vorsichtige Ausdrucksweise. Sie zeigt an, daß Dürrenmatt genau weiß, in welche Falle er geraten könnte: in die Falle der Politik. Er kann sie nur vermeiden, indem er den Widerspruch zwischen politischem Handeln und dramaturgischem Denken aushält. „Als Dramatiker vermag ich die Politik nur darzustellen, wenn ich dramaturgisch denke, als politischer Mensch, der ich wie jeder Denkende auch bin, muß ich politisch handeln. Das scheint widersprüchlich. Es ist widersprüchlich."[14] Das klingt wie Schluß und Schlußfolgerung in einem. Doch Dürrenmatt schließt nicht auf diese Art, sondern mit einer Geschichte, die wie die erste in die Welt Arabiens führt und das Versprechen einlöst, nicht nur von der Gerechtigkeit, sondern auch vom Recht und seiner Nützlichkeit zu handeln. Dürrenmatt erzählt und verzichtet auf einen Kommentar, weil es eines solchen nicht bedürfe. Das ist natürlich komödiantisch-dramaturgisch gemeint. Die Geschichte ist so verschlüsselt, daß ich sie erst am Ende meines Dürrenmatt-Kapitels zu entschlüsseln suche.

Notieren wir zusammenfassend:

1) Es wird zunächst eine „vorrechtliche" Gesellschaftsverfassung evoziert. Besser wäre der Ausdruck „vorstaatlich". Der Rechtsgüterschutz steht im Zeichen des Selbsthilferechtes. Wird diese Ordnung im großen und ganzen als gerecht bezeichnet, so deshalb, weil die Verletzung von Rechtsgütern wie des Eigentums- und des Lebens- und Freiheitsrechts der Frau im Zuge des Selbstschutzrechtes geheilt wird.

2) Diesem System wird das moderne Staatensystem gegenübergestellt, durch das die Bevölkerungsmassen zusammengefaßt und erhalten werden. Das Moment der Existenzsicherung steht im Vordergrund. Dieses Ziel wird im bürgerlichen System unter Inkaufnahme von Ungerechtigkeit im Sinne von Ungleichheit und im sozialistischen System unter Inkaufnahme von Unfreiheit angestrebt. Im einen Fall steht die Freiheit, im anderen Fall die soziale Gerechtigkeit im Vordergrund. Je schlechter die beiden Systeme das „Gesetz" bzw. die Spielregeln, nach denen sie angetreten sind, erfüllen, desto intensiver wirkt sich kompensatorisch der ideologische Rechtfertigungszwang aus. Aus dem Spiel wird Ernst. Ihm sucht Dürrenmatt mit seiner komödiantischen Dramaturgie, mit seiner dramaturgischen Dialektik auf den Leib zu rücken.

2. Der Besuch der alten Dame.[15] Eine tragische Komödie

Die Handlung: Güllen ist eine verrottete kleine Schweizer Stadt. Die Armseligkeit starrt aus allen Löchern. Da kündet die alte Dame ihren Besuch an: Die Milliardärin Claire Zachanassian, ehemals Kläri Wäscher, eine Mitbürgerin, die das Nest vor undenklicher Zeit verlassen hatte. Man hofft wieder und setzt vor allem auf den Kaufmann Ill, der seinerzeit mit Kläri Wäscher ein Liebesverhältnis hatte. Die Dame erscheint. Auf nostalgische Sentimentalitäten ist sie nicht eingestimmt. Sie will den Kopf von Ill, der sie mit einem Kind sitzengelassen und ins Elend getrieben hatte. Sie will sich die „Gerechtigkeit" kaufen. Sie ist bereit, eine Milliarde in die Claire-Zachanassian-Stiftung einzubringen, wenn die Bürger den Kaufmann Ill verurteilen und „hinrichten". Das geschieht. Ill findet den Tod, nachdem er das Urteil angenommen hat. Die Stiftung kommt zustande. Güllen wird reich. Die alte Dame verreist. Sie nimmt Ill im Sarg mit sich.

Dem Lehrer kommt die alte Dame in ihren schwarzen Gewändern „wie eine Parse, wie eine griechische Schicksalsgöttin" vor, die ihm das Gruseln beibringt. Doch sie ist einfach eine ungeheuer reiche Frau, der die Welt gehört.[16] Der Bürgermeister schildert ihre Vergangenheit so: „Doch haben wir Sie, gnädige Frau – unsere Kläri – Beifall – nie vergessen. Weder Sie noch Ihre Familie. Die prächtige, urgesunde Mutter – Ill flüsterte ihm etwas zu – leider allzufrüh von einer Lungenschwindsucht dahingerafft, der volkstümliche Vater, der beim Bahnhof ein von Fachkreisen und Laien stark besuchtes Gebäude – Ill flüsterte ihm etwas zu – stark beachtetes Gebäude errichtete, leben in Gedanken noch unter uns, als unsere Besten, Wackersten. Und gar Sie, gnädige Frau – als blon ... – Ill flüsterte ihm etwas zu – als rotgelockter Wildfang tollten Sie durch unsere nun leider verlotterten Gassen – wer kannte Sie nicht. Schon damals spürte jeder den Zauber Ihrer Persönlichkeit, ahnte den kommenden Aufstieg zu der schwindelnden Höhe der Menschheit." Vorbildlich waren die Schulleistungen, vor allem in der Pflanzen- und Tierkunde, „als Ausdruck Ihres Mitgefühls zu allem Kreatürlichen. Bewunderung erregte die Gerechtigkeitsliebe usw."[17] Die alte Dame korrigiert: in der Schule sei sie verprügelt worden, die Kartoffeln für die Witwe Boll habe sie gestohlen, gemeinsam mit Ill, „nicht um die alte Kupplerin vor dem Hungertode zu bewahren, sondern um mit Ill einmal in einem Bett zu liegen". Im übrigen: natürlich stamme sie nicht aus einer wackeren, sondern einer verachteten Familie. Doch was kümmert das! Die alte Dame verspricht Güllen eine Milliarde: 500 Millionen für die Gemeinde, 500 Millionen verteilt auf die einzelnen Familien. Zunächst Erstarrung, dann der unbeschreibliche Jubel ruft diese Erklärung hervor, die allerdings mit einer Bedingung verknüpft ist. „Ich will die Bedingung nennen. Ich gebe euch eine Milliarde und kaufe mir dafür die Gerechtigkeit."[19] Gerechtigkeit könne man doch nicht kaufen, meint der Bürgermeister. „Man kann alles kaufen." Um was geht es? Im Jahre 1910 führte Klara Wäscher einen Vaterschaftsprozeß gegen Konrad Ill. Mit Hilfe von bestochenen Zeugen hatte Ill die Abweisung der Klage erreicht. Klara Wäscher bleibt das Bordell. Das Kind stirbt nach einem Jahr. Die alte Dame legt Beweise vor. Ill beruft sich auf Verjährung. Die alte Dame will seinen Kopf. Unter riesigem Beifall erklärt der Bürgermeister: „Frau Zachanassian: Noch sind wir in Europa, noch sind wir keine Heiden. Ich lehne im Namen der Stadt Güllen das Angebot ab. Im Namen der Menschlichkeit. Lieber bleiben wir arm, denn blutbefleckt." Claire Zachanassian: „Ich warte."[20]

Setzen wir mit einer *ersten* juristischen Reflexion ein: Die Gerechtigkeit, die die alte Dame kaufen will, gehört in den Bereich der Wiedergutmachungsgerechtigkeit. Wir erinnern uns an die Geschichte von den drei Reitern. Dort war allerdings eher von einem kosmischen Prinzip die Rede; während die alte Dame *ihren* Anspruch meint. Sie ist verletzt worden und erhebt Anspruch auf Wiedergutmachung. Sie will nicht, daß Gerechtigkeit geschehe. Sie will, daß *ihre* Gerechtigkeit zuteil werde. Daß sie verletzt wurde, steht außer Zweifel. Dafür bürgt der Richter, der 1910 das Fehlurteil gefällt hatte. Er steht als Butler im Dienste der alten Dame. Dafür zeugen die falschen Zeugen von damals: Jakob Hühnlein und Ludwig Sparr, die die alte Dame suchen und dann kastrieren und blenden ließ. Sie befinden sich in der Begleitung der alten Dame, zwei kleine dicke, kaugummikauende Monster.[21]

Das ist grotesk und macht deutlich, daß die Bedingungen, unter denen rechtliche Verfahren gedacht werden können, überspielt sind. Grotesk ist auch das Mißverhältnis zwischen Rechtsverletzung und dem Anspruch auf das Leben des Verletzers; grotesk auch, daß einer Stadtgemeinde Todesurteil und Urteilsvollstreckung zugemutet wird, obgleich von entsprechenden Zuständigkeiten überhaupt keine Rede sein kann.[22] Außerdem ist es grotesk, daß das Faktum der Verletzung mittels eines schweren Verbrechens bezeugt und erwiesen wird und daß die Wiedergutmachung durch Mord, der der Bürgergemeinde zugemutet wird, erzwungen werden soll. Die Szene sprengt das Tribunal, die Grenzen des Rechts- und Gerechtigkeitsdenkens. Was bleibt, ist der unbegrenzte Wunsch einer einzelnen Frau, Kompensation für eine erlittene Verletzung zu erreichen und – notfalls – die Erfüllung zu erzwingen. Ihre Macht ist Geldmacht. Wie sie funktioniert, bleibt zu untersuchen. Auf alle Fälle müßte sich ein theoretischer Jurist, dem es nach Dürrenmatt gleichgültig ist, ob er sich mit erfundenen oder vorgefundenen Fällen befaßt, entschieden auf die Seite des Bürgermeisters und seiner Bürgergemeinde stellen, und dies unter Berufung auf christliche und humane Rechtsgrundsätze.

Ill

Verfolgen wir den Ablauf des Dramas aus der Perspektive Ills: Der ließ sich als junger Mann von der Rothaarigen behexen. Doch als es ernst wurde, wählte er nicht die Freiheit, sondern die Konvention. Seine Spezis standen ihm zu Diensten.[23] Mies, aber nicht ungewöhnlich. Und genauso verläuft sein Leben: gewöhnlich und mies. Ehemann, Familienvater, schäbiger Kaufmann, ein Bürger wie jeder andere. Der Besuch der ehemaligen Geliebten möbelt ihn auf. Er glaubt wirklich, daß sie um seinetwillen zurückgekommen sei, was ja auch stimmt: freilich, so hat er's sich nicht gedacht. Er ist verwirrt, als sie ihr Ansinnen vorbringt und vorbringen läßt. Verjährt und vergessen! Wie die meisten verkennt er, daß die Verjährung lediglich die Verfolgbarkeit erfaßt. Zunächst kann er sich in Sicherheit fühlen: in der Hut der öffentlichen Meinung und der abendländisch-christlichen Wertewelt.

Auch der Lehrer und der Pfarrer sind für ihn. Doch die Mühlen der Macht mahlen. Alle wirtschaftlich relevanten Unternehmen geraten in die Hand der alten Dame. Der Kaufmann wird zu Kreditgeschäften genötigt. Die Begehrlichkeit wächst. Man gewöhnt sich an Verschuldung und ein besseres Leben. Man rechnet mit der Milliarde. Die Kraft der hehren Werte verblaßt; die Versuchung gewinnt Farbe. Langsam wird das Verhalten des jugendlichen Ill schärfer beurteilt. Ill spürt die Abkühlung. Man nötigt ihn, die Kandidatur für die Nachfolge des Bürgermeisters zurückzuziehen. Es geht ums sittliche Minimum. Ill fühlt sich isoliert, ja, bedroht. Er versucht zu fliehen. Man hindert ihn, den Zug zu besteigen. Die Polizei hält zur Mehrheit. Er ist de facto in Gefangenschaft.[24] Doch seine Todesangst wandelt sich in Schuldeinsicht. Es kommt zum „Milliardending". Die Bürgergemeinde verurteilt Ill zum Tode. Allerdings nicht offen. Offen bekennt man sich zur Gerechtigkeit und dafür, daß in der Gemeinde Gerechtigkeit herrschen müsse. Das klingt unverdächtig allgemein.

Der Arzt stellt Herzversagen fest. Die Presse merkt nichts.[25]

Damit kommen wir zur *zweiten* juristischen Reflexion: Ills Schuldeinsicht ist von entscheidender Bedeutung. Die Formel „Verjährt und vergessen" ist überholt. Mit der Schuldeinsicht könnte die Bereitschaft zur Buße verbunden sein. Wieder stellt sich die Frage der Verhältnismäßigkeit. Ist es nicht grotesk, daß einer, der die Vaterschaft ableugnet und das Gericht täuscht, zum Tode verurteilt wird? Nachdem die Strafe durch Verjährung ausgeschlossen ist, bliebe die Möglichkeit zu harter Buße bestehen. Mit dem Leben büßen zu müssen, geht jedoch zu weit. Das kann von der Wiedergutmachungsgerechtigkeit nicht gefordert werden. Freilich: Für Ill geht es nicht allein um den „Verrat" und das Delikt der Zeugenbestechung, sondern darum, daß dadurch das Leben der jungen Frau entscheidend geprägt wurde: der Abstieg ins Bordell, der Aufstieg auf „die Höhen der Menschheit", der Verlust des Kindes und die Verbitterung, die Zerstörung eines Menschen: Leben also gegen Leben.[26] Dazu käme dann noch der Gesichtspunkt des Opfers. Doch dagegen steht, daß Ill meint, der Pfarrer solle nicht für ihn, sondern für die Gemeinde beten.[27] Die hat es nötig, denn ihr winkt nicht das große Glück, sondern das Verhängnis. Nein, für die Milliarde das Leben zu opfern lohnt sich aus der Perspektive Ills nicht. Damit sind wir wieder bei der Bußbereitschaft. Ist sie überhaupt vorhanden? Ill sagt: „Ich kämpfe nicht mehr". Und: „Ich sah ein, daß ich kein Recht mehr habe." Der Lehrer: „Kein Recht? Gegenüber dieser verfluchten alten Dame, dieser Erzhexe . . ., die unsere Seelen einsammelt?" Ill: „Ich bin schließlich schuld daran." Der Lehrer: „Schuld?" Ill: „Ich habe Klara zu dem gemacht, was sie ist und mich zu dem, was ich bin, ein verschmierter, windiger Krämer. Was soll ich tun, Lehrer von Güllen? Den Unschuldigen spielen? Alles ist meine Tat, die Eunuchen, der Butler, der Sarg, die Milliarde. Ich kann mir nicht mehr helfen und auch euch nicht mehr."[28] Das klingt allerdings mehr nach Resignation und Kapitulation als nach metanoia, Umkehr und Bußbereitschaft. Mag man fragen, ob Verantwortungsübernahme für einen anderen nicht an der Selbstverantwortung des andern eine Grenze finden müßte und abgesehen davon: Wie kann Schuld Rechtsverlust implizieren? Gewiß, Freiheitsrechte werden durch Strafe eingeschränkt. Vom Verlust des Rechtes, gegebenenfalls für das Gemeinwohl zu kämpfen, wird man indessen nicht sprechen können. Hinzu kommt, daß der Kampf, zu dem der Lehrer Ill auffordert, ein sinnvolles und konkretes Ziel hat: das Mörderspiel aufzudecken, das auf Ills Kosten gespielt wird. Doch an wen soll sich der „Aufklärer" wenden? Ill hat es ja bereits mit einer Anzeige bei der Polizei versucht, die alte Dame habe auf seinen Kopf eine Milliarde gesetzt und bedrohe so sein Leben. Man hörte ihn kaum an. An die Presse? Sie sind ja alle in Güllen, Zeitungsreporter und Rundfunkleute, die Vertreter der internationalen Medien, um über die x-te Hochzeit der alten Dame zu berichten und die Vorgänge um die Gründung der Claire-Zachanassian-Stiftung zu beschreiben. Der Lehrer hat es ja bereits probiert: „Ich protestiere! Angesichts der Weltöffentlichkeit! Ungeheuerliche Dinge bereiten sich vor in Güllen. Ich erzähle den Herren von der Presse die Wahrheit. Wie ein Erzengel erzähle ich, mit tönender Stimme. – Er schwankt. – Denn ich bin ein Humanist, ein Freund der alten Griechen, ein Bewunderer Platos."[29] Doch die Presse nimmt die Wahrheit des betrunkenen Humanisten nicht zur Kenntnis. Sie will die Schnulze von der Liebesaffäre zwischen Kläri Wäscher und Ill, die Story von Ills Heirat und ein Bild, das ihn in der Mitte seiner Familie zeigt.[30] Im übrigen: Wer ist denn die Weltöffentlichkeit? Die Presse? Nein: die alte Dame. Doch Ill versagt sich dem Appell des Lehrers, er solle kämpfen, er solle sich an die Presse wenden, jedoch nicht deshalb, weil er den Kampf für aussichtslos hält. Er sagt: „Ich kämpfe nicht mehr ... Ich sah ein, daß ich kein Recht mehr habe ... Ich bin schließlich schuld daran ... Ich habe Klara zu dem gemacht, was sie ist ..." Und wir wissen: Sie ist ein weltbeherrschendes Monstrum.

Und auf der anderen Seite steht der schmierige Kaufmann, der an allem schuld ist, in seiner Hilflosigkeit und seiner Rechtlosigkeit. Er muß das ungerechte, im Namen des Volkes und der Gerechtigkeit ergehende Urteil und die Vollstreckung über sich ergehen lassen. Doch wozu das? Zur Wiederherstellung der Gerechtigkeit? Befragen wir Dürrenmatt selbst.

„Ist Claire Zachanassian unbewegt, eine Heldin von Anfang an, wird ihr alter Geliebter erst zum Helden? Ein verschmierter Krämer, fällt er ihr zu Beginn ahnungslos zum Opfer, schuldig, ist er der Meinung, das Leben hätte von selber alle Schuld getilgt, ein gedankenloses Mannsbild, ein einfacher Mann, dem langsam etwas aufgeht, durch Furcht, durch Entsetzen, der an sich die Gerechtigkeit erlebt, weil er seine Schuld erkennt, der groß wird durch sein Sterben (sein Tod ermangle nicht einer gewissen Monumentalität). Sein Tod ist sinnvoll und sinnlos zugleich. Sinnvoll allein wäre er im mythischen Reich einer antiken Polis, nun spielt sich die Geschichte in Güllen ab. In der Gegenwart. Zu den Helden treten die Güllener, Menschen wie wir alle."[32]

Halten wir zunächst fest, daß Ill etwas höchst Persönliches aufgeht, etwas, das ihn als Selbst, als Person ausmacht. Diese Selbsterfahrung, die den kleinen, verschmierten Krämer aus der Fraglosigkeit seiner Existenz als Familienvater, Berufsmann und Bürger herauslöst, ist die Schulderfahrung, eine Erfahrung, die sich im Verhältnis zu einem anderen Menschen konstituiert: Ich, Ill, bin schuld, daß Kläri Wäscher Claire Zachanassian geworden ist und daß aus der Welt das geworden ist, was Claire Zachanassian aus ihr gemacht hat. Ich-Du-Erfahrung und Welterfahrung verbinden sich. Das macht die Gerechtigkeitserfahrung aus, in der die doppelte Möglichkeit des Gerechten und des Ungerechten sichtbar wird und in der die persönliche Schuld in Zusammenhang mit einer ungerechten Welt gebracht wird. So gesehen ist Ills Tod sinnvoll. Er muß den Tod annehmen, den eine ungerechte Welt über ihn verfügt, eine Welt, deren Ungerechtigkeit er verschuldet hat. Da wirkt die Alternative der Aufklärung, des Protestes, des Widerstandes nicht. Schuld und Tod hängen nicht so zusammen, daß der Tod die Kompensation für die Schuld darstellt, sondern so, daß Schuldannahme die Annahme des Todes umschließt.

Sinnlos ist aber Ills Sterben, das ihn zum Helden werden läßt, weil es von „unsereinem" überhaupt nicht verstanden werden kann. „Unsereiner" sind Leute, die sich nicht vorstellen können, daß einer sein Recht verloren hat: die stets im Recht sind, auch dann, wenn sie Gerechtigkeit sagen und Geld meinen. Sie sind schrecklich komisch. Schrecklich komisch ist denn auch ihre an den Rütlischwur erinnernde Gerechtigkeitslitanei, unter der sie ihr Mörderspiel verbergen. Schrecklich komisch ist auch der sophokleisch aufgeblasene Schlußchorus, mit dem die Gründung der Stiftung beweihräuchert wird.[33]

Gèrard Schneilin[34] hat sicher und knapp diese Interpretation in Dürrenmatts dramaturgische Dialektik einbezogen. Diese verhindert es, daß Ills Sterben zur heroischen Geste gefriert. Eines bedarf noch, wie ich meine, der Überlegung: Es ist wohl kein Zufall, daß Güllen von einer alten Dame und nicht von einem alten Herrn besucht und heimgesucht wird. Nein, es handelt sich nicht um eine Schicksalsgöttin, sondern um einen Menschen, eine ungeheuer reiche und deshalb sehr mächtige Frau. Andererseits ist von ihrer götzenhaften Starre die Rede.[35] Ihr Bild gerät in die Nähe der Hure Babylon. Sie sammelt Seelen, sie blendet und kastriert, sie hält sich beliebig viele Ehemänner. Sie verkörpert die maskuline Urangst als verschlingende, rachsüchtige Urmutter. Als verführerische Sirene, die sich verführen läßt, stürzt sie den Mann in Schuldangst. Sie erinnert an Dashiel Hammetts Dinah Brandt, jene Inkarnation von Unzucht und Raffgier, welche Postville zu Pestville verdreht.[36] Sie ist das Kontrastbild zu den schrecklichen Vätern und Herrscherbildern, die die Utopien des Schreckens dominieren und die, wie sie selbst, gelegentlich komische Züge zeigen. So mag die Frage naheliegen, ob es nicht im Sinne der dramaturgischen Dialektik Dürrenmatts, seines tragisch-komischen „Besuchs der alten Dame" liegt, den Krampf der Geschlechter zu lockern und Projektionen des kollektiven Unbewußten in Personen zu verwandeln, die in der Schulderfahrung nicht nur ihr Recht verlieren, sondern das Recht gewinnen, gemeinsam als Mann und Frau um den Bürgerstaat zu kämpfen. Das wird das Thema Camus' sein.

3. Der Richter und sein Henker

Vergegenwärtigen wir uns die wesentlichen Züge der Handlung. Ihren Mittelpunkt bildet die Geschichte von der Wette. „Über vierzig Jahre ist es her ..., daß wir uns in irgendeiner verfallenen Judenschenke am Bosporus zum erstenmal getroffen haben. Ein unförmiges gelbes Stück Schweizerkäse von einem Mond hing bei dieser Begegnung damals zwischen den Wolken und schien durch die verfaulten Balken auf unsere Köpfe ... Du, Bärlach, warst damals ein junger Polizeifachmann aus der Schweiz in türkischen Diensten ... und ich – nun, ich war ein herumgetriebener Abenteurer wie jetzt noch, gierig, dieses mein einmaliges Leben und diesen ebenso einmaligen, rätselhaften Planeten kennenzulernen. Wir liebten uns auf den ersten Blick ..."[37] Über was diskutierten die beiden? „Deine These war, daß die menschliche Unvollkommenheit, die Tatsache, daß wir die Handlungsweise anderer nie mit Sicherheit vorauszusagen und daß wir ferner den Zufall, der in alles hineinspielt, nicht in unsere Überlegungen einzubauen vermögen, der Grund sei, der die meisten Verbrechen zwangsläufig zutage fördern müsse ... Ich dagegen stellte die These auf ..., daß gerade die Verworrenheit der menschlichen Beziehungen es möglich mache, Verbrechen zu begehen, die nicht erkannt werden könnten, daß aus diesem Grunde die größte Anzahl der Verbrechen nicht nur ungeahndet, sondern ungeahnt seien ... Und wie wir nur weiterstritten, von den höllischen Bränden der Schnäpse, die uns der Judenwirt einschenkte, und mehr noch von unserer Jugend verführt, da haben wir im Übermut eine Wette geschlossen, eben da der Mond hinter dem nahen Kleinasien versank, eine Wette, die wir trotzig in den Himmel hineinhängten, wie wir etwa einen fürchterlichen Witz nicht zu unterdrücken vermögen, auch wenn er eine Gotteslästerung ist, nur weil uns die Pointe reizt als eine teuflische Versuchung des Geistes durch den Geist."[38]

Diese Wette bestimmte das Leben des Kriminalisten und des Abenteurers. Der Abenteurer hält sie.

„‚Nach drei Tagen' ..., sagte der Alte leise und versunken in seine Erinnerungen, ‚wie wir mit einem deutschen Kaufmann über die Mahmud-Brücke gingen, hast du ihn vor meinen Augen ins Wasser gestoßen.' ‚Der arme Kerl konnte nicht schwimmen, und auch du warst in dieser Kunst so ungenügend bewandert, daß man dich nach deinem verunglückten Rettungsversuch halb ertrunken aus den schmutzigen Wellen des Goldenen Hornes an Land zog', antwortete der andere unerschütterlich. ‚Der Mord trug sich an einem strahlenden türkischen Sommertag bei einer angenehmen Brise vom Meer her auf einer belebten Brücke in aller Öffentlichkeit zwischen Liebespaaren der europäischen Kolonie, Muselmännern und ortsansässigen Bettlern zu, und trotzdem konntest du mir nichts beweisen ... Das Gericht glaubte meiner Version, die auf Selbstmord des Kaufmanns lautete.' ‚Du konntest nachweisen, daß der Kaufmann vor dem Konkurs stand und sich durch einen Betrug vergeblich hatte retten wollen', gab der Alte bitter zu, bleicher als sonst." Damit stand der Abenteurer am Beginn einer grandiosen Verbrecherkarriere. „Daß ich so etwas Ähnliches wie ein Verbrecher bin, kann ich nun nicht gerade ableugnen ... Ich wurde ein immer besserer Verbrecher und du ein immer besserer Kriminalist: den Schritt jedoch, den ich dir voraushatte, konntest du nie einholen. Immer wieder tauchte ich in deiner Laufbahn auf, wie ein graues Gespenst, immer wieder trieb mich die Lust, unter deiner Nase sozusagen immer kühnere, wildere, blasphemischere Verbrechen zu begehen, und immer wieder bist du nicht imstande gewesen, meine Taten zu beweisen."[39]

Die Chance, daß es dem schließlich wieder in seine Vaterstadt Bern zurückgekehrten Kriminalkommissar gelingen wird, den immer wieder mißlungenen Tat- und Schuldbeweis doch noch zu erbringen, ist gering. Die dem Kommissar bemessene Lebensspanne ist kurz. Er ist krebskrank und steht vor einer lebensgefährlichen Operation. Zwar ist der unheimliche Gegenspieler in Griffweite. Unter dem Namen Gastmann hat er sich in einer Villa am Bielersee niedergelassen. Er steht auch im Verdacht, den engsten Mitarbeiter des Kommissars, den Polizeileutnant Schmied, der gegen ihn ermittelt hatte, ermordet zu haben. Die Leiche des Polizeibeamten wurde in der Nähe seines Hauses gefunden. Zudem stand fest, daß dieser unter falschem Namen an einem von Gastmann veranstalteten Musikabend teilgenommen hatte. Aber Gastmanns Position ist gut gesichert, ökonomisch und politisch. In seiner Villa finden mit Wissen und unter dem Schutz des Bundesrates zwischen östlichen Handelsvertretungen und Vertretern der schweizerischen Handels- und Industriewelt Verhandlungen statt.[40] Kulturelle Veranstaltungen bilden die Kulisse. Zudem hält Gastmann sich zwei massive Leibwächter. Auf Wunsch höchster Stelle werden die Ermittlungen gegen ihn eingestellt. Der todkranke Bärlach scheint das Spiel aufzugeben. Er läßt sich beurlauben. In seiner Abwesenheit setzt jedoch sein Vertreter Tschanz heimlich die Untersuchung fort. Er stellt Gastmann und seine Leibwächter kurz bevor sie fliehen wollen. In Notwehr erschießt er alle drei. „Ruhig, ohne ein Wort zu sprechen, und fast langsam nahm einer der zwei Schlächter einen Revolver aus der Tasche und schoß. Tschanz fühlte an der linken Achsel einen Schlag, riß die Rechte aus der Tasche und warf sich auf die Seite. Dann schoß er dreimal in das nun wie in einem leeren Raume verhallende Lachen Gastmanns hinein."[41] Der Beweis, daß Gastmann an der Ermordung des Polizeileutnants schuld war, scheint einwandfrei erbracht. Die Akte Gastmann kann geschlossen werden. Der tüchtige Tschanz wird befördert.

Die Aktenlage deckt sich jedoch nicht mit der Wirklichkeit. Tatsächlich hatte der „tüchtige" Tschanz den Polizeileutnant aus Eifersucht erschossen. Seine Chance, unentdeckt zu bleiben, bestand darin, Gastmann den Mord unterzuschieben. Und darin wiederum sah Bärlach seine Chance, die Wette im letzten Moment noch gewinnen und Gastmann eines Verbrechens überführen zu können. Er benützte den Mörder als Henker. In einer schauerlich grotesken Schlußszene stellt er ihn. Dieser bricht zusammen und richtet sich selbst. Doch die Akte Gastmann bleibt geschlossen.[42] Eine reichlich phantastische Geschichte. Was besagt sie?

Es geht um die Verwirklichung des Rechtes; darum, daß Recht verwirklicht werden muß und daß nichtverwirklichtes Recht kein Recht ist. Die beschriebene Wette betrifft somit die Frage, wie weit es Recht und ob es Recht überhaupt gebe. Freilich ist noch eine Präzisierung erforderlich: Dürrenmatt läßt Recht und Gerechtigkeit nicht im Verwirklichungsprozeß aufgehen. Er unterscheidet das Postulative oder Normative am Recht vom Prozeß der Rechtsverwirklichung. Andererseits aber sieht er das zu Unterscheidende wiederum als Einheit. Eins gehört in seiner Sicht zum anderen, das, was es zu verwirklichen gilt, und die Verwirklichung.

Die Verzweiflung jenes Polizeibeamten, dessen Porträt Dürrenmatt in dem Film *Es geschah am hellichten Tag* zeichnet, und die sich in der Romanversion bis zur geistigen Verwirrung steigert, die Verzweiflung darüber, daß ein Verbrechen ungeklärt bleibt, wäre ohne die Voraussetzung wirklichkeitsunabhängiger Normen völlig unverständlich.[43] Es gehört zur Eigenart des Dürrenmattschen Rechtsverständnisses, daß die normative Seite des Rechtes kaum ernsthaft in Frage gestellt wird. Daß es Normen gibt, von denen aus Gut und Böse unterschieden werden kann und muß, stellt nicht einmal Gastmann in Zweifel. Radikal behauptet allerdings der verbrecherische Schweizer SS-Arzt Emmenberger, daß es eine sittliche Weltordnung nicht gebe, daß das Ganze des Seienden im Grunde eine sinnlose Entfaltung materieller Energien sei und daß der Mensch in diesem Chaos als zerstörerisches Element wirke, getrieben von der Lust, seinesgleichen zu quälen. „Sie glauben an nichts als an das Recht, den Menschen zu foltern“[44], hält ihm sein Gegenspieler – es handelt sich wieder um Bärlach – vor. Und Emmenberger meint, daß es Gerechtigkeit nicht gebe – wie könnte Materie gerecht sein – daß es nur die Freiheit gebe: „Die Freiheit ist der Mut zum Verbrechen, weil sie selbst ein Verbrechen ist.“[45] Aber gerade an dieser Stelle wird die Inkonsequenz seiner Argumentation sichtbar: Wie könnte Freiheit ein Verbrechen sein, wenn Recht und Gerechtigkeit, an denen menschliches Verhalten gemessen werden könnte, nicht vorausgesetzt würden? Nicht nur, daß Dürrenmatt uns keinen Augenblick in Zweifel bringt, was er von der „Weltanschauung“ Emmenbergers hält, er läßt sich Emmenberger selbst widerlegen, der übrigens eifernd bemüht ist, sein grausiges Tun durch einen metaphysischen Glauben zu rechtfertigen. Aus seinem Gegenspieler ein entsprechendes Glaubensbekenntnis herauszulocken, gelingt ihm nicht. Sein eigenes verhallt im Schweigen des alten Bärlach.[46]

Wir gelangen somit zu dem überraschenden Ergebnis, daß für Dürrenmatt Recht und Gerechtigkeit unter dem Aspekt der Normativität unproblematisch ist. Die Problematik der Normerkenntnis kümmert ihn kaum. Letztlich begnügt er sich in theologischer Sicht mit dem Gebot der Nächstenliebe und in philosophisch-moralischer Sicht mit dem Gebot der Mitmenschlichkeit und auf der anderen Seite mit der Demonstration zweifelsfreier Fälle: Die Tötung, die Gastmann vor den Augen Bärlachs vollzieht, ist zweifelsfrei ein Verbrechen; der Sittlichkeitstäter, der kleine Kinder tötet, ist ein Verbrecher, und der Arzt, der seine Patienten foltert, ist auch ein Verbrecher; das steht außerhalb jeder Diskussion.

So unproblematisch das normative Moment des Rechtes ist, um so problematischer ist das Moment der Verwirklichung. Als erste Bedingung der Rechts- und Gerechtigkeitsverwirklichung gilt, wie wir sahen, die Haltung der Selbstbescheidung. Wenn wir vom Geforderten absehen und die Dimension der Verwirklichung in den Blick fassen, müssen wir einsehen, daß Rechtsverwirklichung ohne das Wissen um die Verstrickung ins Unrecht überhaupt nicht möglich ist. Der Gerechtigkeitsfanatiker und derjenige, der das freie Belieben als obersten Wert einsetzt, sind beide unter dem Gesichtspunkt der Verwirklichung nicht zu unterscheiden. Verwirrend ist es, wenn im *Richter und sein Henker* Rechtsverwirklichung à tort et à travers gefordert wird, wenn uns da ein Mann gegenübersteht, der sich unangefochten von Zuständigkeitsvorschriften und Anordnungen, entgegen einer positiven Rechtsordnung, die sich überdies gegen die Todesstrafe ausspricht, zum Herrn und Richter über Leben und Tod aufspielt, der wider den Rechtsschein eine geheime und private Justiz ins Werk setzt. Ist dieser Mann nicht das Musterbeispiel für einen Gerechtigkeitsfanatiker, dem alle Mittel recht sind, der unproblematisch alles einsetzt, um der Gerechtigkeit zum Sieg zu verhelfen?

Alltäglichkeit, Öffentlichkeit und Fragwürdigkeit

Von der Eigenständigkeit und Eigentümlichkeit des positiven Rechtes im Verhältnis zum überpositiven Gerechtigkeitspostulat ist im Werke von Dürrenmatt nicht häufig die Rede. Wir wissen, daß die Identifikation von Staat und positivem Recht nicht im Sinne des Schriftstellers liegt, daß andererseits die Notwendigkeit der Staatsordnung und einer gewöhnlichen Gerechtigkeit, d. h. einer willkürfreien, treuen Verwaltung der Welt hervorgehoben wird.[47] Dieser Grundgedanke kehrt im *Richter und sein Henker* wieder. Das positive Recht, das formelle wie das materielle Recht, erscheint in erster Linie als Instrument zur Verfolgung der Alltagskriminalität. Es wird in „dumpfen Amtsstuben", im Rahmen bürokratischer Routine und im Zwielicht opportunistischer Halbheiten zur Anwendung gebracht. Seine Repräsentanten sind der Untersuchungsrichter Lutz, der Vorgesetzte Bärlachs, der einerseits dem Glauben an den technischen Perfektionismus amerikanischer Prägung im Bereiche der Strafverfolgung huldigt, andererseits aber auf politischen und gesellschaftlichen Druck elastisch reagiert, sowie der dicke und vielgeschäftige Nationalrat, Anwalt und Oberst von Schwendi, ein wahres Prachtexemplar eines Politikers, der weiß, daß nichts so heiß gegessen wie angerichtet wird, und der in bewundernswerter Unverschämtheit idealistische Tiraden und ökonomische Interessen verbindet.[48] Nein, eine naive Idealisierung der Dimension des positiven Rechtes kann man Dürrenmatt nicht zum Vorwurf machen. Andererseits aber betrifft die Wette ums Recht dennoch die Dimension des positiven Rechts insofern, als dieses zum Bereich des Öffentlichen gehört und Bärlach die Wette nur gewinnt, wenn er Gastmann öffentlich überführt. Beweisen heißt hier, für alle sichtbar, offenkundig machen, was vielleicht zweien oder dreien bekannt war. Was zweien bekannt ist, das ist noch nicht bewiesen. Bärlach weiß als Augenzeuge, daß ein Mord geschehen ist und daß es in der Folge noch zu zahlreichen Verbrechen kam. Aber sein Wissen genügt nicht. Das Recht betrifft eben die Öffentlichkeit und nicht nur intraindividuelle Beziehungen. Aber damit ist die Dürrenmattsche Dialektik noch nicht am Ende. Zwar wird Gastmann öffentlich als Mörder abgestempelt, aber der Beweis, der die Öffentlichkeit in Gestalt der zuständigen Instanzen überzeugt, ist falsch. Für die Öffentlichkeit ist der Fall erledigt, dem Recht ist lege et arte Genüge getan. Das Eigentliche jedoch bleibt verborgen. Wird damit die Öffentlichkeit und damit auch die öffentliche positive Rechtsordnung als Dimension des Scheins und der Uneigentlichkeit disqualifiziert?

Die Wette

Bedenken wir die Eigentümlichkeit des Falles noch einmal. Gastmann wird von den alltäglichen Rechtsbrechern unterschieden. Er setzt sich über Gebot und Verbot nicht um eines Vorteils willen hinweg, der ohne Rechtsverletzung nicht erreichbar wäre. Er behauptet prinzipiell die Möglichkeit des Rechtsbruchs und bestreitet somit die Wirklichkeit des Rechtes. Aber er behauptet nicht nur, er handelt auch. Ob seine Behauptung die Wahrheit trifft, erweist sich im Vollzug, wenn man so will: im Experiment. Wetten haben ihren Ort an der Grenze der Beweisbarkeit. Ich kann nicht beweisen, daß dieser Vogel sich auf diesen Baum setzen wird. Ich kann es behaupten und kann mit einem andern wetten, daß meine Behauptung stimmt. Wir schließen dann einen Vertrag: Jeder verpflichtet sich für den Fall, daß seine Behauptung über das künftige Verhalten des Vogels nicht stimmt, einen Einsatz zu leisten: einen Geldbetrag oder gar den Kopf. Ich kann unter Umständen auch nicht beweisen, daß ich schneller laufen kann als ein anderer. Aber ich kann es behaupten, und ich kann mich mit dem andern auf eine Wette einlassen, die durch ein Wettrennen, einen Wettkampf ausgetragen wird. Damit sind zwei Grundformen der Wette skizziert. Im einen Fall entscheidet über den Ausgang ein von den Wettenden unabhängiger Vorgang oder Sachverhalt; im andern Fall die Kräfte der Wettkämpfer. In beiden Fällen aber sind sich die Beteiligten über den Ausgang im Ungewissen, in beiden Fällen ist ein Moment der Unberechenbarkeit im Spiel. Zwar sind Nuancen zu unterscheiden. Einmal sprechen massive Vermutungen für diesen oder jenen Ausgang, das andere Mal aber lassen sich überhaupt keine begründeten Vermutungen anstellen. Stets aber gehört zur Wettsituation ein Stück Unberechenbarkeit. Nicht zuletzt darin liegt der Reiz des Wettens. Darin aber ist es auch begründet, daß eine auf Berechenbarkeit eingestellte Rechtsordnung ihre Rechtsschutzeinrichtung den Wettenden nicht zur Verfügung stellt, daß Wetten der Mißbilligung der billig und ordentlich denkenden Bürger unterliegt.[49] Je größer der Einsatz und je geringer die Berechenbarkeit ist, desto größer die Mißbilligung, die dem Vorgang zuteil wird. Wer seinen Kopf dafür einsetzt, daß ein gänzlich unberechenbarer Ereignisablauf eintrete, gilt als Frevler. Ernst und Unernst treten in einem solchen Fall in unseren Augen in eine unerträgliche Diskrepanz. Zwar hat auch der gewissenhafte Kaufmann mit Unberechenbarem zu rechnen, aber er sucht sein Risiko zu minimalisieren, während der Wettende das Risiko geradezu provoziert, indem er den Reiz des Unberechenbaren sucht und die Fesseln einer berechenbaren Welt sprengt.

Bärlach und sein Kompagnon befanden sich in einer echten Wettsituation, insofern sie ihre antithetischen Behauptungen nicht zu beweisen vermochten. Ob um der Dummheit der Menschen und der Wirkkraft des Zufalls willen Verbrechen ungeahnt und ungeahndet bleiben oder ob sie eben aus diesem Grunde aufgedeckt werden, ist eine offene Frage. Ob es das Recht in Wirklichkeit gibt – unverwirklichtes Recht ist kein Recht –, ist ebenfalls eine offene Frage. Für die eine wie die andere Antwort spricht gleich viel oder gleich wenig. Wer Gewißheit sucht, muß sich auf die Wette in Gestalt eines Wettkampfes einlassen, der eine für das Recht, der andere dagegen. Die Wettenden empfinden ihre Wette als Ruchlosigkeit, als „eine teuflische Versuchung des Geistes durch den

Geist". Worin besteht die Ruchlosigkeit? Wohl nicht einfach darin, daß ein Einsatz ins Ungewisse gewagt wird, sondern darin, daß das Recht selbst zum Gegenstand des Wettens wird, das Recht, das zumindest heute die Wette als unseriöses, leichtfertiges Tun disqualifiziert. Dann aber liegt die teuflische Versuchung des Geistes durch den Geist auch darin, eine Wette abzuschließen, deren Vollzug ein Verbrechen erfordert. Als Versucher erscheint nicht etwa der Abenteurer, sondern der biedere Bärlach. „Deine Biederkeit kam nie in Gefahr, versucht zu werden, doch deine Biederkeit versuchte mich. Ich hielt diese kühne Wette, in deiner Gegenwart ein Verbrechen zu begehen, ohne daß du imstande sein würdest, mir dieses Verbrechen beweisen zu können."[50] Bärlach hatte die Wette zunächst nicht recht ernst genommen. „Ich dachte nicht . . ., daß diese Wette einzuhalten einem Menschen möglich wäre."[51] In dem Moment, in dem es sich erweist, daß der andere sie einhält, daß er einen Unbekannten ohne ein anderes Motiv als das der Wette vor seinen Augen umbringt, zieht er sich indessen nicht damit aus der Affäre, daß er die Verbindlichkeit des Wettvertrages bestreitet, daß er sich darauf beruft, er habe lediglich eine Scherzerklärung abgegeben. Nein, er weiß sich durch den Vertrag verpflichtet, sein ganzes Leben dafür einzusetzen, den Wettkampf zu gewinnen. Würde er ihn verlieren, so wäre eben erwiesen, daß es kein Recht gibt, daß das Gute und das Böse gänzlich dem Belieben, dem Übermut der Menschen ausgeliefert sind. Gastmann erklärt Bärlach triumphierend, daß er bald im Dunkeln, bald im Licht glänzender Positionen sein Leben gelebt habe „aus Übermut das Gute übend . . . und wieder aus einer anderen Laune heraus das Schlechte liebend. Welch ein abenteuerlicher Spaß!"[52] Von ihm wird gesagt, was er von sich selbst behauptet, daß er das Gute ebenso aus einer Laune tue wie das Schlechte, daß er das Böse nie tue, „um etwas zu erreichen, wie andere ihre Verbrechen begehen, um Geld zu besitzen, eine Frau zu erobern oder Macht zu gewinnen", daß er es tue, wenn es sinnlos sei, daß für ihn jederzeit das Gute wie das Böse möglich sei und der Zufall, bzw. seine Laune über die Wahl entscheide. Er wird als ein Mensch charakterisiert, der *eine* Seite des Bösen verkörpert: „Bei ihm ist das Böse nicht der Ausdruck einer Philosophie oder eines Triebes, sondern seiner Freiheit: der Freiheit des Nichts."[53] Die andere Seite des Bösen verkörpert der bereits erwähnte SS-Arzt Emmenberger, der durch den Trieb zu foltern und zu morden sowie von einer entsprechenden Philosophie geprägt ist und der die Freiheit nicht im Spiel mit den Möglichkeiten, sondern allein in der Notwendigkeit zu quälen und zu vernichten erfährt. Dürrenmatt konfrontiert Bärlach mit den zwei Grundtypen des „radikal Bösen", die in Gegensatz zu den Typen des trivial Bösen, des zweckbestimmten Bösen gestellt werden. Man könnte einwenden, daß der Ausgang des Wettkampfes zwischen Gastmann und Bärlach aufs Ganze gesehen keinerlei Beweiswert besitze, daß es neben dem einen Fall, in dem Willkür über das Recht siege, unzählige Fälle gebe, in denen das Recht über die Willkür siege, daß die Dunkelziffer des Verbrechens über Bestand und Geltung des Rechtes im Ganzen nichts aussage. Diesen Einwand könnte man mit dem Hinweis entkräften, daß in der Geschichte vom Wettkampf nicht die Geschichte von Einzelmenschen, sondern der Widerstreit von Prinzipien, von Ideen, der Rechtsidee und ihrer Antithese gemeint sei, daß die Individualität der beschriebenen Einzelmenschen angesichts des Allgemeinen, das in ihnen Gestalt findet, nur von untergeordneter Bedeutung sei; und der Ausgang ihres Wettkampfes somit einen allgemeinverbindlichen Aussagewert besitze. Dieser Deutung steht jedoch die Feststellung Bärlachs entgegen: „Ich habe es mit einem wirklichen Gastmann zu tun ..., mit einem Menschen, der bei Lamlingen auf der Ebene des Tessenberges wohnt und Gesellschaften gibt, die einem Polizeileutnant das Leben gekostet haben."[54]

Zwar ist Gastmann keine Durchschnittserscheinung, sondern eine „extreme Natur", aber er ist ein wirklicher Mensch, dessen raumzeitliche Existenz nicht zur Folie eines allgemeinen Prinzips abgewertet werden darf. Das gleiche gilt mutatis mutandis für Bärlach. Ihr Wettkampf ist nicht nur Allegorie eines Allgemeinen. Er muß als konkret individueller Vorgang verstanden werden. Er zeigt, daß die Frage nach dem Recht nicht eine Allerweltsfrage ist, die von einem „Jedermann" beantwortet werden kann, und daß Bestand und Geltung des Rechtes nicht von irgendwelchen kollektiven „Zwängen", Routinen und Gewohnheiten, Institutionen und Organisationen gesichert ist, sondern von Einzelmenschen verantwortet werden muß, und daß er sich nicht damit beruhigen kann, das Rechte geschehe ja ohne ihn und ohnehin in anderen Fällen, sondern daß es vielmehr in seinem konkreten Fall ums Ganze gehe. Der Wettkampf zeigt ferner, daß die Frage nach dem Recht nicht in abstracto und niemals mit „theoretischer Gewißheit" beantwortet werden kann, daß da, wo die biedere Rechtsgläubigkeit aufgebrochen wird, wo die Möglichkeit, daß Willkür statt Recht geschieht, als je gegebene konkrete und eminente Gefahr erfahren wird, allein das Engagement aufs Ungewisse hin die Antwort zu erbringen vermag. Und er zeigt schließlich – und das ist das Wichtigste –, daß derjenige, der sich auf die Wette einläßt, sich zugleich auch auf die Möglichkeiten des Verbrechens einläßt und den bösen Willen seines Gegenspielers im Grunde mit in seinen eigenen Willen aufnimmt, daß er somit im Kampf für Recht ins Unrecht verstrickt ist. Dazu Bärlach: „Unser Spiel ... können wir nicht aufgeben. Du bist in jener Nacht in der Türkei schuldig geworden, weil du die Wette geboten hast, Gastmann, und ich, weil ich sie angenommen habe."[55] Die Formel vom Wettvertrag bringt mit präziser Anschaulichkeit die Einsicht des greisen Bischofs von Münster, so wie die Romulus' des Großen zum Ausdruck, daß das Recht nur im Wissen um die Verstrickung mit dem Unrecht und um die Verkettung mit dem, der das Recht leugnet, verwirklicht werden kann. Bärlach ist nur deshalb kein Rechtsfanatiker, dessen Selbstgerechtigkeit in ihren Auswirkungen genauso unheilvoll ist wie der böse Wille und die böse Tat, weil er weiß, daß er, indem er Gastmann verurteilt, sich selbst verurteilen muß. Der Rechtsverwirklichungsprozeß schließt somit kontradiktorisch aufeinander angelegte Momente ein: einmal den gebieterischen Impetus, den Mörder zu stellen, zu überführen und so dem Recht bedingungslos Geltung zu verschaffen; zum andern aber den Gegenimpetus zur Selbstbescheidung, zur Zurücknahme des zornig-pathetischen Rechtsbehauptungswillens, zur Selbstkritik im Sinne des Eingeständnisses der Fragwürdigkeit der eigenen Position, des Eingeständnisses der eigenen Schuldverstrikkung, der Ungewißheit des Ausgangs. Rechtsverwirklichungswille zur direkten Aktion, zur unreflektiven Machtanwendung, zur Entscheidungsunfähigkeit. Einmal scheitert das Recht an der Überspannung, das andere Mal an der Lähmung des Verwirklichungswillens. Die einen schreiten bedenkenlos zum Vollzug und neigen zur Lynchjustiz, die anderen aber scheuen sich, den ersten Stein zu werfen, weil wir allemal schuldig sind. Begreift man dagegen beide Momente in dialektischer Spannung, so kann der Raum entstehen, in dem das Gebotene verwirklicht wird, ohne daß es im Verwirklichungsakt selbst schon verfehlt werden muß.

Gerade an dieser Stelle aber wird die Frage noch einmal dringlich, ob Bärlachs Verhalten das geforderte Maß erfülle. Zwar ist er frei von jeder Selbstgerechtigkeit, die den Rechtsverwirklichungswillen im Ansatz diskreditiert. Er erkennt seine Mitverantwortung an den Verbrechen, die er bekämpft. Muß ihm allein deshalb ein Freibrief für sein Spiel mit dem positiven Recht ausgestellt werden, weil er Gastmann einer Tat überführt, die dieser vielfache Untäter nicht begangen hat und weil er den wirklichen Täter zum Werkzeug und Henker einsetzt und ihn dann dem Selbstgericht überantwortet? Kann man den Wettkampf ums Recht mit gezinkten Karten und falschem Schuldbeweis überhaupt gewinnen? Liegt nicht eine unerträgliche Widersprüchlichkeit darin, daß die Verwirklichung des Rechtes den Schuldbeweis in der Dimension der Öffentlichkeit, des positiven Rechtes und mit der Folge einer rechtskräftigen Erkenntnis fordert, andererseits aber ein falscher Beweis genügt, um den Fall „juristisch" zu bereinigen? Es liegt nahe, die Situation, in der sich Bärlach befindet, als *Ausnahmesituation* zu bezeichnen und ihm ein Ausnahmerecht zuzubilligen: Sein Gegner ist kein gewöhnlicher Verbrecher. Er sucht das radikal Böse in Gestalt der Willkürfreiheit zu verwirklichen. Seine Biographie zeigt, daß er sein Spiel als Dunkelmann und als ordenbehängter Kompetenzträger gleicherweise zu spielen vermag. Wenn Bärlach von der Bühne abtreten muß, ohne ihn gefaßt zu haben, so eröffnen sich unabsehbare Gefahren. Bärlach muß handeln, und er kann nur handeln, indem er zu außerordentlichen Mitteln greift. Der Griff nach den außerordentlichen Mitteln erweist sich als Ultima ratio. Er könnte sich allenfalls auf Staatsnotrecht wie auf Widerstandsrecht berufen. Auf Staatsnotrecht als Träger einer Kompetenz, auf Widerstandsrecht als selbstverantwortlicher Bürger.[56] Seine Position ist derjenigen des Kaisers Romulus vergleichbar, der seine Kompetenz und sein Bürgerrecht dazu nützt, den Untergang des durch Verbrechen korrumpierten Reiches zu beschleunigen. Aber Romulus versucht den Ausbruch aus der Verstrikkung, die Bereinigung der Lage, die Tilgung der Kollektiv- wie der Individualschuld und so die reine Verwirklichung des Rechtes im Untergang. Für Bärlach geht es nicht um große Bereinigung und Selbstreinigung. Er ist kein heroischer „Ausmister". Sein „Sieg" über den Rechtsbrecher befreit ihn nicht von der Mitverantwortung am Rechtsbruch. Er erfährt sich nicht als derjenige, dem es zukommt, das eigentliche Recht im Widerspruch und Widerstand gegen das uneigentliche positive Alltagsrecht zu verwirklichen. Seine Aktion „offenbart" nicht, daß das, was öffentlich als Recht bezeichnet wird, in Wahrheit kein Recht ist. „Sein" Recht ist im strikten Sinne des Wortes Ausnahmerecht. Er bestätigt die Regel. Im Gegensatz zu Romulus – in seiner heroischen Phase – bestreitet er der lex lata, der staatlich gesetzten Rechtsordnung nicht das „Lebensrecht", weil in ihr Zweideutigkeiten, ja, eindeutiges Unrecht zur Geltung kommen können. Er weiß, daß Rechtsverwirklichung nur in der Dimension der Öffentlichkeit, der Normalität geschehen kann. Der bürokratische Amtsbetrieb, Aktenkriege und Ressortpedanterie sowie politische Rücksichtnahmen, mühsame Alltagsroutine und das Spiel mit den Formalien gehören dazu. Wie leicht die Öffentlichkeit und die öffentliche Meinung pervertiert werden können, zeigt – wie wir sahen – die Komödie *Der Besuch der alten Dame*, in der geradezu unter den Augen der Vertreter der Öffentlichkeit und im sogenannten öffentlichen Interesse unbemerkt ein Mord begangen wird.[58] Die Grotesken der Ressortpedanterie werden vor allem im *Herakles* dem Gelächter preisgegeben.[59] Das Recht muß in der Dimension der Öffentlichkeit und der Normalität verwirklicht werden, aber es kann jederzeit an der Stumpfheit der Normalität und der flüchtigen Beweglichkeit der Öffentlichkeit scheitern. Der Fall Gastmann muß aktenmäßig und lege artis abgeschlossen werden. Daß er unter falscher Flagge abgeschlossen wird, erweist die Dimension des positiven Rechts als diejenige der Zweideutigkeit, nicht aber als Bereich des eindeutig Unwesentlichen im Gegensatz zum Wesenhaften, das eben im geheimen geschieht. Bärlachs außergewöhnliche Aktion ist zudem ebenfalls nicht frei von Zweideutigkeit und Fragwürdigkeit, so daß das im Rahmen der Normalität und Öffentlichkeit Geschehende nicht von der Position des Außergewöhnlichen abgewertet werden kann. Andererseits ist es keineswegs so, daß nur für den Ausnahmefall die Rechtsverwirklichung in die Verantwortung des einzelnen gestellt wird. Schließlich noch dies: Bärlachs „außergewöhnliche" Aktion ist eine Aktion, die allein angesichts des Todes, die „am Ende" gerechtfertigt ist. Sie bringt die Alltäglichkeit des Rechts in Gestalt der Fragwürdigkeit und Endlichkeit zum Ausdruck.

4. Nachspiel

Kein Wunder, daß Friedrich Dürrenmatt sich gerade als Zeichner mit den Erscheinungsformen des Labyrinthes befaßt.[60] Manchem mag sein Werk labyrinthisch vorkommen. Ob es gelungen ist, mit Hilfe des Ariadnefadens einen sicheren ersten Durchgang zu meistern, sei dahingestellt. Bei einem zweiten Versuch mag manches einfacher wirken. Der Ariadnefaden ist Dürrenmatts dramaturgische Spieltheorie. Sie faßt Spiel nicht als Unterhaltungs-, sondern als Erhaltungsspiel auf. Die Menschheit ist auf Spielregeln sowie auf die distanzierte Haltung von Spielern und Dramaturgen angewiesen. Damit ist nicht die Auflösung in Unverbindlichkeiten, in artige Pluralismusvorstellungen gemeint. Einmal geht es darum, den Widerspruch von Spiel und politischer Verantwortung auszuhalten. Das ist die Quintessenz des Mainzer Monstervortrages. Dann geht es darum, den Widerspruch zwischen der persönlichen Schulderfahrung und den Rotationen des Gerechtigkeitsgeredes und der Gier nach Macht und Reichtum auszuhalten. Das ist allein in Gestalt der Tragikomödie möglich. Damit wird die Quintessenz des Besuchs der alten Dame sichtbar.

Schließlich geht es darum, den Versuchungen des Nihilismus und des Totalitarismus zu widerstehen und die Wette für das Recht im Wissen um die Verstrickung ins Unrecht zu wagen. Zeigt der Besuch der alten Dame den einzelnen groß nur im Sterben, so zwingt der Roman den einzelnen dazu, aus einer Position der Schwäche und in einer extremen Lage, sein Leben und fragwürdige Mittel einzusetzen. Im Sterben wie im Leben ist der einzelne einsam. Die Heroik wird in beiden Fällen durch die absurde Dramaturgie ausgeschlossen.

Mit diesem Konzept sind Sachaussagen verbunden:

1) Die Menschen haben unter dem Gesichtspunkt der Selbsterhaltung Spielregeln nötig. Komplizierte Verhältnisse machen komplizierte Regelsysteme erforderlich, die auf ihre Tauglichkeit überprüft werden müssen. Komplexität schließt Flexibilität mit ein. Zu den Spielregeln gehört eine Instanz, die ihre Einhaltung kontrolliert und wohl auch Revisionsbedürfnisse feststellt.

2) Man kann diesen Regelsystemen das *positive* Recht gleichsetzen, welches das alltägliche Zusammenleben möglich macht, indem es die Stellung der einzelnen Bürger sichert, die Zuständigkeiten des Staates reguliert und Chancen für alle offenhält.

3) Das größte Risiko für das positive Recht als offenes System von Spielregeln sieht Dürrenmatt im Zug zur Ideologisierung, der fugendichten Rechtfertigung des jeweiligen Systems im Sinne des Patriotismus, des Sozialismus oder des Kapitalismus. Damit wird Offenheit durch Realitätsblindheit, das Fehlerkalkül durch Perfektionswahn abgelöst. Wir und Uns treten an Stelle der ständigen Auseinandersetzung zwischen existentiellem Ich und der Logik der Allgemeinheit, Orthodoxie an Stelle der Paradoxie.

4) Damit wird deutlich, daß Dürrenmatt seine Spieltheorie keineswegs mit Beliebigkeit identifiziert. Spiel als Produkt der Reflexion und nicht als Ergebnis des Spieltriebes ist Erhaltungs- und nicht Unterhaltungsspiel. Es beruht auf Konsens und der Orientierung an den Prinzipien von Freiheit und Gleichheit und damit auf den Grundwerten der Mitmenschlichkeit, von denen aus Brutalität und List grundsätzlich diskriminiert sind. Insofern ist das Erhaltungsspiel am Prinzip der Wiedergutmachungs- und an der Verteilungsgerechtigkeit orientiert.

5) Dennoch: Die Leitprinzipien, Maximen und Grundsätze des praktischen juristischen Handelns bilden für Dürrenmatt nicht den Schwer-

punkt der Problematik. Sie haben eine gewisse Evidenz für sich. Problematisch ist ihre Verwirklichung. Wie macht man das, daß das Miteinander menschlicher wird? „*Wie*" ist Dürrenmatts beunruhigende Grundfrage. Sie ist es, welche die Spielszene vom Druck der Ideologie immer wieder freimacht, die neue Spieleinsätze ermöglicht und den Blick für Schuldverstrickung und Endlichkeit offenhält. Alltäglichkeit, Endlichkeit und Fragwürdigkeit sind die Kategorien, die Recht und Gerechtigkeit sichtbar machen und die rechtliche „Instanz" in die nüchterne Verwaltungsalltäglichkeit bringen, deren Routine allerdings durch besondere Einsätze durchbrochen werden muß.

Ich habe noch ein Versprechen einzulösen: die Geschichte zu entschlüsseln, mit der Dürrenmatt *sein* Versprechen einlöst, nämlich daß seine Geschichte nicht nur von der Gerechtigkeit, sondern auch vom Recht handelt. Ganz am Schluß fällt dies relativ leicht. In einem Satz zusammengefaßt: Die Geschichte zeigt, daß jurisprudentia nichts anderes als die Geschicklichkeit der Juristen meint, den Mächtigen zu ihrem Recht zu verhelfen. So wird auch an der Fragwürdigkeit der Juristen die Fragwürdigkeit des Rechtes demonstriert.[61]

Anmerkungen

1 Friedrich Dürrenmatt, *Monstervortrag über Gerechtigkeit und Recht, nebst einem helvetischen Zwischenspiel (Eine kleine Dramaturgie der Politik)*, Zürich 1969, S. 7.

2 A. a. O., S. 8.

3 A. a. O., S. 7.

4 „. . .so möchte ich die Lage definieren, in die ich geraten bin: dramaturgisch gesehen, bloß mit dem Fall vergleichbar, der etwa einträte, wenn Dutschke plötzlich regieren müßte. Greifen wir nicht vor. Taktisch habe ich komödiantisch akademisch zu sein, das heißt, ich habe als Komödiant von Geschichten ausgehend, diese so kompliziert zu behandeln, daß Sie als Akademiker das Gefühl haben, einem akademischen Vortrag beizuwohnen." (A. a. O., S. 9 f.)

5 A. a. O., S. 8.

6 Formal teilt Dürrenmatt seinen Vortrag in *zwei* Geschichten auf: Eine lange und eine kurze. Die kurze betrifft das Recht, die lange die Gerechtigkeit. Der Sache nach handelt es sich um vier Geschichten (a. a. O., S. 54).

7 A. a. O., S. 11.

8 A. a. O., S. 11 f.

9 A. a. O., S. 11.

10 A. a. O., S. 19.

11 A. a. O., S. 21.

12 Der *existentielle* Begriff begreift die Individualität; mit dem *logischen* Begriff, der ermittelt werden muß, ordnet sich der Mensch den anderen Menschen zu und klammert sich als Individualität aus.

Das Verhältnis zwischen beiden Begriffen ist paradox, so wie das Verhältnis zwischen Freiheit und Gerechtigkeit „problematisch" ist. Die Verabsolutierung der Freiheit bewirkt eine Dschungel-Hölle, diejenige der Gerechtigkeit eine Gefängnis-Hölle. „Die unmögliche Kunst der Politik besteht darin, die emotionale Idee der Freiheit mit der konzipierten Idee der Gerechtigkeit zu versöhnen" (a. a. O., S. 42). Der Versuch, eine gerechte Gesellschaft vom Individuum her zu konstruieren, führt zum Wolfsspiel. Das Umgekehrte gilt für das Gute-Hirte-Spiel.

13 A. a. O., S. 98.

14 A. a. O., S. 100.

15 Vgl. Friedrich Dürrenmatt, *Komödien I*, Zürich 1957, S. 269 ff.

16 A. a. O., S. 283.

17 A. a. O., S. 290 f.

18 A. a. O., S. 291.

19 A. a. O., S. 292.

20 A. a. O., S. 295.

21 A. a. O., S. 293 f.

22 A. a. O., S. 281. Auf die Bemerkung der alten Dame, daß man die Todesstrafe vielleicht wieder einführen werde, meint Ill lachend: „Wildkätzchen! Was Du für ausgelassene Witze machst!"

23 A. a. O., S. 293.

24 Besonders eindrucksvoll ist die Szene mit den neuen gelben Schuhen (a. a. O., S. 302 f.). Natürlich wird Ill nicht offen am Besteigen des Zuges gehindert (a. a. O., S. 317).

25 A. a. O., S. 335 ff.

26 A. a. O., S. 333.

27 A. a. O., S. 352.

28 A. a. O., S. 333.

29 A. a. O., S. 331.

30 Vgl. a. a. O., S. 331 f.

31 A. a. O., S. 333.

32 Vgl. Friedrich Dürrenmatt, *Nachwort zum Besuch der alten Dame*, Zürich 1956, S. 102.

33 Vgl. Friedrich Dürrenmatt, *Komödien I*, a. a. O., S. 90 ff.

Die Hinrichtung, besser gesagt der Mord, erscheint der Gemeinde als kein Akt, durch den Unrecht wiedergutgemacht wird. Chor I: „Ungeheuer ist viel ..."

Chor II: „Doch nichts ungeheurer als die Armut ..."

34 Vgl. *Überlegungen zur tragikomischen Struktur in Dürrenmatts ‚tragischer Komödie' Der Besuch der alten Dame*, in: *Person und Amt, Peter Schneider zum 60. Geburtstag, dem Präsidenten zum Abschied*, 1980, S. 221 ff.

35 Vgl. *Nachwort,* a. a. O., S. 102.
36 Freilich: Dinah Brandt ist nicht starr, steinern, sondern quallig und sumpfig.
37 Vgl. Friedrich Dürrenmatt, *Der Richter und sein Henker,* Hamburg 1957, S. 80 f.
38 A. a. O., S. 82.
39 A. a. O., S. 86.
40 A. a. O., S. 64.
41 A. a. O., S. 131.
42 A. a. O., S. 146 f.
43 Vgl. Friedrich Dürrenmatt, *Das Versprechen. Requiem auf den Kriminalroman,* Zürich 1980, S. 14.
44 Vgl. Friedrich Dürrenmatt, *Der Verdacht,* Zürich 1986, S. 110.
45 A. a. O., S. 109 f.
46 A. a. O., S. 113.
47 In Friedrich Dürrenmatts *Romulus der Große, Komödien I,* a. a. O., sagt Romulus zu Odoaker: „Versuche, Sinn in den Unsinn zu legen, in diesen wenigen Jahren, die dir bleiben, die Welt neu zu verwalten. ... Es werden einige Jahre sein, die die Weltgeschichte vergessen wird, weil sie unheldische Jahre sein werden – aber sie werden zu den glücklichsten Jahren dieser wirren Erde zählen" (S. 83). Gegenstück zu einer treuverwalteten, friedlichen, unheroischen Welt ist das einst mächtige Rom, das sich selbst verraten hat: „Es kannte die Wahrheit, aber es wählte die Gewalt, es kannte die Menschlichkeit, aber es wählte die Tyrannei" (S. 67). Nach Romulus hat Rom sein Existenzrecht, sein Recht auf Verteidigung verloren. Es hat seine „Staatlichkeit" verwirkt. Damit wird der Vorrang des Rechts gegenüber der Staatsmacht behauptet und die Folgerung gezogen, daß die Unrechtsstaatlichkeit im äußersten Fall den Staatsuntergang bewirkt. Doch der Germane Odoaker akzeptiert die Untergangsthese und die heroische Bereitschaft des letzten Kaisers, mit unterzugehen, nicht. Es kommt eine komödiantische translatio imperii zustande.
48 Vgl. Friedrich Dürrenmatt, *Der Richter und sein Henker,* a. a. O., S. 44 ff.; S. 56 ff.
49 Bei Dernburg, *Pandekten,* 2. Bd., Berlin 1889, S. 278 heißt es: „Das Spiel steht im Gegensatz zu ernsten, dem Leben und der Gesellschaft nützlichen Beschäftigungen." Das gilt auch für die Welt, wenn man sie unter den Begriff des Spiels subsumiert. Das geschieht jedoch offenbar nicht vorbehaltlos. Dernburgs Ausführungen zur Wette sind bemerkenswert: „Auch bei Wetten handelt es sich um Wagen und Gewinnen unter entgegengesetzten Bedingungen. Aber ihr Zweck ist nicht, zu spielen. Wetten geschehen vielmehr im Meinungskampf zur Erhärtung des Ernstes der entgegengesetzten Behauptungen der Wettenden, wie auch zur Herbeiführung einer Entscheidung über dieselben" (a. a. O., S. 280). Freilich ist der Übergang von ernsthaften Wetten zu leichtfertigen Wetten und damit zum Spiel mit einzukalkulieren. Die „spielerische" Natur der Wette bei Dürrenmatt ist wohl nicht zu bezweifeln. Oder doch? Steht hinter dem Vertragsvollzug nicht die ernste Frage nach der Wirk-

lichkeit des Rechtes? Das geltende Recht versagt Aussprüchen aus Spiel und Wette die Sanktion.

50 *Der Richter und sein Henker*, a. a. O., S. 84.

51 A. a. O.

52 A. a. O., S. 86 f.

53 A. a. O., S. 103 f.

54 A. a. O., S. 104.

55 A. a. O., S. 123.

56 Die Berufung auf Staatsnotrecht dürfte auf Bedenken stoßen. Wenn der einzelne Träger von Polizeigewalt auf Staatsnotrecht als auf eine ungeschriebene Ermächtigung zurückgreifen könnte, Gewalt gegen Recht für höheres Recht einzusetzen, so wäre dadurch der Rechtsstaat im Kern getroffen. Eine solche Ermächtigung bedeutete auch die Zerstörung des Hierarchieprinzips. Freilich, die Ausnahmelage, in welcher sich Bärlach befindet, ist durch das Versagen der Vorgesetzten hervorgerufen worden. Für Bärlach gibt es keinen der Hierarchie adäquaten Ausweg. Auch die Berufung auf das Widerstandsrecht ist nicht unbedenklich. Bärlach könnte sich z. B. auf Art. 20 IV GG berufen, wonach das Widerstandsrecht des einzelnen Deutschen gegen jeden, der es unternimmt, die Ordnung des GG zu beseitigen, eingesetzt werden kann, „wenn andere Abhilfe nicht möglich ist". Abgesehen davon, daß es zweifelhaft ist, unter welchen Umständen der Amtsträger auf das Bürgerrecht „umsteigen" darf, muß als primäre Stoßrichtung des Widerstandsrechts die Staatsgewalt gelten. Die Gefahr selbsternannter Bürgerwehren ist nicht zu unterschätzen.

57 Vgl. Friedrich Dürrenmatt, *Komödien I*, a. a. O., S. 7 ff.

58 A. a. O.

59 A. a. O.

60 Vgl. *Bilder und Zeichnungen*, Zürich 1980, *Labyrinth I – III*, 59–61. Vgl. auch *Die Welt als Labyrinth, Ein Gespräch mit Franz Kreuzer*, Zürich 1986.

61 Reizvoll ist es, das Gesamtergebnis unserer Interpretationsbemühungen um ein Verhältnis zu dem, wie der Autor angibt, „vergessenen" Roman *Justiz* (Zürich 1985) zu setzen. Wirft der Roman ein neues Licht, in den das bisher bekannte Werk neu zu lesen ist, oder fügt er nur Bekanntes hinzu? Meines Erachtens ist das letztere der Fall. So erkennt man das vertraute Muster des „Teufelspaktes" (a. a. O., S. 88). Freilich, die Chancenverteilung sieht anders aus als diejenige, welche den „teuflischen Weltvertrag" zwischen Gastmann und Bärlach bestimmte. Bei Gastmann und Bärlach kann von Chancengleichheit gesprochen werden. Davon kann in „Justiz" keine Rede sein. Auf der einen Seite steht der mächtige Kantonsrat, der das Billardspiel, das Spiel mit der „Bande", das indirekte Spiel perfekt beherrscht. Auf der anderen Seite steht ein junger Rechtsanwalt. Er ist das Produkt einer freundlichen, humanen Waisenhauserziehung. Vom Billardspiel versteht er nichts. Er setzt auf „Gerechtigkeit", darauf, daß Mord Strafe nach sich ziehen muß. Der mächtige Kantonsrat hat gemordet. Letztendlich aber wird er freigesprochen. Der junge

Rechtsanwalt hat seinen Beitrag zum Versagen der Justiz geleistet. Er fühlt sich verpflichtet, die Gerechtigkeit in die eigene Hand zu nehmen. Doch er versagt seinerseits. Er wird zum Clown. Der Kantonsrat überlebt. Und wir erleben als Leser, daß der freigesprochene Mörder von Franz Josef Strauss empfangen wird. Bärlach gewinnt mit fragwürdigen Mitteln. Der junge Rechtsanwalt verliert mit unzureichenden Mitteln. Er ist ein schlechter Spieler. Er verliert das Spiel um die Gerechtigkeit gegen einen Mann, dem es ausschließlich um das Kalkül der Effizienz geht. Zugleich scheitert seine Liebe zur Tochter des Mächtigen, die sich aus dem Bannkreis der Vatermacht nicht lösen kann. Alles in allem: Der junge Rechtsanwalt, der Waisenknabe verliert, weil er das Spiel nicht annimmt, weil er die Gerechtigkeit ernst nimmt und zwangsläufig zum Clown wird. Am Grundmuster ändert sich nichts.

II. Albert Camus: Das Paar

„Es gibt keine Gerechtigkeit, es gibt Grenzen."

1. Königreich und Exil

Albert Camus ist ein Pascal ohne Transzendenz. Mit Leidenschaft wehrt der „Fremde" das Angebot und die Botschaft des christlichen Glaubens ab, und das angesichts des Todes. Diese und nur diese Welt ist wirklich, und für den Tod gibt es keine Wiedergutmachung. Die Abwehr ist heftig und gipfelt in einem wütenden Ausbruch und in einem körperlichen Angriff auf den Geistlichen.[1] Dennoch faßt Camus die *Nouvelles* unter den Titel *L'exil et le Royaume,* womit ein Grundmotiv Pascals formuliert wird.[2] Der Mensch ist einem König im Exil vergleichbar. Der König im Exil lebt unter Konditionen, die seiner Herkunft nicht entsprechen. Daraus entsteht die schmerzliche Spannung, welcher der Mensch in dieser Welt ausgesetzt ist. Sie löst sich, wenn er in sein Königreich zurückkehrt. Janine, sie lebt unter dürftigen Verhältnissen, erlebt die Sternennacht:

„Devant elle, les étoiles tombaient, une à une puis s'étaignaient parmi les pierres du désert, et chaque fois Janine s'ouvrait un peu plus à la nuit. Elle respirait, elle oubliait le froid, le poid des êtres, la vie démente ou figée, la longue angoisse de vivre et de mourir ..."[3]

Dann kehrt sie zu ihrem Mann ins schäbige Quartier zurück. Der Mann erwacht, trinkt einen Schluck Mineralwasser. „Elle pleurait, de toutes ses larmes, sans pouvoir se retenir."[4]

Grandeur et misère sind so dicht ineinandergeflochten, daß es unmöglich ist, das eine vom andern zu lösen. So ist es und wird es sein. Da helfen keine Jenseitsträume. Das Königreich und das Exil sind in dieser einen unteilbaren Welt.

Wenn das so ist, was bleibt dann: Protest und Revolte, Verzweiflung, Machtwahn und Zerstörungswut, Routine oder Resignation, oder aber Annahme des Unabwendlichen, Mitmenschlichkeit und Mitbürgerlichkeit in der Gefahr der Selbstzerstörung, Moderation in der Dimension der Extreme?

Ich will dieser Frage in drei Interpretationen nachgehen.

2. Caligula

Caligula ist der Mächtige. Er verfügt über die fast grenzenlosen Machtmittel des Reiches. Er hat die Macht, zu töten, zu entehren und zu enteignen. Er entwirft den Plan, die Besitzenden der Pflicht zu unterwerfen, ihre Erben zu enterben und an deren Stelle den Staat einzusetzen und alsdann die Betroffenen nach Maßgabe einer willkürlich zusammengestellten und willkürlich zu handhabenden Liste je nach Kassenlage hinrichten zu lassen. Er entehrt einen würdigen Patrizier, indem er ihn stets mit den Worten „ma chérie" anspricht. Er spuckt Olivenkerne in die Teller seiner Tischgenossen. Er zwingt sie zu lachen, unter ihnen Lepidus, dessen Sohn er hat hinrichten lassen. Und selbst von unwiderstehlichem Gelächter gepackt, ruft er:

„Non, mais regarde-les, Caesonia. Rien ne va plus. Honnêteté, respectabilité, qu'en dira-t-on, sagesse des nations, rien ne veut plus rien dire. Tout disparaît devant la peur."[5]

Dem einen nimmt er die Frau, den anderen, einen Greis, verurteilt er grundlos zum Tode. Er habe ein Gegengift zu sich genommen – dabei handelte es sich um ein Mittel gegen Asthma – und folglich ihn, Caligula, verdächtigt, daß er, der Cäsar, ihn habe vergiften wollen:

„Cela fait deux crimes, et une alternative dont tu ne sortiras pas: ou bien je ne voulais pas te fair mourir et tu me suspectes injustement, moi, ton empereur. Ou bien je le voulais, et toi, insecte, tu t'opposes á mes projects."[6]

Nachdem der Alte am Gift, das ihm Caligula eigenhändig einflößt, zugrunde gegangen und der Beweis erbracht ist, daß die Vorwürfe völlig haltlos waren, sagt Caligula:

„Cela ne fait rien. Cela revient au même. Un peu plus tôt, un peu plus tard ...“[7]

Er tritt als Venus auf, grotesk verkleidet, und verlangt, daß seine Gäste ihn anbeten. Er befiehlt, daß man ihm den Mond herbeischaffe. Er erwürgt seine Geliebte. Und schließlich wird er von den beleidigten, verlachten, terrorisierten und zur Verzweiflung getriebenen Patriziern, unter der Führung eines besonnenen, furchtlosen Mannes, ermordet. Ein klarer Fall von Cäsarenwahnsinn und Tyrannenmord, ein Drama, in dem nicht nur gezeigt wird, welche zerstörerischen Kräfte Macht entfesseln kann, sondern auch, daß dem Träger der Macht rechtmäßiger Widerstand entgegengesetzt werden kann. Ein Stück also, das erweist, daß Macht ohne Recht sich nicht halten kann und daß es eine Macht des Rechtes gibt! Dieses Deutungsschema bietet sich vom äußeren Gang der Ereignisse her ohne weiteres an. Aber ist es geeignet, den Sinn des Ganzen zu erschließen?

Was Caligula von jedem Privatmann unterscheidet, ist seine einzigartige Machtstellung, die es ihm erlaubt, sich jeden Wunsch sofort erfüllen zu lassen. In der Vielzahl seiner Wünsche scheint jedoch ein einziger zu dominieren: der Wunsch nach Macht, das heißt zugleich, der Wunsch, die anderen zu unterwerfen. Caligula nutzt seine Machtstellung weder um der Größe Roms oder der Größe Gottes, noch um der Idee der Gerechtigkeit oder des Friedens willen. Er nutzt sie zur Entfaltung seines persönlichen Machtwillens. Die Machtmittel des Cäsars – so scheint es wenigstens – dienen ihm ausschließlich zur Befriedigung seines Machttraumes, in dem er sich als Triumphator, als allmächtiger, als grenzenlos freier, an keiner Idee zu messender Gottmensch vorkommen mag. Das Gegenstück seiner Selbsterhöhung bildet die Erniedrigung der anderen. Er bezeichnet sie als Insekten, die vor ihm zu kriechen und ihn anzubeten haben. Sie sind nicht nur rechtlos, sondern erscheinen allesamt als schuldig; denn sie schulden ihm ihr Leben, und deshalb kann er sie nach Belieben depossedieren, entehren und töten. Sein Triumph spiegelt sich in ihrer Furcht und in ihrer Feigheit.

Wahnsinnig im medizinischen Sinne des Wortes ist Caligula nicht. Sein Verhalten ist trotz scheinbarer Inkonsequenzen, trotz der Vielzahl der Rollen, in denen er auftritt, der spielerischen Mannigfaltigkeit der Stimmungen, in denen er sich gibt, äußerst konsequent. Er weiß, was er will. Er gehört auch nicht zu den gewöhnlichen Tyrannen, welche je von einem Interesse oder einer Idee her zu interpretieren sind. So nimmt ihn denn auch sein Gegner, der besonnene Cherea, völlig ernst. Er achtet seinen Mut, seine Intelligenz, seine Unbestechlichkeit. Er bekämpft ihn aber als den radikalen Feind dessen, was ihm das Leben lebenswert erscheinen läßt. Wer, wie Caligula, kalt die Verwirklichung des Allmachttraumes betreibt, zerstört jenes Minimum an Sicherheit, Berechenbarkeit und Menschlichkeit, welches die Grundlagen des sogenannten Glückes der Menschen in der Welt ausmacht. Er unterschätzt den Feind nicht zuletzt auch deshalb nicht, weil er versteht, was ihn treibt. Auch er weiß um die versucherische Kraft des Machttraumes, dem kein Maß, keine Grenze gilt, dem keine Liebe, keine Freundschaft, kein Mensch wert ist. Cherea begibt sich zudem nicht in den Schutz großer Ideen wie Gerechtigkeit, Gleichheit und Freiheit. Er legitimiert seinen Widerstand am Maßstab des Gewöhnlichen, des Alltäglichen, des kleinen Glücks des Durchschnittsmenschen. Er ist ein guter Bürger, der sich von seinen Mitbürgern nur dadurch unterscheidet, daß er die Sache der Bürgerschaft und nicht zufällige Interessen, Sentiments und Ressentiments meint.

Ein Fall von Cäsarenwahnsinn liegt somit nicht vor. Es handelt sich offenbar um den Gegensatz zwischen dem Streben nach Allmacht, grenzenloser Freiheit, konsequenter Maßlosigkeit und bürgerlichem Maß und bürgerlicher Mäßigkeit. Aber es ist durchaus fraglich, ob Camus eindeutig Partei für Cherea und damit gegen Caligula, der für Cherea die Inkarnation des radikal Bösen ist, ergreift. Der junge Scipio, der Dichter, vermag sich weder für den einen noch für den anderen zu entscheiden. Er versteht beide. Gibt er beiden recht? Was aber könnte das Verhalten Caligulas rechtfertigen, und hat Cherea das Motiv dieses Verhaltens nicht ausreichend beschrieben?

Scipio liebt Caligula als einen Menschen, der ihm Gutes getan hat, der ihm Mut gemacht hat, der ihm zwar die Schwierigkeiten des Lebens nicht verhüllte, zugleich aber die tragenden Werte der Religion, der Kunst und der Liebe, welche das Schwere ausgleichen, deutete und ihn lehrte, daß es nur eine Form der Selbsttäuschung gebe, nämlich den Genuß am Leiden der anderen:

„Il voulait être un homme juste."[8]

Scipio erscheint die veränderte Verhaltensweise des Cäsar als unbegreifliche Abirrung. Er versucht ihn zu retten und auf den richtigen Weg, den

Weg des Rechtes zurückzuführen. Leidenschaftlich hält er ihm die Unmöglichkeit seiner Anordnung vor, wonach jeder seine Nachkommen zu enterben und den Staat zum Erben einzusetzen habe und dann auf Grund willkürlich zusammengestellter Listen Todesurteile ausgesprochen werden sollten, nur um die Staatskasse zu bereichern. Als unmöglich und dabei absurd erscheint ihm offenbar die mit der Anordnung gegebene totale Entrechtung der einzelnen. Kühl antwortet ihm Caligula:

„Justement! Il s'agit de ce qui n'est pas possible, ou plutôt il s'agit de rendre possible ce que ne l'est pas."[9]

Scipio:

„Mais c'est un jeu qui n'a pas de limites. C'est la récréation d'un fou."[10]

Caligula:

„Non, Scipion, c'est la vertu d'un empereur. Ah! mes enfants! Je viens de comprendre enfin l'utilité du pouvoir. Il donne ses chances à l'impossible. Aujourd'hui, et pour tout le temps qui va venir, ma liberté n'a plus de frontières."[11]

Das Unmögliche möglich machen heißt nichts anderes, als jegliche Grenzen zu überschreiten. Wer die Allmacht, die unbegrenzte Freiheit will, darf vor keiner Grenze zurückschrecken. Für ihn gelten keine unabdingbaren Menschenrechte. Ihm kann nichts heilig und unantastbar sein. Dem Allmachts-, dem grenzenlosen Freiheitswillen muß alles verfügbar gemacht werden, die Welt der Natur wie die Welt der Menschen.

Auch Scipio wird vom Allmachtswillen des Herrschers betroffen. Caligula ermordet den Vater des Freundes. Der Freund wird zum Feind. Er schließt sich der Fronde an. Er ist zum Tyrannenmord entschlossen. Aber es kommt nicht zur Tat, sondern erneut zur Aussprache. Caligula fragt den Dichter nach seinem jüngsten Werk. Widerwillig beginnt Scipio sein letztes Gedicht zu schildern. In wundersamer Einfühlung ergänzt Caligula die ersten Sätze, und, so möchte man sagen, im Wechselgesang entfalten sie beide das Gedicht. Ist das noch der vom Allmachtstraum Besessene, dem der andere nichts gelten kann? Ist das nicht wiederum der Freund von ehedem, der sich in den anderen einfühlt? Kalt setzt Caligula unversehens dem Traum der Freundschaft ein Ende: Das Gedicht war schön, aber es fehlt ihm das Blut. Das Einverständnis war monströses, virtuoses Spiel. Scipios Haß erwacht wieder, und er ruft dem monströsen Spieler zu:

„Wie schmutzig muß deine Einsamkeit sein."[12]

Schmutzige Einsamkeit! Eine solche also, welche reine Zuneigung des einen zum anderen beschmutzt und die Zerstörung der Mitmenschlichkeit voraussetzt. Es wäre demnach auch eine reine Einsamkeit denkbar, die eine Möglichkeit des Dialoges zwischen den Menschen, zwischen Mensch und Welt darstellen würde.
Darauf Caligula in schrecklichem Ausbruch:

„Die Einsamkeit, kennst Du sie, die Einsamkeit. Vielleicht die der Dichter und Machtlosen. Die Einsamkeit? Aber welche? Oh, Du weißt nicht, daß man niemals allein ist, daß überall das gleiche Gewicht der Vergangenheit und der Zukunft uns belastet. Die Getöteten sind mit uns. Das wäre noch zu ertragen. Aber auch diejenigen, die man geliebt und die man nicht geliebt hat, und das Bedauern und das Begehren, die Bitterkeit und die Süße, die Huren und die Clique der Götter ..."[13]

Caligula findet nicht Erfüllung angesichts der Erniedrigung der anderen. Er triumphiert nicht. Es bleibt ihm nicht verborgen, daß Allmacht und grenzenlose Freiheit nicht erreichbar sind. Der Wunschtraum wandelt sich zum Angsttraum. Was er zu besiegen sucht, erweist sich als stärker. Und dennoch trotzt er dem Unmöglichen. Er verschanzt sich in der Haltung der „Verachtung", Verachtung und nicht etwa Verzicht. Allmacht und grenzenlose Freiheit bleiben das Ziel, auf das hin Caligula sich begreift als der, der er ist. Verzicht bedeutet Verrat am Eigentlichen. Verachtung gilt dem Unvermögen und der Unmöglichkeit, das Eigentliche zu verwirklichen. Verachtung aber bedeutet nicht Weltverneinung im Sinne asketischer Zurückhaltung, sondern Weltvernichtung. Das wird am Beispiel des Tyrannen deutlich, dem Weltvernichtung im Sinn von Zerstörung faktisch möglich ist. In seiner Grundhaltung ist er dem machtlosen, dem weltverachtenden Bettler gleich.[14] Die zerstörerische Potenz dieser Grundhaltung wird durch seine äußere Machtstellung aktualisiert.

Caligula ist nicht der wahnsinnige Cäsar. Er ist kein Opfer des Machtrausches. Er ist nicht der Tyrann, welcher seine Machtmittel bis zum letzten nützt, um irgendwelche Wünsche oder die Gerechtigkeit oder die Größe Roms zu verwirklichen. Er ist auch nicht derjenige, der sich naiv selbst vergottet, indem er alle anderen erniedrigt und beleidigt. Er ist derjenige, der das, was ist und sein soll, verneint und zerstört, weil er auf das Ziel der Allmacht und der grenzenlosen Freiheit nicht verzichtet, obgleich er weiß, daß so, wie die Welt beschaffen ist, es nicht erreicht werden kann. Die Welt ist endlich. Sein Anspruch ist unendlich. Die Welt ist zeitlich, sein Anspruch zielt auf Ewigkeit. Caligula ist sterblich, er will Unsterblichkeit. Und deshalb erscheint ihm der Tod nicht als Erlöser, nicht als derjenige, der ihm schenkt, was das Leben ihm versagt. Und er zerstört die Welt nicht, weil sie ein Hindernis auf dem Weg zum großen Ziel, zum Tode darstellt. Er will den ewigen Tag, den Himmel, von dem die Sonne herabströmt, les fêtes sauvages, und zugleich den Mond, Frau Luna, das Urbild des Weiblichen, sie, die man gerade nicht zwingen kann. Beides will er und beides auf immer. Gegen dieses „auf immer" steht die Zeit, steht der Tod. So kann er denn auch nicht als Ausweg gelten. Wenn Caligula tötet, zerstört, vernichtet und verachtet, so nicht deshalb, weil er sich gegen das Leben und für den Tod entschieden hat, sondern deshalb, weil er die Unlösbarkeit des Konfliktes demonstriert, weil er dagegen protestiert, daß es ist, wie es ist. Seine Machtfülle dient ihm als Kanzel, von der aus er die einfache und bittere Wahrheit verkündet, daß die Menschen sterben müssen und nicht glücklich sind.

In dieser Sicht, es ist diejenige Scipios, erscheint Caligula als der Mensch, der in unerbittlicher Konsequenz, kompromißlos im Denken wie im Handeln, das Wesen der Condition humaine, die unzerreißbare, absurde Verbindung von Endlichkeit und Unendlichkeit zum Ausdruck bringt, der mit der Forderung nach dem großen und unteilbaren Glück – „Chasse du bonheur, qui fait les êtres pures"[15] – die Welt des kleinen Glücks, die Welt der Verzichtenden und Verzagenden, auf vorläufige Sicherheiten bedachten kleinen Leute in Frage stellt. Scipio versteht Caligula anders als Cherea ihn versteht: Cherea weiß, daß in ihm wie auch in Caligula der Wille zur Allmacht und zur grenzenlosen Freiheit wirkt; aber er hat diesen Willen verhüllt, „maskiert", verdrängt, um das bürgerliche Geviert der Welt nicht zu gefährden. So kann er jenen, der die Maske wegreißt, nicht lieben. Er muß ihn bekämpfen. Scipio als Dichter will dagegen die unverhüllte Wahrheit, und er muß Caligula lieben. Er kann ihn nicht bekämpfen. Aber er kann sich auch nicht mit ihm verbünden, nicht nur, daß Caligula keinen Verbündeten gebrauchen kann, sondern auch deshalb: Ist nicht die Tugend des Dichters das Verbrechen des Cäsar, so wie die Tugend des Bürgers das Verbrechen des Dichters wäre?

3. Der Fremde

Lassen wir die Frage zunächst unbeantwortet und wenden uns *L'Etranger*, der Geschichte eines unbedeutenden Mannes zu, der weder durch Charakter noch durch äußere Stellung ausgezeichnet ist.

Die Geschichte spielt in Algerien. Der Held – wie sonderbar klingt hier die Bezeichnung –, ein junger Arbeitnehmer, fährt zur Beisetzung seiner Mutter, die in einem Altersheim gestorben ist. Er ist ein in sich gekehrter Mann, der sein Gefühl nicht mitzuteilen gewillt ist. Er benimmt sich im Altersheim, an durchschnittlichen Erfahrungen gemessen, kühl und unbewegt. Zum Beispiel will er das Antlitz der Toten nicht sehen.[16] Nach der Beisetzung fährt er nach Casablanca zurück. Dort lernt er ein Mädchen kennen. Er geht mit ihr schwimmen und besucht mit ihr einen Fernandel-Film, alles unmittelbar nach dem Tode der Mutter.[17] Wen aber würde das interessieren, wenn der Unsichtbare nicht unvermutet in den Brennpunkt des öffentlichen Interesses gerückt würde? Durch einen Bekannten wird er in eine Auseinandersetzung mit Arabern verwickelt. Im Laufe dieses Streites sieht er sich bedroht; er schießt in Angst um sein Leben, und er erschießt seinen Gegner. Er wird verhaftet. Es kommt zum Prozeß, und wider alle Erwartung wird er zum Tode verurteilt. Den Ausschlag gaben im Grunde die Schlußfolgerungen, die aus seinem Verhalten nach dem Tode der Mutter auf seinen Charakter gezogen werden. Er gilt als kalter, gefühlsroher Mensch, dem man nicht glauben kann, daß er im gegebenen Falle in Notwehr oder vermeintlicher Notwehr gehandelt habe, dem vielmehr ein Mord ohne weiteres zuzutrauen ist. Das Urteil ist ein Fehlurteil.[18] Aber nicht nur das: Nicht allein das Gericht hat falsch, das heißt am Fall vorbeigeurteilt. Auch die anderen am Verfahren Beteiligten, ob sie für oder gegen den Angeklagten agieren, der Staatsanwalt wie der Verteidiger, vermögen nicht zu sehen, mit wem und mit was sie es zu tun haben. Der Täter und seine Tat entgehen ihnen. Er bleibt ihnen fremd, wie sie ihm fremd bleiben. Der Prozeß erscheint als Prozedur, die, wie auch immer sie ausgeht, das Eigentliche vernichtet, den Menschen heimatlos macht. Das Wesen dieser Prozedur wird in der Guillotine versinnbildlicht, die nur dann richtig funktioniert, wenn der zu Richtende bis zu einem gewissen Grad sich richtig verhält und mitspielt, indem er sich aufgibt.[19] Enthüllt diese Prozedur nicht das, was die Stellung des Menschen in der Welt überhaupt ausmacht, daß er ein Fremder ist und daß die Welt in grenzenloser Gleichgültigkeit um ihn herum existiert? Sie enthüllt die Wahrheit, derer der Mensch im alltäglichen Dahinleben nicht gewahr wird, daß sein Leben als ein Leben in der Fremde absurd ist. So müßte der Tod, ob er früher oder später eintritt, willkommen sein. Zumindest müßte es gleichgültig sein, wann er eintritt, gleichgültig, ob er auf ein Fehlurteil oder eine Krankheit zurückzuführen ist. Man erinnere sich der Bemerkung Caligulas, es sei gleichgültig, ob der alte Patrizier zu Recht oder zu Unrecht zum Tode verurteilt worden sei.[20] Wenn das Fehlurteil nur zutage bringt, daß der Mensch in einer fremden Welt fehl am Platze ist, dann erübrigt es sich, um Recht und Unrecht zu streiten. Angesichts der Fehlkonstruktion des Ganzen sind Recht und Unrecht gleichgültig. Wenn alles auf einem Mißverständnis beruht, löst sich der Gegensatz in Nichts auf.

Dies sind die Überlegungen des zum Tode Verurteilten. Sie führen zu dem Ergebnis, daß er eigentlich das Urteil akzeptieren und eine mögliche Begnadigung zurückweisen müßte. Aber er eröffnet eine Gegenrechnung: wie würde er reagieren, wenn er tatsächlich begnadigt würde? Allein der Gedanke erfüllt ihn mit einem überwältigenden Glücksgefühl: das Meer, der Himmel, die Sonne, die Geliebte. Angesichts des Lebens erscheint der Tod akzeptabel, angesichts des Todes das Leben wunderbar, herrlich, der Tod als Vernichter.[21]

Die Übereinstimmungen mit der Problematik des Caligula sind deutlich erkennbar: Der Mensch erkennt, daß zwischen der Wirklichkeit seines Glücks- und Lebenswillens und der Wirklichkeit des Todes eine unüberwindbare Diskrepanz gegeben ist, von der aus das Leben als absurd und der Tod nicht als Erlösung gewertet werden kann.

Unwillkürlich fragt man sich, ob die Insistenz, mit der Camus den Lebenswillen mit dem Unsterblichkeitswillen verbindet, nicht eigentlich auf eine Apologie des christlichen Glaubens vorbereite. Handelt es sich nicht um die Insistenz Pascals, darum, dem Menschen die Unausweichlichkeit seiner Lage aufzudecken und ihm alsdann den Weg des Heils und der Heilung zu weisen?[22] Ich greife damit die eingangs gestellte Frage auf. Die Bedingungslosigkeit, mit welcher der menschliche Souveränitätsanspruch vorgetragen wird, läßt allerdings die Vermutung zu, daß die Frohe Botschaft die Menschen Camusscher Prägung nicht zu erreichen vermag. Der „Fremde" ist denn auch, wie Caligula, Atheist. Mit geradezu erbitterter Heftigkeit weist er den Trost des Anstaltsgeistlichen zurück, vor allem den Hinweis auf eine jenseitige, transzendente Welt, gegenüber der dem Diesseits nur vorläufige Bedeutung zukommt. Die einzige Welt ist diese Welt, dieser Strand, dieses Meer, dieser Himmel, diese Sonne, diese Menschen. Der christliche Jenseitsglaube erscheint als Opiat, mit Mittel dessen das Eigentliche verschleiert, vernebelt, verborgen wird. Aber nicht nur das: Er bedroht auch das, was dem Fremden das Teuerste und Heiligste ist: die überwältigende Freude, die ihn ergreift angesichts der Vorstellung, *jetzt* nicht sterben zu müssen. Sie würde nivelliert. Wären diese Welt und dieses Leben nicht das einzige, so könnte man sich ja mit dem Tode abfinden, arrangieren. Und das Leben und der Tod verlören den unbedingten Ernst, ihr Gewicht.[23]

Diese Überlegungen zeigen, was Caligula und den Fremden unterscheidet.

Caligula zieht sich ganz in Verachtung zusammen angesichts der Unmöglichkeit, das Unmögliche möglich zu machen. Er verachtet das Leben wie den Tod. Seine Verachtung läßt Gut und Böse, Recht und Unrecht, Macht und Ohnmacht, heute und gestern als gleichgültig erscheinen. Nicht daß dem Fremden dieser Aspekt unbekannt wäre. Aber er kennt die Freude, daß er nicht *jetzt* sterben muß. Es kommt ihm auf dieses „jetzt" an und darauf, ob er zu Recht oder zu Unrecht verurteilt ist.[24]

Allerdings, so könnte man einwenden, müßte es ihm nicht genügen, *nicht* verurteilt zu werden? Was braucht er sich um Recht und Unrecht zu kümmern? In *L'Etat de Siège* werden wir der Auffassung begegnen, daß der Mensch nicht wie ein Hund nach dem Leben um seiner selbst willen schnappen solle, daß das Leben nur unter besonderen Voraussetzungen lebenswert sei.[25] Zu diesen Voraussetzungen gehört auch das Recht. Wer das Leben unter der Bedingung geschenkt erhält, den Schergen eines Caligula zu spielen, dem kann es nicht als Höchstwert gelten. Gewiß, für den „Fremden" ist es bedeutsam, ob er heute oder morgen stirbt und daß er zu Unrecht verurteilt ist. Aber die eigentümliche Struktur des Rechtes wird nicht sichtbar gemacht oder höchstens in der Weise, daß die allgemeine Rechts- und Staatsordnung nur im Sinne einer Einrichtung zur Perversion des Rechtes des Einzelnen gedacht wird. Der Einzelne und sein Recht – das ist denkbar, der Einzelne und die Rechtsordnung dagegen – das ist nur schwer vorstellbar. Wo sich die Gesamtheit, die Allgemeinheit, die Öffentlichkeit breitmacht, wo prozediert und geurteilt wird, da scheint sich die Perversion zwangsläufig zu vollziehen: Die Abstraktion, das Schema, die Gemeinplätzigkeit lassen den Einzelnen und sein Recht notwendigerweise nicht zur Geltung kommen. Kommen wir so nicht zum Ausgangspunkt zurück, daß das Leben deshalb absurd und sinnlos sei, weil eben die Gemeinplätzigkeit und Schematik des öffentlichen Lebens den Einzelnen zum Fremdling machen, daß somit die Guillotine, die große Gleichmacherin, als Symbol des Lebens in dieser Welt schlechthin zu gelten habe? Diese Anschauung erweist sich nach wie vor als berechtigt. Doch sie wird ergänzt, besser: sie wird gleichsam in Konkurrenz gebracht. Im Zuge der Gedankenspiele, die der Verurteilte um den möglichen Ausgang seines Gnadengesuches (pourvoi) inszeniert, bildet sich eine Gegenanschauung. Wird das Gesuch verworfen und bleibt es also beim Todesurteil, so ist dies hinzunehmen, weil ja das Leben ohnehin sinnlos und es gleichgültig ist, ob man früher oder später stirbt.[26] Ganz anders aber sehen die Dinge aus, wenn man an die

Gegenmöglichkeit des Freispruches, der Begnadigung denkt. Der Verurteilte argumentiert so: Gesetzt den Fall der Begnadigung, so erfaßt ihn eine Begeisterung des Blutes und des ganzen Körpers, die seine Augen mit einer unsinnigen Freude reizt.[27] In diesem Lebensschwung leuchtet das Licht der Sonne, die Herrlichkeit des Meeres und das Gesicht der Geliebten. „Dieses Gesicht hatte die Farbe der Sonne und die Flammen der Begierde: es war das Gesicht Maries."[28] Diese Visionen, die unsinnige Freude, die ihn erfüllt, sind jedoch immer mit der Hypothese verbunden, daß ihm das Leben wieder geschenkt wird, daß das Gnadengesuch Erfolg hat. Sie ist und bleibt an die Gegenhypothese gebunden. So bleibt ihm nur die Möglichkeit – das ist ärgerlich und langweilig –, die Begeisterung zu dämpfen, soweit zurückzunehmen, daß er sie in sein Raisonnement einbeziehen kann, daß die Plausibilität der mit der ersten Hypothese verbundenen Resignation erhalten bleibt. Was kommt dabei heraus? Eine Stunde der Ruhe. „Auch das ist in Betracht zu ziehen."[29] Damit ist keineswegs das gemeint, was man gemeinhin als Ergebnis des „Abschaltens" versteht: ein Negativum; die Negation von Aktion. James Bond schaltet ab. Bei Camus handelt es sich um das Ergebnis eines inneren Arbeitsprozesses, in dem die Todesangst und der élan vital in die Ruhelage gebracht werden. In dieser Ruhelage wirkt die unruhige Kraft des Gemütes, in der die energische Antithetik ausgehalten werden kann. Damit wird das Selbstsein als Mitte zwischen Utopien der Hoffnung und Utopien des Schreckens sichtbar. Zugleich tauchen die Nachbarn, Freunde, Copains auf, Leute, die einen brauchen, wie der Alte und sein Hund, der anrüchige Raymond, und solche, die man braucht, wie Céleste, der Wirt, wie Marie, wie Mama ...[30] So öffnet sich das Selbstsein ins Mitsein, die Autonomie zur Mitmenschlichkeit. Nein, der Fremde ist nicht allein. Sie legen vor Gericht Zeugnis für ihn ab: Besonders die unbeholfene Aussage von Céleste rührt den scheuen, in sich gewendeten Meurseult tief. Doch das Zeugnis wird im Schauspiel des Prozesses, der aber kein Schauprozeß ist, nicht verstanden.[31] Es bleibt dabei, daß einer, der unmittelbar nach dem Tod der Mutter mit einer Frau eine Liebelei anfängt, mit ihr einen Fernandel-Film ansieht und mit ihr ins Bett geht, ein Mann ohne Moral ist, dem ein Mord zuzutrauen ist. Die Annahme liegt nahe, daß Camus die positive Möglichkeit im zwischenmenschlichen Bereich, die negative dagegen im Bereich des Öffentlichen lokalisieren wollte. Für den „Fremden" ist diese Annahme berechtigt. Das öffentliche Leben erhält so das Stigma der Verfehlung im Sinne der Schematisierung, die das konkrete Lebensrecht der Einzelnen vergewaltigt.

Wichtiger als diese einseitige Bestimmung des Verhältnisses zwischen der

Sphäre der Öffentlichkeit und derjenigen des Privaten aber ist dies: Caligula ist ganz und gar besessen vom Traume der Allmacht und der grenzenlosen Freiheit. Freilich verwandelt sich der Wunschtraum unversehens in einen Angsttraum, und Caligula vermag sie alleine in der Haltung der Verachtung zu halten. Demgegenüber sucht der Fremde sich vom Faszinosum der Traumwelt überhaupt zu befreien und als ein Selbst Wunsch und Angst zu gestehen. Freilich, die Bitterkeit im letzten Satz des Fremden darf man nicht überhören: „...es blieb mir zu wünschen, daß es am Tag meiner Hinrichtung möglichst viele Zuschauer geben wird, die mich mit Haßgeschrei empfangen."[32]

4. Belagerungszustand

Was Selbstwerdung heißt, entwickelt Camus, so meine ich, am eindringlichsten in dem Stück mit dem Titel *Der Belagerungszustand*, in dem er zugleich in umfassender Weise seine Vorstellung von Recht und Staat darstellt. Die Handlung gliedert sich in drei Phasen, deren Abfolge ein Prolog vorausgeht. Der Prolog zeigt die Reaktionen der Bevölkerung der Stadt Cadiz auf das Erscheinen eines Kometen als Unheilszeichen. Der Gouverneur verbietet, in ihm mehr als einen Naturvorgang zu sehen.

Im ersten Teil fügen sich die Bürger offensichtlich erleichtert der Anordnung des Gouverneurs, der sich als „roi de l'immobilité" bezeichnet. Es ist Sommer, Früchte und Fische sind im Überfluß da. Und im Chor de toutes heißt es: „Es geschieht nichts, es wird nichts geschehen. Munter, munter! Das ist kein Unheil, das ist der Überfluß des Sommers."[33] Doch die Freude des Augenblicks und die Illusion seiner Dauerhaftigkeit werden jäh unterbrochen. Die Pest ist in der Stadt, leibhaftig, ein Unteroffizier, und mit ihm seine Sekretärin, der Tod. Ihrer Macht ist keiner gewachsen, auch der Gouverneur nicht. Die Pest zwingt ihn zum Abschluß eines Vertrages, auf Grund dessen ihre Macht legalisiert wird. So vollzieht sich in legaler Weise der Übergang der Herrschaft. Aber man täusche sich nicht: Die Legalität vermag das Herrscherrecht des neuen Herrschers nicht zu begründen. Dasselbe ruht wesentlich in seiner Macht: „Ich regiere, das ist ein Faktum, und somit ein Recht. Aber das ist ein Recht, welches nicht zur Diskussion steht, dem ihr gehorchen müßt."[34]
(„Moi, je règne, c'est un fait, c'est donc un droit. Mais c'est un droit qu'un ne discute pas: vous devez vous adapter.") Im zweiten Teil entfaltet die Pest ihre Herrschaft. Alle gelten als pestverdächtig. Wer leben

will, bedarf eines certificat d'existence. Er bekommt es nur, wenn er ein certificat de santé besitzt, dieses nur, wenn er ein certificat d'existence vorweisen kann. Überdies muß jeder genaue Angaben über sein privates Leben und seine staatsbürgerliche Gesinnung machen. Der Einspruch eines Fischers, sein Leben gehöre ihm, es sei seine Privatsache und gehe niemanden etwas an, wird selbstverständlich übergangen. Seine Antwort auf die Frage, ob er die Herrschaftsordnung um ihrer selbst willen zu respektieren gewillt sei, lautet:

„Ja, wenn sie gerecht und vernünftig ist."[35]

Damit stempelt er sich automatisch zum unzuverlässigen Element. Widerstand gegen die unsinnige Organisationsmaschinerie entwickelt sich nicht. Alle sind von Furcht erfüllt. Der Chor sagt:

„Wir waren ein Volk und jetzt sind wir eine Masse."[36] („Nous étions un peuple et nous voici une masse.")

Von Furcht befallen ist auch Diego, der im Prolog ausruft, er glaube nicht an Unglück, da er sich mit dem schwierigen Geschäft, glücklich zu sein, das heißt mit der Liebe Victorias, der Tochter des Richters Casada, zu befassen habe. Er flieht ins Haus des Richters. Der will den Geliebten der Tochter nicht aufnehmen, da dieser das Zeichen der Krankheit trägt und das Gesetz die Aufnahme Gezeichneter verbietet:

„Ich bin der Diener des Gesetzes. ... Ich diene dem Gesetz, nicht um dessentwillen, was es sagt, sondern weil es das Gesetz ist."[37] („Je suis le serviteur de la loi. ... Je ne sers pas la loi pour ce qu'elle dit, mais parce qu'elle est la loi.")

Victoria ist bereit, gemeinsam mit dem Geliebten zu sterben. Er aber sucht eine Möglichkeit zu fliehen, obgleich er von der Krankheit gezeichnet ist und Victoria willentlich die Krankheit auf sich genommen hat. Der Tod, die Sekretärin der Pest, verstellt ihm den Ausweg. Es gelingt ihm, seine Furcht zu meistern, und so muß sie von ihm lassen. Die Zeichen der Krankheit schwinden.[38]

Im dritten Teil kommt es zur Gegenwehr, und schließlich wird die Herrschaft der Pest gebrochen. Diego sucht die Furcht in den Herzen seiner Mitbürger zu bannen:

„Habt keine Furcht mehr, das ist die Bedingung."[39] („N'ayez plus peur, c'est la condition.")

Die Pest sucht ihrerseits den Widerstand, den Willen Diegos zu brechen. Schließlich setzt sie die Mittel der Erpressung und der Versuchung ein. Ihre Garden bringen die auf einer Bahre liegende sterbende Victoria herbei. Diego bietet sein Leben für das ihre. Die Pest versucht, ihn umzustimmen, indem sie das Wunder des Lebens preist:

„Denk wenigstens nach. Das Leben hat sein Gutes." („Réfléchis au moins. La vie a du bon.")

Diego:

„Mein Leben ist nichts. Was zählt, das sind Gründe, welche mein Leben bestimmen. Ich bin kein Hund."[40] („Ma vie n'est rien. Ce qui compte, ce sont les raisons de ma vie. Je ne suis pas un chien.")

Die Pest führt ihn in Versuchung, indem sie ihm und Victoria gemeinsam den Fluchtweg eröffnet. Diego lehnt das Angebot ab, weil er seine Mitbürger nicht der Pest überlassen will. Die Pest erweckt Victoria zum Leben. Kann Diego ihrer Lebendigkeit widerstehen? Wird er nicht doch die Stadt ihrem Schicksal überlassen? Wer sind sie, die Mitbürger? Ein Haufen von Feiglingen. Diego aber will ihre Freiheit. Victoria sagt:

„Man mußte mich wählen, auch wenn auf der anderen Seite der Himmel selbst zur Wahl stand. Man mußte mich der ganzen Erde vorziehen."[41]
(„Il fallait me choisir contre le ciel lui-même. Il fallait me préférer à la terre entière.")

Diego hält ihr entgegen, es komme darauf an, daß sie lebe:

„... diese Welt braucht dich. Sie braucht unsere Frauen, um leben zu lernen. Wir waren immer unfähig zu sterben."[42] („... ce monde a besoin de toi. Il a besoin de nos femmes pour apprendre à vivre. Nous, nous n'avons jamais été capables que de mourir.")

Er stirbt. Die Pest muß die Stadt räumen. Einer uralten Regel zufolge ist ihre Macht gebrochen, wenn einer zum Opfer bereit ist.

Versuchen wir die Deutung. Als Leitfaden dient der Satz:

„Es gibt keine Gerechtigkeit, wohl aber Grenzen."[43] („Il n'y a pas de justice, mais il y a des limites.")

Es gibt Grenzen. Als erstes gibt es die Grenze zwischen den Augenblikken des Glücks und des Unglücks. Sie wird nur demjenigen einsichtig, dem es gelingt, dem Faszinosum des Lebens und des Todes standzuhalten. Die einen verkrampfen sich im Wunschtraum des Lebens, die anderen im Angsttraum des Todes. Die einen schreien krampfhaft: „Il ne se passe rien, il ne se passera rien", die anderen: „Alles vergeht, nichts besteht." Beide können die Wechselwirkung nicht begreifen, daß das eine angesichts des anderen ist.
Zweitens gibt es die Grenze zwischen Privatbereich und öffentlichem Bereich. Die Verabsolutierung des Öffentlichen in Gestalt restloser Vergesetzlichung ist Ausdruck der Lebensangst und der Todesangst. Die findet da statt, wo der Einzelne vor der Angst kapituliert, wo er sich beim Tod gegen die Lebensgefahr und beim Leben gegen die Todesgefahr zu versichern sucht. Das gleiche gilt für die Verabsolutierung des Privaten. Symbol hierfür ist das Haus des Richters Casado, das ganz und gar abgeriegelt wird, auf daß der Einzige überleben könne, derjenige, der überdies stets bereit ist, den anderen zu verraten, weil das Gesetz es so gebiete. Vergesetzlichung und Vereinzelung, Vermassung und Vergesetzlichung sind zwei Seiten ein und desselben Vorganges. Die Grenzerfahrung bezieht das eine auf das andere. Victoria und Diego können nicht jeder für sich leben oder sterben, nicht miteinander sterben, nicht miteinander leben; denn sie sind nicht nur für sich, sondern auch für die anderen da, die Stadt, die Gemeinde, die Bürgerschaft. Diego opfert sein Leben nicht nur, weil er will, daß Victoria lebe, nicht nur für sie als die Geliebte, sondern weil es darauf ankommt, daß die Frau überlebt, um die anderen das Leben zu lehren, und der Mann stirbt, um den anderen die Freiheit zu verschaffen.

Drittens gibt es noch die Grenze zwischen jener Eigenschaftengruppe, welche wir gemeinhin der Frau, und derjenigen, welche wir gemeinhin dem Manne zuordnen: Gestaltungswille und Vernunft auf der einen Seite und die irrationalen Kräfte wie Intuition, Gefühl, Leidensbereitschaft auf der anderen Seite.

„Der Mann schreit nach dem Unmöglichen, die Frau erduldet alles, was möglich ist."[44]
(„L'homme crie vers l'impossible, la femme souffre tout ce qui est possible.")

Caligula will den Mond. Der Mond versinnbildlicht die Grenze seines sich grenzenlos setzenden männlichen Willens, das, was der Wille des Mannes nicht wollen kann, eben das andere, das Weibliche. Indem er es will, vernichtet er es. Indem er es vernichtet, zeigt sich die vernichtende Kraft der verabsolutierten Willentlichkeit, die Unvernunft der verabsolutierten Vernunft, deren Sinnbild in der Guillotine oder in der Pest zu sehen ist. Diego wird sich seiner Grenze bewußt und zugleich der Tatsache, daß sie nicht allein Grenze, sondern auch Verbindungslinien zum anderen darstellt. Daß die Geschlechter sich in ihrer Eigentümlichkeit gelten lassen müssen, weil sie sich letztlich ergänzen, zeigt Camus jedoch nicht im alten Bilde der conjunctio solis et lunae. Solche Bilder, welche die Vereinigung der Gegensätze zum Gegenstand haben, in denen die Ganzheit menschlicher Kräfte erscheint, erinnern nur allzuleicht an ein Happy End, das jede Bedrohung aufhebt und so zu Illusion Anlaß gibt. Die Ergänzungsmöglichkeit und -bedürftigkeit der Geschlechter zeigt sich vielmehr im Zeichen der Trennung angesichts des Todes. Wie jede Grenze, so wird auch die zwischen den Geschlechtern in ihrer Eigentlichkeit nur demjenigen faßbar, der um seine Sterblichkeit weiß und ihr standhält.

Diese Beispiele erhellen, was Diego meint, wenn er sagt:

„Das was zählt, das sind die Gründe, welche mein Leben rechtfertigen. Ich bin kein Hund."
(„Ce qui compte, ce sont les raisons de ma vie. Je ne suis pas un chien.")

Zu diesen Gründen, die zählen, gehört die Anerkennung der Mitmenschlichkeit in Gestalt des Ich-Du-Verhältnisses im Sinne der Freundschaft und der Ergänzung von Mann und Frau, zugleich aber auch in Gestalt der Verbundenheit mit den Bürgern der Stadt. Dazu gehört notwendig die Bereitschaft, angesichts des Dranges zum spannungslosen Traumglück und angesichts der Todesangst auszuhalten. Wo etwa in der Todesangst alle diese Gründe wie ausgelöscht sind, wo ich wie ein Hund nach dem bloßen Leben schnappe, da verliere ich meine Ehre als Mensch. Der Richter Casado hat seine Ehre verloren, das zur Masse gewordene Volk hat sie verloren, Diego hat sie verloren ... Keiner ist vor dem Verlust gefeit.

Menschliche Ehre gilt angesichts der steten Möglichkeit der Unehre, Menschlichkeit angesichts der Unmenschlichkeit. Konstituieren diese Gründe, diese „raisons de ma vie", nicht den Grund einer Gerechtigkeitslehre? Geben sie nicht die Voraussetzungen an, unter denen *rechtlich* geordnete Verhältnisse innerhalb einer Stadt gedacht werden können? Was soll der Satz: Il n'y a pas de justice? Es kann nicht übersehen werden, daß Camus gerade das Adjektiv „juste"[45] verwendet, um eine handliche Gerechtigkeit zu bezeichnen. Der Fischer anerkennt die Verbindlichkeit der Rechtsordnung unter der Voraussetzung, daß sie gerecht und vernünftig sei. Die Frau bezeichnet es als gerecht, daß ihre Kinder Nahrung bekommen. Gerechtigkeit gibt es also und soll es geben. Diese Gerechtigkeit steht dann nicht im Gegensatz, sondern in Übereinstimmung mit den aufgewiesenen Grenzen, innerhalb deren Humanität möglich ist. So muß denn das Wort „justice" im Gegensatz zu diesen Grenzen und dieser Gerechtigkeit etwas Besonderes bedeuten.

Es gibt keine Gerechtigkeit, heißt: es gibt keine *absolute Gerechtigkeit*, so wenig es absolute Freiheit und absolute Macht geben kann. Wer auszieht, die absolute Gerechtigkeit zu verwirklichen, wird bei der absoluten Vernichtung enden, genauso wie derjenige, der die absolute Freiheit oder die absolute Macht will. Die absolute Vergesetzlichung, welche die Pest anordnet, ist das, was der absolute Gerechtigkeitsanspruch schließlich zuwege bringt: Die Zerstörung aller Grenzen, die Zerstörung der Welt. Im Vollzug ist die absolute Gerechtigkeit nicht mehr von der absoluten Macht zu unterscheiden. Wie diese bedient sie sich der Guillotine, wie diese ist sie Ausdruck des verabsolutierten männlichen Gestaltungswillen, der in den Vernichtungswillen umschlägt.[46] Absolutismus, beziehungsweise Totalitarismus und Nihilismus sind wechselseitig aufeinander bezogen. Die relative Gerechtigkeit ist nur unter der Voraussetzung möglich, daß wir dem uralten Menschheitstraum vom Paradies, vom goldenen Zeitalter hier auf Erden – und ihm entspricht der Angsttraum der Hölle – standhalten, daß wir Glück und Schmerz in ihrer Verschränkung und im Schmerz des Verzichts das Glück der Begegnung mit dem Mitmenschen und Mitbürger – ein stets bedrohtes Glück freilich – erfahren.

Anmerkungen

Vgl. zum Ganzen die ausgezeichnete Studie von Gerhard Stuby, Recht und Solidarität im Denken von Albert Camus, Frankfurt a. M. 1965.

Die Arbeit stimmt in wesentlichen Punkten mit den Ergebnissen meiner Studie, die in der Festgabe für Carlo Schmid unter dem Titel *Maß und Gerechtigkeit – zu Albert Camus' Rechts- und Staatsauffassungen*, Tübingen 1962, S. 171 ff. veröffentlicht ist.

Auch Stuby hebt auf die völlige Profanität ab, welche den Grundzug von Camus' Denken bestimmt. (Vgl. S. 196) So arbeitet er sorgfältig die Differenz zwischen Kierkegaards und Camus' Paradoxie„verständnis" heraus. (Vgl. S. 22 ff.) Er weist darauf hin, daß Camus von der gleichen Seinslage ausgeht wie

Pascal. Er formuliert: „Camus und Pascal scheinen zwar von der gleichen condition auszugehen: vom Elend des Menschen ohne Gott, von der fehlenden Einheit der Welt. Sie ziehen daraus aber verschiedene Schlüsse: Pascal, daß der scheiternde Mensch auf Gott verweist, Camus, daß das wesentlich Menschliche das Scheitern ist." (S. 81) Ich folge Stuby auch insofern, als er Camus' Nein gegenüber Pascals „Wetten" auf Gott auf das Prinzip der intellektuellen Redlichkeit zurückführt. Freilich meine ich, daß es noch um mehr als dieses etwas blasse Prinzip geht. Immerhin ist der Protest gegen die Versuchung der Transzendenz von hoher Leidenschaftlichkeit getragen. Der „Fremde" fürchtet, daß der Priester ihm etwas *wegnimmt,* und zwar von der Erlebnisintensität, die sich in der Verbindung von Schmerz und Freude darstellt.

Was Camus' Versuch anlangt, Maß und Grenze, Mitmenschlichkeit und Solidarität gegen die destruktive Kraft der Hybris zur Geltung zu bringen, so deckt sich die Interpretation Stubys mit der meinen. Demgegenüber sind zwei Divergenzen zu notieren. Es handelt sich um die Intepretation des *Fremden.* Stuby hält meine Meinung, Mersault habe aus Angst für sein Leben geschossen, für unverständlich. Meine Gegenfrage: Warum hat er denn geschossen? Grundlos etwa? Daß er sich bedroht fühlte, kann ja wohl nicht bestritten werden; ebensowenig, daß das Urteil als Fehlurteil qualifiziert wird. Ein Fehlurteil war es, weil es die Putativ-Notwehr nicht berücksichtigte und ausschließlich an einer angeblichen moralischen Minderwertigkeit des Angeklagten orientiert war. Etwas stärker ins Gewicht fällt eine Divergenz, welche den „Belagerungszustand" betrifft. Stuby meint, daß meinem Hinweis auf die conjunctio solis et lunae eine harmonistische Deutung des Verhältnisses zwischen den Geschlechtern entspreche. Das ist ein Mißverständnis. Ich rücke ja gerade die Bedeutung des Opfers einerseits und diejenige der Frau für die Existenz der Bürgergemeinde andererseits in den Vordergrund. Dieser keineswegs harmonistischen Relation zwischen den Geschlechtern räume ich im Gegensatz zu Stuby eine für die Gesamtkonzeption ausschlaggebende Bedeutung ein.

1 Vgl. Albert Camus, *Théâtre, Récits, Nouvelles*, Paris 1962, L'Étranger, S. 1202 s.

2 A. a. O., p. 1552.

3 A. a. O., p. 1574.

4 A. a. O., p. 1575.

5 A. a. O., p. 41 s. „Ach nein, schau sie Dir an, Caesonia. Rien ne va plus. Anstand, Respektabilität, was soll man dazu sagen, die Weisheit der Nationen, keiner will etwas sagen. Alles löst sich auf, wenn die Furcht herrscht." Diese und die folgenden Übersetzungen vom Verf.

6 A. a. O., S. 50. „Das macht zwei Verbrechen, und eine Alternative, aus der Du nicht herauskommst: Entweder wollte ich Dich nicht töten, und Du hast mich zu Unrecht verdächtigt: mich, den Imperator. Oder aber ich wollte Dich töten, und Du, Du Insekt, widersetzt Dich meinen Plänen."

7 A. a. O., S. 51. „Das macht nichts. Das kommt doch auf's gleiche hinaus. Ein wenig früher, ein wenig später ..."

8 A. a. O., S. 19. „Er wollte ein gerechter Mann sein."

9 A. a. O., S. 23. „Richtig! Es handelt sich um das, was nicht möglich ist, oder eher noch, es handelt sich darum, das möglich zu machen, was es nicht ist."

10 A. a. O. „Aber das ist doch ein Spiel ohne Grenzen. Das ist die Erholung eines Verrückten."

11 A. a. O., S. 24. „Nein, Scipio, das ist die Tugend eines Imperator. Ach, meine Kinder! Jetzt begreife ich den Nutzen der Macht. Sie ist eine Chance für das Unmögliche. Heute und für alle Zeit hat meine Freiheit keine Grenzen mehr."

12 A. a. O., S. 59.

13 A. a. O., S. 59 f.

14 A. a. O., S. 60.

15 A. a. O., S. 100.

16 A. a. O., S. 1189 f.

17 A. a. O., S. 1192.

18 A. a. O., S. 1197 ff.

19 A. a. O., S. 1204. Die Guillotine ist Inbegriff präziser Mechanik, die alles Menschliche „zermalmt": „Man wurde diskret, mit ein wenig Schande und Präzision getötet." Der „Fremde" denkt sich auch Hinrichtungsmethoden aus, welche die freiwillige Mitarbeit des Verurteilten erforderlich machen.

20 A. a. O., S. 51.

21 A. a. O., S. 1206.

22 A. a. O., oben.

23 A. a. O., S. 1206 ff.

24 A. a. O., S. 1206. Ein Wort zur Frage, ob es sich um ein Fehlurteil außerhalb oder innerhalb des Vertretbaren handelt oder ob ein richtiges Urteil vorliegt. Kein Zweifel: Der Autor erweckt den Eindruck, daß die Verurteilung dem „Muttermörder", nicht aber dem „Mörder" eines Arabers gegolten habe. So sieht es auch der Verurteilte (S. 1211). Die Sachverhaltsdarstellung, die nicht widerlegt wird, spricht für diese Version. Auch der Geistliche steht auf diesem Standpunkt. Doch er meint auch, daß in einem qualifizierten Sinn unter theologischen Aspekten Schuld gegeben sei (S. 1208). Der Atheist Meurseult fegt sie vom Tisch. Wie dem auch sei: Alles spricht dafür, daß das Todesurteil ein Fehlurteil ist. Doch es hält sich im Rahmen des Vertretbaren. Es handelt sich nicht um Willkür, um evidentes Unrecht. Das Urteil wird durch den Rechtsschein gedeckt. Wir haben es eben nicht mit einer „Kafkaesken" Welt und nicht mit einer Utopie des Schreckens, sondern mit der Welt, wie sie ist, zu tun. Nein, es ist alles in bester Ordnung. Das Schauspiel, das der Prozeß bietet, ist kein Schauprozeß.

25 A. a. O., S. 288.

26 A. a. O., S. 1206.

27 A. a. O.

28 A. a. O.

29 A. a. O.

30 A. a. O., S. 1148; S. 1157 f.

31 Auf die Zeugenaussage von Céleste vermerkt der „Fremde": „... das war das erste Mal in meinem Leben, daß ich gern einen Mann umarmt hätte," (A. a. O., S. 1191)

32 A. a. O., S. 1212.

33 A. a. O., S. 197.

34 A. a. O., S. 228. Die Diktion erinnert an Pascals Dialektik von force et justice (vgl. Pensil, id. Showski, Bd. III).

35 A. a. O., S. 235.

36 A. a. O., S. 248.

37 A. a. O., S. 251.

38 A. a. O., S. 273.

39 A. a. O., S. 275.

40 A. a. O., S. 288.

41 A. a. O., S. 297.

42 A. a. O., S. 297.

43 A. a. O., S. 299.

44 A. a. O., S. 286.

45 A. a. O., S. 235.

46 Erörtert wird die Problematik der absoluten Gerechtigkeit aus der Sicht des Terrorismus in *Les justes*. Charakteristisch ist es, daß die Gerechtigkeit indirekt, ex negativo, vom ungerechten, autokratischen Regime aus, unter dem die Kinder der Armen hungern, deutlich gemacht wird. Der Terrorist ist kein Krimineller, sondern Vollstrecker der Gerechtigkeit gegenüber einem kriminellen Regime. Der Despot ist folgerichtig der Verbrecher. Entscheidend ist die Frage der Mittel. Darf man Kinder töten, wenn man den Despotismus bekämpfen will und muß? In dem Moment, in dem diese Frage der Angemessenheit oder Unangemessenheit der Mittel gestellt wird, kommt auch die Frage der limites, der Grenzen und damit die Relativierung und Gerechtigkeit in Sicht (a. a. O., S. 338). Die absolute Gerechtigkeit steht und fällt mit dem absoluten Mittel: der Bombe, dem Terror von unten. Die Frage kann nicht vermieden werden, ob nicht der Terror von unten in einen solchen von oben umschlagen könne (vgl. a. a. O., S. 338). Der absoluten Gerechtigkeit wird die absolute Liebe entgegengesetzt. Der Unterschied müßte sich im absoluten Mittel: der Gewaltlosigkeit zeigen. Diese Konsequenz wird nicht gezogen, wohl aber die, daß Liebe und Zärtlichkeit nichts für die Gerechten sei (S. 353 f.). Zur abstrakten Gerechtigkeit steht das *konkret* Menschliche. Auch der Großherzog ist ein konkreter Mensch. Er hat ein Gesicht. Davor muß sich der Terrorist hüten (S. 325 f.). Für den echten Terroristen gibt es keine „Grenzen". Dennoch: in der Gruppe herrscht Brüderlichkeit, verzerrte Liebe in Freudlosigkeit und Schmerz (S. 376). Camus beschreibt und deutet einfühlend und verständnisvoll die Situation einer Gruppe russischer Terroristen – sie haben alle gelebt –, ihr Leiden, ihre Isolation, ihren Mut. Er spricht mit Respekt und Bewunderung von den Frauen und Männern, die in der Erfül-

lung einer unerbittlichen Aufgabe keine Heilung fanden (vgl. a. a. O., S. 1834). Er setzt diesen leidenden Terrorismus in Gegensatz zu dem komfortablen Funktionärsterrorismus späterer Zeiten. Doch er identifiziert sich nicht damit. Die Frage, ob man von einer terroristischen Aktion sprechen könne, ohne mitzumachen, bejaht er. Ihn interessieren „die Grenzen", die in einer solchen Aktion sichtbar werden (S. 1835).

Nachüberlegungen

I. Kategorien der Staatstheorie

1. Friedrich Dürrenmatt schließt seine Reflexion über Gerechtigkeit und Recht mit einer Geschichte. Demgegenüber müßte ein Buch mit Geschichten, in denen es um Staat und Recht und um Macht und Gerechtigkeit geht, mit einer Reflexion oder Moral abgeschlossen werden. Ich will nicht ausweichen. Der Versuchung, die Geschichten ins Prokrustesbett eines staatstheoretischen Begriffssystems einzuspannen, gilt es indessen standzuhalten. Das wiederum schließt nicht aus, die „Schlußbetrachtung" an Hauptkategorien der Staatstheorie zu orientieren.

2. Dazu gehört zunächst einmal das Verhältnis zwischen unten und oben: der Staat von unten, der Volksstaat einerseits, und der Staat von oben, der Obrigkeitsstaat andererseits. Auch in der gängigen Drei-Elementenformel, wonach der Staat als Einheit von Staatsgewalt, Staatsvolk und Staatsgebiet begriffen wird, tritt dieser Gegensatz in Erscheinung. Versteht man die Formel vom Begriff des Staatsvolkes aus, so zeigt sich der „Staat von unten" als Volksstaat, versteht man sie vom Begriff der Staatsgewalt aus, so zeigt sich „der Staat von oben" als Obrigkeitsstaat. Die Formel erfaßt somit den Staat von unten wie den Staat von oben.[1] In dieser Hinsicht sind die Literaten, mit deren Werken wir uns befaßt haben, nicht phantasiereicher als die Staatstheoretiker: Entweder ordnen sie ihr Staatsbild der Hauptkategorie des Staates von unten, oder aber sie ordnen es der Hauptkategorie des Staates von oben zu. Man denke an Schillers fratriarchalischen Volksstaat und an Hebbels patriarchalischen Obrigkeitsstaat, oder an Jüngers Staat der Edeltrefflichen und an Anna Seghers' revolutionären Befreiungsstaat, der den Übergang zu einer Friedenswelt genossenschaftlich organisierter Produktions- und Reproduktionseinheiten bildet.

Eine zweite Hauptkategorie der Staatstheorie zeigt sich im Gegensatz zwischen Rechts- und Unrechtsstaat. Dabei handelt es sich keineswegs um die Behauptung, daß es in diesem Staat allein um die Gerechtigkeit, in jenem Staat aber allein um Willkürmacht gehe, sondern darum, daß in einem Fall Vorsorge gegen möglichen Machtmißbrauch getroffen wird, im anderen Fall jedoch nicht.[2] Wo kein Kontrollsystem besteht, handelt es sich um einen autokratischen Staat, unabhängig davon, ob wir es mit einem Volks- oder mit einem Obrigkeitsstaat zu tun haben. Musterbeispiel für einen autokratischen Obrigkeitsstaat ist das patriarchalische Regime, welches die schöne Bernauerin unter Berufung auf alle nur denkbaren Rechtsquellen zu Tode bringt. Demgegenüber zeigen sich in dem am heiligen Recht orientierten Reich Calderons Ansätze zur Rechtsstaatlichkeit insofern, als zum Schutz der Bauernehre dem Bauerngericht die Zuständigkeit, auch den adligen Schänder zu richten, zugesprochen wird. Hinzu kommt, daß im gedanklichen Ansatz eine scharfe Trennung zwischen der Macht der Obrigkeit und der Gerechtigkeit vorgenommen wird, die das Eigenrecht des Hauses und der einzelnen Hausangehörigen im Hinblick auf ihre Gottesunmittelbarkeit unabhängig von ihrer Standeszugehörigkeit statuiert. Desgleichen verhindert bei Schiller die Idee der Grund- und Menschenrechte die Identifikation von Volkswille und Gerechtigkeit, die etwa Rousseaus Contrat social prägt. Sein Staatsentwurf ordnet sich in die Kategorie demokratischer Rechtsstaatlichkeit ein, obgleich in der Dramatik von Krieg und Widerstand das Thema Machtkontrolle nicht im Vordergrund steht.

Daß mit dem Omnipotenzanspruch des Vaters der Gesichtspunkt der Kontrolle weggewischt wird, versteht sich von selbst. Doch auch dem utopischen Überschwang fällt der Gedanke der Machtkontrolle zum Opfer. Die Herrschenden in den Utopien des Schreckens wähnen sich allemal im Recht, ob sie Strategien der Volksbeglückung inszenieren oder ob sie brutalen Machtgenuß anstreben, ob sie mit Mitteln des harten oder des weichen Terrors operieren, ist gleichgültig. Doch auch in den Utopien der Hoffnung verliert sich die Einsicht in die Notwendigkeit von Machtbegrenzung durch Kontrolle. Das gleiche gilt übrigens da, wo die „Geheimen" die Staatsmacht übernehmen, um die Gerechtigkeit im Konflikt mit den Mächten des Bösen zu retten. Der Exkurs über Balzac radikalisiert die Tendenz, die im Kriminalroman der Gegenwart vielfach zum Ausdruck kommt, unter theologischen Aspekten.

Eine dritte Hauptkategorie betrifft den Gegensatz zwischen sakralem und säkularem Staatsverständnis. Der Gegensatz erfaßt Obrigkeits- wie Volksstaat, Rechtsstaat wie Unrechtsstaat. Das „böse Reich" des Reineke Fuchs muß als säkularer Staat, als Staat begriffen werden, der von innerweltlichen Kräften bestimmt ist, die sakralen Kulissen jedoch wahrt und beibehält. In Schillers Bild von der Demokratie scheinen das Göttliche und das Natürliche wie das Vernünftige ineinander aufzugehen. Dennoch wäre es verfehlt, von einer sakralen Demokratie zu sprechen, wie dies im Falle etwa des Iran der Gegenwart angezeigt ist.[3] Schillers genossenschaftliche Demokratie ist Menschenwerk, das seine Legitimation auf Natur und Vernunft gründet und vor Gott und den Menschen gerechtfertigt wird. Demgegenüber ist der Schlußstein der Jüngerschen Hierarchie der Wille des Höchsten, und auch Anna Seghers' säkularem Genossenschaftsbild sind theologische Reminiszenzen beigemischt. Im Zusammenhang mit der Wiedergutmachungsproblematik zeigt sich bei ihr der Gedanke der Buße im theologischen Kontext. – Im großen und ganzen stellt sich die europäisch-amerikanische und die sozialistische Staatenwelt der Gegenwart im Zeichen der Säkularisierung dar. Die große Gegentendenz der Sakralisierung zeigt sich im Einflußbereich des Islam. Ob man die starke Tendenz zur Irrationalität und Emotionalität, die auch und gerade in den Industriestaaten wirksam sind, mit dem Phänomen der Remythisierung oder demjenigen der Ersatzreligion zusammen zu sehen, mag dahingestellt sein. Nicht zu bezweifeln ist, daß wir es gerade in der industriellen Welt mit heftigen Reaktionen auf die Verabsolutierung von ratio und voluntas zu tun haben, Reaktionen, welche die Menschen- und Grundrechte zerstören können.[4] Wir haben sie in drei Bildern der Regression repräsentiert. Im Bild der Vaterwillkür, im Bild des Arkanstaates und in der Bilderwelt der Utopien.

II. Literarische Kategorien

Die Versuche, gegen diese Irritationalisierungstendenzen, die in einer technisierten Massengesellschaft auch dann, wenn sie freiheitlich verfaßt ist, eine bedrohliche Kraft zu entwickeln vermögen, regenerative Gegenkräfte sichtbar zu machen und in Bewegung zu bringen, können in zwei Sinnbildern zusammengefaßt werden: dem Sinnbild des Spieles und dem des Paares. Sie sind aufeinander bezogen und bringen Sachverhalte in einen Zusammenhang, der von der Jurisprudenz vielfach übersehen, im literarischen Bürgerspiegel jedoch anschaulich wird. So hat insbesondere die neuere Staatslehre den Bezug zwischen Staat und Familie ignoriert,[5] welcher im Sinnbild des Paares erfaßt wird. Dabei handelt es sich nicht zuletzt um Wirkungen von Kompetenzzuweisungen und entsprechende Inkompetenzerklärungen, die mit der Spezialisierung der Wissenschaft[6] verbunden sind. Andererseits sperrt sich der Anspruch des Juristen auf Dignität und Seriosität „natürlich" gegen Assoziationen mit dem Phänomen des Spieles.[7] Beide Sinnbilder wurden vor allem in Auseinandersetzung mit den Werken von Dürrenmatt und Camus erarbeitet. Sie weisen jedoch darüber hinaus.

1. Das Spiel wird seit alters als Sinnbild für menschliches Zusammenleben verwendet. Dabei sind zwei Grundbedeutungen zu unterscheiden. Sie hängen am Gegensatz zwischen Schauspiel und Wettspiel. Während am Bild des Schauspiels und der Rollen des Schauspielers vielfach die

Gesellschaft in ihrem funktionalen Zusammenhang veranschaulicht wird, so kommt im Bild des Wettspieles ihre agonale Struktur zum Ausdruck. Als „Ursprung“ des Spiels gilt das sakrale, das kultische Spiel.[8] Dieses zeigt die Sinngrenze des Sinnbildes. Sein „Autor und Auktor ist der Gott“. Die Menschen verschwinden hinter dem „in Maske und zeremoniöser Bewegung festgelegten Schauspiel“.[9] Ähnlich verhält es sich mit dem Sinnbild des Wettspieles: Wird der Rechtsgang dem Wettkampf gleichgesetzt und dieser als Gottesgericht begriffen, dessen Autor und Auktor Gott ist, so entfällt das Spielerische des Spiels: die Indetermination, die Distanz. „Alles Spiel ist zunächst und vor allem ein *freies Handeln*“, schreibt Johan Huizinga im *Homo Ludens*.[10] Aus diesem Grunde ist die Wette mit dem allmächtigen und allwissenden Gott eine contradictio in adjecto. Weil in Sartres *Les jeux sont faits* der Ausgang determiniert ist und die Liebenden trotz der Chance, ihr Leben noch einmal anders leben zu können, durch die Klassengrenzen getrennt, nicht zueinander finden, kann vom echten Spiel keine Rede sein.[11]

Auf den Zusammenhang zwischen Spiel und freiem Handeln zielen auch die Ausführungen von Jauß über „die Rollendistanz“.[12] Jauß kritisiert an dem in der Soziologie vielfach gebräuchlichen Rollenbegriff, daß er den Rollenträger determiniere und keinen „Spielraum“ lasse, um die Rolle zu spielen, „d. h. sich im Verhältnis zur Rolle gleichsam zu verdoppeln und aus dieser ästhetischen Distanz in den Ernst der Alltagswirklichkeit zurückzukehren“. Nur unter dieser Voraussetzung bleibt die Dialektik zwischen „Als-sein und Selbstsein“ (Maihofer), zwischen „Selbstsein und Sein für andere“ (Löwith) mit dem Begriff der sozialen Rolle vereinbar, und nur unter dieser Voraussetzung kann der Rollenbegriff im Bezugsfeld der „modernen“ Gesellschaft, welche die Rolle ihrer Mitglieder unter dem Gesichtswinkel der Rollenpluralität und der Rollenvariabilität begreift, nutzbar gemacht werden. Im übrigen bleibt es bei Plessners Feststellung, daß das Spiel mit determinierten Rollen im Sinn des Theatrum mundi gut „zum Platz vor dem Salzburger Dom, aber nicht mehr zu den offenen Horizonten von heute“[13] passe.

Rollen, Spielregeln, Regieanweisungen und das Spiel als solches sind somit unter dem Gesichtspunkt der Distanz zu fassen. So wichtig Spielregeln und die Überwachungsinstanzen gerade im Hinblick auf das Wettspiel sind, Indeterminiertheit, Offenheit und Distanz erschließen den Zugang zum Spielerischen des Spieles. Damit zeigt sich der fundamentale Unterschied zwischen Spiel und allen Versuchen, Denken und Handeln zu totalisieren. Spiel und Grenze gehören zusammen. Die Bühne ist nicht die Welt, sondern „bedeutet“ die Welt. Spielrolle und Schauspieler sind nicht eins, so wie die Zuschauer nicht im Schauspiel aufgehen. So rückt das Sinnbild in scharfen Gegensatz zu dem identifikatorischen Unwesen von Ideologie und Utopie.[14] Unter diesem Gesichtspunkt zeichnet sich das böse Reich von Reineke durch einen Zugewinn an Distanz aus, und im „Abschied vom Prinzipiellen", dem Prinzip „pacta sunt servanda" und dem Gegenprinzip „Not kennt kein Gebot" wird ein Stück spielerischer Meisterschaft sichtbar, welches nicht nur dem Divertissement, sondern der Lebenserhaltung dient. Hinzu kommt ein weiterer charakteristischer Sachverhalt, der im Sinnbild Spiel erhellt wird: die Dialektik von Schein und Sein. Reineke ist ein virtuoser Schauspieler, dessen Kunst Verstellungskunst ist. Im Innern angsterfüllt, stellt er sich dar, als ob er des Königs Sohn wäre. Ja, sein Reich ist ein Reich des Scheins, des als-ob, insofern, als Königsmantel und Kanzlertracht die böse, die schreckliche Wirklichkeit der Macht- und Freßgier zudecken und vergessen lassen. Damit wird auch alle Emanation der Königsherrschaft in Gestalt rechtsverbindlicher Anordnungen dem Scheinbaren zugewiesen und Recht als Scheinrecht ausgewiesen, hinter dem sich List und Brutalität verbergen. Die Scheinwelt, in der Reineke seine Spiele treibt, als Eremit und Vegetarius auftritt, als Rhetor glänzt und als pragmatischer Richter Anerkennung findet, ist eine festverschalte Welt, unveränderlich, unverbesserlich auf das Gesetz des Fressens oder Gefressenwerdens fixiert. Die Spielwelt als Scheinwelt erscheint als Funktion der wirklichen, der Ernstwelt. Diese Funktion besteht darin, die ernste Welt illusionistisch zu verklären und erträglich zu machen. Eigenständige Bedeutung kommt in dieser Sicht dem Spiel nicht zu. Verstellung, Verkleidung und Wortspielereien – Handwerkszeug des Schauspielers – erweisen sich als Instrumente der hemmungslosen Herrschsucht oder als Signum einer Welt der Eitelkeit, des Wahns, der vanitas, der Sünde: Das reicht von der Kapuzinerpredigt bis zum auflüpfischen Gelächter des Narren und steht im Gegensatz zur Deutung des Theaters als vollkommenem Abbild und vollkommenen Sinnbild der Welt.[15]

Abgesehen von extremen Deutungen wird in den Ausformungen des Soziallebens durch Sitten und Moden sowie im Zeremoniell der Staatsempfänge, Staatsbegräbnisse und Nationalfeiern – gestern und heute und unabhängig von den gesellschaftlichen Systemen – die Doppelbödigkeit des Theaters als Produktionsstätte von Illusionen, ohne die man nicht auskommt, und als Abbild und Sinnbild der Welt, wie man sie verstanden wissen will, festzustellen sein. Das Als-sein und das Als-ob-sein erscheinen Arm in Arm; der pompösen Repräsentation folgt die Entlarvung auf dem Fuße. Kein Lebensbereich bleibt von dieser Dialektik ausgenommen. Im Recht zeigt sie sich in der Relation von Scheinrecht und Rechtsschein. Dem ist das wackere „Recht muß Recht bleiben" nicht gewachsen. Scheinrecht ist Unrecht im „Gewande" des Rechts; Rechtsschein läßt Recht vermuten. Scheinrecht bezeichnet eine Randerscheinung, während Rechtsschein weite Bereiche des gesetzten und gewohnten Rechtes begleitet. Der rechtskräftige Richterspruch ist im Horizont des Rechtsscheines einbegriffen, wenn man davon ausgeht, daß mit der Möglichkeit des Fehlurteils zu rechnen ist. Umgekehrt aber gehört auch die Unschuldsvermutung zugunsten der Einzelnen in diesen Zusammenhang. Im Horizont des Rechtsscheines ist die Identität von Recht und Macht sowie die Identität von Macht und Recht ausgeschlossen. Dies bringt das Sinnbild des Spiels als Schauspiel zur Anschauung, soweit die Bühne nicht die Welt ist, sondern die Welt bedeutet. So erscheint die Rechtsordnung als Ganzes im Bilde des Schauspiels, das die Schauspieler und ihre Rollen in den Sinnzusammenhang bringt. Was für die Einzelrolle gilt, gilt auch fürs Schaupsiel: Die Distanz bestimmt das Spiel als Spiel.

Ein Wort noch zu der These, daß das Spiel als Sinnbild zum vorrevolutionären Abendland, zum Abendland des Barock und des Rokkoko und damit zum Ancien régime passe, im bürgerlichen Zeitalter dagegen seinen Sinn verliere.[16] Kein Zweifel, daß in Pascals[17] Staatsauffassung dem Sinnbild des Schauspiels dominierende Bedeutung zukommt, wobei das Vanitas-Motiv mit dem Motiv der Lebenserhaltung eine Synthese bildet. Andererseits aber wird in Calderons *Welttheater* die Sinngrenze des Bildes erreicht, obgleich das Wort: „Es ist nur ein Schauspiel", mit dem Vorhang fällt, weil es sich um die Zelebration prädestinierter Rollen handelt. Dennoch kann nicht übersehen werden, daß im *Richter von Zalamea* durch die eigenwillige Würde- und Rechtsbehauptung des Bauernrichters eine kontradiktorische Bewegung in den Rollenvollzug eindringt, welche die Identifikation von Recht und Macht ausschließt. Andererseits steht außer Zweifel, daß Rousseaus bürgertugendliche Welt keinerlei spielerische Zweideutigkeiten zuläßt. Dennoch gelingt es Schiller, die dichte Aura von Erhebung, Erleuchtung und Reinheit im Dialog zwischen dem Tyrannenmörder und dem Vatermörder und im Bekenntnis zur Mitmenschlichkeit auch gegenüber dem Ungerechten zu durchbrechen.

Demgegenüber ist die Restauration des Väterregimes in der *Agnes Bernauer* eins mit dem Rückfall in jene dumpfe Distanzlosigkeit, die durch das Wort „Gewalt des Rechtes" und den Mädchenmord symbolisiert wird. Aus dieser Perspektive muß eine Volksmonarchie, die im Blick auf das sich liebende Herrscherpaar konzipiert ist, als chimärische Spielerei und als Versuch gelten, das verlorene Paradies zu erschleichen. Daß das demokratische System jederzeit von innen pervertierbar ist und die Gefahr gerade da eintritt, wo die Bürgergemeinde sich hinter den höchsten Werten des Abendlandes vor sich selbst verbirgt und so den Feind nach außen projiziert, demonstriert schrill und wirkungsvoll der *Besuch der alten Dame*. Doch es handelt sich eben nicht um eine Kapuzinerpredigt, sondern um ein Plädoyer für die Distanz bewirkende Kraft der Tragikomödie und Katharsis im Sinne von Bewußtwerdung eigener Verantwortung in der Dimension der Endlichkeit, der Alltäglichkeit und der Fragwürdigkeit. Da zeigt sich, daß der Rechtsschein verläßlicher ist als die Behauptung, Recht zu haben und im Recht zu sein.

2. Der Sinnbezug zwischen Spiel und Paar wird zunächst in der Rede von den Geschlechtsrollen und ihrer Verteilung sichtbar. Vom Anfang bis zum „Untergang" des Abendlandes, von Homer bis Oswald Spengler handelt es sich im Grunde um die gleiche Rollenzuweisung: Die Frau steht für Haus und Herd, der Mann für Staat und Krieg. Daraus entstehen agonale Strukturen, die Spengler zum Urkrieg zwischen den Geschlechtern dramatisiert. Gerade im Homerischen Anfang erfährt man, was im Spenglerschen Untergang nicht mehr erfahrbar ist: die Bedeutung der Rollendistanz. Gewiß: Hektor und Andromache bleiben in ihren Rollen fixiert.[18] Doch diese werden nicht als göttliche Fügung, sondern als nüchterne Konvention ausgewiesen, auf die man von Jugend an eingeübt wird und an die man sich zu halten hat, wenn man nicht ins Gerede kommen will. Hinzu kommt aber – und das ist das Entscheidende –, daß Hektor in der Lage ist, über seine Rolle hinauszudenken, sich in diejenige der Andromache hineinzudenken und sich in das herbe Geschick einzufühlen, das ihr als Frau beschieden ist, wenn er einmal nicht mehr ist und das heilige Ilion fällt. Im Mitfühlen, im Mitleid vollzieht sich die Zuwendung zur Person, die hinter der persona, der Maske des Geschlechtes verborgen ist. Doch die Möglichkeit personaler Zuwendung, der Liebe, ändert durch die Jahrhunderte nichts daran, daß der Frau eine dienende und dem Mann eine führende Rolle zugeordnet ist. Ja, man muß den Eindruck gewinnen, daß in der Geschichte des Abendlandes sich das Verhältnis zwischen den Geschlechtern als Urbild der Herrschaft und der Unterwerfung darstellt. So erscheint für Aristoteles[19] das Haus als das Reich der Despotie, der Willkürherrschaft des Vaters über Frau, Kinder, Sklaven und Vieh im Gegensatz zum Staat, in dem die gleichberechtigten Väter miteinander – freilich im Spannungsfeld von Armut und Reichtum – das Gemeinwohlziel zu realisieren versuchen.

Um so überraschender ist es deshalb, daß *heute* im literarischen Bürgerspiegel das Paar nicht allein als Urbild der Herrschaft, sondern gerade auch als Sinnbild der Partnerschaft erscheint. Zwar werden in den achtzehn Interpretationen, in denen unser literarisches Material ausgebreitet ist, die Stationen des Mißverhältnisses und des Mißverstehens zwischen Generationen und Geschlechtern gespiegelt und reflektiert. Der „Hasenmord" indiziert den occidentalen Rationalismus und seinen Machtstaat, und Hebbels „Mädchenmord" impliziert die Absage an die Demokratie und erweist sich als Bedingung für die Restauration des Vaterstaates. Das Schreckensbild des Vaters, das in Kafkas *Urteil* gestürzt wird, wird in den Utopien des Schreckens wieder aufgerichtet. Und das Gegenbild der schrecklichen Mutter bestimmt den Gang von Dürrenmatts Tragikomödie vom Besuch der alten Dame. Jüngers Welt ist durch und durch maskulin, überhöht vom Weltenherrscher; und nur dem Waldgänger wird der Gang zu den Müttern zugemutet. Schließlich ist auch daran zu erinnern, daß bei Dashiel Hammett mit der Vernichtung der Hure Babylon zwar das Chaos verhindert, nicht aber die Regeneration des Bürgerstaates bewirkt, sondern lediglich ein pseudodemokratisches Patriarchat wiederhergestellt wird. – Freilich kann nicht unbemerkt bleiben, daß sowohl bei Hebbel und Kafka, sowie in den Utopien des Schreckens das Paar die Alternative, den Protest und den Widerstand versinnbildlicht, den es zu vernichten gilt, um die „Schreckensherrschaft" zu behaupten. Wo sich das Paar durchsetzt und im Miteinander Todes- und Lebensangst überwindet, wo die Emanzipation von den Vätern und Müttern, von der „Auctoritas" gelingt, repräsentiert es die Chance von Mitmenschlichkeit und Mitbürgerlichkeit in einem.

Dabei vollzieht sich der emanzipierte Durchbruch zum Selbstsein in Gestalt von Mitmenschlichkeit und Mitbürgerlichkeit ohne mimetischen Aufwand, ohne heroische Gebärde. Ja, es ist bemerkenswert, daß die Zeichen und Gesten gegen die Gefahren der Vermassung, gegen Wunsch- und Angstträume, gegen Anpasserei und Nachlauferei sehr behutsam eingesetzt werden. Schon Aldous Huxley faßte die Rechte des Menschen ins paradoxe „Recht auf Unglück" zusammen; ein Recht, welches seinen Sinn angesichts totalitärer Volksbeglückungs- und -verdummungsversuche erweist. Dürrenmatt gewinnt den Einzelnen aus der Verfallenheit an die sich im circulus vitiosus von Begehrlichkeit und Selbstrechtfertigung drehende Bürgergemeinde in seine Eigenständigkeit da zurück, wo er persönliche Schuld annimmt, und mit der Schuldübernahme Rechtsanspruch und Rechthaberei aufgehoben werden. Wie vorsichtig löst Camus aus dem Wirbel von angstvoller Verzweiflung und ekstatischer Glücksempfindung Zonen heraus, in denen Rechte und Pflichten das Miteinander strukturieren und im „Exil" der Alltäglichkeit der Abglanz des „Königreiches" sichtbar wird. Es ist kein Zufall, daß er das Paar nicht in der „Sternstunde" der Erfüllung, sondern in der Grenzsituation des Verzichtes zeigt, in einer Situation, in der sich der Mann deshalb opfert, weil das Überleben der Frau mit den ihr zugeordneten Kräfte – wie Geduld und Beständigkeit, Gefühl, Mitleid, Mitempfinden, und Sorge und Mitsorge – für das Wohl des Bürgerstaates wichtiger sind als maskuliner Durchsetzungswille. So kann auch von wohlfeilem „Harmonismus" keine Rede sein, wohl aber von der Einsicht, daß seelische Kräfte, die in der abendländischen Geschichte auseinander und gegeneinander agierten, in ein Zuordnungsverhältnis zu bringen und energetische Verdrängungsprozesse in energetische Akkummulierungsprozesse umzusteuern sind.[20]

Nicht zuletzt bringt das Sinnbild des Paares ins Bewußtsein, daß Mitmenschlichkeit und Mitbürgerlichkeit nicht allein in der *Koexistenz*, sondern in der *Sukzession* der Generationen geschieht, die durch die Auflösung von auctoritas und durch Individuation in Gestalt des Selbst- und des Mitseins, durch *Emanzipation* vermittelt wird. Damit wird nicht Sinnerfüllung im Ganzen verheißen, sondern es werden in der durch Unmenschlichkeit verwüsteten Landschaft der Menschlichkeit der Weg zu „Sinnoasen" gewiesen (Peter Noll) und in den Grenzen der Fragwürdigkeit Chancen der Mitbürgerlichkeit und Mitmenschlichkeit eröffnet.

3. Verdeutlichen wir abschließend den Sinnbezug zwischen beiden Sinnbildern. Bezugspunkt bildet der Bürgerstaat. Der Bürgerstaat ist im Demokratie- und im Rechtsstaatsprinzip fundiert. Beide Sinnbilder sind auf die beiden Prinzipien bezogen, und zwar so, daß sie Regenerationschancen und Verwirklichungsbedingungen sichtbar machen. Das Spielerische des Spieles ist bestimmt durch das Moment der Distanz. Distanz schließt Identität und Identifikation aus. So erschließt das Sinnbild des Spiels auch den Sinn der Rechtsstaatlichkeit insofern, als Rechtsstaatlichkeit die Identität von Recht und Macht ausschließt, das Verhältnis zwischen Recht und Macht problematisiert und eine Staatsorganisation fordert, die Machtkontrollen ermöglicht. So kann denn auch mit einem als Rechtsstaat konstituierten Staat niemals die Gewißheit, wohl aber die Vermutung verknüpft werden, daß innerhalb seiner Grenzen das Gemeinwohl im Rahmen der Freiheitssicherungen verwirklicht werde. Wiederum vom Sinnbild des Spieles aus werden die damit verbundene Dialektik von Rechtsschein und Scheinrecht und das problematische Verhältnis von Schein und Sein einsehbar, und daß man sich auf den Rechtsschein bis an die Grenze des Scheinrechts verlassen muß und verlassen darf.[21]

Das Sinnbild des Spieles erlaubt aber auch die Deutung des Demokratieprinzips[22] insofern, als zunächst einmal die Erzeugung der Spielregeln und die Kreation der Kontrollinstanz in die Nähe der *Kontraktkonstruktion* rücken und die Bedeutung von Konsens und Freiwilligkeit herausheben. Dabei steht das *Prinzip des offenen Verfahrens* gegen das Konstrukt des omnipotenten Herrschers wie des omnipotenten Wir im Sinn von Hobbes bzw. Rousseau. Zum anderen bringt das Sinnbild des Spiels all jene rhetorischen Requisiten, unter deren Einsatz die demokratische Willensbildung geleistet wird, ins Szenarium des Schauspiels. Man denke an die Rostra des Volksredners, an Imagepflege, Werbesprüche und Parlamentsdebatten, sowie an die Erscheinungsformen der Telekratie. Im Sinnbild des Schauspiels kommt wiederum das Moment der Distanz zur Wirkung, und zwar in Gestalt der Rollendistanz einerseits und der Relativierung agonaler Emotionen ins Geviert der Bühne, die die Welt bedeutet, andererseits.

Demgegenüber zeigt sich das Sinnbild des Paares unmittelbar im Sinnbezug zum Demokratieprinzip insofern, als der mündige Bürger nur als emanzipierter Mensch gedacht werden kann und der Emanzipationsvorgang im Paar in der Gleichordnung von Mann und Frau Gestalt gewinnt. Emanzipation aber meint Befreiung von der Bannwirkung der elterlichen Autorität und dem Zwang zur Projektion der Elternimagines in die berufliche und in die politische Szene. Im Prozeß der emanzipativen Innenarbeit[23] aber werden die Energien frei, welche die Distanzierung gegenüber kollektiven Erregungs- und kollektiven Anpassungszwängen ermöglichen. Damit zeigt sich der Sinnbezug zwischen Distanz und Emanzipation, Spiel und Paar im Sinnzusammenhang des Bürgerstaates.

Zum Abschluß noch dies: Am Spieltisch sitzen auch diejenigen, die das Spiel zu verderben suchen, die Spaßmacher, die nichts ernst nehmen und die Ernstmacher, die alles ernst nehmen. Wer gewinnt: die Spieler oder die Spielverderber, wissen wir nicht. Es bleibt uns nur die Wette zu wagen.

Anmerkungen

1 In der *Allgemeinen Staatslehre* von Georg Jellinek, 3. Aufl., Leipzig 1914, ist das Staatsgebiet ein Moment des Staates als eines Subjektes, die räumliche Ausdehnung seiner Herrschaft, das Staatsvolk ist der Gegenstand der staatlichen Tätigkeit und zugleich ein Moment des Staates als Subjekt; die Staatsgewalt schließlich unabgeleitete und unwiderstehliche, unteilbare Herrschergewalt

(vgl. Drittes Buch, Dreizehntes Kapitel. Über die rechtliche Stellung der Elemente des Staates: a. a. O., S. 394 ff.).

2 Vgl. Karl Löwenstein, *Verfassungslehre*, Tübingen 1959, S. 51. Er spricht von zwei politischen Systemen, dem konstitutionellen und dem autokratischen. Vgl. auch Peter Schneider, *Rechtsstaat und Unrechtsstaat*, Vortrag, gehalten im Rahmen des Walter-Schücking-Kollegs, Institut für Internationales Recht an der Universität Kiel, 11. Mai 1984.

3 Iranische Verfassung.

4 Vgl. Hans Barth, *Fluten und Dämme*, Zürich 1943; Paul Reiwald, *Vom Geist der Massen, Handbuch der Massenpsychologie*, Zürich 1946; Hendrik de Mau, *Vermassung und Kulturverfall*, Bern 1951; Kurt Baschwitz, *Du und die Masse*, Leiden 1951; Carl Gustav Jung, David Riesmann, *Die einsame Masse*, Hamburg 1958.

5 Schon in der *Allgemeinen Staatslehre* von Georg Jellinek, 3. Aufl., Berlin 1914, fehlt eine Erörterung, welche das Verhältnis von Familie und Staat betrifft.

6 Mit der Familie befaßt sich der Familiensoziologe oder der Familienrechtler.

7 Vgl. oben Dürrenmatt, Anm. 49.

8 Vgl. Helmuth Plessner, *Zwischen Philosophie und Gesellschaft, Ausgewählte Abhandlungen und Vorträge*, Bern 1953, Zur Anthropologie des Schauspielers, S. 180 ff.

9 Vgl. Helmuth Plessner, a. a. O., S. 182.

10 Reinbek 1986, S. 15.

11 Vgl. Les editions Nagel, Paris 1947.

12 Hans Robert Jauß, *Ästhetische Erfahrung und literarische Hermeneutik*, Frankfurt a. M. 1982, S. 221 ff.

13 *Soziale Rolle und menschliche Natur* (1960), in: *Diesseits der Utopie*, Köln 1966.

14 Vgl. Peter Schneider, *Identität und Demokratie?* Mainzer Universitätsgespräche Wintersemester 1982/83, S. 67 ff.

15 Vgl. R. Alewyn/K. Sälzle, *Das große Welttheater*, Hamburg 1959.

16 Vgl. R. Alewyn/K. Sälzle, a. a. O., S. 14; S. 24.

17 Vgl. Pascals plaisante Justice, ARSP.

18 Vgl. Oswald Spengler, *Der Untergang des Abendlandes*, Zweiter Band, München 1929, S. 403 ff. Vgl. *Ilias*, 6. Buch, übersetzt von J. H. Voss, Berlin.

19 Vgl. dazu Dolf Sternberger, *Die Wurzeln der Politik*, Schriften II, 1, Frankfurt a. M. 1978, S. 87 ff.

20 Vgl. Elisabeth Müller, *Das Bild der Frau im Märchen, Analysen und erzieherische Betrachtungen*, München 1986. Sehr souverän setzt sich die Autorin mit der Jungschen Theorie auseinander, welche auf eine Synthese des Männlichen und Weiblichen in jedem einzelnen Mann und jeder einzelnen Frau anstrebt: „Die Kritik muß da ansetzen, wo C. G. Jung die vorgefundene Spaltung der Psyche in eine männliche und eine weibliche zur Norm erhebt. Die gesunde männliche Psyche ist demnach sehr bewußtseinsbetont und hat alle sogenannt

weiblichen Elemente unterentwickelt und unbewußt belassen. Entsprechend ist die Frau sehr gefühlsbetont und hat alle sogenannt männlichen Züge wenig entwickelt. Es wird immer wieder gefordert, daß die Frau die sogenannt männlichen Züge im Mann suchen soll und entsprechend der Mann ... Mann und Frau ergänzen sich dann tatsächlich." (S. 116) Die Kritik betrifft letztlich nicht diesen Ansatz, sondern die Verwirklichungskonsequenz im Falle der Frau. Dazu: Der Begriff der psychischen Gesundheit trifft eben die Integration von animus und anima zum Selbst. Der Nur-Mann ist zumindest so gefährdet wie die Nur-Frau. Mir geht es um den Ansatz und nicht um die Konsequenz, den Ansatz im Gegensatz zur maskulinistischen wie zur feministischen Position. Zur feministischen Position aus der Veröffentlichungsflut als Beispiel Karin Gaube, Alexander von Pechmann, *Magie, Matriarchat und Marienkult, Frauen und Religion. Versuch einer Bestandsaufnahme*, Hamburg 1986.

21 Vgl. Peter Schneider, *Staat im Recht – Recht im Staat. Rechtsstaat. Bürgerstaat*, aus: *Schweizerisches Zentralblatt für Staats- und Gemeindeverwaltung*, Bd. 83, No. 9, Zürich, Sept. 82.

22 A. a. O.

23 Wir pflegen, die Außenarbeit, welche Daseinsvorsorge und Machtbehauptung betrifft, zu überschätzen, ja, mit Arbeit schlechthin gleichzusetzen. Vgl. Alexander Mitscherlich, Margarete Mitscherlich, *Die Unfähigkeit zu trauern*. München 1980.; Alexander Mitscherlich/ *Auf dem Weg zur vaterlosen Gesellschaft. Ideen zur Sozialpsychologie*, München 1982.